스스로 신이 되어라

니체의 《권력에의 의지》와 초인의 신화탄생

스스로 신이 되어라

초판인쇄 2018년 7월 2일
초판발행 2018년 7월 2일

지은이 이동용
펴낸이 채종준

펴낸곳 한국학술정보(주)
주소 경기도 파주시 회동길 230 (문발동)
전화 031 908 3181(대표)
팩스 031 908 3189
홈페이지 http://ebook.kstudy.com
E-mail 출판사업부 publish@kstudy.com
등록 제일산-115호(2000. 6. 19)

ISBN 978-89-268-8477-5 03160

스스로 신이 되어라

니체의 《권력에의 의지》와 초인의 신화탄생

이동용 지음

이담
Books

한계를 넘어선 힘의 춤과 삶의 이야기

인생이 고해일까. 사막 같은 현실이 삶일까. 눈물의 바다가 됐든 황량한 사막이 됐든 사람은 살아야 한다. 사람은 삶을 통해 의미를 찾고, 삶은 사람을 통해 구현된다. 삶은 결코 실망시킨 적이 없다. 실망한 것은 사람일 뿐이다. '나는 누구인가?', '어떻게 살아야 하는가?' 이것은 이 세상에 태어나 생각하며 살아야 하는 존재가 생명이 다할 때까지 물어야 하는 질문이다. 인생 막바지에 '나는 이런 사람이었구나!', '나는 이런 삶을 살았구나!' 하고 말을 하게 될 때 우리는 어떤 상황에 있게 될까? 허무할까 아니면 행복한 미소를 띠고 있을까. 니체의 허무주의 철학은 미래를 준비하는 철학이다. 삶을 사랑하는 마음으로 맞이하는 미래를.

허무주의로 번역되는 원어는 니힐리스무스Nihilismus이다. 영어식 발음은 니힐리즘이다. 미국과 동맹국인 우리의 귀에는 니힐리즘이 더 익숙하게 들려온다. 하지만 모든 익숙해짐은 위험하다. 그렇다고 독일어를 쓰자니 낯설음과 거부감이 인식을 방해한다. 특히 어미 '무스'는 발음상 단순무식이라는 개념을 연상시키며 선입견과 편견을 유발시키기도 한다. 미국산 할리우드의 영화 장면에서처럼 독일군이 연합군과 싸우면 언제나 바보 같은 생각만 하고 어리석게 반응하며 어처구니없는 실수를 범하고 어이없는 공격을 당하여 반드시 쓰러지거나 패가망신하여 죽어야 하는 것을 당연하게 받아들인다. 그래서 한자어이기는 하지만 그냥 허무주의를 선택하기로 한다. 니체 철학의 이름이다. 무엇이 허무한가? 이 질문 앞에 한참을 머물러 있어야 한다. 철학하고 싶은 욕망만큼.

니체는 자기 철학에 대한 이름을 끊임없이 추구했다. 쇼펜하우어의 염세주의에서 철학의 길을 걷기 시작한 그는 처녀작《비극의 탄생》에서 "강함의 염세주의는 있는가?"(비극, 10쪽)를 물었다. 삶에의 의지를 거부하거나 포기하는 것이 아니라 오히려 그 의지를 긍정하고 강화시켜나가는 그런 철학을 무엇이라 일컬을 수 있단 말인가? 도대체 그것을 무엇이라 불러야 가장 잘 지은 이름이라 평가받을 수 있을까? 니체는《도덕의 계보》에 와서야 마침내 이 허무주의란 단어를 자기 철학서에 사용하기에 이른다. 하지만 여기서도 분명하게 정의를 내린 것은 아니었다. 그저 조심스럽게 언급한 개념이라고 할까. 그 이전에는 없었던 말이다. 하지만 그 이념은 처음부터 있었다. 다만 그 이념을 나타낼 이름이 없었을 뿐이다.

평생을 바친 철학의 이름이 허무주의로 결정된다. 니체가 자신의 책 속에 담지 못하고 남겨놓은 글들 속에는 이 허무주의라는 단어가 심심찮게 등장한다. 왜 그랬을까? 왜 정신이 온전할 때 이런 글들을 출판하게 될 자신의 책 속에는 담아내지 못했을까? 그 글들은 왜 선택을 받지 못했을까? 망설임이 느껴진다. 자신이 없어서였을까? 아니면 허무주의란 단어가 여전히 마음에 안 들어서? 정답은 없다. 대답해줄 당사자는 이미 이 세상 사람이 아니다. 이제는 우리가 남겨진 그의 글들을 책임지고 읽어내며 스스로 답을 찾는 수밖에 없다.

허무주의를 품은 책의 제목은 《권력에의 의지》로 결정한다. '빌레 추어 마흐트Wille zur Macht'가 원래 제목이다. 제목 자체에 대한 논쟁은 심심찮게 일어났다. 마흐트의 뜻은 힘도 되고 권력도 된다. 혹자는 '권력'이 너무 전근대적인 이미지가 강해서 시대가 지난 듯한 말로 들린다고 말한다. 그래서 '힘'이 더 낫다고, 즉 '힘에의 의지'가 더 낫다는 것이다. 그런데 '주인도덕'을 내세우는 또 다른 철학의 큰 줄기와 맞닿기 위해서 권력이란 개념을 선택하지 않을 수 없다. 주인의식은 인정하면서 권력은 부정한다면 그것 또한 모순이기 때문이다. 또 누구는 '내공'이 어떠냐고 농담 아닌 농담을 해오기도 한다. '내공에의 의지?' 동양화의 여백의 미는 느껴질 수 있어도 답답함은 여전히 남는다. 내공이라는 개념으로 니체의 이념을 담아내기가 어려워 보인다. 그릇은 내용보다 커야 하기 때문이다.

초인사상도 마찬가지다. 누구는 초인이 초월한 사람이라는 뜻으로 읽혀서 중립적인 의미에서 그저 원어 '위버멘쉬Übermensch'가 더 낫다고 말하기도 한다. 이유는 충분히 이해된다. 그렇다고 이것을 이두 형식(차자借字 표기법)으로 남겨놓기도 좀 그렇다. 위버는 너머, 넘어선 등의 뜻이고, 멘쉬는 사람, 인간을 뜻한다. 즉 넘어선 사람이란 뜻이다. 한계를 넘어섰다고 말해도 된다. 극복의 과정에서 끝까지 간 존재라고 할까. 일종의 또 다른 신적인 존재와 같다. 문제는 어디서 어디로 넘어갔다는 얘기인가? 어떤 상태에서 어떤 상태로 극복했다는 것인가? 도대체 무엇을 초월했다는 말인가? 그 내용만 분명해지면 말은 상관없지 않을까.

니체가 책 제목으로도 사용했던 '선악의 저편'이라는 개념과 함께 생각해보면 전통적인 내세관과는 정반대의 초월사상이 발견된다. 즉 과거에는 현세의 반대의 의미로 내세를 운운했다. 하지만 니체는 선악을 운운하는 곳을 거부하고 그곳에서부터 정반대편에 있는 저편을 동경한다. 그곳은 바로 신이 있는 세상의 반대편이 되는 것이며, 즉 이 세상을 의미하게 된다. 신의 뜻이 아니라 대지의 뜻이 지배하는 곳이다. 한계를 극복하고 현세로 되돌아온 사람이 곧 초인이 되는 셈이다. 늘 구원받아 천국으로 가겠다는 말로 사는 사람이 마침내 이 세상에서 사는 진정한 맛을 깨닫게 된 그런 존재라면 어떨까. 상관없다. 망상을 극복하고 현실로 되돌아왔다는 의미에서 초인을 말하고 있다면 상관없다는 말이다.

《권력에의 의지》는 미완성 작품이다. 말 그대로 유고다. 니체가 죽고 나서 1901년부터 그가 남겨놓은 글들을 모아놓은 다양한 편집본들이 모습을 드러낸다. 일반적으로 이 제목으로 소급되는 대표적인 책은 친구이자 제자인 페터 가스트와 여동생 엘리자베트가 편집을 담당했고 1906년에야 출판될 수 있었던 책을 의미한다. 니체 문서보관소에서는 이 책을 니체의 대표저서로 소개하기도 했지만 사실 니체가 없는 상황에서 책이 만들어지다 보니 신뢰는 많이 떨어진다. 어디까지가 진짜 원고인지에 대해서도 말들이 많다. 하지만 이런 의혹의 시선으로는 도저히 니체의 목소리를 들을 수 없다. 그냥 일단은 믿고 따라 가보자. 그가 들려주는 소리에 귀를 기울여보자.

2018년 6월 수유리에서
이동용

◆ 일러두기

1. 이 책은 《권력에의 의지》(청하, 15쇄, 2013)를 주 텍스트로 집필했다. 따라서 본문 속 인용문에 제목 없이 기술된 쪽수는 위 책의 쪽수를 가리킨다.

2. 본문에 제시된 다음 약어는 (《권력에의 의지》를 제외) 책세상에서 펴낸 다음 책들을 가리킴을 밝혀둔다.

니체 →《니체 대 바그너》

도덕 →《도덕의 계보》

디오 →《디오니소스 송가》

바그너 →《바그너의 경우》

반시대 Ⅰ, Ⅱ, Ⅲ, Ⅳ →《반시대적 고찰》Ⅰ권, Ⅱ권, Ⅲ권, Ⅳ권

비극 →《비극의 탄생》

아침 →《아침놀》

안티 →《안티크리스트》

우상 →《우상의 황혼》

유고 6 →《바이로이트의 리하르트 바그너 유고 1(875년 초-1876년 봄)》

이 사람 →《이 사람을 보라》

인간적 Ⅰ, Ⅱ →《인간적인 너무나 인간적인》Ⅰ권, Ⅱ권

즐거운 →《즐거운 학문》

차라 →《차라투스트라는 이렇게 말했다》

01

허무주의가 문 앞에 서 있다

모든 방문객 가운데
가장 기분 나쁜 이 존재는
어디에서 오는 것일까?
−
그는 끊임없이
자신의 철학에 대한
이름을 찾고 있었다.

사물이 바라는 바

사물에도 욕망이 있다. 그 욕망을 알아보는 자가 인간이다. 인간은 늘 내면과 외면의 경계 지점에 서 있다. 자기 안과 자기 밖으로 갈라지는 그 위기의 변곡점 위에 아슬아슬하게 서 있는 것이다. 영혼은 심연 속으로 빠져들기도 하고 코르크처럼 위로 떠오르기도 한다. 그러면서 영혼은 내면의 소리를 전해준다. 그 영혼의 존재여부 때문에 인간은 '행복한 자'(디오, 510쪽)라고 불린다. 그 영혼이 전하는 것은 행복의 소리라고 했다. 그런데 사물의 소리를 듣기 위해서는 또 다른 방향으로 오랜 시간을 견뎌내야 한다. 밖으로 향한 시선으로 오랫동안 견뎌야 한다. 안으로 향할 때 심연 속으로 빠져든다는 기분이었다면 밖으로 향할 때 기분은 무엇으로 표현할 수 있을까? 다양하다. 현란하다. 변화무쌍하다. 누구는 '마야의 베일'[1]을 떠올리기도 한다. 눈을 뜨고도 볼 수 없는 게 사물의 세계의 진짜 모습이다.

모든 견딤의 시간은 결코 쉬운 게 아니다. 쉽다면 견딘다는 말은 필요도 없다. 인식의 순간을 위해 인간은 이 견딤의 시간을 신성하게 여길 줄 알아야 한다. 모든 견딤은 '제3의 눈'(아침, 380쪽)과 '제3의 귀'(선악, 247쪽)를 필요로 하는 순간이다. 괴테처럼 방황이란 개념으로 설명해도 된다. "인간은 노력하는 동안 방황한다."[2] 이때 방황은 노력의 증거가 된다. 즉 견딤의 순간이 되는 것이다. 아폴론은 자신의 신전에 이런 말도 남겨놓았다고 한다. "상처받은 자가 치유하리라!"고. 자신을 안 자만이 위로의 말을 할 수 있다. 심연 속에 빠져 바닥을 차본 자만이 슬픔에 대해 다른 얼굴을 보여줄 수 있는 것이다.

세상은 우리를 기다리고 있다. 인식하는 자에 의해 세상은 의미를 부여받게 된다. 말로 옮겨놓을 때 세상은 영원성을 선사받게 된다. 하늘도 땅도 꽃도 나무도 이 세상 온갖 사물들은 말에 실릴 때 불멸이 되는 것이다. 사물은 우리 밖에서 기다리고 있다. 세상이 먼저다. 그리고 인간이 그 안에 태어나서 생각을 하기 시작한다. 모든 것을 엮어가는 거미처럼 그렇게 인식의 집을 짓고 있는 것이다. "언어는 존재의 집이다"[3]라는 말은 그래서 지극히 실존주의적이다. 인간은 그 집에서만 편안하게 살 수 있다. 말로 설명을 해준 집에서만. 인간은 설명에 대한 갈증으로부터 해방될 수가 없다. 이성을 가진 존재로서 또 생각하는 존재로서 평생을 살아야 하는 운명이기 때문이다.

하지만 명쾌한 설명은 쉬운 게 아니다. 사물에 대한 설명은 아무리 많이 해도 불만스럽기 짝이 없다. 인간은 과학으로 만족할 수가 없다. 행복은 수학으로 해결되지 않는다. 인식은 사실에 근거하지만 그렇다고 사실 그 자체로 문제가 풀리는 것도 아니다. 이성이 요구하는 답은 지극히 복잡하다. 쉽게 주어진 답은 쓸모가 없다. 준비되지 않은 자에게 고전古典은 어렵기만 하다. '어렵다'는 말로 변명은 할 수 있어도 만족은 얻을 수 없다. 그것으로 행복해질 수는 없는 것이다. 결국 인간은 언젠가는 철학과 문학의 문 앞에서 서성이게 될 것이다. 들어가면 어렵고 복잡한 길이 기다리고 있다는 것을 잘 알고 있기에 쉽게 발을 들여놓을 수도 없다. 용기가 필요하다. 모험 여행을 감당할 수 있는 힘도 요구된다. 이런 마음으로 책 앞에 서보자. 그냥 모든 것을 내려놓고 니체의 글에 정신을 맡겨보자. 이제 《권력에의 의지》의 첫 번째 글을 읽어보자.

> 위대한 사물이 바라는 바는, 그것에 관하여 침묵하거나, 크게 말하는 것이다. 크게, 말하자면 무구하게, 냉소적으로. (25쪽)[4]

번역을 좀 직역으로 바꿨다.[5] 침묵하거나 크게 말하라! 이것이 사물에 대한 태도여야 한다. 인식이 오지 않았다면 침묵으로 견뎌야 하고 인식이 왔다면 크게 말해야 한다. 특히 크게 말을 해야 하는 상황에서는 용기가 필요하다. 위의 인용문은 《디오니소스 송가》에 실려 있는 〈명성과 영원〉이라는 시의 한 구절을 떠올리게 한다. "조용히 하라! – / 위대한 것에 대해서는 – 나는 위대한 것을 보고 있다! – / 침묵해야 하거나 / 아니면 크게 말해야 한다: / 크게 말하라, 내 환희의 지혜여!"(디오, 506쪽) 위대한 것에 대한 우리의 의무는 침묵하거나 크게 말해야 한다는 것이다. '조용히 하라'는 명령은 의식을 지배하는 이성을 향하고 있고, '크게 말하라'는 명령은 의식의 지배를 받고 있지 않은 내면을 향하고 있다.

또 《인간적인 너무나 인간적인》에서도 비슷한 구절이 있다. "우리는 침묵해서는 안 될 경우에만 말해야 한다; 그리고 극복해낸 것에 대해서만 말해야 한다.”(인간적II. 9쪽) 니체의 글들은 그러니까 아파본 자가 한 말들이다. 상처받아 본 자의 증언이다. 상처를 회복한 뒤에 얻은 지식으로 채워진 내용이다. 이쯤 되면 '위대한 것'에 대한 이념도 서서히 모습을 드러낼 수 있으리라. 위대한 것! 그것은 니체의 논리로 말하자면 바로 극복된 것이다. 과거에는 한없이 아팠던 것이다. 깊은 상처였던 것이다. 모든 고통은 견뎌야 할 때도 있고 크게 말해야 할 때도 있다. 그 때를 아는 것도 지혜에 해당한다.

크게 말한다는 것이 무엇인지에 대해 니체는 부연설명하고 있다. 크게 말을 한다는 것은 '무구하게', 그것은 또 '냉소적으로' 말을 한다는 것을 의미한다. 냉소적으로 번역된 말의 원어는 '취니쉬zynisch'다. 이 말에서 유래한 퀴니즘Kynismus도 있다. 견유학파犬儒學派라고도 한다. 개 견犬 자를 쓴 것처럼 말 그대로 개처럼 사는 것을 모범으로 삼았던 학파다. 일종의 무소유의 삶이라고 할까. 대표적으로 디오게네스Diogenes von Sinope(ca. 400-323)라는 철학자가 있다. 널리 알려진 일화로는 알렉산더 대왕이 유명한 현자가 있다는 소문을 듣고 그를 찾아가 묻는다. “소원이 무엇인가?” 이에 대해 디오게네스가 말한다. “햇빛이나 가리지 말고 비켜주시오.”[6] 이게 바로 무구하게 또 냉소적으로 말한 대표적인 사례다.

파도는 오고 간다. 올 때 이미 떠날 것을 염려할 필요는 없겠지만 떠날 때는 미련 없이 떠나야 한다. 몸은 서서히 움직여도 감정은 이미 결정이 나 있어야 한다. 그것이 냉소적인 마음으로 표현되고 있을 뿐이다. 위대한 사물에 대한 허무주의적 태도다. 아무리 위대해도 때가 되면 쓸모없는 것이 되기 때문이다. 명성도 명예도 권력도 다 쓸데없다. 때가 되면 무의미해지고 만다. 이성적 존재는 그런 것으로 만족할 수는 없는 법이다. 끊임없이 또 다른 위대한 사물을 찾아 떠나야 한다. 권태가 삶을 지배하지 못하도록 해야 한다. 인식을 추구하며 살아야 한다.

허무주의의 도래에
대한 예감

역사는 반복한다. 잔인했던 시간은 또다시 상처를 주기 위해 발톱을 세운다. 애써 세워놓은 일상을 무너뜨리려 다가온다. 익숙함이 부여해주던 편안함을 앗아가려 다가서고 있는 것이다. 숨이 막히게 한다. 그림자 앞에 무릎을 꿇게 한다. 목구멍에는 곡소리로 채워놓는다. 찬란한 봄소식은 온데간데없고 겨울의 엄격한 흰 수염만 확인하게 한다. 운명을 깨닫게 해준다. 한계를 보여준다. '여기까지'임을 알려준다. 더 이상 쓸 힘도 없다. 쓰러지고 드러눕는 수밖에 없다. 모든 희망이 절망으로 바뀌는 순간이다. 심연의 바닥을 밟는 순간이다. 미궁 속에 빠진 느낌이다.

내가 이야기하는 것은, 다음 2세기의 역사이다. 나는, 그 다가오는 것을, 더 이상 별다른 모양으로는 오거나 할 수 없는 것을, 즉 니힐리즘의 도래를 쓰고 있다. 이 역사는 지금에 와서는 이미 이야기될 수가 있다. 왜냐하면 필연성 자체가 여기에는 작용하기 시작하고 있는 까닭이다. 이 미래는 벌써 백여 가지 징후 가운데 드러나 있으며, 이 운명은 도처에서 자신을 고시하고 있다. 미래의 이 음악에 모든 귀가 이미 기울고 있는 것이다. 우리의 모든 유럽 문화는 오랜 것으로 이미 10년 또 10년마다 더해 가는 긴장의 고문으로

인하여 하나의 파국을 향하기라도 하듯 움직이고 있다. 불안하고 난폭하게, 허둥대면서, 마치 그것은, 종말을 의욕하면서, 더는 그 자신을 뒤돌아보지 않는, 그 자신을 뒤돌아보기를 두려워하고 있는 분류와 흡사하다. (25쪽)

니체가 죽은 지 118년이 지났다. 그가 말한 '2세기'를 채우려면 아직도 82년이나 남았다. 물론 숫자 계산이 무슨 소용 있을까마는, 그래도 궁금해서 계산기를 두들겨본다. "내가 이야기하는 것은, 다음 2세기의 역사이다." 니체의 철학은 예를 들어《선악의 저편》부제에서 말해주듯이 '미래 철학의 서곡'에 해당한다. 아직도 현대는 끝나지 않았다. 니체의 예견으로 말하자면 아직도 82년이라는 세월이 흘러줘야 미래가 겨우 보일까. 아직도 '신은 죽었다'(즐거운, 183, 200, 319쪽; 차라, 16, 18, 131, 388, 470쪽)는 말에 숨이 턱 하고 막히는 기분이다. 아직도 이게 무슨 소린지 감도 잡지 못하고 있다. 아직도 그런 소리가 즐거운 소리로 들리지 않는다. 미래는 여전히 암흑 속에 잠겨 있는 듯하다. 깊은 심연 속에 갇혀 있는 듯하다. 이에 반해 허무주의 철학은 '지하에서 작업'(아침, 9쪽)하듯이 '깊은 곳에서 행해지는 일'(같은 곳)에 열중하고 있을 뿐이다.

아무도 알아주지 않는다. 알아주기를 바라고 일을 하는 것도 아니다. 그런 명성에는 관심조차 없다. 그런 명성에서는 "온 세상의 깡통 소리"(디오, 504쪽)만을 들을 뿐이다. 니체는 그런 소리를 들려주고자 철학을 하는 게 아니다. 니체가 자신의 철학을 통해 말하고자 하는 것은 그저 '다음 2세기의 역사'에 해당한다. 그가 한 말들을 우리는 지금 118년 동안이나 경험하고 있다. 현대라는 시대를 그만큼의 세월을 통해 경험하고 있는 것이다. 우리는 아직도 현대의 깊은 늪 속에 빠져 있다. 어디가 출구인지도 모른 채 바쁘게 살아가고 있다. 미궁 속에 빠졌다. "단 일 분의 태만이라도 벌을 초래하리라는 초조에 빠졌다."(반시대, 236쪽) 현대인의 삶이 이 모양이다.

니체는 이미 세기말에 허무주의의 도래를 예감했었다. 현대는 끝날 것을 이야기했던 것이다. "더 이상 별다른 모양으로는 오거나 할 수 없는 것을" 바라보고 있었던 것이다. 허무주의는 올 것이다. 그때를 위해 준비를 시켜두고자 했다. 삶의 현장을 훈련소로 바꾸면서까지 열정을 쏟았다. "삶의 사관학교로부터 - 나를 죽이지 않는 것은 나를 더욱 강하게 만든다."(우상, 77쪽) 허무주의의 파도에 휩쓸리지 않도록 힘과 지혜를 쌓아야 한다. "지금 백 개의 각운을 지니지 못한 자는 / 내기를 걸고 단언건대 / 죽음을 맞으리라!"(즐거운, 412쪽) 죽고 싶지 않으면 최소한 백 개의 각운을 만들어 지니고 다녀야 한다는 것이다. 그 정도의 각운을 지니고 있으면 그 어떤 세상풍파가 들이닥쳐도 살아남을 수 있다는 얘기다.

백 개의 각운을 지닌다는 것은 결코 쉬운 일이 아니다. 그래서 소처럼 되새김질하며 독서에 임하라고 권했던 것이다. "우리가 변화하여 이들 암소와 같이 되지 않는다면 천국에 이를 수가 없다. 저들에게서 배울 것이 하나 있으니, 되새김질이 바로 그것이다."(차라, 439쪽) 또 무작정 반복하는 것만이 능사가 아니라 더 나아가 외워주기를 요구했던 것이다. "피와 잠언으로 글을 쓰는 사람은 그저 읽혀지기를 바라지 않고 암송되기를 바란다."(차라, 63쪽) 그냥 독서하는 데 만족하지 말라는 것이다. 이게 다 살기 위한 처방들이었던 것이다. 변화의 강물에 휩쓸리지 않기 위해서. 아니 어쩌면 그 변화의 주역이 될 수 있도록 하기 위해서.

허무주의 철학자는 다양한 모습으로 다가오는 미래의 현상을 응시하고 있었다. "이 미래는 벌써 백여 가지 징후 가운데 드러나 있으며, 이 운명은 도처에서 자신을 고시하고 있다." 마감은 준비해야 한다. 영원히 현대일 수는 없다. 끝날 것 같지 않은 이 현대도 결국에는 끝이 날 것이다. 마음 단단히 먹어야 한다. 쓰러지지 않도록 만반의 준비를 해둬야 한다. 그러기 위해 목숨을 건 훈련에 임해야 한다. 삶의 사관학교에서 모든 것을 견뎌내야 한다. 철학적으로 준비를 해둬야 한다.

현대는 "하나의 파국을 향하기라도 하듯 움직이고 있다, 불안하고 난폭하게, 허둥대면서." 위기의 연속이다. 불안감 때문에 감정은 요동친다. 하늘 높은 줄 모르고 치솟았다가 바닥이 보이지 않는 어두운 심연 속으로 추락하기도 한다. 모두가 혼란스럽다. 불안하기 짝이 없다. 언제 '존재의 집'에서 편안하게 쉴 수 있을까. 말로 쌓은 성 안에서 왕처럼 살 수 있을까. 난공불락의 그 성은 언제나 완성될까. 현대가 끝나봐야 보일 그 성이다. 언제나 벗어나봐야 보이는 법이다. 극복된 뒤라야 병에 걸렸던 사실을 깨닫는 원리와 같다. 철학자는 마치 "방랑자가 어느 도시의 탑들이 얼마나 높은지를 알기 위해 그 도시를 떠나는 것과 같은 방식의 일을 해야만 한다."(즐거운, 388쪽) 그렇게 자기 시대를 떠날 수 있어야 한다. 니체는 그런 정신으로 멀리서 자기 시대를 관찰하고 있었던 것이다. 우려와 걱정이 섞인 마음으로.

운명이 보이는가? 니체는 보았다. 하지만 문제는 우리가 보지 못하고 있다는 사실이다. 우리의 시선이 문제다. 우리의 눈에는 아직도 한계가 보이지 않는다. 현대의 한계가. 그저 현대는 무한하고 영원할 것처럼 여겨질 뿐이다. 이런 느낌이 니체의 철학을 오해하게 한다. 니체의 말들이 감당되지 않는다는 것은 현대를 감당할 힘이 부족하다는 얘기도 된다. 그런 정신에게 미래는 그저 요원할 뿐이다. 먼 나라 이야기쯤으로만 들릴 뿐이다. 허무맹랑한 소리쯤으로 말이다. 인공지능이니 제4차 산업혁명이니 하는 변화를 두고 하는 말이 아니다. 그런 기술들을 통제할 수 있는 주권적 자아를 두고 하는 말일 뿐이다. 소위 인식의 나무에 '가장 잘 익은 열매로 주권적 개인'(도덕, 397쪽)을 확인할 수 있느냐는 것이다.

핸드폰 하나가 손에 주어진다고 세상을 다 얻은 것처럼 착각해서는 안 된다. 그런 기계 하나로 인생의 문제가 해결되는 것은 결코 아니다. 오히려 현대의 늪 속에 자꾸만 빠져드는 오류를 범하고 있는지도 모를 일이다. 기계가 없으면 긴장감은 최고조가 된다. 신상(새로운 상품)이 출시되면 그것을 갖지 못해서 안달이다. 화면에서 눈을 떼지 못한다. 다양한 방법으로 끊임없이 반복되는 광고에 이성이 마비되어 가고 있다. 마치 "하나의 파국을 향하기라도 하듯 움직이고 있다." 마치 그것은 "종말을 의욕"이라도 하고 있듯이 움직이고 있는 것이다.

현대인은 화면을 보는 데는 어떤 양심의 가책도 없다. 하지만 자기 "자신을 뒤돌아보기를 두려워하고" 있는 이해하기 힘든 존재가 되어버렸다. 자기소개조차도 논술을 통해 훈련된 모습으로 진행될 뿐이다. 틀에 박힌 내용이 자기 모습으로 변신해버린 것이다. 자기를 소개하는 곳에 자기 자신이 없다. 일명 스펙이라고 하는 외적조건들이 일련의 목록을 이루며 화려하게 장식을 하고 있다. 기업이 요구하는 것은 모두 갖춘 듯하다. 조직 사회의 회사원이 되기에 부족함이 없어 보인다. 그런데 자기 자신을 돌아볼 여유가 없다. 아니 그것을 두려워하고 있다는 게 문제다. 마음의 안정을 위해 상품을 지향하고 있다. 악순환이다. 벗어나기 위해 구속을 자처한다. 상품의 쇠사슬을 끊지 못한다.

주권적 개인은 무엇이 필요한 존재가 아니다. 주어진 모든 것을 지배할 수 있는 능력을 소지한 존재일 뿐이다. 아니 없는 것도 만들어낼 줄 아는 창조정신이다. 어떤 상황에서도 자기 삶에 주인 행세를 할 수 있는, 또 그런 권리를 갖추고 있는 존재라는 얘기다. 그런데 현대인은 그런 모습과는 거리가 멀다. "10년 또 10년마다 더해 가는 긴장의 고문"에 시달리고 있다. "더는 그 자신을 뒤돌아보지 않는, 그 자신을 뒤돌아보기를 두려워하고 있는 분류와 흡사하다." 공장의 상품처럼 획일적인 모습을 하고 일사분란하게 움직인다. 힘차게 흘러가는 강물과 같다. 현대는 미래를 향해 거침없이 흘러간다. '파국'을 향해. '종말을 의욕'하면서.

진정한 허무주의자의 출현

앞선 글이 '파국'이니 '종말'이니 하며 허무주의의 부정적인 측면이 돋보였다면 그다음 글은 정반대의 의미가 전면에 나선다. 이것이 니체 철학의 근간을 이루는 '영원회귀'의 이념이 아닐까 싶다. 허무주의는 도래해야 한다. 그리고 허무주의가 도래한다고 해도 그것 때문에 삶이 무너지는 것은 결코 아니다. 삶은 심연에 가라앉았다가도 또다시 '코르크'(디오, 510쪽)처럼 떠오르게 마련이다. 의지만 있다면!

밤이 오는 것을 막을 수는 없다. 실패를 저지를 수 있는 가능성조차 제거할 수는 없다. 어둠은 닥칠 것이다. 실패의 아픔은 상상을 초월할 것이다. 하지만 그것 때문에 삶이 포기라는 절벽에 서지 않도록 조심해야 한다. 허무주의 철학은 그런 고통에 굴복하는 것을 원치 않는다. 오히려 고통에 맞서 싸워주기를 바란다. 고통에 맞서 삶을 변호해달라고 애원하고 있는 것이다. 허무주의 철학은 삶으로의 유혹을 위한 기술에 있어서 최고의 경지에 도달해주기를 바란다고 할까.

> — 여기서 이야기하고 있는 것은, 이와는 반대로, 자신을 뒤돌아보는 것 이외에는 지금껏 아무것도 해오지 않은 자이다. 말하자면 그는, 그 자신의 이익을 옆으로 밀쳐두고는, 바깥으로 벗어나는 가운데서, 인고 가운데서, 주저 가운데서, 낙오 가운데서 발견한 본능으로부터의 철학자이자 은둔자로서, 이미 미래의 온갖 미로에서 길을 잃고 방황한 적이 있는, 모험하고 실험하는 정신으로서, 닥쳐오는 사항을 이야기할 때에는, 과거를 끊임없이 되돌아보는 예언조豫言鳥의 정신으로서, 유럽 최초의 완전한 니힐리스트로서이기는 하지만, 그러나 이 니힐리스트는, 니힐리즘 자체를 벌써 그 자신의 내부에서 종말까지 극복해놓고 있어서 — 그것을 그 자신의 배후에, 그 자신의 발아래에, 그 자신의 외부에 가지고 있는 것이다. (25쪽 이후)

허무주의는 허무에의 감정을 극복한 정신이기도 하다. 허무주의는 도래와 극복이라는 양날의 칼과도 같다. 도래할 때는 모든 것이 엉망이 된다. 잡혀 있던 질서가 무너지는 순간이기 때문이다. 하지만 반대로 극복된 상황이라면 정반대의 감정이 지배한다. 모든 것이 좋다. 긍정의 기운이 모든 것을 통제한다. 건강회복이 가져다준 상쾌함이 전해진다. 가슴은 신선한 바람을 가득 담은 돛처럼 부풀어 올랐다. 이제는 모험 여행만이 남아 있을 뿐이다. 전의戰意는 충만하다. 투지鬪志는 불타오른다.

니체가 철학적으로 지향했던 정신은 자유정신이다. 이것은 《인간적인 너무나 인간적인》의 이념이기도 했다. "그래서 나는 일찍이 내게 필요했던 '자유정신들'을 창안해냈다. '인간적인 너무나 인간적인'이라는 제목의 이 우울하고 용감한 책은 바로 그 자유정신들에게 바친 것이다: 하지만 이 자유정신은 존재하지도 않으며, 존재했던 적도 없다"(인간적I, 11쪽)라는 고백 속에 담겨 있는 이념 말이다. 니체는 존재하지도 않고 존재한 적도 없는 그런 정신을 위해 철학의 길을 걸었다. 확신에 차서. "즉 언젠가는 이런 자유정신이 존재할 수 있고, 내일과 모레의 아들 중에서 이처럼 명랑하고 용감한 친구가 우리 유럽에 나타날 것이라는 사실"(같은 곳)을 확신하면서.

허무주의 철학은 극단적이다. 바닥을 칠 때는 지극히 우울하다. 하지만 수면 위로 떠올라왔을 때는 지극히 행복하다. 가라앉을 때와 떠오를 때는 서로 다른 감정으로 사물을 본다. 자유정신은 그 서로 다른 감정을 인정한다. 자유정신은 구속을 맛본 정신이다. '미래의 온갖 미로에서 길을 잃고 방황한 적이 있는' 정신이다. 길에서 쓰러본 적이 있는 정신이다. "내가 아무것도 희망할 수 없는 곳, 모든 것이 너무나 명백하게 종말을 가리키는 곳에서 희망을 걸었다"(비극, 20쪽)면서 마지막 순간에 포기의 유혹을 뿌리쳐본 정신이다.

니체의 철학적 사상은 '모험하고 실험하는 정신'을 원한다. "과거를 끊임없이 되돌아보는 예언조의 정신으로서" 살아가기를 자처한다. 그리고 모든 것을 필연 속에 보물처럼 보관한다. 모든 것이 별처럼 빛난다. 운명의 별이라 불러도 좋다. 전에는 알지 못했던 인식의 별이다. 깨달음으로 충만한 별이다. '신성한 정적과 지복의 세계'(아침, 176쪽)다. 이를 두고 낭만적이라 말해도 틀린 말은 아니다.

이렇게 말하는 것도, 이 미래의 복음서가 명명되어야 할 표제의 의미를 포착하지 못하고 마는 일이 있어서는 안 되기 때문이다.《권력에의 의지Der Wille zur Macht. 모든 가치의 가치 전환의 실험》 – 이 정식으로 표현되고 있는 것은, 원리와 과제에 관한 일종의 반대운동이다. 이것은, 어느 날엔가 미래에는 저 완전한 니힐리즘을 해소하겠지만, 그러나 그것을, 논리적으로나 심리적으로 전제하고, 오로지 그것에 기초하여 그것에 유래할 때에만 올 수가 있는 하나의 운동이다. 도대체 왜 니힐리즘의 도래가 지금이야말로 필연적인 것일까? 그것은, 우리의 지금까지의 여러 가치 자체가 니힐리즘 가운데서 그 최후적 귀결에 도달하기 때문이며, 니힐리즘이야말로 우리의 위대한 여러 가치나 여러 이상에 대해 철저하게 고안된 이론이기 때문이다 – 이들 '여러 가치'의 가치가 본래 무엇이었는가를 간파하기 위해서는, 우리는 니힐리즘을 먼저 체험하지 않으면 안 되기 때문이다… 우리는, 어느 날엔가는 새로운 여러 가치를 필요로 한다. (26쪽)

'어느 날엔가 미래에는', '어느 날엔가는', 이것이 전하는 메시지는 분명하다. 허무주의는 미래를 준비하는 철학이라는 사실이다. 지금 당장 위로를 얻고자 하면 실망할 수도 있다. 니체는 자신의 책 속에 이것을 해야 하고 또 저것을 해야 한다는 그런 다양한 숙제를 남겨놓았다. 숙제는 모두 하기 싫은 것이다. 그냥 나가 놀고 싶은 게 사람 마음이다. 해맑은 날 숙제에 매달리는 것은 시간 낭비처럼 느껴질 수도 있다. 하지만 허무주의가 시킨 숙제는 죽고 사는 문제다. 삶을 위한 문제다.

허무주의적 숙제는 '모든 가치의 전도에 대한 실험'이다. 허무주의적 시각 앞에 영원한 것은 없다. 모든 것은 허무라는 한계 앞에 무릎을 꿇고 말 것이다. 그 한계에 수동적으로 임하느냐 아니면 능동적으로 임하느냐는 전혀 다른 결과를 낳는다. 전자라면 자기도 모른 상태에서 절벽에 서 있는 것이나 다름없다. 지극히 위험하다. 위험한 줄도 모르고 거기 서 있기 때문이다. 후자라면 허무가 가져다주는 온갖 고통을 감당해내야 한다. 프로메테우스처럼 날마다 달려드는 독수리의 부리를 견뎌내야 한다. 날카로운 부리가 살을 찢고 파고드는 그 고통을 이겨내야 한다.

니체는 《권력에의 의지》를 '미래의 복음서'라고 명명했다. 행복한 소식을 전하는 책이라는 얘기다. 미래의 모습 또한 극단적으로 보인다는 얘기도 된다. 허무주의의 도래의 시각으로 보면 파국으로 치닫고 있는 듯이 보인다. 하지만 다른 한편 미래는 지극히 희망적이다. 끊임없이 '자신을 뒤돌아보는 것'(25쪽)을 실천에 옮길 때 미래는 긍정적으로 보인다는 얘기다. 허무주의적 긍정은 허무 자체를 '존재의 집'처럼 여기는 것에 있다. 모든 가치가 사라지고 새로운 모든 가치가 존재를 감싸는 그런 상황이다.

'권력에의 의지'는 그러니까 기존의 권력에 대한 '반대운동'이다. 이런 반대운동을 통해 새로운 권력을 쟁취하는 것이다. 그리고 니체는 지금이야말로 허무주의의 도래는 '필연적'이라고 말한다. 한계를 직면하고 싶으면 그 한계의 원인 되는 곳으로 발을 들여놓아야 한다. 지극히 위험한 도전이다. 미궁 안으로 들어설 때 취해야 할 것은 무엇인지 미리 많은 생각을 해두어야 한다. 예상치 못한 상황이 없을 정도로 치밀하게 작전을 세워놓아야 한다. 말 그대로 만반의 준비를 해두어야 한다. 어쨌거나 니체는 허무주의라는 이 '반대운동'이 결실을 맺을 것이라는 확신에 차 있다. 모든 가치는 결국에는 뒤바뀌고 말 것이라는 사실을 믿고 있는 것이다.

문 앞에 선
기분 나쁜 허무주의

니체의 철학이 허무주의라는 사실은 널리 알려져 있다. 그래도 끊임없이 질문을 한다. '허무주의가 무엇이냐'고. 마치 아이들이 반복해서 내놓는 '예수님이 누구냐'는 질문과 같다. 어른들의 질문으로 바꾸면 '신은 누구인가'라는 문장으로 바뀔 수도 있다. 허무주의는 그만큼 복잡한 개념이다. 한마디 말로 설명될 수 있으면 얼마나 좋을까. 아무리 좋은 설명으로도 질문자의 마음을 안정시킬 수 없다. 늘 또 묻고 싶은 심정으로 남아야 하는 게 이런 질문이다. 생각은 늘 어느 하나의 해석에 만족할 수 없기 때문이다.

하지만 니체의 책들 속에는, 특히 이성이 온전할 때 세상에 내놓은 책들 속에는 이 개념이 단 한 번도 제대로 설명된 적이 없었다. 겨우 《도덕의 계보》에서 첫선을 보인다. 그동안 니체는 끊임없이 자신의 철학에 대한 이름을 찾고 있었을 뿐이다. "우리가 자신을 진부하게도 그저 무신론자, 불신자, 비도덕주의자라고 불리게 놓아둔다면, 우리는 오랫동안 자신의 이름이 제대로 불리지 않고 있다고 생각할 것이다. 우리는 가장 후기의 단계에 이른 위의 세 가지 모두이다."(즐거운, 327쪽) 무신론자, 불신자, 비도덕주의자를 모두 함께 부를 수 있는 개념은 과연 무엇일까? 마치 책을 다 써놓고 제목을 고민하는 것과 같다. 니체는 자신이 무슨 생각을 하고 있는지 처음부터 잘 알고 있었다. 하지만 그 사상을 어떻게 부를 것인지는 고민의 대상이었던 것이다.

미완성으로 남아 있는 《권력에의 의지》에는 하지만 '허무주의'가 전면에 나선다. 이 개념이 바로 이 철학서의 핵심을 이룬다는 얘기다. 제목의 '권력에의 의지'와 부제목의 '모든 가치의 전도'는 바로 이 허무주의를 일컫는 말이 되고 있는 것이다. 아쉽게도 완성을 보지 못한 이 책 속에 니체는 자신의 철학에 대한 이름을 붙여놓는 데 성공을 거둔 것이다. 이제야 이름을 알았다. 사람을 사귈 때도 이름부터 묻는다. 이름이 가져다주는 인식의 결과물은 정말 크다. 하지만 지금부터 또 다른 인식이 요구된다. 그 사람이 어떤 사람인지를 알아나가야 하는 것이다. 이제 허무주의라는 철학을 알아가야 할 차례다. 니체는 이 개념으로 어떤 말을 만들어가고 있는지 관찰해보자.

> 니힐리즘은 문 앞에 서 있다. 모든 방문객 가운데 가장 기분 나쁜 이 존재는 어디에서 오는 것일까? - 출발점, 즉 '사회적 곤궁 상태'나 '생리적 변질', 나아가 부패를 가리켜 니힐리즘의 원인으로 여기는 것은 오류이다. 그것은 더할 나위 없이 의리 있고, 그럴 수 없이 인정 깊은 시대이다. 곤궁, 심적이든 신체적이든 지적이든, 곤궁은 그 자체로서는 니힐리즘(바꾸어 말하면, 가치, 의미, 원망의 철저한 거부)을 출산할 수는 결코 없는, 이들 여러 종류의 곤궁은 한결같이 전혀 빗나간 여러 해석을 허락하는 존재이다. 그렇지 않으면, 하나의 전혀 특정한 해석 가운데, 그리스도교적-도덕적 해석 가운데 니힐리즘은 잠적해 있는 것이다. (29쪽)

니체는 제1권의 제목을 '유럽의 니힐리즘'이라고 붙였다. 유럽에 만연해 있는 허무주의를 얘기하겠다는 것이다. 허무주의는 하나의 증상이 된 것이다. 눈에 보이는 현상을 무슨 말로 어떻게 형용할 것인가? 그것을 니체는 '허무주의'라는 말로 입을 열기 시작한다. 허무주의는 피할 수 없다. 허무주의는 이미 문 앞에 서 있다. 마치 마르크스의 《공산당 선언》에 나오는 말 같다. "한 유령이 유럽을 배회하고 있다, 공산주의라는 유령이."[7] 조금 더 시대를 거슬러 올라가면 괴테의 메피스토펠레스가 전하는 소리로도 들린다. "왜냐하면 유령들이 자리를 잡고 있는 곳에서는 / 철학자들도 환영받기 마련이기 때문이지. / 세상 사람들이 그 솜씨를 보고 고맙게 여기도록 / 철학자들은 한 다스나 되는 새로운 유령들을 곧바로 만들어내거든."[8] 변화가 있는 곳에는 늘 허무주의가 고개를 든다. 허무주의의 등장을 피할 수가 없다. 이를 두고 허무주의의 도래라고 말하는 것이다.

변화가 요구되는 곳에서는 기존의 것에 대한 실망, 좌절, 절망이 필연적이다. 허무주의는 모든 것에 대해 허무함을 느끼게 하는 사고방식이다. 기분 나쁘다. 파괴정신이 근간을 이루고 있기 때문이다. 불편하다. 모든 가치를 부정하기 때문이다. 비이성적이다. 기존의 질서를 거부하기 때문이다. 힘이 없다. 힘을 주고 있던 모든 가치들이 가치 없는 것으로 판명되었기 때문이다. 하지만 이것만으로 허무주의가 설명되었다고 간주하면 실수하는 것이다. 허무주의는 희망이 없으면 나타날 수 없는 이념이다. 힘이 없으면 생겨날 수 없는 사고방식이다. "그것은 더할 나위 없이 의리 있고, 그럴 수 없이 인정 깊은 시대"에 대한 징표인 것이다.

허무주의는 하나의 가치에 대해서는 '철저한 거부'를 선언한다. 하지만 동시에 '여러 해석을 허락하는 존재'이다. 여러 해석의 가능성이 배제된 상태에서 허무주의는 말하자면 '잠적해 있는 것'에 해당한다. 하나의 가치가 대세를 이루고 일반화되어 있는 동안 허무주의는 모습을 드러내지 않는다는 얘기다. 그 대표적인 예로 니체는 '그리스도교적-도덕적 해석'

을 든다. 2천 년 동안 허무주의는 모습을 드러내지 않고 있었다. 아니 모습을 드러내지 못하고 있었다. 2천 년 동안 세상을 지배해온 기존의 가치가 너무도 강력했기 때문이다.

가치에 대한
철학적 고민

허무주의는 가치에 대해 의혹을 제기하는 철학이다. 가치 있던 것에 대해 그 가치의 유효성이 여전히 인정되고 있는지를 시험하고자 하는 철학이다. 그리고 가치 없음을 선언함과 동시에 새로운 가치를 향해 나아가고자 하는 철학이다. 허무주의는 늘 두 개의 영역에 발을 동시에 들여놓은 상태 같다. 가치 있는 것과 가치 없는 것, 혹은 가치 있었던 것과 가치가 사라진 것 사이에 허무주의가 공존한다는 얘기다. 떠나야 할 영역과 새로운 영역에서 허무주의는 운명처럼 나타난다. 버려야 할 가치와 받아들여야 할 가치 사이에서 필연처럼 등장한다. 이를 두고 위기의 상황이라 평가해도 항변할 말은 없다. 사실이 그러니까 말이다. 위기는 언제나 변화를 직면할 때에만 모습을 드러낸다.

니힐리즘이란 무엇을 의미하는가? - 지고의 여러 가치가 그 가치를 박탈하는 것. 목표가 결여되어 있다. '무엇 때문에?'에 대한 대답이 결여되어 있다. (31쪽)

사람을 사귈 때처럼 조심스럽게 다가가 보자. 말 한마디에 신중을 기해보자. 우연을 필연으로 만드는 그런 마음으로 임해보자. 허무주의란 무엇인가? 니체는 최대한 간단하게 답변을 내놓는다. "지고의 여러 가치가 그 가치를 박탈하는 것"이라고. 가치가 가치를 박탈한다. 가치들이 스스로 자기들의 가치를 거부한다. 가치 있던 것에 대한 감정을 정반대의 것으로 만들 수 있느냐? 그것이 문제다. 가령 신으로 인정받던 존재를 더 이상 신이 아니라고 말할 수 있느냐는 것이다. 가장 소중했던 존재에 대한 감정을 거둬들일 수 있느냐는 것이다. 정 떼기를 제대로 할 수 있느냐는 것이다.

　가장 사랑했던 사람을 떠나보내면서 그에게 보냈던 사랑을 거둬들일 수 있는가? 아들이 죽고 딸이 죽고 어머님이 또 아버님이 우리를 홀로 세상에 남겨놓고 떠나갈 때 허무주의는 엄습한다. 따라 죽어야 할까? 눈물을 멈추지 못하면 따라 죽을 수밖에 없다. 다른 길을 찾지 못하면 그 길에서 몰락을 경험해야 한다. 하지만 살고 싶다면 지난 사랑에 버금가는 또 다른 사랑을 찾아야 한다. 의미 있었던 것에서 눈을 떼고 의미 없었던 것에서 새로운 의미를 찾아내야 한다.

　허무주의 정신에는 "목표가 결여되어 있다. '무엇 때문에?'에 대한 대답이 결여되어 있다." 목표도 없고 대답도 없다. 목표가 없어서 대답도 없다. 대답에 대한 욕구가 없어서 목표에 대한 필요성도 없다. 스스로 바다 한가운데로 내던진다. 스스로 사막 한가운데로 내몬다. 어디를 가보자고 나간 것이 아니다. 그냥 허무 속에 풍덩 빠져본다. "네 곁에는 대양이 있다."(즐거운, 199쪽) 자기 곁에 있다는 그 대양의 존재는 인식의 문제다. 사막 한가운데로 스스로 나간 것 또한 인식의 문제다. 미네르바의 올빼미가 다

가오는 어둠을 인식하고 비상을 준비하는 것처럼.⁹ 조국을 잃고 잎새에 이는 바람에도 괴로워하는 것처럼.¹⁰

그런데 허무주의는 비관적이지만은 않다. 그 정신은 사막 한가운데서도 희망을 잃지 않는다. 왜냐하면 "이 더없이 작은 오아시스가 / 나를 삼켜버린 것"(차라, 503쪽)을 인식하고 있기 때문이다. 황야에는 자유정신이 있다. "강하고 독립적인 천품을 지닌 정신이 물러나 외롭게 머물고 있는 황야"(도덕, 468쪽)가 허무주의의 표현이다. 황야가 황야가 아니다. 황야는 현실 인식인 동시에 극복의 현장이다. "아, 그것은 교양 있는 사람들이 꿈꾸어 오던 황야와는 얼마나 달리 보일 것인가!"(같은 곳) 삶의 현장이 마실 물 한 방울 없는 바다라 해도 또 뜨거운 태양이 모든 것을 녹여버릴 사막이라 해도 괜찮다. 그 정도의 상황으로 삶을 막장까지 끌고 갈 수는 없다. 삶은 결코 실망할 일이 아니다. "생의 한가운데에서. ─ 아니다! 삶은 나를 실망시키지 않았다."(즐거운, 293쪽) 허무주의는 끊임없이 삶을 선택한다. 갈증을 느낄수록 삶에의 의지는 커져만 간다. 반복되는 위기 속에서도 삶을 긍정한다. 가치를 거부하고 가치를 획득한다. 그 행위가 삶을 유지시키는 것이다.

> 철저한 니힐리즘이란, 승인받고 있는 최고의 여러 가치가 문제일 때, 생존을 유지하는 것은 절대로 불가능하다는 확신이다. 그에 더하여, 피안이라던가, '신적'이고 도덕의 체현인 성싶어 보이는 사물 그 자체라던가 하는 따위를 차용할 권리를, 우리는 조금이라도 가지고 있지 않다는 통찰이다. / 이 통찰은 '성실성'이 양육되어 온 결과이기도 하다. 따라서 도덕을 믿는 일의 결과이기도 하다. (31쪽)

허무주의란 확신이고 통찰이다. 확신은 여러 가치가 문제될 때 더 이상 살 수 없다는 것과 연결되고, 통찰은 영원하다거나 절대적이라는 말을 할 권리가 없다는 것과 연관한다. 사랑이 증오로 바뀌면 삶의 활력으로 작용했던 온갖 것이 숨통을 죄는 요인으로 변할 것이다. 모든 가치는 하나의 해석에 불과하다. "절대적 진리가 없는 것과 마찬가지로 영원한 사실도 없다."(인간적I, 25쪽) 사람이 사는 곳에 절대적인 것도 없고 영원한 것도 없다. 모든 것은 해석에 불과하기 때문이다.

그런데도 생각은 끊임없이 절대적인 진리를 추구하고 영원한 사실을 염원한다. 신은 존재한다고 믿고 싶어 한다. 그래야 삶이 희망적이라고 여겨지기 때문이다. 하지만 이렇게 생각해보자. 진리 그 자체는 벗어날 수 없는 족쇄라고. 또 사실 그 자체는 벗을 수 없는 멍에라고. 생각하는 존재는 진리를 추구할 수밖에 없고 사실을 요구할 수밖에 없다고. 하지만 모든 생각은 진행형이라서 문제가 된다고. 그러면 모든 게 차분해질 수 있지 않을까. 사람은 사는 동안 신을 알아가는 것이 아닐까. 아무리 공부해도 다 알 수 없는 게 진리요 사실이 아닐까. 그냥 공부하며 사는 게 삶이 아닐까.

어느 하나의 사물을 두고 이것이 진리니 이것이 사실이니 하는 말은 허무하다. 그 모든 것은 하나의 주장에 불과하다. '피안', '신적', '사물 그 자체' 등은 이념에 불과하다. 그런 개념으로 가치의 명예를 꿰찰 권리는 없다. 물론 '성실성' 자체를 부인하는 것은 아니다. 진실성은 존재한다. 이성은 끊임없이 그것을 요구한다. 이성은 도덕까지도 필요로 한다. 하지만 성실성의 결과 또 도덕의 결과는 허무주의로 이어질 수밖에 없다. 늘한계는 있을 수밖에 없고 한계에 직면한 정신은 그다음을 생각해내지 않으면 안 된다. 그것이 사는 것이다. 늘 여기서 저기로 묘기를 부리며 줄타기를 해야 하는 광대처럼 살아야 한다. "사람은 극복되어야 할 그 무엇이다."(차라, 16쪽 이후) 그 극복의 과정에서 삶은 '창조'의 모습을 띄게 된다.

> 지고의 여러 가치란, 특히 그것들에 순복하는 것이 극히 곤란하고 높은 값이 매겨질 때, 인간이 그것들을 섬기며 살아야 했던 것이지만, – 이와 같은 사회적 여러 가치는, 그 격조를 높이기 위하여, '실재'로서, '참'세계로서, 희망이나 미래의 세계로서, 흡사 하나님의 명령이기라도 한 듯, 인간의 머리 위에 구축되어 왔다. 이와 같은 여러 가치의 비천한 본질이 명약관화해져 있는 지금은, 이 일로 모든 것이 그 가치를 박탈당하고, '무의미'가 되어버린 것이라고 생각된다. – 그러나 이것은 하나의 중간 상태에 지나지 않는다. (33쪽)

삶은 늘 '중간 상태'에 놓여 있다. 매 순간이 위기다. 잠에서 깨어나자마자 인간은 과거와 미래 사이에 놓이게 마련이다. 과거에 얻은 생각으로 현재를 틀에 가두고 미래에 대한 준비로 현재를 구속하며 희생한다. 의무감으로 삶을 옥죄고 희망으로 삶을 버틴다. 생각은 삶을 그렇게 생각하게 한다. 다른 생각을 전혀 하지 못하게 한다. '지고의 여러 가치'는 과거의 유산이다. 눈을 뜨자마자 인정하게 되는 가치다. 어린아이가 말을 배우듯이 그렇게 가치는 세대를 거치면서 전승된다. 인간의 모든 생각은 그 가치에서부터 시작지점을 찾는다. 그것을 현 위치에 대한 인식으로 간주한다. 그것을 "흡사 하나님의 명령이기라도 한 듯"이 여기는 것이다. 이렇게 구축된 가치를 '머리 위에' 올려놓고 사는 것이다.

가치 있던 것에 가치를 박탈할 수 있는가? 허무주의는 끊임없이 반복해서 묻는다. "이와 같은 여러 가치의 비천한 본질이 명약관화해져 있는 지금은, 이 일로 모든 것이 그 가치를 박탈당하고, '무의미'가 되어버린 것이라고 생각된다." 이 말을 인정할 수 있는가? 예를 들어 지금까지 신으로 간주되어오던 어떤 것이 '비천한 본질'을 드러내고 있다고 말할 수 있느냐 이 말이다. 희망을 걸었던 것에 마음을 거둬들일 수 있는가? 간절하게 원했던 것을 없었던 것처럼 돌아설 수 있는가? 의미가 있던 것에 무의미를 허용할 수 있는가? 이런 마음을 준비시켜주는 것이 허무주의 철학이다.

인간의 본질로서의
신앙과 이상주의

인간은 신앙적 존재다. 신앙은 인간의 본질이다. 이성이 있어서 그런 거다. 일 더하기 일은 이$^{1+1=2}$라는 식과 답을 알고 있다면 이 더하기 이는 사$^{2+2=4}$가 된다는 것도 이성적으로 알 수 있다. 이성은 라틴어로 라치오 Ratio, 즉 계산능력을 의미한다. 인간의 정신은 계산할 수 있다. 이게 이렇다면 저건 저럴 수 있다고 믿는다. 식이 이해되면 그 식을 통해 전혀 다른 그 무엇을 생각해낼 수도 있는 것이다. 그 믿음의 정점에 신이 존재한다. 신이 있다는 것이다. 절대적인 존재의 형식으로 말이다. 인간은 누구나 그것에 대한 생각을 가지고 있다. 신의 모습과 내용은 각자의 몫이기는 하지만 각자 모두 신이라는 이념으로부터 자유로울 수가 없다. 이 모든 것은 이성적 존재라서 그런 거다.

신앙이란 무엇인가? 그것은 어떻게 하여 생기는 것일까? 모든 신앙은 참이라는 생각이 굳어 있다.

니힐리즘의 극한적 형식은, 어떠한 신앙도, 참이라고 굳게 믿는 어떠한 것도, 필연적으로 거짓이라는 통찰이리라. 왜냐하면 참 세계인 것은 전혀 없기 때문이다. 따라서 그것은 원근법적 가상이며, 그 근원은 우리 내부에 있다 (우리가 보다 협소하고 한정된, 단순화된 세계를 끊임없이 필요로 하는 한). – 우리가 철저하게 몰락하는 일이 없이, 가상성을, 빈말의 필연성을 어디까지 승인할 수 있는가는, 힘의 정도에 달려 있다는 것.

이 한계에서 니힐리즘은, 진실한 세계의, 존재의 부인으로서, 하나의 신적 사고법일지도 모른다. (37쪽)

신앙인은 참이라는 의식에 갇혀 있는 자다. "모든 신앙은 참이라는 생각이 굳어 있다." 이 굳은 생각이 문제다. 신앙은 언제나 문제의 중심에 선다. 사람이 사는 곳에 갈등이 있게 마련이다. 생각은 어쩔 수 없이 해야 하고 또 생각은 끊임없이 그 어떤 참을 양산해내기 때문이다. 사람이 사람을 만나면 그래서 서로 다른 생각 때문에 피곤해지기도 하고 같은 생각 때문에 사랑에 빠지기도 한다. 누구는 이목구비가 뚜렷한 서구적인 이미지의 예수가 좋고 누구는 피둥피둥 살이 찐 부처를 좋아한다. 그 좋은 느낌이 절대적으로 인식될 때 문제는 심각해진다.

'참이라는 생각'을 저울대 위에 올려놓을 수 있는가? 자신이 옳지 않을 수도 있다는 가능성을 받아들일 수 있는가? 옳다는 판단으로 굳어진 생각을 틀릴 수도 있다는 판단과 함께 유연해질 수 있는가? 말은 쉽지만 실천하기는 정말 어렵다. 논리가 서면 그 논리를 벗어나기가 여간 어려운 게 아니라서 그런 거다. 천재가 실수하면 아무도 도와줄 수 없다. 그의 논리는 아무도 생각해낼 수 없기 때문이다. 아니 천재의 경우로 상황을 극단화시킬 필요도 없다. 모든 사람의 생각이 하나의 닫힌 논리를 연상케 한다고 말해도 무방하지 않을까. 자신이 옳다는 판단에서 쉽게 나오는 말이 '넌 왜 그러냐!' 하는 말이 아닐까.

허무주의 형식은 "참이라고 굳게 믿는 어떠한 것도, 필연적으로 거짓이라는 통찰이리라." 옳다고 믿었던 것이 틀리다는 판단을 이끌 때 허무주의가 도래하는 것이다. "참 세계인 것은 전혀 없기 때문이다." 이것도 복잡하게 읽히면 이렇게 말해보자. '참 세계는 없다'고. 그러면 그다음 논리도 쉽게 읽히지 않을까. "그것은 원근법적 가상이며, 그 근원은 우리 내부에 있다(우리가 보다 협소하고 한정된, 단순화된 세계를 끊임없이 필요로 하는 한)." 성경도 이 같은 논리를 펼쳤다. "하나님의 나라는 볼 수 있게 임하는 것이 아니요 또 여기 있다 저기 있다고도 못하리니 하나님의 나라는 너희 안에 있느니라."(누가복음 17:20-21) '참 세계'는 우리 안에서만 의미를 갖는다. 우리 안에 있는 모든 것은 객관이 될 수 없다. 그 모든 것은 주관의 범주에 머물기 때문이다.

신을 거부하기 위해서는 또 다른 신의 존재를 끌어들일 수밖에 없다. "그런 행위를 할 자격이 있으려면 우리 스스로가 신이 되어야 하는 것이 아닐까?"(즐거운, 201쪽) 허무주의는 결국 '하나의 신적 사고법'에 해당한다. 새로운 사랑이 이전의 사랑을 무력하게 만든다. 새로운 신이 이전의 신을 부인하게 하는 것이다. 신앙 자체를 문제 삼는 게 아니다. 그 신앙의 내용을 문제 삼고 있을 뿐이다. 결국 허무주의는 힘의 문제와 연결된다. 힘이 있으면 의존성은 쉽게 거부될 수 있기 때문이다. "가상성을, 빈말의 필연성을 어디까지 승인할 수 있는가는, 힘의 정도에 달려 있다는 것"이다. '권력에의 의지'는 '힘에의 의지'이며, 그 힘은 가상으로 세워진 참 세계를 거부하게 한다.

> 우리가 '환멸을 느낀 존재'가 된다고 가정하면, 그것은 생에 관해서는 아니다. 그런 게 아니라 우리가 모든 종류의 '원망願望'의 무엇인가를 간파했기 때문이다. 우리는, '이상'이라고 불리는 것을, 조소적인 분노를 품고서 멀리 응시한다. 우리는, '이상주의'로 불리는 저 바보스런 감동을 언제까지나 줄곧 억누르고 있을 수는 없는 경우에만, 스스로를 경멸하는 것이다. 이 악습은, 환멸을 느낀 자의 분노보다 더 강하다. (37쪽)

'이 악습'은 무엇을 의미하는가? '스스로를 경멸하는 것'을 두고 한 말이다. 자기 자신을 경멸하는 것이라고? 니체 철학은 자기 경멸을 지향한다고? 여기서 오해는 하지 않도록 해야 한다. 자기 경멸은 목적이 아니라 과정 속에서 거쳐 가야 하는 상황임. 경멸을 하지 않고 극복을 이야기할 수 없다. 극복하고 싶다면 경멸의 감정을 전제하지 않을 수 없다. 그 감정이 없다면 극복할 이유도 찾지 못할 것이기 때문이다. 그렇다면 이제 경멸의 대상이 되는 자기 자신에 대해 생각을 집중해보자. 경멸받아야 마땅한 자기 자신이란 어떤 존재일까? 이 질문의 핵심에는 신앙이라는 개념이 버티고 있다.

성경에 믿음과 관련한 명쾌한 정의가 하나 있다. "믿음은 바라는 것들의 실상이요 보이지 않는 것들의 증거니"(히브리서 11:1)라는 구절이 그것이다. 허무주의가 허무를 받아들이는 것은 결코 삶이 아니다. 삶으로 가장한 바라는 것, 즉 이상이라 불리는 것에 대한 허무를 이야기하고 있을 뿐이다. 니체는 '이상주의'를 '바보스런 감동'이라고 표현한다. 원문은 '압주르데 레궁absurde Regung'이라고 되어 있다. 압주르데는 '조리가 서지 않는, 이치에 어긋난, 허무맹랑한' 등의 뜻을 지닌 말이다. 문학에서는 '부조리한'으로 번역되기도 한다. 특히 유진 이오네스코Eugène Ionesco(1909-1994)와 사뮈엘 베케트Samuel Beckett(1906-1989)에 의해 대변되는 '부조리극'[11]이 가장 대표적인 예라고 볼 수 있다. 그리고 이 형용사를 이어받는 명사는 레궁이다. '감동' 외에도 '자극, 흥분, 동요, 충동' 등의 의미를 품고 있다. 즉 무엇인가로부터 자극을 받은 상태라는 얘기다. 그 자극 때문에 흥분한 그런 상태다.

이상주의는 그러니까 니체의 시각으로 보면 내면의 것인 동시에 삶에 근간을 둔 것으로 파악되지 않고 있다. 그것은 늘 '무엇 때문에' 흥분해 있는 상태를 의미한다. 오히려 삶과는 정반대의 원리로 작용하고 있는 개념에 해당한다. 이렇게 삶에 저항하는 소리에 대해서 니체는 '조소적인 분노'를 숨기지 않는다. 이상은 웃긴 것이고 또 분노를 느껴야 할 대상으로 간주하고 있다는 얘기다. 이상에 눈이 멀었을 때 현실은 외면당한다. 이상이 옳은 것이라고 생각될 때 현실은 틀린 것이라고 폄훼당한다. 이상이 참 세계의 것이라고 말할 때 현실은 거짓의 허울을 쓰게 된다. 하지만 허무주의는 이런 발상에 저항한다. '조소적인 분노'를 불러일으킨다. 그런 생각을 했던 자기 자신을 '스스로 경멸하는 것이다.'

허무주의는 스스로 경멸하는 것을 지향한다. '그것밖에 못하나! 이 벌레만도 못한 놈!' 하고 스스로에게 채찍질을 가하는 정신의 형식이다. 그동안 습관적으로 인정해왔던 것에 대한 반기다. 매너리즘에 빠져 있는 자기 자신을 거부하는 것이다. 관행이라 불리는 모든 것에 솔직한 마음으로 저항하는 것이다. 양심의 가책 없이 자기 자신을 경멸하는 것이다. 이것이 가능한 이유는 새로운 양심이 형성되었기 때문이다. 아니 적어도 그런 양심에 대한 희망의 끈을 잡았기 때문이다.

이해되어야 하는
몰락의 가치

　인생은 생로병사의 과정을 밟는다. 태어나고 늙어가고 병들고 죽는다. 시간의 흐름에 따라 변해간다. 그 변화를 인식하는 것이 관건이다. 생의 시작지점으로 눈을 돌려보자. 어린 삶은 성장기를 거쳐 간다. 몸이 조금씩 커간다. 그에 따라 눈높이 또한 조금씩 올라간다. 시야가 조금씩 넓어지는 것이다. 하지만 성장하는 만큼 현실은 멀어지기만 한다. 눈높이가 위로 올라간 만큼 대지는 그에 정비례하며 멀어지는 것이다. 어른이 될수록 보다 먼 곳을 바라볼 수 있지만 현실감각은 꼭 그만큼 사라져만 간다. 이성이 강해지면 질수록 뜬 눈으로도 세상을 제대로 보지 못한다. 눈 뜬 장님이라고 할까. 참으로 이상하다. 인생 60이 되면 이순耳順이 되는 게 아니라 오히려 고집불통의 노인이 되어간다.

　인생은 아름답다. 영화의 제목처럼 아름답다. 그중에서도 청춘이 가장 아름답다. 어린 것은 그것이 무엇이 되었든 간에 다 예쁘게만 보인다. 하지만 이때는 아무것도 아닌 것에 대해서도 아플 때이기도 하다. 누구는 '아프니까 청춘'이라고 말하기도 한다. 늘 변화에 직면해 있기 때문이다. 모든 하루가 다르다. 그 다름을 받아들일 준비가 되어 있지 않아 당황스러운 것이다. 예상치 못했던 이별 앞에 무너지기도 한다. 늘 새로운 변화 앞에 상실감을 저버릴 수 없다. 어둠이 무서워 불을 커놓고 자야만 하는 어린 시절의 경험은 죽음을 인식하면서부터 나타난다. 한계를 인식하면 서부터 나타나는 것이다.

그런데 깨달은 인생은 좀 다르다. 도道가 통한다고 말한다. 막힘이 없는 정신이다. 삶의 어느 지점에서도 절망할 이유가 없다. 마음의 여유도 이 때 생겨난다. 불안해할 이유가 없다. 마음이 아플 이유도 없다. 인생의 거 의 모든 고통은 마음 상태 때문에 발생하는 것이다. 정말 피를 토하고 팔 다리 잘려나가는 그런 사고는 평생에 한두 번 겪을까 말까 할 뿐이다. 그 냥 시간의 흐름이 감당 안 돼서 무릎을 꿇을 때도 있다. 봄의 끝자락을 붙 잡고 오열하기도 한다. 저주의 말 한마디에 삶을 포기하는 청춘도 있다. 이런 절체절명의 위기 상황이라면 허무주의에 도움을 청해보자.

> 완전한 니힐리스트. - 니힐리스트의 눈은, 추한 것에로 이상화하고, 스스로
> 의 추억에 배신을 당한다 - 즉 추억이 전락하고 퇴락함에 따라, 먼 과거의
> 것 위에 연약함이 쏟아놓는 시색屍色에 추억의 색깔이 바래어 가는 것을 막
> 으려 하지 않는다. 그리고 니힐리스트는, 스스로에 대하여 행하지 않는 것,
> 그것을 인간이 모든 과거에 대해서도 행하는 법이 없다. - 그는 그것을 전락
> 하는 것에 맡긴다. (40쪽)

전락하는 것에 스스로를 맡길 수 있는가? 이것이 허무주의의 방식이기 에 묻는 것이다. 폭포수처럼 순간에 몰두할 수 있는가? 언젠가는 바닥에 도달해 단단한 바위에 부딪쳐 파괴되는 단말마의 고통을 겪게 되겠지만

그것에 주눅 들어 안달복달하지 않을 자신이 있는가 이 말이다. 전락으로 번역된 독일어는 '팔렌fallen'이다. '떨어지다, 낙하하다, 추락하다, 하강하다' 등의 뜻을 지니고 있는 말이다. 몰락이라 번역해도 되는 말이다. 타락이나 쇠퇴 혹은 멸망의 의미로 파악해도 된다. 문제는 그런 팔렌에 스스로를 맡길 수 있는가 하는 것이다. 이것을 묻는 이유는 대부분의 사람들은 위를 바라보기 때문이다. 늘 오르려는 의지로 살아가고 있기 때문이다. 정상을 밟으려는 의지로 말이다. 성공신화를 꿈꾸며 하루하루를 노력의 공든 탑을 쌓듯이 살아가고 있기 때문이다.

그런데 허무주의는 몰락에 몸과 마음을 맡기란다. 겁먹지 말라고 가르치고 있다. 그동안 추하다고 생각하며 외면했던 것에 눈을 돌리라고 요구한다. 소위 '추한 것으로 이상화'를 실현시키라는 얘기다. 또 좋았던 추억에서 그 좋았던 느낌을 거둬들이라고 가르친다. "스스로의 추억에 배신을 당한다"는 느낌으로 살라 한다. "즉 추억이 전락하고 퇴락함에 따라, 먼 과거의 것 위에 연약함이 쏟아놓는 시색에 추억의 색깔이 바래어 가는 것을 막으려 하지 않는다"는 것이다. 흰머리가 나면 인정하고 보살피라는 것이다. 주름살이 생기면 추하게 보지 말라는 것이다. 추한 것은 이상화시키고 좋은 것은 버리라고 말한다. 좋았던 기억은 과감하게 버리라고. 세월에 흐름에 스스로를 맡길 수 있는가. 참으로 눈물 나게 하는 요구가 아닐 수 없다. 세월을 붙잡고 싶고 청춘의 지점에 머물고 싶은 마음이 굴뚝같기 때문이다.

이해되어야 하는 것. – 모든 종류의 퇴락이나 발병이 끊임없이 모든 가치 판단에 협력해왔다는 것, 지배적이 된 가치 판단 가운데서 데카당스가 그보다 우세해지고 있다는 것, 우리는 현재 변질의 온갖 비참함으로 귀결되는 상태와 싸우지 않을 수 없을 뿐만 아니라, 지금까지의 모든 데카당스는 아직 잔존해 있다. 다시 말하면 생기生氣를 보유하고 있다는 것, 인류가 그 근본 본능으로부터 이처럼 전면적으로 갈피를 잡지 못하고 있다는 것, 가치 판단이 걸린 전면적 데카당스야말로, 유독 의문점이며, '인간'이라는 동물이 철학자에게 부과하는 본래의 수수께끼이다. (48쪽)

몰락의 가치는 수수께끼에 해당한다. 심심함이 문제가 되는 것과 같은 원리다. 영원히 지속적으로 행복할 수는 없다. 이 또한 수수께끼다. "'인간'이라는 동물이 철학자에게 부과하는 본래의 수수께끼이다." 인간은 왜 그럴까? 왜 재미없다는 말을 되풀이하며 살게 되는 것일까? 왜 인간은 하나의 사물에 대해 반복해서 질리고 역겨운 마음을 드러내게 되는 것일까? 그 리듬의 폭은 개인마다 다를 수 있지만 피할 수 없는 변화의 속성이다. 웃다가도 울 수 있는 게 인간이다. 울다가도 웃는 것도 매한가지다. 한결같은 것은 없다. 영원한 것은 없다. 한결같은 것은 변화 그 자체뿐이다. 영원한 것은 시간과 공간을 포괄하는 현상의 원리뿐이다.

삶은 이해를 요구한다. 인식이 와줘야 한다. 깨달아야 한다. 그렇지 않으면 삶은 의미 없이 지나가고 만다. '태어난 게 엊그제 같은데 벌써 죽어야 하네!' 이런 마음이 들지 않도록 살아야 한다. 인생을 되돌아볼 때 수많은 우여곡절이 보여야 한다. 돌아봤더니 그저 낭떠러지뿐이라는 인식보다 불행한 것이 없다. 분명 시간은 흘러갔는데 그 흔적이 보이지 않을 때 우리는 허무하다는 말을 입에 담게 된다. 정상에 있다는 느낌은 밟아온 계단들이 보일 때 실감난다. 두 팔 벌리고 심호흡하게 하는 것은 그런 느낌이다. 그것도 자신이 걸어온 길이 아무도 가보지 않은 길이었다는 사실을 알게 될 때 무한한 긍지를 느끼게 될 것이다. 선구자의 길을 걸어왔기 때문이다.

몰락의 다른 말은 데카당스이다. 퇴락의 기운을 담고 있다. 퇴폐라고 번역해도 되는 말이다. 모든 기운은 쇠퇴해지게 마련이다. 모든 좋았던 기억은 삶의 발목을 잡을 것이다. 그 족쇄로부터 벗어나는 것은 마음이 해야 할 일이다. 가치 있다고 믿었던 것에 철퇴를 가해야 한다. 망치를 들고 임해야 한다. 이성은 우상을 필연적으로 만들어내겠지만 그것을 깨는 것도 필연적이어야 한다. 우상이 파괴될 때의 아픔은 그것을 만들어낼 때 부여했던 희망만큼이나 치명적일 것이다. 하지만 그 아픔이 무서워 우상을 만들지 않는다면 그 또한 어리석은 삶이 아닐 수 없다. 헤어짐이 두려워 사랑을 하지 못하는 정신도 마찬가지다. 모든 모험 여행은 비이성에서 출발하고 있다는 것을 인정해야 한다. 그 비이성이 노력에 의해 이성으로 인정받게 되는 것이다. 모든 변혁은 그렇게 진행되어 왔다.

오고 간다. 돌고 돈다. 위로 비상할 때도 있고 아래로 처박힐 때도 있다. 시간은 심장처럼 뛴다. 피를 강하게 뿜을 때도 있지만 그 뿜어야 할 피를 강하게 끌어들어야 할 때도 있다. 어느 한순간만을 긍정적으로 보고 다른 순간을 부정적으로 본다면 그것은 어리석은 생각일 뿐이다. 현재의 의미는 바뀔 수 있다. 하지만 의식적으로 임해야 한다. 그것이 관건이다. "지금까지의 모든 데카당스는 아직 잔존해 있다." 이것을 인식으로 받아들여야 한다. 좋은 것을 보면 퇴락을 준비해야 한다. 나쁜 것을 보면 삶의 에너지를 앗아가는 하수구를 만들지 않으려고 애를 써야 한다. 쇼펜하우어가 인용했던 호라티우스의 말을 기억해도 좋으리라. "괴로울 땐 / 마음의 평정을 잃지 말고 / 행복할 땐 / 너무 기뻐하지 말라."**12** '인생만사 새옹지마'도 같은 맥락에서 이해될 수 있다. 니체는 이것을 두고 '영원회귀'라는 말로 표현하기도 했던 것이다.

> 총체적 통찰. – 사실, 여하한 위대한 생장도 거대한 파탄이나 과실을 필연적으로 수반하는 것이다. 고뇌, 쇠퇴의 징후는 거대한 전진의 시대 가운데에로 스며들고 있다. 인류의 결실이 풍부한 강력한 운동은 어느 것이나, 동시에 니힐리즘의 운동을 함께 산출해왔던 것이다. 페시미즘의 극한적 형식이, 본래적 니힐리즘이 드러나게 된다는 것이야말로 사정에 따라서는 하나의 결정적인, 더할 나위 없이 본질적인 생장을 나타내는 새로운 생존 조건 가운데에로의 이행을 나타내는 징후일지도 모른다. 이 일을 나는 포착하였다. (91쪽)

니체가 포착한 것은 무엇인가? 그것은 변화의 지점에 고통이 있었다는 것이다. 아프지 않고 변할 수는 없다. 삶의 의미는 변화의 의미와 함께 형성된다. 다만 그 아픔을 부정적으로 받아들이지 않았을 뿐이다. 시냇물과 함께 놀 때 '새하얀 손이 쭈글쭈글해지는 그 모습'을 보면서 아무도 가르쳐주지 않은 변화를 인식할 때 모든 상황은 그저 놀이터가 되어줄 뿐이다. 놀 수만 있다면 불행할 이유가 없는 것이다. "아프지는 않은데 손이 변한 것이다."**13** 그 손에 대한 인식과 함께 내면에서도 또 다른 인식을 엮어가고 있는 것이다. 시냇물처럼 느리게 흘러가는 시간의 흐름 속에서 인식의 거미줄을 촘촘하게 엮어간다. 인생의 온갖 비극적 요소를 직면하고서도 밝은 미소와 해맑은 웃음으로 받아들일 수 있는 상황을 연출해내는 것은 건강한 마음이 하는 일이다.

'위대한 생장'은 무엇을 두고 한 말일까. 생장이라고 다 위대한 것은 아니라서 한번 곱씹어보아야 한다. 인생을 되돌아보며 자기 인생의 가장 위대했던 시기는 언제였던가를 한번 생각해보자는 것이다. 다시 물어보자. 무엇을 두고 우리는 '위대한 성장'이라고 말을 하는 것일까? 가끔 '많이 컸구나' 하는 말을 해야 할 때가 있다. 스스로에게도 이 말을 해줘야 할 때가 있다. 그때는 아마 상처의 아픔을 극복하고 어른다운 모습으로 거듭나 있을 때일 것이다. 절망과 좌절의 위험을 이겨내고 성장해냈을 때 우리는 '위대한 성장'이라는 말로 칭찬하게 되는 것이다.

'거대한 전진의 시대'는 위대한 성장이 깊은 상처를 전제하는 것처럼 필연적으로 '거대한 파탄이나 과실'을 전제한다. 발전이라는 말의 독일어는 '엔트빅클룽Entwicklung'이다. 얽히고설킨 것을 마침내 풀어내거나 끊어버리거나 해야 하는 상황이다. 그래야 발전이 이루어지는 것이다. 발전은 과거와 현재를 복잡하게 하는 모든 것을 지양하는 과정에서 나타난다. 진보도 마찬가지다. 발걸음을 내딛는다는 것은 현실에 안주하지 않는다는 뜻이기도 하다. 모험이다. 새로운 상황이 가져다주는 모든 것은 미지의 것이다. 그럼에도 불구하고 현실 속에서는 살 수가 없다는 인식이 이 한 발자국의 전진을 가능하게 해주는 것이다.

관능을 시인하는 인간화

인간은 어머니의 뱃속에서 잉태되어 핏덩어리 같은 모습으로 세상에 태어난다. 두 주먹 불끈 쥐고 울면서 삶을 시작한다. 배고프면 울고 배부르면 자면서 서서히 성장을 해나간다. 그리고 남자와 여자라는 모습을 취해간다. 여성은 품으려는 본능을 저버릴 수 없고, 남성은 품고 싶은 것을 찾아 떠나는 본성을 숨길 수 없다. 분명 두 개의 성에는 거부할 수 없는 차이가 존재한다. 두 성은 만나 사랑을 하고 다시 부모가 된다. 지극히 자연스러운 삶의 모습이다.

《안티크리스트》에서 니체는 '그리스도교 반대법'을 제정하기도 했다. 그 제4조는 다음과 같다. "순결에 대한 설교는 반자연을 공공연히 도발한다. 성생활에 대한 모든 경멸, 성생활을 '불결하다'는 개념으로 더럽히는 것은 삶의 성령을 거스르는 진정한 죄다."(안티. 320쪽) 섹스라는 말을 하면서 불결하다고 생각이 든다면 아직 허무주의를 제대로 받아들이지 못하고 있는 상황이다. 신은 죽었다는 말을 할 때 아직도 양심의 가책을 느낀다면 허무주의의 이념을 제대로 인식하지 못한 상태이다. 허무주의는 삶을 변호하고자 하는 철학이다. 삶을 변호할 때 가장 주의해야 할 부분이 과연 무엇일까? 그것은 현상으로 드러나고 있는 육체의 의미가 아닐까.

사람들은 모여 함께 즐기기를 원한다. 최소한 두 사람이 모여 사랑이라는 기적을 경험하고 싶어 한다. 하물며 두 사람 이상이 모여 벌이는 축제는 이상적인 상황이라 감히 말할 수 있으리라. 그런데 육체를 가진 사람들이 벌이는 축제의 현장에 '성적 방종'은 어김없이 나타난다. "축제가 열리는 거의 모든 곳에서 이 축제의 책임은 과도한 성적 방종에 있었다."(비극. 37쪽) 고대의 현실이다. 고대인들이 살았던 현장이다. 도대체 이것이 어떻게 가능했을까? 니체는 '비극의 탄생'이라는 개념으로 고대의 수수께끼 같은 세계관에 도전장을 내밀었다. 고대인들은 무엇을 보았을까? 그들의 눈에는 무엇이 아름답게 보였을까? 무엇이 신성하다고 느꼈을까? 중세를 넘어 근대와 현대로 이어진 이 정신으로는 도저히 감도 잡지 못할 경지다. 신과 함께하는 것, 즉 '임마누엘'의 관계만이 성스럽다고 생각하는 틀 속에서는 도저히 풀 수 없는 수수께끼가 되고 만다.

허무주의 철학을 받아들이고 싶을 때 건너야 할 강이 있다면 육체의 의미에 대해 높은 가치를 부여하는 것이다. 쉽게 건널 수 없는 강이다. 누구는 다리가 짧고 누구는 대머리고 누구는 여드름이 난 얼굴을 혐오한다. 게다가 늙어감을 인정할 수 있는 정신은 흔치 않다. 세월의 흐름을 빗겨가고 싶은 것이 인간의 욕망이다. 얼굴에서 세월의 흔적을 지우고 싶은 것이다. 동안童顔이란 소리가 긍정적으로 들리는 게 현실이다. 영생이란 말이 그저 좋게만 들리는 게 사실이다. 예나 지금이나 변함없이 모두들 불로초不老草를 찾고 있다. 이와 관련한 모든 노력은 헛수고일 뿐이다. 허무주의 철학은 이런 모든 낙천주의 사상에 거부의 손짓을 보낸다. 어떤 때는 잔인하게 들릴 수도 있다. 모든 희망의 싹을 잘라놓기 때문이다.

하지만 희망의 싹은 자를지 몰라도 절망에 빠져 살게는 하지 않는다. 그것은 허무주의의 이념이 아니다. 오히려 새로운 희망을 보여주고자 애를 쓴다. 삶이 실존한다는 사실을 인식시키고자 한다. 눈에 보이는 모든 것을 제대로 봐주기를 요구한다. 죽음까지도 들여다보라고 가르친다. 생 철학이 감당해야 할 최대의 숙제다. 허무주의가 풀어내야 할 가장 어려운 수수께끼다. 이런 요구와 관련해서 지금까지의 사상들을 바라보면 모든 게 그저 쓸모없어 보일 뿐이다.

이것이거나 아니면 저것이 참이다. 참이란, 즉 여기서는 인간 유형을 향상시키는 것이다… / 극악한 생존 형식으로서의 승려, 목사, 모든 교육은 지금까지 기댈 만한 것이 못 되며, 일정한 주견主見도 없고, 중심을 잃었고, 가치의 모순에 포로가 되어 있었다. - (56쪽)

참이란 정해져 있는 게 아니다. 옳다고 미리 정해져 있는 것은 하나도 없다. 하지만 중세에는 모든 게 신의 뜻으로 미리 정해져 있는 듯이 판단되어왔다. 모든 사상은 현실에 발을 붙이고 있지 못했다. 현실성이 결여되어 있었다. 대지로 몰락하는 정신은 존재하지 않았다. 천국 향한 꿈으로 허송세월을 보내게 했다. 그 꿈으로 위로를 받으며 살게 했다. 믿음으로 스스로를 최면에 걸리게 했다. 하늘을 동경하며 죄책감에 쌓이게 했다. '회개하라'는 말을 정언명법처럼 받아들이게 했다. 이런 죄의식을 양심으로 간주하게 했다. 모두가 천사가 되리라는 망상에 빠져 살게 했다. 하늘의 가치를 바라보며 살게 했던 것이다.

니체는 이 모든 것에 저항한다. 현실을 보여주고자 한다. 아파도 어쩔 수 없다. 상처가 흉측하게 보여도 상관하지 않는다. 오히려 그 상처가 삶의 의미임을 가르치고자 한다. 모든 것을 인간 중심으로 바꿔놓고자 하는 것이다. 신 중심에서 인간 중심으로! 이것이 이토록 힘든 것이다. 신을 버리기가 이토록 어려운 것이다. 하늘 중심에서 땅 중심으로! 이것이 이토록 욕을 먹는 대목이다. 대지를 먼지구덩이로 판단하는 이들에게 감당이 안 되는 주장이기 때문이다. 흙장난은 더럽다고 생각하기 때문이다. 병이 들 거라는 두려움에 휩싸여 있는 것이다. 삶의 의미를 생각할 때마다 떠오르는 잠언이 하나 있다.《즐거운 학문》에 나오는 '생의 한가운데서'라는 잠언이 그것이다. 되새김하는 의미에서 다시 읽어보자.

생의 한가운데에서. – 아니다! 삶은 나를 실망시키지 않았다. 해가 갈수록 나는 삶이 더 참되고, 더 열망할 가치가 있고, 더 비밀로 가득하다는 것을 발견하고 있다. – 위대한 해방자가 내게 찾아온 그날 이후로! 삶이 – 의무나 저주받은 숙명이나 기만이 아니라 – 인식하는 자의 실험이 될 수 있다는 저 사상이 나를 찾아온 그날 이후로! 인식이 다른 사람들에게는 다른 것일지 몰라도, 예를 들어 침대나 침대로 가는 길, 오락이나 여가 활동일지 몰라도, – 내게 그것은 영웅적 감정이 춤추고 뛰어노는 위험과 승리의 세계이다. "삶은 인식의 수단"이다 – 이 원칙을 마음속에 품고 있으면 인간은 용감해질 뿐만 아니라, 심지어 즐겁게 살고 즐겁게 웃게 된다! 전쟁과 승리를 제대로 알고 있지 못한 자가 어찌 멋지게 웃고 멋지게 사는 것을 알겠는가? (즐거운, 293쪽 이후)

삶은 좋은 것이다. 삶은 결코 거부해야 할 것이 아니다. 삶은 기회다. 즐겁게 살 기회고 행복하게 살 기회며 해탈할 기회며 구원받을 기회다. 천국은 지상천국이다. "그러나 우리에게는 하늘나라에 들어갈 생각이 전혀 없다. 우리 성숙한 어른이 되었으니. 우리는 이제 지상의 나라를 원한다."(차라, 519쪽) 세상이 천국이다. "새 신앙인의 천국은 물론 지상의 천국이어야 한다."(반시대I, 205쪽) 이 땅에 사는 한 우리는 이미 천국에 있는 것이다. 그것을 믿고 안 믿고는 자기 책임이다. 주어진 삶을 선물로 간주하느냐 마느냐는 오로지 자기 자신의 몫이라는 얘기다.

'삶은 인식의 수단이다.' 가장 중요한 말이다. 생철학의 핵심이다. 이 말을 마음속에 품고 있어야 용기도 생기고 즐겁게 살 수도 있다. 즐겁게 웃을 수도 있다. 아무리 아픈 상처가 생겨도 웃을 수만 있다면 정신줄을 놓을 그런 치명적인 상황은 벌어지지 않을 것이다. 삶은 깨달음으로 인해 의미가 부여된다. 사람은 누구나 깨닫기를 바란다. 생각하는 존재라서 그런 거다. 하지만 깨닫고 싶으면 삶을 소중하게 여길 줄 알아야 한다. 삶이 없으면 아무것도 할 수가 없기 때문이다. 삶은 보물과 같다. "네 보물이 있는 그곳에는 네 마음도 있느니라."(마태복음 6:21) 맞는 말이다. 니체도 인정했던 말이다. 그 보물이 있는 곳에 마음이 없어 우리는 스스로를 알지도 못하고 살 수밖에 없었던 것이다. "우리는 자기 자신을 잘 알지 못한다."(도덕, 337쪽) 마음이 있어야 보인다. 마음이 있어야 인식할 수 있는 것이다. 자기 자신조차도.

"참이란, 즉 여기서는 인간 유형을 향상시키는 것이다…" 말줄임표를 붙여놓을 수밖에 없는 주장이다. 할 말이 아직 너무도 많이 남아 있음을 느끼기 때문이다. 인간 유형을 향상시키는 일! 그것이 생철학의 과제다. 허무주의가 가시화시켜야 할 숙제다. 허무주의는 절대적인 허무로 나아가게 하는 데 목적이 있는 게 아니라 또 다른 얼굴이 있다는 것을 확신할 수 있는 방향으로 나아가야 한다. 어떤 상황에서도 삶에 대한 확신을 놓쳐서는 안 된다. "세계의 실존은 오로지 미적 현상으로만 정당화된다."(비극, 16쪽) 허무주의는 세상의 아름다움을 찾고 인식하며 그것을 있는 그대로 받아들일 것을 요구한다.

삶을 의심하지 말라. "네 실존이 정당화될 수 있을까?"(즐거운, 292쪽) 삶에 대한 의심은 죄다. 삶 자체는 늘 긍정의 대상이 되어야 한다. 실존이 정당화될 수 없으리라는 생각은 추호도 하지 말라. 그런 걱정일랑 묶어둬라. 이것이 니체의 음성이다. 다만 생각하는 존재로 살아야 하겠기에 또 그 생각이 잘못되어서 생겨난 삶이라면 가차 없이 공격을 해대야 한다.

그때는 목숨을 건 승부를 자처해야 한다. 바꿔야 한다. 모든 것을 바꾸려는 의지로 삶을 대해야 한다. "삶이란 전쟁의 한 귀결이며, 사회 자체가 전쟁을 위한 한 수단이다…"(57쪽) 니체의 이런 호전성에 당황하지 말자. 그는 결코 정말 주먹다짐하거나 무기를 들고 싸우는 그런 직접적인 싸움을 이야기하고 있는 게 아니다. "직접적인 싸움을 벌이지 말자!"(즐거운, 292쪽) 그가 요구하는 싸움은 정신적인 싸움이다. 내면의 싸움이다. 양심의 싸움이다. 신으로 향했던 모든 것을 인간으로 향하도록 하고 싶은 의지의 발현일 뿐이다.

> 우리의 인도화人道化가, 그 무엇인가를, 참된 사실상의 진보를 의미한다고 하면, 그것은, 우리가 더 이상 여하한 과격한 대립도, 일반적으로 여하한 대립도 필요로 하지 않는다는 뜻이다… / 우리는 관능을 사랑해도 좋다, 우리는 그것을 온갖 등급으로 정신화하고 예술화해 버렸다. / 우리는, 여태까지 가장 심한 악평을 받고 있었던 모든 사물을 시인한다. (92쪽)

인도화로 번역된 원어는 '페어멘쉬리훙Vermenschlichung'이다. 직역을 하면 인간화다. 의도적으로 인간답게 만든다는 그런 뜻이다. '인간적인 너무나 인간적인' 존재가 되도록 한다는 것이다. 니체의 시각에는 이런 의지가 '진보'의 뜻으로 받아들여진다. 더 나아진 것이라는 뜻이다. 더 인간다워진 모습, 그것은 이 땅 이 세상에서 "더 이상 여하한 과격한 대립도, 일반적으로 여하한 대립도 필요로 하지 않는다는 뜻이다…" 공자의 말로 하면 '사물의 이치'[14]를 깨닫는다는 이순의 경지라고 할까. 속된 말로 하면 도道가 통한 경지라고 할까. 이런 경지가 니체의 허무주의 철학이 지향하는 최고의 경지다. 인간다운 모습이 그 경지에서 구현된다는 것이다.

> 내가 경고하는 것은, 데카당스 본능을 휴매니티로 오인하지 않는 것, 즉 /
> 문명의 필연적으로 데카당스에로 몰아세우는 해체 수단을 문화라고 잘못
> 알지 않는 것, / 방종을, '자유방임'의 원리를, 권력에의 의지로 잘못 알지 않
> 는 것(- 권력에의 의지는 그 반대 원리이다). (97쪽)

인간적인 것은 데카당스 본능으로만 이해하지 말라는 것이다. 그것은
오해라는 것이다. 뭔가를 파괴하고 해체하는 것 자체를 니체가 원하는 그
런 문화로 잘못 알지는 말아달라는 얘기다. 그는 자신의 마지막 책으로
'권력에의 의지'를 꾀하고 있었다. 거기서 그는 '허무주의'라는 개념을 철
학적으로 심도 있게 다루고 있었다. 권력에의 의지는 결코 제멋대로 하는
것을 지향하는 것이 아니다. 춤을 춰도 막춤을 추고자 했던 게 아니라는
얘기다. 진정으로 멋진 춤, 감동을 주는 춤은 다른 것이다. 그것은 방종의
원리와 정반대의 원리다. 엄격한 규칙을 따르면서도 그 규칙에 얽매여 있
지 않는 듯한 그런 것이어야 한다. 그것이 가장 인간적인 모습이다. 그것
이 사람다운 모습이다.

> 이제는 고급종의 개개인이 헤아릴 수 없이 철저하게 몰락해간다. 그러나 이
> 몰락을 모면하는 자는, 악마처럼 강하다. 르네상스 시대와 방불하다. (101쪽)

니체는 인간이 중심에 선 그런 시대를 꿈꾼다. 인간이 주인공인 그런 시
대를. 오로지 인간만이 아름답다는 말로 양심선언을 할 수 있는 그런 시

대를. "인간의 죄 없음"(인간적I, 142쪽)은 법의 정신으로 선포되어야 한다. 인류에 주어진 임무가 있다면 아름다운 인간을 탄생시키는 데 있을 뿐이다. "인류는 끊임없이 노력해 위대한 인간을 낳아야 한다 - 어떤 다른 것도 아닌 바로 이것이 그의 임무다."(반시대적III, 445쪽) "우리 모두는 오늘날에는 삶의 변호자이다"(93쪽)라는 말로 자신의 입장을 대변할 수 있어야 한다.

삶을 변호하는 철학, 그것이 니체의 허무주의 철학이다. 수없이 반복해서 주장되어도 지나치지 않을 말이다. 삶에 대한 양심이 설 때까지 되새김해가며, 공자의 말처럼 '배우고 때때로 익혀야' 할 일이다. 삶이 목적이 되어야 한다. 왜 사느냐는 말은 무의미하고 어리석은 질문이라는 것을 당연하게 받아들일 수 있을 때까지 되새김해야 한다. 모든 개인은 건강한 개인으로 거듭나야 한다. 그것이 허무주의 철학이 바라는 중생重生이다. 그런 중생을 바란다면 악마처럼 강해질 필요가 있다. 니체가 바라는 새로운 시대는 이런 의미의 르네상스 시대다. 건강한 육체를 건강한 마음, 건강한 영혼, 건강한 정신과 함께 자랑스럽게 간주하는 그런 인간이 지배적인 시대다.

02

—

종교적 발상과 몰아의 위험

그런 행위를 할 자격이 있으려면
우리 스스로가 신이 되어야 하는 것이 아닐까?

-

땅을 봐도 하늘을 봐도
온통 의문투성이다.
모든 인간은 해석에 목말라 있다.

자기 자신을 망각하는
능력과 종교적 기원

인간이 인간성을 상실하는 최고의 영역은 종교에서 나타난다. 인간성人間性을 버리고 신성神性을 동경하는 영역에서 나타난다. 현세보다는 내세에서 가치를 찾는다는 게 문제다. 이것은 생각하는 존재의 본질인 동시에 한계가 된다. 아무것도 아닌 나뭇가지나 돌멩이를 앞에 두고서도 대화를 할 수 있는 존재이기에 가능한 일이다. 심지어는 그런 사물이 자기 자신보다 더 중요한 듯이 여길 때도 있다. 누군가 '연필 한 자루'[1]만 가져가도 또 그것이 자기 자신의 뜻과 상관없이 이루어진 사건이라면, 그것 때문에 화를 못 참고 분노의 눈물을 흘릴 때도 있다. 누구는 절망하기도 한다. 또 누구는 스스로 목숨을 앗아가기도 한다. 그만큼 의미부여가 가져다주는 힘은 크다는 얘기다.

생각 하나 잘못한 것이 얼마나 큰일을 일으킬 수 있는지 아무도 모른다. 17세기 프랑스의 고전주의 작가 몰리에르Molière(1622–1673)는 그의 생애 마지막 작품으로 《상상병 환자》(1673)를 무대 위에 올려놓기도 했다. 생각 때문에 아프다. 자기가 아프다는 생각 때문에 정말 아픈 것이다. 스스로를 환자로 만드는 그 생각 때문에 온 집안이 엉망이 되고 만다. 그의 주변에는 돌팔이 약사와 돌팔이 의사들이 득실거린다. 그들은 환자의 생각을 부추길 뿐이다. 그런 상상이 돈벌이를 가능하게 해주기 때문이다. 정신농단, 인생농단이 따로 없다. 이 작품의 마지막 대사는 의사의 소질이 있는 사람을 가리키며 하는 양심의 소리를 들려준다. "그에게 질문하고 / 충분히 시험을 행하는 것은 / 여러분의 능력에 맡기겠소."[2] 능력껏 질문하고 시험하라. 결국에는 그것을 행하는 자기 자신이 문제다. 인생의 문제는 자기 이외의 그 어떤 것으로도 해결이 불가능하다. 작가이며 동시 배우였던 몰리에르는 무대 위에서 이 말을 하다가 영면에 든다. 그의 유언이나 다름없다. 인류에게 남겨놓은 지혜라고나 할까.

인류의 학문 중에 의학은 분명 '유익한 발명'[3] 이다. 생로병사의 굴레에서 벗어날 수 없는 존재라서 그런 거다. 늙어감과 병듦과 죽음을 걱정하지 않는 사람은 없다. 누구나 이런 생각으로 고민을 한다. 이때 의학은 진정한 위로의 학문처럼 다가온다. 하지만 이런 의학에 대한 믿음 때문에 삶이 엉망이 된다면 부정적일 수밖에 없다. 건강염려증과 과잉진단은 현대인의 특징에 해당한다. 모두가 병원 근처에 살기를 선호한다. 시골에, 즉 자연을 가까이 두고 사는 것을 꺼린다. 건강이 염려돼서 그런 거다. 이에 반해 생철학자 니체는 오히려 의사 없이 살 수 있기를 바라기도 한다. "가능하면 의사 없이 산다. – 병자가 의사의 치료를 받는 것이 자신의 건강을 스스로 돌보는 것보다 더 경솔하다고 나는 생각한다."(아침, 291쪽) 경솔하지 말라. 자기 자신의 건강을 남에게 맡기지 말라는 것이다. 허무주의가 원하는 삶의 방식은 정말 용기가 필요한 듯하다. 모든 것을 스스로 생각하고 결정하는 그런 용기 말이다.

의학으로도 해결이 안 되면 인간은 생각으로 해결책을 모색한다. 상상력이 동원된다. 하지만 생각은 완벽할 수가 없다. 논리는 늘 하나의 길을 선택할 수밖에 없어서 그런 거다. 생각의 실수 없이 산다는 것은 쉽지 않은 일이다. 누구나 실수를 하고 산다. 독일 속담 중에 "이렌 이스트 멘쉬리히Irren ist menschlich"[4]라는 말이 있다. '실수는 인간적'이라는 뜻이다. 인간이기에 실수할 수 있다는 얘기다. 뭔가 잘못되고 완벽하지 못한 것이 인간의 산물이다. 아리스토텔레스도 이런 의미에서 하마르티아Harmartia를 인정했다. 뭔가 부족한 것이 비극의 원인이라는 판단은 여기서 나온 것이다. 그런데 종교적 사고방식은 현실보다는 비현실을 주시하게 한다. 이런 인간은 외부에서 답을 찾는다. 외부의 사물들 속에서 모범을 구하기 시작한다. 영원한 그 무엇을 찾기 시작한다. 변하지 않는 그 무엇을. 그러면서 내세를 전제한 종교적 사고가 시작된다. 실수하지 않는 존재, 완전한 존재를 꿈꾸기 시작한다. 인간과는 전혀 다른 그런 존재를 생각해낸다.

종교적 발상의 핵심은 외부의 것에서 위로를 얻고자 하는 것이다. 해석의 기술로 위로를 얻고자 하는 방식이다. 키케로Cicero(106-43)는 종교로 번역되는 라틴어 레리기오religio의 어원을 '다시 읽는다'라는 뜻의 레레게레relegere에서 찾았다. 여기서 그는 '하루 종일 기도를 하면서 일종의 황홀지경에 이른 과정'[5]을 종교적 행위로 설명했다. 이에 반해 락탄티우스Lactantius(ca. 250-320)는 레리기오의 어원을 '단단히 묶이다'[6]라는 뜻의 레리가레religare에서 찾았다. 그는 신에게 묶여 있는 상태를 '경건한 구속'으로 간주했다. 키케로나 락탄티우스나 모두 종교를 운운할 때 밖으로 향하는 사고방식에 주목했다. 외부세계에 대한 인정은 공통적이라는 얘기다.

신앙인의 생각은 내세를 향한다. 종교적 발상은 외부로 향한다. 예를 들어 힌두교는 최고의 경지에 도달한 인식의 언어로 '이게 바로 너'라는 뜻의 '타트 트밤 아지Tat tvam asi'[7]를 선택했다. 깨달음의 경지에서 내뱉는 말 속에 인식주체는 말하는 존재로 남아 있지만 그 말 자체 속에는 그저 '너'만이 있을 뿐이다. '이게 바로 너'는 그러니까 속된 말로 '내 안에 너 있다'라는 것이다. 자기 안에 신성으로 가득 채운 상태를 의미한다. 그때를 두고 물아일체物我一體니 물아일여物我一如니 하는 말을 하는 것이다. 이를 기독교식으로 표현하면 "누구든지 나를 따라오려거든 자기를 부인하고 자기 십자가를 지고 나를 따를 것이니라"(마태복음 16:24)가 된다. 자기 자신은 제로 상태로 만들어야 한다. 그리고 하나님의 뜻에 해당하는 십자가를 져야 한다. 그것이 구원의 조건이 되는 것이다. 소위 자기 안에 하나님으로 가득 채우라는 뜻이기도 하다. 어쨌거나 종교적 생각은 늘 외부의 것과의 관계를 지향한다.

인간은 눈을 가진 존재다. 늘 눈을 뜨고 바라보려 한다. 보이지 않는 곳에 가면 불안해지는 게 인간이다. 시선은 늘 밖으로 향한다. 외부의 것을 안으로 가져와 생각한다. '본다'는 행위 자체는 늘 사물로 향한 인식으로 연결된다. 생각의 묘미다. 하지만 여기에 실수가 도사리고 있다. 학문이라는 이름으로 체계를 이루고 있는 대부분의 지식, 즉 앎의 내용은 어떤 것일까? 도대체 안다고 말할 수 있는 상황은 어떤 것일까? 인간은 무엇을 바라보고 무엇을 알게 되는 것일까? 무엇을 알고 있다는 말일까? 그 앎을 통해서 인간은 무엇을 얻고 또 무엇을 잃어버리고 있는 것일까? 인간은 그 앎의 과정 속에서 아름다움과 숭고함을 인식하기도 한다. 인간이 알았다고 말할 때는 그런 판단이 섰다는 얘기이기 때문이다.

우리가 현실의 사물이나 공상의 사물에 대여해온 아름다움이나 숭고함의 모두를, 나는, 인간의 소유하는 것, 산출한 것으로서 반환을 요구하기를 원한다. 인간의 가장 아름다운 변명으로서, 시인으로서의, 사상가로서의, 신으로서의, 사랑으로서의, 권력으로서의 인간, 오, 인간이 스스로를 가난하게 하고, 스스로를 비참한 존재로 느끼기 위하여, 사물에 증여해온 왕자와 같은 활수함이여! 인간이 경탄하고 숭배하며, 또한, 인간이 경탄하는 것을 창조한 것은 다름 아닌 인간이라는 것을 스스로에게 감출 수 있었다는 것, 이것이야말로 지금까지 인간의 가장 위대한 몰아였다. - (107쪽)

지금까지는 몰아沒我가 가장 위대한 것으로 간주되어 왔다. 자기 자신을 잊고 있는 상태가 가장 위대하다고, 자기 자신을 망각하는 수준을 가장 아름답고 숭고하다고 판단해왔던 것이다. 몰아의 경지를 권력의 이름으로 불러왔던 것이다. 중세는 그런 권력으로 이루어진 체계의 산물이다. 하지만 니체는 이런 생각에 반기를 든다. 그는 사물에 "대여해온 아름다움이나 숭고함의 모두를" "인간의 소유하는 것, 산출한 것으로 반환"할 것을 요구한다. 사물에게 빼앗긴 아름다움이나 숭고함의 이념을 인간의 것으로 되찾고자 한다. 모든 가치의 전환을 요구하는 것이다.

니체는 '권력으로서의 인간'을 원한다. 권력을 가진 인간을 말이다. 자기 자신에 대해 권력을 향사할 줄 아는 그런 인간을 원하는 것이다. 권력과 인간은 서로의 존재 의미를 부여해주는 조건이 되는 셈이다. 권력이 없는 인간은 인간다운 인간이 되지 못하며, 인간을 위하지 않는 권력은 무의미하기 때문이다. 게다가 권력을 중심으로 싸고도는 모든 것들은 스스로를 위한 것, 즉 자기 자신과 관련하고 있다는 것이 니체가 그려놓은 생각의 지도다. 생각 속에는 자기 자신이 중심에 서 있어야 한다.

자기 자신의 것은 버릴 것이 하나도 없다. 오히려 수많은 동화작용을 통해 더욱 강한 존재로 거듭나야 한다. "뱀이 용이 되려면 반드시 어떤 뱀을 집어삼켜야 한다."[8] 물론 누구는 굳이 용이 되어야 하는가 하고 되물을 수도 있다. 현상 유지만 하는 게 더 낫다고 말하는 이도 있을 것이다. 하지만 삶은 그렇게 호락호락하지 않다. 현상 유지에 뜻을 두고 있어도 상황은 그렇게 되도록 놔두지를 않는다. 마치 축구 경기에서 동점을 만들어 무승부를 노리다가 큰코다치는 그런 꼴이 되기 십상이다.

게다가 생각은 늘 밖으로만 향한다. 자기 이외의 것에 생각은 몰두한다. 이성주의의 한계다. 생각하는 존재의 한계다. 바로 이점에서 니체는 소크라테스의 한계를 지적하기도 했다. "논리적 충동은 결코 자기 자신을 향하지 못했다."(비극, 107쪽) 아무리 논리적으로 생각을 해도 자기 자신은 이해의 대상이 되지 못한다. 그래서 니체는 전혀 다른 생각의 패턴을 요구한다. 자기 자신을 찾아가는 그런 생각을 추구한 것이다. 사물의 이념과 가치가 내부로 들어차버린 몰아나 망아가 아니라 그 정반대의 생각, 즉 모든 것의 중심에 자아를 세워두는 그런 생각을 원했다. 자기 삶에 대한 주인의식이라고 할까. 생각의 끝에는 자기 자신이 기다리고 있는 그런 생각을 지향했다. 그 끝에 진리나 정답이나 신이나 부모나 스승을 만나게 되는 게 아닌 그런 생각을 말이다.

요약하면, 종교적 기원은, 밖으로부터의 존재로서 인간을 엄습하는, 권력의 극단적인 감정 가운데 있다. 그리고 사지四肢를 너무나도 기묘하게 느끼는 병자가, 다른 사람이 자기 위에 올라타 있다고 결론짓는 것과 동일하게, 유

치한 종교적인 인간은 스스로를 다수의 인격 가운데로 분열시킨다. (108쪽)

"종교적인 인간은 스스로를 다수의 인격 가운데로 분열시킨다." 니체의 주장이다. 이 문장 앞에 한참을 서 있어 보자. 이 문장으로 시각을 만들어 주변을 살펴보자. 사물이 어떻게 보이는지 관찰해보자. 그러면서 니체가 말하는 '종교적인 인간'에 대해 대답이 형성될 때까지 머물러보자. 어떻게 스스로가 다수의 인격 가운데로 분열될 수 있단 말인가? 그것이 어떻게 가능하단 말인가? 그것이 왜 종교의 기원으로 간주되어야 한단 말인가?

물론 건강한, 그러니까 긍정적인 인격 놀이도 있다. 방랑자가 그림자와 대화를 할 수도 있다. 그것을 니체는 《인간적인 너무나 인간적인》의 제2권 사이에 끼워놓은 글이기도 하다. 또 누군가는 사막에서 걸을 때 외로움이 닥쳐오면 자기 발자국을 보며 걷는다는 기발한 해결방법을 제시해주기도 했다. "그 사막에서 그는 / 너무도 외로워 / 때로는 뒷걸음질로 걸었다. / 자기 앞에 찍힌 발자국을 보려고."[9] 볼 게 없어서 심심하다는 말은 핑계일 뿐이다. 대화할 상대가 없어서 따분하다는 말은 변명에 불과하다. 〈캐스트 어웨이Cast Away〉(2000)라는 영화에서 톰 행크스가 업무차 여행을 하다가 조난당하여 무인도에서 살게 되자 배구공에 사람 얼굴을 그려놓고 대화를 하기도 한다. 삶의 원동력은 먹고사는 문제로만 해결되는 것이 아니란 걸 보여주는 명

배구공과 대화를 하고 있는 인간의 모습을 보여주는 영화 〈캐스트 어웨이〉의 한 장면.

장면이 아닐까. 혼자가 되었을 때 견딜 수 있는 지혜가 필요하다. 파스칼도 《팡세》에 이런 말도 남겼다. "모든 불행은 인간이 자기 방 안에서 조용히 앉아 있을 수 없다는 단 한 가지 이유 때문에 발생한다"[10]고. 문제는 어떻게 조용히 앉아 있을 것인가 하는 것이다.

신에 대한 생각으로 권력을 꿰차는 대신
인간을 왜소하게 만드는 승려적 유형

'닭이 먼저냐 알이 먼저냐' 하는 말이 있다. 답을 알 수 없는 질문이다. 인간이 신을 만들었을까? 신이 인간을 만들었을까? 아무도 태초의 사건을 직접 접하지 못한 상황이기에 답을 제시하기가 불가능해지고 만다. 영원한 삶이 있다? 영원한 저주가 있다? 죽음 이후의 문제 또한 아무도 죽어보지 못해서 답을 알 수가 없다. 죽음은 경험의 대상이 아니다. 시간과 공간의 원리 속 갇혀 있는 인간은 하지만 생각하는 존재로 살아야 한다. 이것이 운명을 형성한다. 생각은 늘 질문하고 언제나 답을 원한다. 어린아이가 말을 배우면서부터 '이게 뭐야? 저게 뭐야?'하는 질문과 함께 인식욕이 발동하는 것은 이성적 존재인 인간의 본성에 해당한다.

아동심리학자 브루노 벳텔하임Bruno Bettelheim(1903-1990)은 "어린아이에게는 동화가 필요하다"[11]는 명언을 남겼다. 동화 속에서 어린아이들은 어른 세계와 맞선다. 동화 속에서 어른들은 어리석기 짝이 없다. 이런 어리석은 세상에서 어린아이들은 기지를 발휘해 문제를 해결해나간다. 동화의 시작지점에는 언제나 결핍된 상황이 펼쳐진다. 그럼에도 불구하고 아이들은 용감하게 상황을 극복해나간다. 어린아이들은 동화 속 역할 놀이를 통해 세상을 살아가는 법을 배우게 되는 것이다. 니체의 말로 하자면 인격 놀이가 된다. 문제는 스스로에게 방해가 되는 인격 놀이다. 자기 자신을 위축시키고 주눅 들게 하는 그런 인격을 스스로 만들어낼 수 있다는 데 문제가 있다.

즉 종교란, 인격의 통일에 대한 회의와 한 가지 산물, 인격성의 변경이다. — 인간의 모든 위대함이나 강함이, 초인간적인 것으로서, 밖으로부터의 것으로서 포착되고 있었던 한 인간은 스스로를 비소해지게 만들었다. — 인간은 극히 가련한, 약한 면과 극히 강하고 놀라운 면의 두 가지 면을, 두 가지 영역 가운데로 분열시키고, 전자를 '인간', 후자를 '신'으로 부른 것이다. (109쪽)

앞서 니체는 "'신'은 너무나도 극단에 지나친 하나의 가설이다"(92쪽)라고 단언한 바 있다. 그의 주장에 귀를 기울여보자. 인간은 어떤 존재를 두고 신이라 부르는 것일까? 그것은 분명 가장 좋은 부분의 총칭일 것이다. 생각은 극단으로 치달아 두 가지 면을 전형으로 간주한다. 하나는 '극히 가련한, 약한 면'이고, 다른 하나는 '극히 강하고 놀라운 면'이다. 여기서 "전자를 '인간', 후자를 '신'으로 부른 것이다." 니체의 이런 주장은 허무맹랑한 것일까? 아무리 생각해도 신이라는 이름에 걸맞은 존재는 '극히 강하고 놀라운 면' 외에는 달리 생각나는 게 없다.

종교는 '인간'이라는 개념을 저열하게 만들어버렸다. 그 극단의 결론은, 우수한, 위대한, 참다운 것은 모두 초인간적이며, 은총에 의해서만 하사받은 것이라는 점이다. (109쪽)

종교적 발상은 신적 존재를 전제하기 때문에 필연적으로 인간적 존재를 '비소'하게 또 '저열하게 만들' 수밖에 없다. 생각하는 존재가 생각을 통해 스스로를 왜소하게 만들고 만 것이다. 그리고 인간을 신에게 의존하게 만드는 지경에 이르고 만다. 자기 자신의 삶을 신에게 의존시키는 것이다. 이러한 의존성으로 인해 이 세상의 좋은 것, 즉 '우수한, 위대한, 참다운 것은 모두 초인간적'이며 오로지 신으로부터 '은총에 의해서만 하사받은 것'이라는 결론에 이르게 한다. 물론 그 반대도 충분히 생각할 수 있다. 모든 불행은 신의 저주라고 판단하는 것이 그것이다. 길을 걷다가 돌부리에 걸려 넘어져도 그것을 신의 뜻으로 간주하는 그런 생각 말이다. 이러한 종교적 발상을 전담하는 부류의 사람들이 있는데, 그들이 바로 승려들이다. 이들은 자신의 생각을 옳다고 간주함으로써 어떤 양심의 가책도 느끼지 않고 스스로를 작게 만든다.

> 승려란, 그들이 그것을 눈에 띄게 하지 않으면 안 되는, 그것이 이상이든, 신이든, 구주이든, 무엇인가 초인간적인 존재의 배우이다. 그들은, 이 일 가운데서 스스로의 천직을 발견하고, 이 일을 위해 그 본능을 가지고 있는 것이다. 가능한 한 그것을 믿을 만한 것이 되게 하려면, 그들은 가능한 한 그것과 유사한 것이 되지 않으면 안 된다. 그들의 배우적 영리함은, 무엇보다 더 그들의 양심에 켕김을 느끼지 않도록 가르치지 않으면 안 되며, 그러한 양심의 도움을 빌려 비로소 그것은 참으로 설득적이 될 수 있는 것이다. (110쪽)

승려들은 배우에 지나지 않는다. 그들은 자신이 생각하고 행해야 할 시나리오를 스스로 작성한다. 그것이 성서다. "성서는 그들의 작품이다."

(111쪽) 예를 들어 무대 위에서 연기를 펼쳐야 할 배우를 생각해보자. 그는 자신의 역할에 대해 아무런 양심의 가책을 느끼지 않는다. 그저 주어진 역할에 충실한다는 마음으로 상황에 임할 뿐이다. 즉 그의 임무는 "가능한 한 그것을 믿을 만한 것이 되게" 하는 것이다. 역할 속의 인물이 자기 자신임을 믿게 하는 것에 있어서 승려는 '스스로의 천직을 발견'하고 있는 것이다.

> 승려가 관철하려고 의욕하는 것은, 스스로가 인간의 최고의 유형으로서 통용된다는 것, 자신이 지배한다는 것, - 권력을 손 안에 쥐고 있는 자까지도 지배한다는 것, 자신이 범접되기 어렵고, 공격당하기 어렵다는 것, - 자신이 사회에 있어서의 최강의 권력이며, 절대로 대체될 수 없고, 경멸당하는 일이 없다는 것이다. (110쪽)

프랑스 대혁명(1789-1799)이 일어날 때도 제1계급은 클레루스^{Klerus}, 즉 '성직자 계급'¹²이었다. 승려들이 제1계급으로 군림했다는 얘기다. 이들은 중세부터 최고의 권력을 행사해왔다. 게다가 이들은 제2계급에 해당하는 노빌리타스^{Nobilitas}, 즉 '귀족 계급'¹³과 함께 특권층이 되어 온갖 부패의 온상이 되었다. 과도한 세금부담을 지고 있었던 제3계급 티에르 제타^{Tiers état}, 즉 '시민 계급'¹⁴은 혁명을 일으키지 않을 수 없었다. 일상으로 파고든 불평등의 질서를 깨고자 했던 것이다. 인간다운 삶을 원하는 본능의 폭발이었다고 말하면 지나친 것일까. 시민의 영웅 나폴레옹이 노트르담 성당에서 황제 대관식을 할 때 들러리를 서야 했던 제1계급의 얼굴에 드러난 불만스런 표정들은 가히 볼 만하다. 예전 같으면 상상도 못할 일이기 때문

1804년 노트르담 성당에서 황제 대관식을 치르고 있는 나폴레옹.

이다. 전통은 로마 바티칸에 가서 교황 앞에 무릎을 꿇고 황제로 인정받는 의식을 치러야 했던 것이다.

　다시 승려의 입장에 집중해보자. 니체는 왜 승려를 주목하고 있는 것일까? 그것은 신과 천국 등의 개념을 최고의 가치에 두는 반면 인간과 이 세상을 경멸의 대상으로 만드는 주범으로 보였기 때문이다. 이들이 제시하는 도덕은 오로지 노예도덕에 지나지 않는다. 신 앞에 굴복하는 자세만이 구원을 약속받을 수 있다는 논리이기 때문이다. "그 수단은, 진리는 실재한다는 것이다. 진리에 달하는 형식은 오로지 한 가지뿐이며, 그것은 승려가 된다는 것이다."(111쪽) 이런 생각이 만연해질 때 승려 계급은 그 어떤 세력으로부터도 감히 도전을 받지 않는 아성을 얻게 된다.

승려는 단지 한 종류의 도덕을 가르쳐왔다. 즉 자신이 최고의 유형으로서 느껴지도록 하기 위해, 승려는, 찬달라라는 반대유형에 생각이 미친다. 이 유형을 갖은 수단으로 경멸스러운 것이 되게 하는 일이 계급질서를 요란하게 치장하는 일이다. (111쪽)

승려의 도덕은 말 잘 듣는 것이다. 실재한다는 그 진리에 귀를 기울이는 자세를 도덕적이라 보는 것이다. 생철학자 니체의 눈에는 승려야말로 최하급의 인간 유형이 아닐 수 없다. 자기 자신의 삶조차 스스로 책임지지 못하는 존재이기 때문이다. 신을 만들고 그 존재를 인정함으로써 스스로를 종으로 만드는 그 의식이야말로 노예도덕의 전형이 된다. 그런데 승려의 입장에서 보면 정반대의 논리가 적용되고 있을 뿐이다. 승려는 구원받았다는 천국인을 최고의 자리에, 그리고 이 세상에 사는 세속적인 사람들을 인도의 천민 계급에 해당하는 '찬달라Chandala'[15]로 간주한다. 이런 논리에 니체는 허무함을 느낀다. 생철학은 정반대의 목소리로 저항한다. "사제는 우리의 찬달라다. - 그를 배척하고 굶겨서 온갖 종류의 사막으로 추방해야 한다"(안티, 319쪽)고.

성스러운 거짓말에 의한
양심과 천국의 형성과정

인간적이지 않은 말은 비인간적이다. 현실적이지 않은 말은 비현실적이다. 그런데 성경에는 "믿음은 바라는 것들의 실상이요 보이지 않는 것들의 증거"(히브리서 11:1)라는 말이 있다. 믿음이 실상이 되고 또 증거가 된다. 실존이 본질을 앞서는 게 아니라 본질이 실존을 앞선다. 믿음의 내용이 실재가 되는 그런 논리라는 얘기다. 신을 만나본 사람은 아무도 없다. 천국을 가본 사람도 없다. 그런데 그 모든 것들이 실재의 개념으로 인정되고 만다. '옛날 옛적에~' 하는 소리로 이야기를 시작하면 재미는 있지만 검증할 수 없는 내용이 전개될 수 있다는 게 문제. 비인간적이고 비현실적인 말들이 인간의 탈을 쓰고 현실을 '요란하게 치장'(111쪽)한다는 게 문제다.

물론 믿음이 가져다주는 효과는 대단하다. 온갖 좋은 소리로 충만한 세계를 거부하는 허무주의 철학에 반감을 갖는 이유가 여기에 있다. 희망을 앗아가는 철학에 냉정한 비판을 퍼붓는 요인이 여기에 있다. 니체가 하는 소리라면 그저 귀를 닫고 싶은 거다. 모든 것을 대신 책임져주겠다는 신이 있다는 말보다 더 매혹적인 말이 또 있을까? "누구든지 주의 이름을 부르는 자는 구원을 받으리라."(사도행전 2:21) 그의 이름만 불러줘도 구원된다는 이 말조차 믿지 못하게 하는 철학이 더 야속해 보이기만 하다. 천국에서 천사처럼 살 수 있다는 말보다 더 아름다운 말이 또 있을까? 하지만 니체는 이 모든 말들에 대해 허무함을 느끼게 만들고자 한다.

> 성스러운 거짓말Lüge의 비판. - 경건한 목적을 위해서는 거짓말을 해도 좋다는 것, 이것은 모든 승려 계급의 이론에 속해 있다. - 이 일이 얼마나 그들의 실천에 속해 있는가, 이것이 이 연구의 대상이 되어야 한다. / 그러나 철학자들도 역시, 그들이 승려적인 저의로써 인간의 지도指導를 손 안에 넣으려 꾀하자마자 동시에, 또한 거짓말의 권리를 정당화해버렸다. 무엇보다도 먼저 플라톤이 그러하다. (112쪽)

플라톤 철학의 본령은 이데아론에 있다. 눈에 보이는 게 헛것이고 눈에 안 보이는 게 진실이라 말한다. 현상계는 전부가 그림자라고 말한다. 삶을 통해서는 진실을 알 수가 없다는 얘기다. 길 위에 놓여 있는 돌조차 진실이 아니라는 것이다. 이래도 되는 것일까? 그런데 그런 말을 듣고 있는 인간의 마음에는 커다란 변화가 일기 시작한다. 인간의 이성은 좋게 말하면 의도를 나쁘게 말하면 잔머리를 생각하게 한다. 의미 없이 놓여 있는 돌에게까지 의도를 묻는다. 길을 걷다가 돌부리에 걸려 넘어져도 왜 넘어졌을까를 추궁한다. 마른하늘에 천둥이 쳐도 그 의미를 생각한다. 땅을 봐도 하늘을 봐도 온통 의문투성이다. 모든 인간은 해석에 목말라 있다. 누군가 해석을 해줬으면 하는 마음이다.

해석에 대한 이런 욕망에서 '경건한 목적'이 탄생한다. 너도 나도 인정하는 그런 목적이 탄생하는 것이다. 그런 목적을 위해서라면 '거짓말을 해도 좋다'는 것이다. 이때 사람들은 마치 할아버지 할머니에게 모든 이야기의 권한을 부여하는 어린아이들처럼 행동한다. 이야기를 해야 하는 할아버지 할머니의 역할은 승려 계급이 담당한다. 이런 현상은 철학에서도 나타난다. "철학자들도 역시, 그들이 승려적인 저의로써 인간의 지도를 손 안에 넣으려 꾀하자마자 동시에, 또한 거짓말의 권리를 정당화해버렸다." 모든 낭만적인 철학자들이 이런 '거짓말의 권리'를 부여받게 되는 것이다. 그 대표적인 예가 플라톤이다. 현상계와 본질계라는 이분법이 만들어내는 기상천외한 이야기가 여기서 펼쳐진다. 니체는 바로 여기서 '양심'의 기원을 발견하기도 한다.

이러한 방식으로 이윽고는 저 유명한 '양심'이 만들어진다. 어떠한 행위에 있어서도 행위의 가치를 그 결과로 헤아리는 것이 아니라, 의도가 어떠한가. 그리고 이 의도가 '율법'에 일치하는가 않는가에 관해 헤아리는 어떤 내부의 음성이. (113쪽)

　양심이 없는 사람은 없다. 누구나 양심을 갖고 산다. 인간이라면 누구나 양심적 존재라는 것이다. 양심. 좋은 마음. 마음 앞에 '좋은'이라는 형용사가 붙으면서 동시에 그 반대의 마음도 전제되고 만다. 좋지 않은 마음도 있다는 얘기다. 비양심적인 사람도 있다는 얘기다. 결국 무엇이 좋고 무엇이 나쁘다는 얘기인가? 그것이 문제가 되고 만다. 천국이 좋다? 천국이 이상향이다? 신이 좋다? 신이 이상적 존재다? 십계명은 하나님이 써준 것이다? "여호와께서 시내 산 위에서 모세에게 이르시기를 마치신 때에 증거판 둘을 모세에게 주시니 이는 돌판이요 하나님이 친히 쓰신 것이니라."(출애굽기 31:18) 모든 것은 저자에 의해 집필되었을 뿐이다. 즉 할아버지 할머니가 들려주는 이야기일 뿐이다. 모세가 저자라는 사실을 염두에 두고 그의 저서들을 읽으면 전혀 다른 목소리가 들려온다. '어흥~ 하고 호랑이가 나타났어요~' 하는 말에 가슴을 조아리던 어린아이의 두려움은 극복되고 마침내 할아버지와 할머니의 모습이 눈에 들어오는 것이다.

　이야기 속에서 형성되었던 '양심'은 일종의 역할놀이의 산물일 뿐이다. 신의 뜻을 좋은 것으로 만들어놓음으로써 형성된 마음이다. 자기 자신의 뜻은 늘 신의 뜻의 정반대 편에 세워져 있을 뿐이다. 돌부리에 걸려 넘어졌을 때도 "행위의 가치를 그 결과로 헤아리는 것이 아니라, 의도가 어떠한가. 그리고 이 의도가 '율법'에 일치하는가 않는가에 관해 헤아리는 어떤 내부의 음성", 즉 양심을 통해 헤아리게 되는 것이다. 그런데 이런 양심이 형성되면서 삶은 고려의 대상이 되지 못한다는 게 문제다. 본질이 실존을 앞서면서 모든 것은 뒤바뀌고 만다. 모든 가치가 전도되고 만다.

마치 행해야 할 일이 무엇이며, 행해서는 안 될 일이 무엇인가 이미 확립되어 있기라도 한 듯이, 음미와 시행 대신에 그릇된 지식을 내세우는 '양심'의 고취, - 탐구하고 전진하려 노력하는 정신의 일종의 거세. - 요약하면, 이른바 '선인'으로서의 생각할 수 있는 가장 고약한 인간의 기형화. / 사실상, 합리성이, 승려적 규준의 전제가 되는 현명함. 신중함의 전체 유산이, 제멋대로 단순한 계략이 되고 말았다. 율법과의 일치가 이미 목적으로, 지상의 목적으로 간주되어, 삶은 더 이상 아무런 문제도 갖고 있지는 않다. - 세계라는 전체 개념이 벌의 관념으로 더럽혀지고 말았다. - 삶 자체가 승려적 삶을 완전성의 극치로 그려내기 위해, 삶의 비방이나 오욕이라고 고쳐 생각되어 버리기에 이르렀다. - '신'이라는 개념은, 삶으로부터의 배리, 삶의 비판, 경멸 자체를 나타낸다. - 진리란, 승려적 거짓말이라고, 진리에의 노력이란, 성서 연구 신학자가 되는 수단이라고 고쳐 생각되어 버리기에 이르렀다…

(114쪽)

전형적인 니체의 목소리다. 양심이 고취되면서 '탐구하고 전진하려 노력하는 정신'은 '거세'를 당하고 말았다는 소리, 묻지도 따지지도 말고 믿으라는 요구를 신의 뜻으로 받아들이면서 의심하는 정신은 양심의 감옥 안에 갇히고 말았다는 소리, '선인'은, 진짜 착한 사람은 기형화되어버렸다는 소리, "율법과의 일치가 이미 목적으로, 지상의 목적으로 간주되어, 삶은 더 이상 아무런 문제도 갖고 있지는 않다"는 위기 상황이 초래되고 말았다는 소리가 들려온다.

영생이 문제가 된다. 영원히 사느냐 못 사느냐가 문제라는 것이다. 하늘만 바라보며 한탄 내지 비탄에 빠지고 마는 가련한 인생이 바로 이 지점에서 발생하고 만다. 양심을 고취시킴으로써 불행한 삶이 시작되는 것이다. 지극히 정상적인 사람이 기형적인 존재로 해석되고 만다. 삶의 현장은 '제멋대로 단순한 계략'에 빠지고 만다. "세계라는 전체 개념이 벌의 관념으로 더럽혀지고 말았다." "세계라는 벽에 처음으로 악마를 그려놓았던 것은 그리스도교였다."(인간적II, 280쪽) 세계는 악마의 놀이터쯤으로 해석되고 만 것이다. 세계는 결국 벌의 관념 속에 갇히고 만 것이다. 세계는 더럽다는 인식으로 충만해 있을 뿐이라는 것이다. 삶은 영생에 방해만 될 뿐이다. 자연과 자연성은 천국행에 걸림돌이 될 뿐이다.

> 이교적이란, 자연적인 것을 긍정하는 것, 자연적인 것에 있어서의 무구無垢의 감정. '자연성'을 말한다. 그리스도교적이란, 자연적인 것을 부정하는 것, 자연적인 것에 있어서의 훼손의 감정, 반자연성을 말한다. (117쪽)

기독교는 자연적인 것에 반대한다. 기독교의 논리가 옳다는 생각이 굳어지면서 그것에 맞지 않는 생각들은 모두 '이교적'이란 판결을 받게 된다. 천국에 양심을 두면서 현실에 발을 붙이고 살아야 하는 존재는 비양심에 시달려야만 하는 운명을 초래하고 만다. 섹스 없이 아들을 낳은 여성을 신의 어머니로 만들면서 동시에 이성異性에 대한 사랑을 불결한 것으로 만들고 만다. "내가 죄악 중에서 출생하였음이여 어머니가 죄 중에서 나를 잉태하였나이다."(시편 51:5) 자신의 어머니를 죄인으로 만드는 이런 논리 앞에서 인간은 속수무책이 되고 만다. "사람이 죽은 자 가운데서 살아날 때에는 장가도 아니 가고 시집도 아니 가고 하늘에 있는 천사들과 같으니라."(마가복음 12:25) 이성에 대한 욕망은 성의 구별이 없는 천사를 이상적으로 바라볼 때 생겨나는 필연적인 죄의식으로 발전하고 만다. 생철학자 니체에게는 자연성과 육체적 논리를 거부하는 이 모든 것이 가치가 전도된 오류로 보일 뿐이다.

그리스도교의 승려는, 무릇 처음부터, 관능성의 불구대천의 적이다. 이에 반해, 예컨대, 아테네의 가장 신성한 여성 숭배에서 목격하는 성의 상징이 감수될 때의, 무구하고 예감으로 가득 찬, 자중한 태도 이상으로, 예리한 대조를 생각할 수는 없다. 생식 행위는 모든 비금욕적인 종교에 있어서는 비밀 그 자체이다. 완결과 미래의 불가사의한 의도와의 일종의 상징이며, 재생, 불멸의 상징이다. (117쪽)

포세이돈. 기원전 460년경. 아테네 국립 고고학 박물관 소장.

아폴론. 옥스퍼드 애슈몰린 미술고고학 박물관 소장.

디오니소스와 아프로디테의 아들 프리아포스Priapos 폼페이의 베티의 집Casa dei Vettii 벽화.

자위행위를 하고 있는 사티로스.
항아리에 그려져 있는 그림.
기원전 560–550년경.

발기된 성기와 사티로스.
아테네 국립 고고학 박물관 소장.

마사치오Masaccio의 그림.
〈에덴동산에서 추방당
하고 있는 아담과 이브〉
(1427). 피렌체 브랑카시
예배당 벽화.

　관능성은 감각적인 것의 의역일 뿐이다. 기독교의 논리는 육체적 접촉에 의한 느낌 모두를 '불구대천의 적'으로 간주한다. 모든 감각적인 것을 부정하는 논리다. '생식행위'는 잉태의 현장이 되고, 그곳은 동시에 죄를 짓고 있는 현장이 되고 만다. 섹스는 부끄러운 것이 되고 만다. 고대 신들의 벌거벗은 동상들을 바라보며 그 당시의 무구한 시선은 감도 잡지 못하게 된다. 육체에 대한 긍지는 상상도 못 하는 시대가 되고 만 것이다.

　과연 누가 고대에 대해서 안다고 말을 할 수 있을까? 성기를 당당하게 드러내고 있는 신들의 모습 앞에서 또 신들의 아름다운 삶에 대해서 우리 모두는 아무것도 아는 게 없다. 발기된 사티로스의 그림이나 조각 앞에서 아름다움과 연결되는 미적 감각이나 더 나아가 종교적 차원의 성스러운 감정을 맛보기란 거의 기적과 같은 것이 되고 말았다. 벗겨놓으면 누구나 수치심 때문에 얼굴이나 성기를 가리기 일쑤이다. 마사치오Masaccio(1401-1428)의 〈에덴동산에서 추방당하고 있는 아담과 이브〉(1427)가 그 대표적인 예가 아닐까. 르네상스 초기의, 즉 사실적인 묘사에도 불구하고 두 손으로 얼굴을 가린 아담과 가슴과 성기를 가린 이브의 태도 앞에서

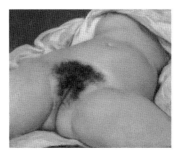

쿠르베의 그림 〈세상의 기원L'Origine du monde〉 (1866). 프랑스 파리 오르세이 소장.

우리는 오히려 동질감을 느낄 뿐이다. 말하자면 우리는 모두 절망과 수치심으로 일관하는 아담과 이브의 모습에서 자기 정체성을 발견할 뿐이다.

하지만 자연인 것을 긍정하는 이교적 시각으로 '생식 행위'를 바라보면 그것은 지극히 신비로운 '비밀 그 자체'이며 '완결과 미래의 불가사의한 의도'를 품고 있는 상징인 동시에 '재생, 불멸의 상징'이 된다. 인간적인 사랑은 죄가 없다. 우리 모두는 죄악 중에 잉태된 것이 결코 아니다. 쿠르베가 '세상의 기원'으로 여성의 음부를 그려놓았을 때 경악을 금치 못했던 그 시각과 판단이 문제일 뿐이다. 우리가 태어난 그곳을 부끄러워하는 그 마음이 문제가 될 뿐이다. "그리고 사람은 모두 유래가 같다. 어머니들이 같다. 우리 모두는 같은 협곡에서 나온다."**16** 이런 말에 긍지를 느끼기보다는 수치심을 느끼는 그 상황이 문제일 뿐이다. 그 '협곡'을 그 어떤 양심의 가책도 없이 바라보는 쿠르베의 시선 같은 것이 창조적인 삶으로 향하게 하는 한 발자국을 기약할 뿐이다. 육체에 대한 수치심이 극복되면 인간도 신이 될 수 있을 것이다. 인간이 신이 되지 못하도록 하는 것이 바로 자기 자신에 대한 수치심이다.

스스로를 믿는 것이, 최강의 차꼬이며 최강의 채찍이다. - 또한 최강의 날개이다. 그리스도교는 인간의 무구를 신앙조항으로 세워야 했다. - 그렇게 하면 인간은 신이 될 수도 있었으리라. 당시라면 사람은 아직 믿을 수가 있었기 때문이다. (117쪽)

스스로가 신앙의 대상이 된다는 것! 이것만이 니체가 바라는 바다. '인간은 신이 될 수 있다.' 이것만이 니체의 믿음이다. 자기 밖의 존재로만 여겨지던 신 개념은 의미를 상실하고 만 것이다. 그런 의미에서 니체는 신의 사망소식을 전한다. "신은 죽었다! 신은 죽어버렸다! 우리가 신을 죽인 것이다!"(즐거운, 200쪽) 그리고 그 신의 자리에 인간을 대체시키고자 한다. "그런 행위를 할 자격이 있으려면 우리 스스로가 신이 되어야 하는 것이 아닐까?"(즐거운, 201쪽) 확신이 내포되어 있는 수사학적 질문이다. 신에 대한 상실감으로 불안해하거나 두려워하지 않는다. 니체는 오히려 쾌활함을 느낀다. "우리의 쾌활함이 의미하는 것. - 근래의 최대의 사건은 - '신은 죽었다'는 것, 그리스도교의 신에 대한 믿음이 믿지 못할 것이 되었다는 점이다."(즐거운, 319쪽) 허무주의 사상은 이런 쾌활함으로 충만해 있다. 그리고 새로운 미래를 내다본다. "'모든 신은 죽었다. 이제 위버멘쉬가 등장하기를 우리는 바란다.' 이것이 언젠가 우리가 위대한 정오를 맞이하여 갖게 될 최후의 의지가 되기를!"(차라, 131쪽) 초인의 등장을 기다리는 것이다. 대지를 천국으로 간주하는 그런 인간이 등장하기를.

자기 자신을 믿는 자가 가장 강한 자다. 인간은 무구하다. 인간은 잘못이 없다. "세계라는 벽에 처음으로 악마를 그려놓았던 것은 그리스도교였다. 그리스도교는 처음으로 죄를 세계 속에 들여왔다."(인간적II, 280쪽) 기독교만 아니었어도 인간이 이렇게 초라한 모습을 띠지는 않았을 것이다. 기독교가 세상을 지배하기 이전의 세계, 즉 고대를 바라보면 전혀 다른 세상이 보인다. 그런 세상을 동경하면서 니체는 '비극의 탄생'을 꿈꿨던 것이다. 우리가 알고 있는 그런 속성의 비극이 아닌 그런 비극을 염원했던 것이다.

스스로를 믿는 자가 가장 강력한 쇠사슬을, 가장 강력한 채찍을 또 가장 강력한 날개를 갖고 있는 자다. 그의 강력함 앞에 그 누구도 맞설 수가 없다. 그래서 인간이 신이 될 수 있다. 이것이야말로 허무주의적 논리다. 니체의 말에 마음이 상하는 이유는 이런 논리에 불편함을 느끼기 때문이다. 아직도 자기 자신과는 무관한 신의 존재가 긍정적으로 와 닿기 때문이다. 아직도 자기 자신에게 채찍질할 것만 같은 그런 전지전능한 존재가 있을 것만 같기 때문이다. 하지만 니체는 강해지라고 외쳐댄다. 스스로 믿는 것만이 '최강의 차꼬'이며 '최강의 채찍'이며 '최강의 날개'라는 주장을 마음으로 받아들일 수 있어야 한다.

낯설게 들리겠지만 허무주의 철학도 천국을 말한다. 니체에게도 이상향이 있다는 얘기다. 하지만 그의 이상향은 내세가 아닌 현세다. "새 신앙인의 천국은 물론 지상의 천국이어야 한다."(반시대I, 205쪽) "나의 자아가 내게 새로운 긍지를 가르쳤다. 나 지금 그것을 사람들에게 가르치노니. 더 이상 머리를 천상적인 사물의 모래에 파묻지 말고 당당히 들라는 것이다. 이 대지에 의미를 부여하는, 지상의 머리를 말이다!"(차라, 48쪽) 제발 좀 당당해달라고 애원을 하는 듯하다. 기죽지 말고 살라고.

천국은 마음의 한 가지 상태이다. - 어린 아이에 관해서는 이렇게 말해지고 있다. '천국이 이런 자의 것이니라' - '지상을 초월한 곳'에 있는 것은 결코 아니다. 하나님의 나라는, 연대기적 역사학적으로, 달력에 따라서 '오는' 것도 아니요, 어느 날에는 실재로 있으나 며칠 전에는 없었던 그 어떤 것도 아니며, 그것은 '개개인에 있어서의 마음의 전환'이며, 언제라도 오거니와, 또한 언제라도 실재하지 않는 그 어떤 것이다⋯ (122쪽)

천국은 대지를 벗어난 곳에 있지 않다. 천국은 내면의 문제다. 성경에도 이런 말이 있다. "하나님의 나라는 볼 수 있게 임하는 것이 아니요 또 여기 있다 저기 있다고도 못 하리니 하나님의 나라는 너희 안에 있느니라."(누가복음 17:20-21) 그리고 그런 천국에는 오로지 어린아이 같은 무구한 자만이 들어갈 수 있다고 말한다. "진실로 너희에게 이르노니 너희가 돌이켜 어린아이들과 같이 되지 아니하면 결단코 천국에 들어가지 못하리라."(마태복음 18:3) 하지만 이런 말들 때문에 사라질 수 없는 양심의 가책이 생겨난다. 마음의 문제는 증명할 길이 없고 생로병사의 진행과정은 거스를 수 없다.

시간을 돌릴 수는 없다. 성숙해지면서, 즉 육체가 요구하는 욕망을 알게 되면서부터 이미 무구함은 요원한 것이 되고 말았다. 사람이란 성경적 논리로 보면 죄악 그 자체에 불과할 뿐이다. 출발부터 무구하지 못하다. 어머니에 대한 죄의식으로 삶을 시작해야 한다. 또 아무리 애를 써도 어린아이 같은 존재가 될 수 없다. 인식 능력이 그렇게 될 수 없게 만든다. 여기서 인간은 주눅이 들고 만다. 천국은 있지만 자기 자신이 들어갈 수 있는 그런 세상은 아니라고 판단해서다.

그런데 니체는 이런 절망적인 순간에 위로의 말을 들려준다. 천국은 지상의 것이라고. 지상을 초월한 곳에 있는 게 결코 아니라고. 천국은 "'개개인에 있어서의 마음의 전환'이며, 언제라도 오거니와, 또한 언제라도 실재하지 않는 그 어떤 것"임을 일러준다. 천국은 마음의 전환에 의한 마음의 한 가지 상태에 불과하다. 마음 상태는 누구의 책임일까? 마음을 바꾸는 것은 누구의 책임일까? 마음은 마음대로 되는 게 아니지만 그 마음의 상태를 그 누구에게 맡길 수도 없는 노릇이다. 마음을 갖고 살아야 하는 게 삶이라면 마음의 대가가 되는 수밖에 없지 않을까. 그게 자기 삶의 주인이 되는 길이 아닐까. 결국 자기 삶 자체를 천국으로 만드는 것은 자기 책임이 아닐까.

저자로서의 바울과 그의 심리학에 의해
부각되는 종교적 사실과 해석의 문제

성경 속 인물 중에 사도 바울에 대한 내용은 수많은 논쟁 중의 하나다. 그는 예수의 제자가 아니었다. 그를 추종했던 12제자에 속하지 못했다. 그럼에도 불구하고 신약성경의 거의 절반이 그에 의해 집필된 문서로 채워져 있다.[17] 니체는 이점을 의아해한다. 바울에 대한 그의 입장은 단호하다. "이 사람이 최초의 기독교인이고, 기독교의 발명자다!"(아침, 80쪽) 예수가 죽고 나서 그를 따라다니던 제자들이 그의 생각과 이념을 전파하기 시작하면서 기독교가 탄생했다. 그것도 다른 도시에 있는 추종자들에게 전하는 편지 형식으로 쓰였던 것이다. 그것들이 카논^{Kanon}, 즉 성경으로 선택된 것이다.

물론 예수 자체의 존재까지도 문제 삼을 수 있다. 소크라테스의 존재를 의심하듯이 말이다. 하지만 니체의 비판적 시각은 거기까지 가지는 않는다. 그는 사실과 해석의 문제에 집중할 뿐이다. 예수가 있었고 십자가에 못 박혀 죽었다. 여기서 무엇이 사실이고 무엇이 해석일까? 어디까지가 사실이고 어디서부터 해석일까? 그것도 종교적 논리에서 사실과 해석의 관계를 묻게 되면 복잡해지고 만다.

> 바울의 심리학에 관하여. - 예수의 죽음은 사실이다. 이것을 해석하는 일이 남아 있다… 해석 가운데에 진리인 것도 오류인 것도 있다는 점은, 그와 같은 자들의 생각이 전혀 미치지 못한 일이었다. 어느 날 그들의 염두에, '이 죽음은 여차여차한 것을 의미할 수 있을지도 모른다'는 어떤 숭고한 가능성이 머리에 떠오르면 - 즉시 그 죽음은 사실 그대로의 것이 된다. 어떤 가설은 그 창시자에게 불어넣어지는 숭고한 영감에 의해 입증된다… (126쪽)

바울에게 있어서 이럴 수도 저럴 수도 있는 그런 생각은 없다. 〈로마서〉의 첫 구절을 예로 읽어보자. "예수 그리스도의 종 바울은 사도로 부르심을 받아 하나님의 복음을 위하여 택정함을 입었으니 이 복음은 하나님이 선지자들을 통하여 그의 아들에 관하여 성경에 미리 약속하신 것이라."(로마서 1:1-2) 스스로 자기 자신에 대해서 이런 말을 하다니. 스스로, 즉 본인의 입으로 '택정함을 입었다'라던가 혹은 자신이 집필하고 있는 '이 복음이 성경에 미리 약속하신 것이다'라느니 하는 말을 하다니 참으로 쑥스럽기 짝이 없는 상황이다. 하지만 바울은 당당하다. 확신에 차 있다. 독자는 오히려 그의 글을 읽으며 위로를 얻기도 한다. 이것이 바울의 위력이다.

하지만 성경을 신앙으로 읽지 말고 다른 시각으로 읽어보면 전혀 다른 소리가 들려올 수도 있다. 그래서 니체는 "시험 삼아 신약성서를 유혹의 책으로서 읽어보라"(149쪽)고 권하기도 했던 것이다. 이제 위의 인용문을 차근차근 읽어보자. "예수의 죽음은 사실이다. 이것을 해석하는 일이 남아 있다…" 니체는 이 문장 뒤에 말줄임표를 남겨놓았다. 여기서 많은 생각을 해달라는 신호다. 사람이 죽는 것은 사실이다. 그가 누가 되었든 죽음을 피해갈 수 없다. 그가 사람이라면 말이다. 삶은 죽음으로 마감할 수밖에 없다. 이것은 엄연한 사실이다. 이제 남은 것은 해석 부분이다.

해석! 인간의 일은 해석의 문제다. 어떤 시각으로 보느냐에 따라 사실이 바뀔 수 있다는 얘기다. 바로 이런 의미에서 니체는 "절대적 진리가 없는 것과 마찬가지로 영원한 사실도 없다"(인간적I, 25쪽)라는 말을 했던 것이다. '절대적 진리' 혹은 '영원한 사실'은 오로지 해석에 의해 가능한 것일 뿐이다. 영원히 산다는 신들의 존재는 오로지 이야기의 형식 속에서만 가능하다. 즉 오로지 '신화神話' 속에서만 가능한 일이라는 얘기다. 말로는 모든 게 가능하기 때문이다. 창조의 원리가 곧 말 속에 있는 것이다. "태초에 말씀이 계시니라 이 말씀이 하나님과 함께 계셨으니 이 말씀은 곧 하나님이시니라."(요한복음 1:1) 말의 기능과 역할 그리고 그 내용까지도 신성하게 간주하면 또 그런 생각이 들면 해석은 어디로 튈지 모르는 럭비공이 되고 만다. 태초로 향할 수도 있고 종말로 치달을 수도 있다.

"어느 날 그들의 염두에, '이 죽음은 여차여차한 것을 의미할 수 있을지도 모른다'는 어떤 숭고한 가능성이 머리에 떠오르면 ― 즉시 그 죽음은 사실 그대로의 것이 된다." 이야기는 사실이 탄생하는 경로다. 사실을 만들어내는 이야기의 능력을 가진 자가 법의 이름으로 정의를 꿰찬다. 가능성이 사실로 둔갑하는 것이다. 생각하는 존재가 사는 곳은 분명 생각으로 이루어진 곳이다. 그리고 그 모든 생각은 오로지 말이라는 도구에 의해 형성될 뿐이다. 때로는 먼저 말이 생겨나고 그것에 따라 논리가 서기도 하고 또 때로는 아이디어만 있다가 나중에 말이 생겨나기도 하면서 이론을 만들어내기도 한다.

문제는 어떤 하나의 가능성이 숭고한 것으로 의미를 갖추기 시작하면 바울의 글들처럼 성경의 가치로까지 상승해갈 수 있다는 것이다. "어떤 가설은 그 창시자에게 불어넣어지는 숭고한 영감에 의해 입증된다…" 이 말 뒤에도 말줄임표가 있다. 독서를 잠시 멈추라는 뜻이다. 이 말을 붙들고 오랫동안 머물러 있으라는 것이다. 가설이 영감에 의해 입증된다. 가설이 영감에 의해 사실이 되고 만다. 가설이 신의 뜻으로 둔갑하는 지점이다. 성경의 논리는 묻지도 따지지도 말고 믿어야 가능한 것일 뿐이다. 영감에 의한 입증 논리를 인정할 수 있어야만 받아들일 수 있는 이야기들이기 때문이다.

데카당스의 한 전형으로서
기독교를 탄생시킨 원한 감정

프랑스어로 르상띠망Ressentiment을 번역하면 원한 감정이 된다. 니체는 이 외래어를 기독교의 본질을 설명할 때 자주 사용한다. 기독교의 모든 시각은 원한 감정에 뿌리를 두고 있다는 것이다. 기독교는 노예의 종교다. "기독교는 고대의 다른 종류의 노예들, 즉 의지와 이성이 약한 노예들, 다시 말해 대다수의 노예들을 위해 만들어졌다."(아침, 405쪽) 고대의 노예들은 자기 삶에 부정적인 시각이 없었다. 그런데 그런 고대에 전혀 다른 의식으로 무장한 노예들이 모습을 드러내기 시작한다. 이들의 전형적인 생각은 자기 삶에 대한 부정적 시각에 의해 형성된다. 이런 생각이 기독교의 뿌리가 된다. "기독교는 처음부터, 본질적으로, 그리고 근본적으로 삶에 대한 삶의 구토와 권태였다."(비극, 18쪽) 삶에 대한 부정적 감정이 퇴폐적인 경향을 띠게 한다. 기독교는 전형적인 데카당스의 형식을 띠고 있다는 얘기다.

그리스도교적-유태교적 삶. 여기에서 르상띠망이 우세했던 것은 아니다. 대대적인 박해가 애당초 격정을 이토록 몰아세울 수 있었던 것이다. - 사랑의 불꽃을, 또한 증오의 그것을. / 스스로의 신앙을 위해 자신의 가장 사랑하는 자가 희생되는 것을 목격할 때, 사람은 공격적이 된다. 그리스도교의 승리는 그 박해자 덕택이다. / 그리스도교에 있어서의 금욕의 가르침은 특수한 것이 아니다. 쇼펜하우어는 이것을 오해하고 있었다. 그것은, 그리스도교 없이도 금욕의 가르침이 엿보이는 도처에서, 그리스도교 가운데로 들어가 생장한 데 지나지 않았다. / 양심의 학대나 고문이라는 우울증에 걸린 그리스도교는, 마찬가지로, 그리스도교적 가치가 뿌리를 내리고만 어떤 종류의 토지가 원래 가지고 있었던 것에 불과하다. 즉 그것은, 그리스도교 그 자체는 아니다. 그리스도교는, 병적인 토지의 온갖 종류의 질병을 자신의 체내로 받아들였다. 그리스도교는, 그것이 이 질병의 전염을 막을 수 없었다는 것만으로도 비난받아 마땅할는지 모른다. 하지만 바로 이것이 그 본질인 것이다. 그리스도교는 데카당스의 하나의 전형에 다를 바 없다. (129쪽)

사랑의 열기만큼 증오의 강도도 거세다. 진정으로 사랑한 자만이 진정으로 증오할 수 있다. 사랑과 증오는 똑같은 열정이 가지는 두 가지 다른 얼굴일 뿐이다. 사랑도 증오도 모두 인간적인 감정의 논리다. 사랑에 의한 상처도 마찬가지다. 사랑한 만큼 상처도 깊다. 상상을 초월하는 상처는 그에 버금가는 사랑만이 남겨놓을 수 있는 것이다. 바로 여기서 니체는 기독교의 비밀을 인식한다. 신의 이름을 사랑으로 만든 이들의 심리상태를 주목한 것이다. 사랑이 전면에 나올 수 있었던 필연적인 상황을 말이다.

'그리스도교적-유태교적 삶'에서 원한 감정이 원래부터 있었던 것은 아니다. 그들이 말하는 천국과 같은 이상향에 대한 이념은 어느 시대에나 존재한다. 그런데 로마인들이 그들을 박해하기 시작하면서 반작용으로 격정이 발생한다. "대대적인 박해가 애당초 격정을 이토록 몰아세울 수 있었던 것이다 – 사랑의 불꽃을, 또한 증오의 불꽃을." 하지 말라면 더 하고 싶은 심리하고 할까. "자신의 가장 사랑하는 자가 희생되는 것을 목격할 때, 사람은 공격적이 된다." 기독교인들은 반작용으로 의기투합을 일궈낸다. "그리스도교의 승리는 그 박해자 덕택이다." 박해가 없었더라면 기독교는 적어도 한 민족의 종교로 머물 수밖에 없었을 것이다. 조직적인 박해가 기독교가 세계적인 종교로 거듭나게 했다는 것이다.

기독교는 로마 시대에 탄생한다. 기독교는 한 시대의 산물이라는 얘기다. 이것은 엄연한 사실이다. 성경의 이야기로 보면 예수는 분명 로마 시대의 한 인물이다. 그리고 그의 제자들은 로마 시대의 도시들을 돌아다니면서 논쟁을 벌이기도 하면서 그의 사상을 전파했던 것이다. 바울도 예외는 아니었다. "어떤 에피쿠로스와 스토아 철학자들도 바울과 쟁론할새 어떤 사람은 이르되 이 말쟁이가 무슨 말을 하고자 하느냐 하고 어떤 사람은 이르되 이방 신들을 전하는 사람인가 보다 하니 이는 바울이 예수와 부활을 전하기 때문이리라."(사도행전 17:18) 종교로서 기독교는 분명 시대의 산물, 즉 시대의 문제들과 함께 논쟁하면서 탄생한 것이라는 얘기다.

금욕에 대한 사상은 종교 일반에서 발견된다. 쇼펜하우어는 이 사상을 특별한 것으로 보았지만 니체는 전혀 다른 해석을 내놓는다. 즉 금욕은 전혀 새로운 것이 아니라는 주장이다. 그러니까 금욕은 내세가 실존이라는 발상이 만들어내는 걸작품에 지나지 않는다. 희망이 실린 내세관이 현세를 향한 욕망을 구속하는 금욕을 불가결한 것으로 만든 것이다. 굳이 기독교가 아니더라도 가능한 발상이다. 다만 금욕 사상이 "그리스도교 가운데로 들어가 생장한 데 지나지 않았다"는 것이다. 기독교 안에서 더 성장했다는 것이다. 다른 종교에서보다 더 강력한 이념으로 자라났다는 것이다. 충분히 납득이 가는 해석이다.

무엇보다도 기독교에서 발견되는 천재적 발상은 '양심의 학대나 고문이라는 우울증'에 있다. 예를 들어 세례 요한은 난데없이 광야에 나타나 사람들을 향해 '회개하라'고 외쳐댄다. '천국이 가까이 왔느니라'(마태복음 3:2)며 새로운 세계에 대한 소식도 전했다. 천국에 들어갈 수 있는 전제조건으로 회개를 꼽은 것이다. 무릎을 꿇고 잘못했다고 시인하라는 얘기다. 무작정 죄의식을 요구한 것이다. 그런데 이런 요구가 먹혀들었다. 사람들은 그의 말을 믿은 것이다. 이성을 가진 존재는 어김없이 양심이라는 것에 얽매여 있기 때문이다. 정상적인 생각을 할 수 있는 자라면 분명 이성이 제시해주는 최고의 형식, 즉 모범을 알고 있을 것이기 때문이다.

'털어서 먼지 안 나는 사람 없다'는 말이 있다. 아무나 붙들고 죄를 고백하라고 강요하면 죄를 시인할 것이다. 양심이 있어서 이런 일들이 벌어지는 것이다. 기독교인들의 세계관은 분명하다. 현세는 싫고 내세는 좋다가 그들의 논리다. "헛되고 헛되며 헛되고 헛되니 모든 것이 헛되도다. 해아래서 수고하는 모든 수고가 사람에게 무엇이 유익한가."(전도서 1:2-3) 노력해봐야 소용없다. 열심히 일해 봐야 쓸모없다. 모든 노동은 무의미하다. "인간은 노력하는 동안 방황한다"(파우스트, 317행)는 괴테의 말은 그들의 귀에 이렇게 들릴 것이다. '그러니까 방황하지 않으려면 하나님을 믿으라'고. '쓸데없는 노력하지 말고 회개부터 하라'고. 사람은 누구나 자기 방식대로 사물을 보는 법이니까.

　물론 우울증 자체가 기독교의 전유물은 아니다. 우울증 또한 이성적 존재에게는 운명처럼 정해져 있는 사실에 불과하다. 일 더하기 일은 이라는 내용을 아는 자는 이 더하기 이는 사라는 내용도 알 수밖에 없다. 결국 무한대를 생각할 수 있는 존재는 영원을 생각하지 않을 수가 없게 된다. 아무리 천사라 해도 생각하는 능력을 가지고 있다면 우울할 수밖에 없다는 것이 독일의 르네상스 예술가 뒤러Albrecht Dürer(1471-1528)의 발상이었다. 그의 〈멜랑콜리아〉(1514)라는 작품은 르네상스인의 우울증을 두 명의 천사를 통해 보여준다.

　중세적 이미지라면 항상 기뻐하고 찬양하는 모습을 띠어야 할 천사들이다. 그런데 르네상스인의 시각에 들어온 천사상은 우울하기만 하다. 새로운 발견이었다. 르네상스인의 발견이었다. 인간의 내면을 들여다본 결과였다. 삶은 마냥 즐겁지만은 않다. 또 미켈란젤로의 〈피에타〉(1498-1499)도 생각난다. 피에타는 고통이란 뜻이다. 여기서 고통을 받고 있는 자는 성모 마리아다. 슬프다. 우울하다. 뒤러도 미켈란젤로도 성경의 인물들을 예술로 승화해내면서 주목했던 부분은 인간의 본성으로서의 우울증이다.

　늘 태양은 한계 너머에 있다. 저편은 동경의 대상이 될 뿐 스스로 속할

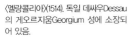
〈멜랑콜리아〉(1514). 독일 데싸우Dessau 의 게오르지움Georgium 성에 소장되어 있음.

미켈란젤로의 〈피에타〉(1498-1499). 로마 바티칸 베드로 성당 소장.

수 없는 세상일 뿐이다. 언제나 인생은 죽음으로 마감한다. 이생에서의 삶은 영원할 수가 없다. 바로 이런 인식이 사람을 우울하게 만드는 것이다. 콜럼버스에 의해 발견된 신대륙도 르네상스의 업적이지만 그에 버금가는 발견으로 우울증도 르네상스의 산물임에는 틀림이 없다. 영국의 셰익스피어의 《햄릿》(1601)도, 스페인의 세르반테스의 《돈키호테》(1605)도 모두 르네상스 시대의 산물들이라는 사실은 주목할 만하다.

이쯤 되면 니체의 말에 수긍이 가지 않을까. "양심의 학대나 고문이라는 우울증에 걸린 그리스도교는, 마찬가지로, 그리스도교적 가치가 뿌리를 내리고 만 어떤 종류의 토지가 원래 가지고 있었던 것에 불과하다." 고전을 읽을 때 번역을 문제 삼지 말자. 니체도 고전의 한계를 지적한 적이 있다. "고전적인 책 - 모든 고전적인 책이 지닌 최대의 약점은, 그것이 너무 극단적으로 저자의 모국어로 쓰였다는 점이다."(인간적II, 309쪽) 고전이 지닐 수밖에 없는 최대의 약점, 그것은 바로 번역체의 문제라는 것이다. 이것을 인정하고 독서에 임하면 되는 것이다. 그것이 고전을 읽을 때 요구되는 자세다. 특별한 오역이 아닌 이상 상형문자를 해독하는 마음으로 독서에 임하면 되는 것이다. 아니 오역조차도 독서를 통해 발견해내겠다는 그런 의지로 읽어내면 되는 것이다.

잔소리를 좀 했다. 다시 니체의 말에 귀를 기울이자. 우울증이라는 토지는 원래 있었다. 그런데 이 토지는 건강하지 못한 상태다. 그곳에 뿌려진 씨앗이 기독교의 이념이다. "그리스도교는, 병적인 토지의 온갖 종류의 질병을 자신의 체내로 받아들였다." 부정적인 힘을 모두 자기 것으로 만들어냈다. 니체가 기독교를 비판하는 지점이다. 약한 것을 강한 것으로 인식하도록 만들었다는 것이 그의 비판의 핵심이다. 바로 이런 조작 때문에 기독교는 '데카당스의 하나의 전형'에 불과하다는 판단을 지울 수가 없는 것이다. 한마디로 퇴폐적이라는 것이다. 현세를 향한 삶에의 의지는 찾아볼 수가 없다는 것이다. 오로지 내세만을 행복의 근원으로 바라보는 질병에 걸려 있다는 것이다.

부모로부터 육체를 선사받고 태어난 의미를 불식시키는 이런 논리 앞에 니체는 가만히 있을 수만은 없었다. 그는 생철학으로 무장하고 저항하기를 선택한 것이다. 세상적인 이야기가 아닌 것은 허무함을 느끼고자 했다. 인간적인 내용이 아니면 허무의 감정으로 맞서고 싶었던 것이다. 자연은 잘못이 없다. 남자가 발기할 수 있는 성기를 가지고 태어난 것은 죄가 아니다. 여자가 풍만한 가슴을 가지고 태어난 것은 잘못된 것이 결코 아니다. 그것을 가리고 수치심을 느껴야 할 이유는 없다. 오히려 그것을 실존의 의미로 간주하고 당당하게 춤을 춰야 하지 않을까. 육체를 가지고 태어난 이상 그것을 잘 다루는 대가가 되어야 하지 않을까. 세상에 대한 원한 감정은 버려야 할 대상이 아닐까. 육체 때문에 영원에 참여할 수 없다는 그런 식의 발상은 극복해야 할 대상이 아닐까.

성경은 읽어봐야 할 책

성경은 명실상부 인류 최고의 책에 해당한다. 최고의 베스트셀러다. 한 권의 책이 가진 영향력으로는 단연 최고라는 얘기다. 보통 공저에 의해 탄생한 책들은 주제부터 정하고 집필에 임하는 경우가 많다. 하지만 성경은 그렇지 않다. 같은 신을 두고 수세기 동안 집필된 작품들을 성경이란 이름으로 선택했을 뿐이다. 그 시작부분에는 모세 5경이 자리 잡고 있다. 이집트에서 노예생활을 하던 시절의 이야기부터 시작하고 있다. 해방을 꿈꾸는 노예들의 세계관이 성경에 녹아들 수밖에 없었다.

앞서도 언급했지만 니체는 특히 신약성서를 '유혹하는 책'(149쪽)이라는 시각으로 읽어보라고 추천한다. 읽을 때 그런 문제의식을 갖고 읽어달라고, 누구를 어디로 유혹하고 있는지 관찰해보라는 것이다. 독서에 임하는 이런 비판적 자세는 매우 중요하다. 사랑하는 것과 아는 것, 또 신앙과 지식은 전혀 다른 문제다. 수영을 하려면 물의 특성부터 파악할 줄 알아야 한다. 강물인지 실내 수영장 물인지 아니면 바닷물인지 먼저 알아두어야 한다는 것이다.

신약성서는 시험 삼아 읽어야 한다. 시험 삼아! 시험하듯이 읽어야 한다. 시험장의 감독이 된 기분으로 책을 대하라는 것이다. 누군가 부정행위를 하면 잡아내려는 의지로 상황을 주시해야 한다. 아무도 믿어서는 안 된다. 모두가 의심의 대상이다. 유혹에 빠지지 않기 위해 정신줄을 바짝 묶어두어야 한다. 이렇게 읽어야 하는 이유는 천 년이 넘도록 우리의 정신을 지배해온 논리가 그 안에 있기 때문이다. 중세의 논리가 말이다. 그 논리의 유혹에 빠져 암흑 속에서 허덕였던 중세가 시작되었던 것이다.

> 신약성서에 반발하지 않는 자, 그것을 읽고 무언가 혐오스러운 사고를 더럽히지 않으려고, 무언가 손을 움츠리지 않을 수 없는 그런 것을 느끼지 않는 자, 그 자는 무엇이 고전적인지를 모른다. 사람은 '십자가'를 괴테처럼 느껴야 한다. - (131쪽)[18]

성경에는 분명 십자가에 대한 이야기가 있다. 그곳에 매달아 죽여야 한다는 형벌이 있었다. 모든 법의식은 시대상황과 맞물려 형성될 뿐이다. 소크라테스를 죽음으로 몰아갔던 '헬리아이아Heliaia'[19]라는 아테네 최고의 시민 법정도, 갈릴레이를 수도원에 감금했던 중세의 종교재판도 모두 시대의 산물이다. 재판의 역사를 주목하는 것도 그래서 재밌는 일이 아닐 수 없다. 모든 재판에서 공통적으로 나타나는 현상은 '무엇이 옳다'고 판단하는 그 내용이 '판결의 이유'가 된다는 것이다. 사람 사는 곳에 말다툼이 끊이지 않고 발생하는 이유도 여기에 있다.

또 '십자가를 괴테처럼 느껴야 한다'는 말은 무슨 뜻일까? 파우스트니 베르테르니 하는 이야기들을 접할 때 괴테라는 저자의 존재를 떠올리라는 것이다. 모든 텍스트에는 저자가 있다. 고전의 반열에 올라선 작품의 저자들은 자기 시대의 정신을 보편적 시각으로 다뤘다는 공통점이 있다. 그런데 신약성서의 모든 이야기 뒤에는 십자가의 의미를 대변하는 저자가 있을 뿐이다. 여기에 치명적인 유혹의 덫이 있다. 신이 죽었다. 기독교의 신앙은 그 고통에 대한 기억과 함께 시작된다. 그 고통이 강할수록 "가장 사랑하는 자가 희생되는 것을 목격할 때, 사람은 공격적이 된다"는 논리처럼 원한 감정의 강렬한 폭발음을 경험하게 될 것이다.

> 신약성서 가운데서, 특히 복음서 가운데서, '신적인 것'이 말하고 있는 것을 나는 한 마디도 들을 수가 없다. 거기에는 오히려, 끝없이 광포한 비방이나 절멸의 간접적인 형식이 - 증오의 가장 비열한 형식의 하나가 자리하고 있다. 그것은, 고급한 본성에 고유한 것이 무엇인가를 전혀 모른다. (148쪽)

니체는 신약성서 중 특히 복음서를 읽을 때 신의 소리를 들을 수 없다고 고백한다. 그에게는 오로지 집필자의 소리만 들릴 뿐이다. 지극히 현실적이다. 환상도 망상도 없다. 희망을 갖고 독서에 임하지 않는다. 복음에 대해 지속적으로 거리를 두고 있다. "《신약성서》를 읽을 때는 장갑을 끼는 게 좋다는 것이다."(안티, 282쪽) 불결해서다. 그런 느낌을 불러일으키는 주된 원인은 "끝없이 광포한 비방이나 절멸의 간접적 형식이 - 증오의 가장 비열한 형식의 하나가 자리" 잡고 있기 때문이다.

대화를 할 때도 남을 비방하는 말을 하는 사람과 마주할 때가 가장 난감하다. 오히려 그런 사람과 대화를 할 때는 마음의 문을 닫고 임하는 게 지혜라면 지혜다. 왜냐하면 첫째 그는 다른 곳에서 나 자신을 욕할 수도 있기 때문이고, 둘째 그가 내뱉는 그 비방의 소리로 인해 쓸데없는 선입견이 생길 수 있기 때문이다. 바로 이런 상황을 비유적으로 표현한 부분이 장갑을 끼고 책을 대하라는 것이다. "시험 삼아 신약성서를 유혹의 책으로서 읽어보라"는 권고의 말도 이에 속한다.

이토록 조심스럽게 대해야 할 책이 복음서다. 거기에는 "고급한 본성에 고유한 것이 무엇인가"를 가르쳐주는 부분은 전혀 존재하지 않는다는 게 니체의 비판이다. 보다 높은 수준의 본성, 그것은 니체가 듣고 싶어 하는 '신적인 것'과도 연결이 된다. 보다 강한 본성의 소리는 복음서의 그것과는 다를 것이라는 전제가 깔려 있다. 초인의 소리는 뭔가 절대적인 것에 굴복한 정신이 내뱉는 그런 소리는 아닐 것이라는 얘기다. 그런 패배의 정신이 오히려 승리한다는, 즉 가치가 전도된 이야기 앞에서 니체는 숨길 수 없는 혐오감만을 느낄 뿐이다.

> 신약성서에 있어서 행해지고 있는 것과 같은, 고귀하고 권력 있는 자에 대한 싸움은, 라이네케Reineke의 그것과 동일한 싸움이며, 이와 동일한 수단으로 행해진다. 단지 언제나, 승려적인 감격조로, 그리고 자기 자신의 약삭빠름에 대한 한사코 시치미를 떼는 행동을 하며 싸우고 있는 데 불과하다. (149쪽)

성경의 논리는 약자가 결국에는 승리하는 것이다. 모든 복수의 감정은 신에게 맡기라고 말한다. 결국에는 종말이 닥칠 것이고, 그때가 되면 악한 자들은 어김없이 신의 벌을 받게 된다. 이런 이야기에 감동하려면 스스로 약자의 마음, 가난한 마음을 품어야 한다. "심령이 가난한 자는 복이 있나니 천국이 그들의 것임이요."(마태복음 5:3) "누구든지 첫째가 되고자 하면 뭇 사람의 끝이 되며 뭇 사람을 섬기는 자가 되어야 하리라."(마가복음 9:35) 약자의 논리. 니체의 말로 표현하자면 이게 바로 노예도덕이다.

자유정신을 동경하는 니체에게 성경의 논리는 혐오스러운 유혹의 소리에 지나지 않는다. 아니 오히려 약자의 아우성에 신물이 난 것이라고 말해도 된다. "그리스도교에 있어서의 심리학적 조치는, 이따금 짐승을 병든, 따라서 길들여진 동물로 만들어버리기에 이른다."(165쪽) 기독교는 말 잘 듣는 종을 원하는 것이다. 의심하고 묻는 것조차 허용하지 않는다. "주 너의 하나님을 시험하지 말라."(누가복음 4:12) "오직 믿음으로 구하고 조금도 의심하지 말라."(야고보서 1:6)

기독교의 정신은 인간을 순종의 동물로 만든다. 하지만 모든 창조는 잔인한 파괴의 본성을 전제한다. 새로운 모든 것은 과거와의 단절을 속에서 나온다. 순종이니 복종이니 하는 덕목으로는 꿈도 꿀 수 없다. 예술가는 매정한 정 떼기의 달인이다. 시킨 대로 하기보다는 하지 말라는 것만 골라서 하는 고집불통의 길을 걷는 자이기도 하다. "일관성 있는 실행의 니힐리즘보다 더 유용하고 촉진시켜야 할 것은 없다."(170쪽) 이것은 예술적인 삶을 위한 인식의 소리다. 이것이야말로 허무주의를 자기 철학의 이름으로 선택한 생철학자의 사상이다.

나는 무엇에 대하여 항의하는가? 이 비소하고 평화로운 평범함이, 힘의 대축적의 커다란 충동을 알지 못하는 영혼의 이 평형이, 무언가 높은 것, 어쩌면 그렇기는커녕 인간의 기준으로 간주되지 않도록. / 베럴람의 베이컨은 말하고 있다. '속인 사이에서는, 최저급의 덕은 칭찬받고, 중급의 덕은 경탄되며, 최고급의 덕에 대한 감각은 전혀 엿보이지 않는다.' 그런데 그리스도교는, 종교로서, 이 속인에 속한다. 그리스도교는 최고급의 덕에 대한 아무런 감각도 갖고 있지는 않다. (171쪽)

경험론자 베이컨은 단수가 낮은 사람들일수록 도덕적 수준도 저급하다는 말을 했다. 그들은 최고급의 미덕이 어떤 것인지 감도 잡지 못한다. 그들은 "쉽게 선동되거나 마지못해 따르는 경향"[20]이 있다. 아는 게 부족해서 그런 거다. 그런데 이런 자들에게 유용한 책으로 보이는 게 바로 성경이다. "하늘의 높음과 땅의 깊음 같이 왕의 마음은 헤아릴 수 없느니라"(잠언 25:3)는 말을 잠언으로 선택한 성경은 이해의 수준이 저급한 사람들에게 위로의 책으로 여겨질 뿐이다. "지식이 많으면 번뇌도 많으니 지식을 더하는 자는 근심을 더하느니라."(전도서 1:18) "많은 책들을 짓는 것은 끝이 없고 많이 공부하는 것은 몸을 피곤하게 하느니라."(전도서 12:12) 이런 말들도 공부 못하는 자들에게 위로의 소리로 들릴 뿐이다. 스스로 긍지를 갖게 하는 소리다.

믿음의 권력을 꿰찬 자만큼 무식해 보이는 게 또 없다. 스스로 색안경을 끼고 세상을 바라보고 있는 자이기 때문이다. 자기 생각이 얼마나 초라한지 깨닫지 못하고 또 그런 생각으로 가만히 있는 타인에게까지 의견의 폭력을 퍼부으며 공격을 해대는 그 꼴이 또한 얼마나 가소로운지도 제대로 인식조차 하지 못하고 있다. 마치 호랑이 앞에서 강아지 한 마리가 짖어대는 꼴이다. '니가 하나님을 아는가? 나는 안다!' 하고 호통을 치는 소리 같다. 전지전능한 신을 자기편으로 만듦으로써 무소불위의 전사로 거듭난 꼴이다. 구원에 대한 확신으로 무장함으로써 세상논리와 맞서고 또 악 앞에서 물러섬이 없는 불패신화의 원인으로 변신하는 꼴이다. 진정 빈 그릇이 요란하기 짝이 없다.

우리는 그리스도교의 어디를 공격할 것인가? 그리스도교가 강자들을 파멸시키려 하고 있다는 것, 그들의 기력을 저하시키고, 그들의 궁핍이나 피로를 물어뜯고, 그들이 자랑하는 안전감을 불안이나 낭패로 뒤엎어놓으려 하고 있다는 것, 고귀한 본능을 해치며 병적이 되게 하는 것을 터득하고 있으며 마침내는, 이 본능의 힘이, 그 권력에의 의지가 감퇴하고, 자기 자신을 거스르기에 이르며, – 드디어는 강자가, 자기 조소와 자기 학대라는 일탈로 철저하게 몰락하기에 이른다는 것, 이 점이다. (173쪽)

허무주의 철학은 기독교 사상을 공격한다. 유일신 사상을 트집 잡는다. 시간과 공간의 원리를 따라야만 하는 현상계는 다양성을 본성으로 한다. 삶의 현장은 다양한 사물들로 가득하다. 나는 너와 다르다. 이 세상에 똑같은 돌 하나 찾을 수 없다. 공장에서 찍어낸 상품조차 뭐가 달라도 다르다. 누구는 싯다르타가 좋고 누구는 예수가 좋다. 또 누구는 그냥 세상이 좋다. 그것을 두고 무신론이라고 칭해도 할 말은 없다. 또 누구는 니체처럼 스스로를 초인의 단계로 끌어올리려는 극복의 철학을 선호하기도 한다. 노력의 산물이 삶이어야 한다고 주장하는 것이다.

믿음 하나로 세상 문제가 다 해결될 수 없다. 아니 삶의 문제조차 해결되기보다 오히려 꼬이는 듯한 느낌이 든다. 모든 다툼의 중심에는 의견의 충돌이 존재하기 때문이다. 말하는 존재에게 침묵을 강요하는 것은 돌에게 말을 요구하는 것과 같다. 육체를 갖고 태어나 자유를 갈망하는 자에게 구속을 강요하는 것은 산보고 이리 오라 저리 가라 하는 것과 같다. 니체는 사물을 있는 그대로 보고자 할 뿐이다. 그것이 이토록 욕을 먹어야 하는 상황이다. 천국의 희망을 앗아갔다는 이유 하나만으로. 신을 죽였다는 불편한 감정 때문에 그를 향한 질타는 매섭기만 하다. 이것이 니체를 접하고 있는 우리 현대인의 모습이다.

우리는 지금 니체를 이해하고자 한다. 그의 입장에서 사물을 바라보고자 한다. 그렇다면 그의 말에 귀를 기울어야 한다. 그의 말이 정원에 씨앗으로 뿌려지기를 원해야 한다. "우리 모두는 우리 안에 숨겨진 정원과 식물을 갖고 있다."(즐거운, 79쪽) 그것이 기쁨의 원인이 되고 즐거움의 이유가 되는 것이다. 모든 것과 하나가 될 수 있는 나무 한 그루, 그것이 힘의 춤을 추는 초인의 모습이 아닐까. "우리의 첫 질문은 다음과 같은 것이다. '그는 걸을 수 있는가? 더 나아가 춤출 수 있는가?'"(즐거운, 366쪽) "나의 형제들이여 그대들의 가슴을 들어 올려라, 높이, 더 높이! 그리고 다리도 잊지 말아라! 그대들의 다리도 들어 올려라, 그대들, 춤을 멋지게 추는 자들이여, 그대들이 물구나무를 선다면 더욱 좋으리라!"(비극, 23쪽) 허무주의 철학에서 배워야 할 것은 바로 이런 것이다. 육체 때문에 고통이 있고 영원에 참여할 수 없는 게 아니라 바로 그 육체 때문에 춤을 출 수 있는 기회가 주어진 것이라고.

삶은 고귀하다. 사람은 아름답다. 대지는 신성하다. 여기가 천국이다. 지금이 최고의 순간이다. 이 말을 하기가 왜 이토록 힘든 것일까? 반복해서 말하지만 그것은 오로지 이성 때문이다. 신을 향한 이성의 논리는 "강자들을 파멸시키려 하고", "그들의 기력을 저하시키고", "고귀한 본능을 해치며 병적이 되게" 한다. 신을 인정함으로써 자기 자신은 하찮은 존재로 만들고 마는 꼴이다. 강자가 스스로 "자기 조소와 자기 학대라는 일탈로 철저하게 몰락하기에 이른다"는 것이다. 이성 때문에. 생각하는 존재의 한계와 위험이 바로 생각 자체 속에 있었던 것이다.

03
___

이상에의 충동과 비판

인류는 얼마나 스스로의
내적 세계의 근본 사실에 관하여
항상 거짓말하며 속여 온 것일까?
-
그는 어려운 길을 선택했다.
새로운 도덕의 토대를 마련하고자 하는 것이다.

.

생리학적
형식으로서의 도덕

《아침놀》에서 니체는 힘에의 감정을 느끼면서 '도덕에 대한 나의 전투' (이 사람, 413쪽)를 선언했다. 아침은 신비로운 시간대이다. 새로운 시작을 알리는 순간이다. 이 순간에 모든 도덕은 그저 편견에 지나지 않는다는 사실을 인식하게 된다. 모든 것은 새롭게 점령되어야 할 대상일 뿐이다. 마치 퍼즐을 다 맞추고 나면 그것을 다시 헤쳐놓아야 하는 그런 것처럼, 삶의 현장은 그렇게 반복되어야 한다.

모든 도덕은 삶을 구속하는 원리다. '이건 이래야 하고 저건 저래야 한다'고 단언하는 것이 도덕의 소리다. 도덕은 늘 전통을 고수하려 한다. 도덕주의자들은 모두 과거의 것을 미덕으로 바라보고자 한다. 옛것의 아름다움을 부각시키며 자신의 존재의미를 강조하고자 한다. 그런데 삶은 자유를 원한다. 누구나 자유롭게 살기를 바란다. 그래서 도덕은 전투의 대상이 되는 것이다. 삶과 도덕은 정반대의 원리로 작용하기 때문이다.

도덕은 최소한 두 사람이 모여도 요구되는 원리에 해당한다. 만남을 성사시키는 규칙이라고 할까. 게임의 룰이라고 할까. 약속의 원리라고 할까. 약속은 지켜져야 한다. 그 약속에 의해 사회가 구성될 수 있는 것이다. 그 약속이 지켜지면 모두가 자유롭게 살 수 있는 그런 이상향이 펼쳐지게 될 것이다. 그런데 욕망이 문제다. 누군가는 그 약속 때문에 손해를 볼 수밖에 없다. 결국 모두가 함께 자유롭게 살 수 없다는 인식은 피할 수가 없게 된다. 누구에게 자유는 누구에게 구속을 의미하기도 하기 때문이다.

> 모든 덕은 생리학적 상태이다. 각별히 필연적인 것으로, 선한 것으로 느껴지는 유기체의 주요 기능이다. 모든 덕은, 본래 세련된 격정이며 고양된 상태이다. (176쪽)

도덕적인 감정은 어떤 상황을 지극히 '필연적인 것'으로 또 '선한 것으로' 느끼는 상태와 연관한다. 물론 선이 결정됨으로써 자동적으로 악이 결정되기도 하는 상황이다. '이래야 한다 저래야 한다'라는 요구사항은 어쩔 수 없이 '이래서는 안 된다 저래서는 안 된다'라는 요구로 들릴 수밖에 없다. 그래서 니체는 "모든 덕은 생리학적 상태이다"라고 단언하는 것이다. 누가 말하느냐에 따라 생리는 변할 수밖에 없다. 누가 권력을 꿰차느냐에 따라 생리는 럭비공처럼 튈 수밖에 없다.

"모든 덕은, 본래 세련된 격정이며 고양된 상태이다." 잠시 도덕을 바라보는 니체의 시각을 느껴보자. 첫째 도덕은 '세련된 격정'이다. 도덕적인 사람이 잔소리를 해댄다. 도덕적 잣대가 선 사람이 윽박지른다. 야단을 치려드는 모든 이의 목소리에는 이런 격정이 내재되어 있다. 둘째 도덕은 '고양된 상태'다. 남들보다 더 높은 곳에 도달해 있다는, 즉 '난 너와 달라!'라는 의식이 지배하고 있다. '나는 도덕적이다!'라고 말하는 사람의 심정은 말 그대로 일종의 '고양된 상태'에 해당한다.

하지만 니체에게 도덕은 자유정신을 구속하는 원리로 작용하고 있을 뿐이다. 니체가 도덕을 공격할 때 그 도덕은 자유에 해로운 이념임을 잊지 말자. 그도 도덕을 원할 때가 있다. 그는 새로운 도덕을 원할 뿐이다. "도덕을 설교하기는 쉽지만 도덕의 기초를 놓는 것은 어렵다."(반시대, 228쪽) 니체는 어려운 길을 선택했다. 새로운 도덕의 토대를 마련하고자 하는 것이다. 순종하는 동물이 되기보다는 스스로 선택하는 창조적인 삶을 살고자 하는 것이다.

> 나는 '도덕'을 해석하여, 존재자의 삶의 조건들과 접촉하는 가치평가의 체계로 삼는다. (176쪽)

하나의 잠언이다. 지극히 짧은 호흡으로 작성된 글이다. 하지만 짧은 만큼 강렬하기도 하다. 도덕에 대한 니체의 입장이 고스란히 담겨 있기 때문이다. 그런데 아쉽게도 의역이 되어 있다. 직역을 하면 니체가 생각하는 '도덕은 존재자의 삶의 조건들과 접촉하는 가치평가의 체계'라는 것이다. 도덕이 가치평가의 체계다! 이것이 니체의 인식이다. 물론 내용을 들여다보면 위의 의역에도 나름 의미가 통하는 바가 있다. 니체는 도덕을 해석하고자 한다. 해석의 대상으로 도덕을 선택한 것이다. 그저 도덕적인 인간이 되고자 예의범절을 가르치는 곳에 발을 들여놓고자 하는 게 아니다. 도덕을 해석할 수 있다면 도덕을 아는 단계에 도달한 것이라고 말해도 무방하다. 알지 못하고 해석할 수는 없기 때문이다.

> 이전에는 모든 도덕에 관하여, '그 열매로 너희는 그것을 인식해야 한다'고 말해졌다. 나는 모든 도덕에 관하여 말한다. '도덕은 열매이기는 하나, 그 열매로 나는, 그것이 생장한 토양을 인식한다'고. (176쪽)

그 시대 이슈를 보면 그 시대정신이 보인다. 광고 문구를 보면 그 시대의 이념이 보인다. 이와 마찬가지로 도덕 또한 그 시대의 열매일 수밖에 없다. 영원한 도덕은 존재하지 않는다. 신의 뜻으로 간주될 수 있는 도덕관념은 있을 수 없다. 열매 자체에 몰두했던 것이 과거의 도덕학자들이라면 니체는 그 도덕이 형성된 배경을 주목한다. 모든 도덕은 그것을 입에 담는 자가 있게 마련이고, 또 그 모든 도덕적 세력들은 자신의 기득권을 형성할 수 있었던 배경이 있게 마련이다.

신의 뜻이 중요한 이유는, 그것을 입에 담는 자가 만들어낸 이념에 불과하다. 어떤 그것이 중요하다고 말하는 자의 의도가 실려 있을 뿐이다. 또 때로는 신의 내용이 문제되기도 한다. 도대체 누가 신이란 말인가? 그는 어떤 모습을 띠고 있어야 하는가? 누구는 투실투실 살이 찐 부처님을 좋아하고 누구는 가시면류관을 쓴 예수님을 좋아한다. 이때 과연 누구를 신으로 간주해야 할까. '부처님은 신이 아니다'라는 식으로 말꼬리를 무는 문제제기는 좀 삼가도록 하자. 그 앞에 무릎을 꿇고 염불을 외는 사람들의 모습에서 종교적 의미를 발견하지 못하는 것이 더 이상한 일이기 때문이다.

나는, 도덕적 판단을 해석하여, 생리학적인 성공이나 실패의 전례를, 마찬가지로 보존 조건이나 생장 조건에 관한 의식을 누설할 수 있는 증후나 기호라고 시험하거니와, - 이것은 점성술의, 본능에 의해 부추겨진 선입견(종족, 집단이 가지고 있다. 청춘이라든가 노령 기타 다양한 계층이 가지고 있다)의 가치를 해석하는 방법이다. / 이것을 특히 그리스도교적-유럽적인 도덕에 적용하면, 현재의 도덕적 판단은, 퇴락의, 삶에의 불신의 징후이며 페시미즘을 준비하는 것이 된다. / 나의 주요 명제, 즉 도덕적 현상인 것이 아니라, 어떤 것은 단지 이 현상의 도덕적 해석에 불과하다. 이 해석 자체는 도덕과는 서로 상관이 없는 기원의 것이다. / 우리가 생존 속으로 모순을 해석하여 넣었다는 것은 무엇을 의미하는가? - 결정적으로 중요한 것은, 모든 그것 이외의 가치평가의 배후에도 저 도덕 가치평가가 군림하고 있다는 점이다. 혹시나 이 도덕적 가치평가가 멎기라도 한다면, 그때 우리는 무엇을 기준으로 삼아 측정하는가? 또한 그때에 인식 따위는 어떤 가치를 갖게 될 것인가? (177쪽)

도덕은 판단의 한 형식이다. '도덕적 판단'은 일종의 과정을 거쳐 형성된 논리지만 그 시각은 늘 결과에서 원인을 추궁한다. 결국 그것은 "생리학적인 성공이나 실패의 전례를, 마찬가지로 보존 조건이나 생장 조건에 관한 의식을 누설할 수 있는 증후나 기호"가 될 수밖에 없다. 아니 더 크게 보아 도덕 자체가 증후나 기호에 해당한다. 증후나 기호로서의 도덕, 그것은 많은 것을 해석해내게 만드는 요인이 된다. 하늘이 무너져도 이유가 있다는 식으로 해석을 거듭한다. 그래서 하나의 '도덕적 판단'만 들어도 그 생각의 틀을 형성하는 시대적 논리를 파악해낼 수 있다. 예를 들어,

기도를 하고 있는 삼촌을 죽이려던 햄릿은 이런 생각을 한다. '기도할 때 죽으면 천국에 이르게 된다'[1]고. 중세적 발상과 논리 속에서 햄릿은 갈팡질팡한다. 르네상스 시대에 발생할 수 있는 비극적 상황이다.

모든 판단은 하나의 논리에 근거한다. 모든 것을 아우를 수 있는 절대적인 논리 같은 것은 이상에 불과하다. 그런 논리는 말장난에서나 등장하는 망상에 불과하다. 그래서 도덕적 판단은 점성술과도 같다. 별은 말이 없다. 별들 속에서 자리를 찾아내는 것은 해석의 결과다. 별자리를 운운하는 것은 그 자리를 만들어내는 자들의 상상에 기반을 두고 있을 뿐이다. 하나의 행동에 대한 해석이 문제되고 있다는 얘기다. 하늘의 별은 수억만 년 전부터 그렇게 존재해왔고 존재하고 있으며 또 존재하게 될 것이다. 그런데 해석이 문제다. 어느 순간 어떤 별자리를 보느냐에 따라 운명이 결정된다는 것이다. 밤하늘의 별자리를 바라보면 무슨 생각이 떠오를까? 그것이 문제라는 얘기다.

도덕적 판단은 "본능에 의해 부추겨진 선입견"에 불과하다. 예를 들어 '아침에 일찍 일어나는 새가 벌레를 더 많이 잡아먹는다'고 하자. 그러면 '일찍 일어난 벌레는 무슨 죄가 있는가?' 하고 우스갯소리로 반문을 할 수도 있는 것이다. '새 나라의 어린이는 일찍 일어납니다 / 잠꾸러기 없는 나라 우리나라 좋은 나라'라는 가사의 동요가 있다. 이것은 광복 이후 건국에 대한 의지가 불타오를 때에 생겨난 노랫말이다. 누구는 충분히 자는 게 건강에 좋다는 말을 하기도 한다. 무작정 일찍 일어나는 것이 능사는 아니라는 말이다. 어느 하나를 진리로 간주할 때 다른 하나는 거짓이 되고 마는 논리다. 누군가의 행복은 누군가의 재난임을 잊지 말아야 한다.

"정신의 자유에 대한 언어의 위험 - 모든 단어는 하나의 편견이다."(인간적II, 266쪽) "말이 우리에게 장애가 된다."(아침, 61쪽) 언어와 말에 대한 니체의 생각이 어떠한지 고민을 해보자. 모든 생각과 판단이 언어와 말의 도움을 얻어 진행된다는 것을 인정하면 무시 못할 상황이기 때문이다. 하나의 단어를 선택할 때 이미 한계를 설정하고 마는 것이다. 말을 하면서 우리는 또 하나의 장애를 형성하고 있는 것이나 다름없다. 의견을 갖는 것은 자유지만 하나의 의견에 고집을 피우는 것은 폭력을 낳게 하는 원인이 되고 만다. 의견으로 폭력을 행사하는 잔인한 인간이 이때 생겨나는 것이다. 선을 긋고 그 선을 넘지 말라는 기호를 형성하는 것이기 때문이다. 오해하지 말자. 이것은 분명 초인의 이념이 될 수 없다.

이제 니체는 '현재의 도덕적 판단'을 비판적으로 바라본다. 현재의 도덕은 어떤 양상을 띠고 있는가를 묻는다. 여기서 니체는 "퇴락의, 삶에의 불신의 징후이며 페시미즘을 준비하는 것"을 발견한다. 이제 좋은 시절은 다 갔다는 것이다. 이제부터는 퇴락의 길을 걸을 수밖에 없다는 얘기다. 왜냐하면 모든 것에 '삶에의 불신', 즉 염세주의 사상이 만연해 있기 때문이다. 모두가 열을 올리고 있는 것은 자본이니 부자니 성공이니 일자리니 등으로 일관하고 있을 뿐 아무도 자기 삶을 살고자 하지 않고 있다. 아무도 자기 자신의 운명을 주시하지 않는다. 밤하늘을 바라보면서도 기존의 별자리 이야기만 들으려 한다.

니체는 묻는다. "우리가 생존 속으로 모순을 해석하여 넣었다는 것은 무엇을 의미하는가?" 매우 중요한 질문이다. 한 철학을 이해하기 위한 방법 중 좋은 것은 그가 하는 질문을 주목해보는 것이다. 모든 생각과 이해는 질문과 함께 시작하기 때문이다. 사람들은 '모순을 해석하여' 그것을 삶 속에 던져 넣었다. 니체의 글을 읽고 있는 독자는 이제 그 모순을 삶

속에서 발견해내는 일이 숙제다. "결정적으로 중요한 것은, 모든 그것 이외의 가치평가의 배후에도 저 도덕 가치평가가 군림하고 있다는 점이다." 모든 가치평가는 도덕적인 가치평가라는 얘기다. 무엇을 평가하든지 간에 하나의 평가가 있는 그곳에는 어김없이 하나의 도덕적 잣대가 존재한다는 것이다. 이것을 인식해내야 한다.

허무주의적 논리는 여기서 멈추지 않는다. 상황 파악에서 멈추는 게 아니다. 문제는 그것이 모순이라고 판단된 그 순간에 있다. 즉 문제는 그런 잣대가 무의미해질 때다. 니체 말로 표현하면 신으로 믿었던 신이 신이 아니라는 사실을 알게 될 때 어떻게 해야 할까 하는 것이 문제다. 망연자실하고 쓰러질 것인가? 아니면 새로운 길을 찾아 떠날 것인가? 그것이 문제인 것이다. 허무주의는 후자를 선택한다. 생각은 전환을 일궈낼 수 있어야 한다. 의미를 상실했을 때 새로운 의미를 발견해내거나 창출해낼 수 있어야 한다. 하나의 도덕적 판단 내지 도덕적 잣대를 인식해냈다면 거기서 새로운 문제의식으로 또 더 나아가 새로운 창조의 길로 발을 내디딜 줄도 알아야 한다는 것이다.

수천 년에 걸쳐 세상을 지배한 하나의 도덕

인류는 너무도 오랜 세월을 하늘만 바라보며 살았다. 하늘의 뜻을 알기 위해 학문까지 생겨날 정도였다. 천문학이 학문의 대세였던 시절도 있다. 사람들은 수억만 년 전부터 있어 왔던 별들 속에서 자리를 찾아낸다. 별자리가 정말 존재하는 것일까? 해석이 사실로 변질되는 순간에도 인간은 아무것도 인식해내지 못한다. 하나의 별자리에서 또 다른 별자리가 얽히고설키면서 거대한 이야기가 형성된다. 이제는 아무도 함부로 저항도 못한다. 복잡한 이야기의 기에 눌리고 만 것이다.

바깥의 사물에 신경을 쓰는 동안 외면당해온 것은 결국 자기 자신이다. 외부로 향했던 시선을 내부로 돌리는 순간 우리는 모두 막연해지고 만다. 아니 황당하다고 말하면 지나친 것일까. 이제부터는 아무도 재미난 이야기를 들려주지 않는다. 내면의 이야기는 스스로 찾아내야 한다. 자기 자신의 목소리를 스스로 귀를 열고 들어야 한다. 아무것도 들리지 않는 곳에서 무엇인가를 들어내야 한다. 아무것도 없는 항아리 속에 머리를 처박고 '나는 누구인가'를 외쳐보는 꼴이라고 할까.

> 인류는 얼마나 스스로의 내적 세계의 근본 사실에 관하여 항상 거짓말하며 속여 온 것일까? 여기에 꿰뚫어 볼 눈을 갖지 못하고, 여기서 입을 다물며, 또한 입을 열어 수다를 떨고 있다. – (199쪽)

인류는 얼마나 오랫동안 거짓말을 해왔던가! 얼마나 오랫동안! '내적 세계의 근본 사실' 앞에 우리는 너무도 오랫동안 무능했다. 사실 앞에서도 사실을 인식조차 하지 못한 것이다. 무심했다. 관심조차 없었다. 중요한 것은 그것이 아니었기 때문이다. 너무도 오랫동안 하늘의 뜻이 중심에 있는 법의 정신으로 살아야 했다. 종교재판에서 죄인이 되지 않기 위해 종교가 제시한 법에 능통해야 했다. 아니 말을 잘 들어야 했다. 복종을 잘해야 했다. 알아서 기는 시늉이라도 하며 살아야 했다.

너무도 오랫동안 거짓말에 눈이 멀고 귀가 막히고 말았다. 눈을 갖고도 제대로 보지 못하고 귀를 갖고도 제대로 듣지 못하는 인간이 되고 만 것이다. '내면세계', 여기서 사람들은 '입을 다물며, 또한 입을 열어 수다를 떨고' 있을 뿐이다. 늘 바깥 것에 신경을 곤두세우고 살았을 뿐이다. 성경은 헛것을 보는 것도 또 헛소리를 듣는 것도 능력처럼 가르쳐준다. "여호와의 말씀이 환상 중에 아브람에게 임하여 이르시되 아브람아 두려워하지 말라 나는 네 방패요 너의 지극히 큰 상급이니라."(창세기 15:1) "천사가 이르되 마리아여 무서워하지 말라 네가 하나님께 은혜를 입었느니라 보라 네가 잉태하여 아들을 낳으리니 그 이름을 예수라 하라."(누가복음 1:30-31) 신앙으로 읽지 않으면 전혀 다른 상황이 펼쳐진다. 마치 한밤중에 바람에 흔들리는 나뭇가지를 보고 호들갑을 떠는 소리처럼 들리기도 한다. 하지만 두려워 말라고 겁내지 말라고 위로한다. 그것이 성경의 논리다.

현대까지, 그러니까 지금까지 지배하는 도덕은 AD라 불리는 세상 연도만큼이나 오래됐다. 아노 도미니^{Anno Domini}, 즉 '신의 연도' 혹은 좀 더 자세히 말하면 '우리의 주 예수 그리스도의 연도'[2]라는 뜻이다. 그리고 이천 년이 넘도록 예수의 이념이 세상을 지배하고 있다. 이천 년! 일이 년을 두고 하는 말이 아니다. 백 년 이백 년도 아니다. 천 년이 두 번이나 반복하는 세월이다. 중세와 현대 사이에 근대라는 르네상스 시대가 자리 잡고 있기는 하지만 그때조차도 인간의 가치를 신의 가치보다 높이 올려놓는 데는 실패했다. 르네상스의 한계다. 늘 교회의 범주 안에서 발버둥치고 있었던 것이다. 허무주의 철학은 르네상스인들도 좌절해야 했던 그 일에 도전장을 내민다. 만만치 않은 일임을 잘 알고 있다.

'올바른 것'과 '옳지 못한 것' 따위를, 예컨대 '옳은 일을 행하여, 아무도 두려워하지 않도록 하라'고 한 것과 같은, 특정하고 비좁은, 시민적인 의미로 파악하는 것은 잘하는 일이다. 바꿔 말하면, 그것은 공동체가 그 한계 내에 존립하고 있는 특정의 조잡한 모형에 따라 스스로의 의무를 다하는 일이다. / - 우리는 수천 년에 걸쳐 도덕이 우리의 정신에 미친 육성을 얕보아서는 안 된다! (181쪽)

마지막 문장을 어떻게 읽어야 할까. 그 어감은 어떤 것일까. 느낌표까지 읽어내려 해보자. 거기에 니체의 음성이 담겨 있기 때문이다. "얕보아서는 안 된다!" 얕보면 큰일 날 수 있다. 얕보았다간 큰코다칠 수 있다. 이천 년 동안 변하지 않고 정신을 지배해온 도덕을 얕보지 말라고 신신당부하고 있다. 그것이 느낌표가 전해주는 메시지다. 그런데 왜 얕볼 수 없는 것일까. 독서를 멈추고 이천 년의 세월을 생각 속에 담아보자.

사실 이 글을 읽으며 니체의 음성을 듣기란 쉽지가 않다. '잘하는 일이다'가 전하는 그 의미를 제대로 파악하기가 여간 쉽지가 않아서다. '잘하는 일'은 분명 긍정적이다. 그것이 '좋다'는 의미로 읽힌다. 예를 들어 도덕에도 좋은 측면이 있다. 도덕의 의미를 인정하고 있는 소리다. 도덕은 사회를 구성하는 원리를 제공한다. 사람들이 있는 곳에 도덕이 있게 마련이다. 인간은 분명 도덕적 존재다. 도덕 없이 사회가 구성될 수 없기 때문이다.

그런데 니체는 이런 상황을 말하려고 위의 잠언을 쓴 것일까. 다시 한번 천천히 읽어보자. 도덕적 판단은 분명 '올바른 것'과 '옳지 못한 것'을 나누는 것에서 시작한다. 그런 생각에서 시작하여 도덕이 형성되는 것이다. 이제부터는 모든 것이 이 이분법 속에 가둬지고 만다. 하물며 자연까지도 의미를 부여받게 된다. 비가 안 와도 하늘의 뜻으로 해석되고 번개를 맞아도 신의 뜻으로 받아들이는 사태가 벌어진다. 길을 걷다가 돌부리에 걸려 넘어져도 양심의 가책을 불러일으키는 내면의 뭔가가 작동하게 된다. '뭔가 잘못했기 때문'이라고 생각하면서. 일종의 색안경을 끼고 세상을 바라보게 된다. 혹은 시야를 틀 속에 가둬놓는다고 말하는 게 더 나을 듯싶다. 정저지와井底之蛙, 즉 니체의 말로 하면 '개구리의 관점'(선악, 17쪽)이 그것에 해당한다.

약속을 하고, 규칙을 정하고, 법을 정하면서 사회는 형성된다. '특정하고 비좁은, 시민적인 의미'가 형성된다. '특정의 조잡한 모형에 따라 스스로의 의무를 다하는 일'을 '올바른 것'으로 판단한다. 앞서 보았듯이 신의 소리를 듣는 것을 당당하게 여기게 만들어놓았다. 성경의 이야기를 니체의 견해로 읽으면 이렇게 읽힌다. 성경은 그러니까 헛것을 보는 것에 당당하다고. 귀신의 소리를 듣는 것에 긍지를 갖게 한다고. 환상을 보는 것을 일종의 능력으로 판단한다고. 이 모든 것들이 이런 일에 능통한 선지자들에게 무한 권력과 권한을 부여하는 계기가 되는 것이라고. 하지만 쉽게 말하지 말자. "우리는 수천 년에 걸쳐 도덕이 우리의 정신에 미친 육성을 얕보아서는 안 된다!" 니체의 경고를 명심해야 한다.

물론 고대의 붕괴는 500년경, 즉 일반적으로 말하듯이 중세인들의 등장과 함께 시작된 것은 아니다. 니체의 시선은 더 먼 곳으로 향하고 있다. 소크라테스 시절까지 거슬러 올라간다. 이런 시각은 그의 처녀작 《비극의 탄생》에서 이미 문제의 중심에 서 있었다. 그는 소크라테스를 일컬어 '말하는 악마적 힘'(비극, 97쪽)이라 규정하기도 했다. 그의 생각이 비극작가 에우리피데스에게 스며들어 비극이 자살을 고했다는 것이 그의 논리다.

누구의 권력에의 의지가 도덕인가? - 소크라테스 이래 유럽의 역사에 있어
서 공통된 것은, 도덕적 가치를 그 밖의 모든 가치의 지배자가 되게 하려는
시도이다. 그 때문에 도덕적 가치는, 삶의 지도자요 심판자이어야 할 뿐더
러, 1. 인식의, 2. 예술의, 3. 국가적 사회적 노력의 그것이기도 해야 한다고
여겨진다. '개선'이라는 것이 유일의 과제로 간주되고, 그 밖의 모든 것은 그
것을 위한 수단(내지는 그 방해, 저지, 위험, 따라서 절멸하기에 이르기까지
공격받아야 하는 것…)이 된다. (184쪽)

그렇다. 도덕도 도덕 나름이다. 어떤 도덕이냐가 문제인 것이다. 늘 반
복해서 이 문제를 되짚어왔다. 왜냐하면 수많은 독자들이 이 지점에서 갈
피를 잡지 못하고 방황하기 때문이다. 니체는 비도덕주의자, 부도덕주의
자, 반도덕주의자다. 맞는 말이다. 하지만 거기서 멈추면 안 된다. 그것은
영원회귀의 이념을 이해하지 못한 처사다. 부정은 부정을 위한 조건이 되
어서는 안 된다. 부정은 긍정을 목적으로 할 때에만 의미가 있는 것이다.
니체는 허무주의의 도래를 환영한다. 허무한 감정을 어떤 거부감도 없이
받아들이고자 한다. 이별을 해야 할 때도 울며불며 매달리려 하지 않는
다. 잊어야 할 것이 있으면 양심의 가책도 없이 제대로 잊으려고 한다. 그
것이 허무주의의 진정한 이념이다. 그것이 삶에의 의지를 방해하지 않고
오히려 조장하며 북돋아주는 계기가 된다는 사실을 잘 알고 있기 때문이다.
소크라테스, 그는 누구인가? 착하게 살라고 가르친 선생이다. 사람으로
태어났으면 사람답게 살라고 가르쳤던 당대 최고의 소피스트다. 자기 자
신을 지혜를 사랑하는 자라 간주하며 자칭 철학자라고 불렀던 당사자다.
이데아를 생각하게 했다. 이념의 가치를 인식하게 했다. 하지만 그의 논

리에 맹점이 하나 있었다. 그것은 바로 현실을 그림자로 간주하는 것이었다. 삶의 현장을 가짜라고 보는 그 시각이다. 이데아만이 실존이라고 불렀다. 이념만이 진짜라고 본 것이다.

이천 년! 아니 소크라테스 시절까지 거슬러 올라가면 오백 년이 덧붙여져서 이천오백 년이 된다. 그 긴 세월 동안 이 세상을 지배하는 생각의 패턴이 하나 있다. 그것은 바로 "도덕적 가치를 그 밖의 모든 가치의 지배자가 되게 하려" 했다는 것이다. 자기 자신을 현실 속에서 발견하기보다는 이념 속에서 찾으려 했다. 소위 '착한 사람' 이데올로기를 떠올리며 착하게 살려고 애를 썼던 것이다. 하지만 시대마다 나라마다 착함의 내용은 달라진다는 것을 깨닫기까지 수많은 세월이 흘러줘야 했다. 예를 들어 공자 내지 노자의 책들을 읽으며 드는 생각은 성인군자에 대한 미덕이다. 어떻게 해야 '어른'이 되는 것일까? 이런 고민으로 청춘을 보내는 것이다. 배움은 그래야 한다고 믿었던 것이다. 이념 속에서 과거에 대한 반성을, 현재에 대한 다짐을, 미래에 대한 계획을 세웠던 것이다. 그게 배우는 자의 의무라고 생각하면서 순종했던 것이다. 그것이 누구의 말인지도 생각하지 않으면서.

누구의 말? 이것이 문제다. "누구의 권력에의 의지가 도덕인가?" 이 질문은 정말 중요한 질문이다. 니체 철학을 이끌고 가는 큰 물줄기다. 이 질문을 꼭 붙들고 독서에 임해야 한다. 허무주의 철학의 모든 문장은 이 질문을 컴퍼스 삼아 가늠해야 한다. 이 질문을 나침반 삼아 방향을 잡아야 한다. 누구의 도덕인가? 누가 원하는 도덕인가? 누구의 권력에 의지가 원인이 된 도덕인가? 물론 대답은 간단하다. 소크라테스의 도덕이다. 소크라테스는 누구인가? 다시 이 질문 앞에 서게 된다. 하지만 이전의 시각과는 많은 차이점을 느끼게 될 것이다. 소크라테스를 바라보는 시각에 많은 변화가 생겼음을 직감할 것이다.

소크라테스, 그는 민주주의자들에 의해 사형을 선고받은 패자다. 비극 작가들의 공연 상황을 제대로 이해하지 못한 상태에서 예술을 논한 철학자다. 무대 위에서 행동하는 배우의 역할이 지닌 본질을 꿰뚫어보는 눈이 없었던 관객이다. 모방의 가치를 인정하기보다는 그 해악을 부각시키는 데 주력했던 비판자다. 우스갯소리 하나 있다. 로댕이 오댕되고 오댕이 다시 덴푸라가 되는 꼴이 그것이다. 모방은 할 때마다 진실에서 멀어진다는 논리다. 그런데 그것이 사실일까? 모방이 삶을 저해하는 요소일까?

예술에서 모방만을 발견하는 철학자의 정신에서 쏟아지는 말들은 오로지 이데아를 향한다. 그 이데아만을 설명하려고 애를 썼던 것이다. 거기서 도덕적 가치를 운운했던 것이다. 이래야 한다 저래야 한다고 가르쳤던 것이다. 이데아를 본 적도 들어본 적도 없는 군중은 우매한 무리가 되고 만다. '옛날 옛적에 호랑이가 담배 피던 시절에~' 하고 이야기를 펼쳐가는 할아버지 할머니 앞에서 머리를 조아리고 집중해야 하는 어린아이의 모습을 취할 수밖에 없는 상황이다. 그 옛날 옛적에 살아본 자는 오로지 할아버지 할머니밖에 없을 것만 같아서다. 그들만이 진리를 알고 있는, 그래서 그 진리를 가르칠 수 있는 권한이 부여된 것이라고 믿으면서 말이다.

이데아를 이야기하는 자들은 모두가 이상주의자다. 이상주의는 하늘을 바라보며 가치를 추구한다. 현실 속에서 발견하는 것은 그것이 무엇이 되었든 간에 불편한 심기를 건드릴 뿐이다. 이상주의자들에게 "도덕적 가치는, 삶의 지도자요 심판자이어야 할 뿐더러, 1. 인식의, 2. 예술의, 3. 국가적 사회적 노력의 그것이기도 해야 한다고" 여긴다. '사람답게 살아야 하는' 그 꼴을 추구했던 것이다. 자기 자신이 원하는 것은 고려의 대상이 아니다. "'개선'이라는 것이 유일한 과제"로 간주되면서 배움 속에서 양심의 가책을 느끼게 만든다. 어른이 되라고, 착한 사람이 되라고, 열심히 공부하라고. 이데아에 뿌리를 둔 발언들은 기준이 있는 듯하면서도 현실적으로는 전혀 제시되고 있지 않다. 얼마나 열심히 해야 진정한 수준에 도달하는 것일까? 어른의 기준은 무엇인가? 착함의 기준은 또 어디에 있는가? 이런 애매함이 기독교의 교리에까지 이어진다. '오른손이 하는 일을 왼손이 모르게 하라'고, '깨어 기도하라'고, '죄 없는 자가 돌로 쳐라'고. 한 몸인데 다른 손이 모르게 어떤 일을 처리할 수 있을까? 육체를 가진 자는 피곤할 수밖에 없는 데 늘 깨어 기도할 수나 있을까? 이성을 가진 자는 늘 양심이라는 씹히지 않는 돌을 갖고 살아야 하는데 죄 없는 자가 세상에 있기나 한 것일까? 늘 후회와 미련으로 우울해질 수밖에 없는 인생이?

길들여진 가축 떼의 도덕 vs.
위계질서의 도덕

수천 년 동안 전수되어온 가치 속에서 우리 현대인은 살아왔고 살고 있고 또 살아갈 것이다. 이 세상에서, 즉 도덕적 가치가 그 모든 가치 위에 서 있는 이런 곳에서 도덕을 문제의 대상으로 바라보는 것은 쉬운 일이 아니다. "우리가 실제로 안주해 있고, 예부터 친숙하게 길들여온 것 속에서 문제를 인정한다는 것은, 극소수의 사람밖에는 할 수 없는 일이다."

(185쪽) 이 극소수의 사람들이 바로 천재요 예술가들이다. 변화를 이끌어 가는 선두주자들이다. 늘 위기의 순간에서 살아가는 존재들이다.

대부분의 사람들은 현실에 안주하려 한다. 편하게 사는 게 최고라고 생각한다. 행복이 최고라고 양심의 거리낌 없이 말한다. 좋은 게 좋은 거라고 말하며 순종과 복종을 자처한다. 시대에 거스르려는 온갖 욕망을 약자의 도덕으로 아예 싹을 잘라버린다. 그저 '말 잘 듣는 어린아이의 태도'로 현실에 임한다. 늘 '너는 해야 한다'(185쪽)는 소리에 귀를 기울인다. 그것이 때려 죽여야 할 용의 이름인 줄도 모르면서. "정신이 더 이상 주인 또는 신이라고 부르기를 마다하는 그 거대한 용의 정체는 무엇인가? '너는 마땅히 해야 한다.' 그것이 그 거대한 용의 이름이다. 그러나 사자의 정신은 '나는 하고자 한다'고 말한다."(차라, 39쪽) '나는 하고자 한다'는 그 소리를 들을 귀는 아예 닫고 사는 것이다.

가축 떼의 본능은, 중간의 것과 중위의 것을, 최고이자 가장 가치 있는 것으로 평가하는데, 이것은 다수자가 살아가고 있는 장소이며, 다수자가 이 장소에서 살아가는 방식이다. 이리하여 이 본능은, 모든 위계의 반대자가 되고, 아래로부터 위에로의 상승은 동시에 대다수자로부터 최소수자에로의 하강이라고 여긴다. 가축 떼는 자기 이하의 것이든, 자기 이상의 것이든 예외자를, 자신을 적대하고 위해를 가할 그 무엇인가로 느낀다. 상위를 노리는 예외자, 보다 강하고, 보다 권력 있는, 보다 현명하고, 보다 풍요한 자들을 다루는 가축 떼의 솜씨는 이 자들을 설복하여 보초의, 목자의, 파수꾼의 역할을 맡기는 것 - 가축 떼를 섬기는 제일의 봉사자가 되게 하는 것이다. 이리하여 가축 떼는 위험을 바꾸어 이익으로 만들어버린다. 중간의 것 속에는 공포라는 것이 없어진다. 여기에 있는 것은, 자신의 동료뿐이기 때문이다. 여기에는 오해받을 여지도 거의 없으며, 여기에는 평등이 있고, 여기에는 자기 자신의 존재가 비난받아야 할 것으로가 아니라 적당한 존재로 지각되며, 여기서는 만족감이 지배하고 있다. 불신은 예외자에 관한 것이며 예외자가 되는 것은 죄책으로 간주된다. (188쪽)

약자는 무리 속에서 안도의 한숨을 쉰다. 누군가가 '늑대가 온다'고 외쳐대면 지레 겁을 집어 먹고 벌벌 떤다. 상황을 파악하기보다는 땅에 머리를 처박고 숨으려 하는 어처구니없는 사태도 벌어진다. 길을 잃고 당황하여 우왕좌왕하는 것은 무리에서 발견되는 모습이다. 누군가가 길을 알려주기만을 기다리는 것이다. 누군가가 독재를 펼쳐도 영웅이 나타나 이 모든 불행을 단번에 처리해주기를 바라는 것이다. 최후의 종말이 와서 자신들을 괴롭혔던 모든 자들을 지옥불에 처넣어주기를 꿈꾸는 것이다.

'가축 떼의 본능'이 만들어내는 도덕은 니체의 말로 하면 노예도덕이다. 늘 주인의 손짓을 주시하고 그의 말에 귀를 기울이는 태도로 삶을 이어간다. 그것이 자신의 의무라고 생각하며 사는 것이다. 삶을 주체적으로 살아가지 못한다. 자기 삶의 주인의식은 찾아볼 수 없다. 늘 남의 눈을 의식하며 주눅 든 채 살아가는 것이다. 자기 자신의 의지조차 양심의 틀 속에 가둬놓고 옴짝달싹하지 못하게 해놓는다. 구속의 자유를 외치며 위로를 얻는다. 주인이 자기 삶을 책임지고, 또 결국에는 고맙게도 구원해줄 것이라 믿으며 사는 것이다.

가축은 무리 속에서 위로를 찾는다. 무리 속에 끼어 있을 때 행복감을 느끼는 것이다. 혼자가 되는 것을 재앙의 수준으로 간주하며 두려워한다. 혼자가 되지 않는 그 마음이 '임마누엘'이라는 말을 신의 이름으로 간주하게 하는 것이다. "하나님이 우리와 함께 계시다"(마태복음 1:23)를 신의 뜻으로 만들어놓는 것이다. 늘 함께! 그 "중간의 것과 중위의 것을, 최고이자 가장 가치 있는 것으로 평가"하는 것이다. 하나님과 함께하고 하나님의 자녀들과 함께하고 이웃을 사랑하며 사는 것을 모범으로 하는 것이다.

가축 떼 본능은 공포를 이기는 방법으로 함께 있기를 선택한다. "중간의 것 속에는 공포라는 것이 없어진다." 다른 사람들과 똑같다는 의식이 두려움을 극복하게 해주는 것이다. 유니폼을 입는 것을 자랑으로 여긴다. 똑같은 속도로 발맞춰 행진하는 것을 긍지로 여긴다. 명령에 따라 일사분란하게 행동하는 모습을 영웅적이라 판단한다. 자기 옆에서 동료를 발견하는 것을 행복이라 간주한다. 외국의 지원을 받은 군대가 또 다른 외국의 지원을 받은 군대를 상대로 싸울 때, 어떤 군대가 들이닥치느냐에 따라 그 군대의 국기를 흔들며 생존을 거듭하는 눈물겨운 민족도 있다. 공산당이라고, 빨갱이라고 불리는 것을 가장 두려워하며 그 어떤 누명도 쓰지 않으려고 발악하는 꼴은 부끄러운 역사의 악순환만을 거듭하게 한다. 노예도덕의 부작용인 것이다. 역사를 스스로 결정하려는 의지의 결여가 만든 역사의 처참한 모습이다. 그러면 어떻게 해야 할까? 자기 검증부터 해보자.

자기 자신을 잘못 다루어 손상시키지 않도록 하라! 마음속에서, 이타주의의 의미에 있어서의 도덕적 명령이 속삭이는 것을 듣는다면, 그 사람은 가축 떼에 속해 있다. 그 반대의 감정을 가진다면, 즉 무사무욕의 행위 가운데서 자신의 위험을, 자신의 착오를 느낀다면, 그 사람은 가축 떼에 속해 있지 않다. (191쪽)[3]

니체의 허무주의도 도덕을 원한다. 그것은 그러나 이웃사랑과 같은 무조건적인 이타주의가 아니다. 그의 철학도 양심을 원한다. 그것은 그러나 무리를 지어야 편안함을 느끼는 그런 가축 떼의 양심이 아니다. 오히려 무리 속에서 불편함을 느끼고, 모두가 생각 없이 어떤 행동을 따라할 때 얼빠진 놈이 된다는 사실을 깨달을 줄 알아야 한다. "죽는 날까지 하늘을 우러러 / 한 점 부끄럼이 없기를"[4] 바라는 마음은 이때 인식의 소리로 들려오는 것이다.

나의 철학은 위계를 겨냥하고 있다. 개인주의적 도덕을 겨냥하고 있는 게 아니다. 가축 떼의 감각은 가축 떼 속에서 지배해야 한다. - 그러나 그 이상으로 손을 뻗쳐서는 안 된다. 가축 떼의 지도자는, 이와는 근본적으로 판이한 자기 자신의 행위의 가치평가를 필요로 한다. 마찬가지로, 독립자 내지는 '맹수' 등도. (191쪽)

개인주의. 니체 철학을 공부할 때 가장 잘 걸려 넘어지게 되는 걸림돌이다. 무리도덕을 싫어한다는 것은 이해가 쉽다. 개인의 취향을 선호한다는 것도 이해한다. 그런데 지금 이 말은 어떻게 이해해야 할까. "개인주의적 도덕을 겨냥하고 있는 게 아니다." 즉 수평적으로 서로 개인이 존재하고자 하는 그런 도덕을 겨냥하고 있는 게 아니라고 간주하면 어떨까. 니체는 분명하게 밝혔다. "나의 철학은 위계를 겨냥하고 있다"고.《도덕의 계보》에서 그는 '주권적 개인'(도덕, 397쪽)이란 개념을 설명한 적이 있다. 즉 개인도 개인 나름이라는 얘기다. 무작정 개인주의를 추구하는 게 아니라 수많은 뜨거운 날들과 추운 날들을 견뎌낸 열매로서의 개인을 추구할 뿐이다. 수많은 문제의식 속에서 다양한 극복의 과정을 거친 그런 개인만이 동경의 대상이 될 뿐이다.

"나의 철학은 위계를 겨냥하고 있다." 건강한 개인들일수록 더 위에 존재할 수 있는 그런 도덕을 원하고 있는 것이다. 건강하지 못한 개인에 대해서는 호된 쓴 소리도 마다하지 않는다. 병든 개인에겐 관용도 동정도 없다. 잔인하다고 말하면 어떨까. 훈련소의 조교처럼 윽박지른다. '다시 일어서라'고. 쓰러질 수는 있으나 다시 일어설 줄 아는 게 인간다움이라고. '성숙한 개인의 도덕'(인간적I, 104쪽)은 수많은 변화에 적극적인 태도로 임할 때에만 실현될 수 있는 그런 위계의 질서를 지향한다.

산 정상에 올라섰을 때 드는 감정은 정말 환상적이다. 최고의 승리감이 주어진다. '야호~'를 외쳐대며 행복감을 만끽한다. 그 정상을 떠받치고 있는 거대한 산들의 몸통이 있기에 가능한 감정이다. 수많은 계단을 밟아 올라온 자에게만 주어지는 신선한 바람이다. "미숙하고 충분히 발달되지 않은 조잡한 개인"(인간적I, 105쪽)은 정상에 오른 '완전한 개인'(같은 책, 104쪽)을 바라보며 시기와 질투를 감추지 못한다. 그 또한 인간적이다. 인간은 질투의 화신이다. 인간은 질투하는 존재다. 그래서 니체는 질투에 직면했을 때 어떻게 해야 하는지도 가르쳐주었다. "질투조차 동정하면서"(즐거운, 18쪽) 살라고.

"가축 떼의 감각은 가축 떼 속에서 지배해야 한다." 무리의 감각은 무리의 것으로 남겨두라는 것이다. 그들에게 아무리 정상의 소식을 전해줘도 그 의미와 가치를 알아차리지 못하기 때문이다. 자기들 세상에서 눈에 보이는 것에만 아웅다웅하고 살 뿐이다. 극복하고 싶은 자는 하지만 무리를 벗어날 줄 알아야 한다. 고독한 사막을 향해 첫발을 내디딜 줄 알아야 한다. 반대로 가축 떼의 도덕을 주목해보면 재미난 현상이 하나 발견된다. 가축 떼를 모는 자가 있다는 사실을. 누가 가축 떼의 지도자로 불릴 수 있을까? "가축 떼의 지도자는, 이와는 근본적으로 판이한 자기 자신의 행위의 가치평가를 필요로 한다. 마찬가지로, 독립자 내지는 '맹수' 등도" 필요로 한다. 하나님은 '스스로 있는 자'(출애굽기 3:14)라는 둥 '만군의 여호와'(이사야 51:15)라는 둥 '보복의 하나님'(예레미야 51:56)이라는 둥 듣기만 해도 환상적이다. 이런 존재가 가축 떼의 지도자가 지닌 진면모라는 것이다.

자기의 주인으로 전지전능한 신을 꿈꾸는 것은 허무주의적인 발상이 아니다. 니체는 '가축 떼의 감각'을 원하는 게 아니다. 이런 감각에 오히려 역겨움과 구토증을 느껴야 한다. 그는 새로운 감각을 전수하고자 한다. 주인의식을, 주권적 개인의 의식을, 완전한 개인을, 스스로 신이 된 당당한 개인을. "그런 행위를 할 자격이 있으려면 우리 스스로가 신이 되어야 하는 것이 아닐까?"(즐거운, 201쪽) 이런 의혹을 제기할 줄 아는 정신만이 허무주의적이다. 신의 죽음 소식을 복음으로 들을 수 있는 귀를 가진 존재다. 자기 삶을 스스로 책임지려 하는 건강한 정신의 탄생은 이때 가능해진다.

인간다움에 대한 긍지를
회복시켜주는 도덕

'인간적인 너무나 인간적인' 것은 니체의 허무주의 철학에서 본질을 형성한다. 그것만이 가치를 인정받는다. 인간적인 것이 결여되어 있는 것은 그 어떤 것도 설 자리가 없다. 그것이 허무주의 철학이다. 신적인 것에 대한 모든 희망을 포기할 수 있겠는가? 신의 자녀가 되어 천국에 들어갈 수 있다는 그 희망을 저버릴 수 있겠는가? 천국보다 이 세상을 바라볼 수 있겠는가? 죽어도 죽지 않으리라는 그런 말보다 "너의 영혼이 너의 신체보다 더 빨리 죽어갈 것이다"(차라, 28쪽)라는 말을 복음으로 들을 수 있겠는가? "벗이여, 내 명예를 걸고 말하거니와 네가 말하고 있는 것들은 존재하지 않는다. 악마도 없고 지옥도 없다. 너의 영혼이 너의 신체보다 더 빨리 죽어갈 것이다. 그러니 두려워할 것이 못 된다!"(같은 곳) 이런 소리를 듣고도 흔들리지 않을 수 있겠는가? 이것이 관건이다. 생철학의 이념을 가슴으로 받아들일 수 있을 때 세상은 놀이터로 변해줄 것이다. 사는 것보다 더 재미난 놀이는 없다는 것을 알게 해줄 것이다.

인간적 긍지를 회복하는 실험으로서의 도덕. - '자유 의지'의 이론은 반종교적이다. 이 이론은, 인간이야말로 자신의 높은 상태나 행위의 원인이라고 생각해도 좋다는 요구권을 인간에게 부여하려고 의욕하고 있다. 즉 그것은 계속 증대하고 있는 긍지의 감정의 한 형식이다. (192쪽)

종교는 내세관을 전제로 한다. 지금과 여기가 아니라 과거와 미래로만 향하는 것이다. 이에 반해 니체의 생철학은 이 모든 것에 대해 허무함을 느낀다. 그래서 허무주의를 자처하는 것이다. 그 허무함은 그러나 오로지 지금과 여기에 몰두하기를 바란다. 오로지 이 세상만이 진실이라고 말하고 싶은 것이다. 삶은 진리라고. 사람이 아름답다고. 이런 소리가 반종교적이어야 한다면 니체는 거리낌 없이 그 길을 선택하고자 한다. 종교에 반反한다는 누명을 써도 좋다는 얘기다.

니체도 도덕을 염원한다. 하지만 오직 "인간적 긍지를 회복하는 실험으로서의 도덕"을 원한다. 인간적 긍지를 앗아가는 도덕이 얼마나 많았던가. '~하지 말라'라는 말로 도덕이라는 궁전이 세워졌다. 이제는 이런 말들에서 의미를 빼앗고 '~하고 싶다'는 말로 인간적 긍지가 충만한 그런 궁전을 새롭게 짓고자 한다. 허무한 감정을 감당할 수만 있다면 모든 것을 버릴 수 있다. 안타까워하지 않고 미련을 갖지 않고 후회도 하지 않고 매달리지도 연연하지도 않는 그런 상황을 스스로 연출해낼 수도 있다는 얘기다.

도대체 무엇이 가치가 있단 말인가? 자기 목숨보다 더 중요한 것이 무엇이란 말인가? 이 세상보다 더 나은 세상이 또 어디 있단 말인가. 허무주의 철학은 '자유 의지'의 이론을 긍정적으로 받아들인다. "이 이론은, 인간이야말로 자신의 높은 상태나 행위의 원인이라고 생각해도 좋다는 요구권을 인간에게 부여하려고 의욕하고 있다." 길을 걷다가 돌부리에 걸려 넘어져도 그것은 자기 때문이다. 딴 생각을 한 자기 자신이 책임이라는 얘기다. 그 순간에 양심의 가책 따위를 운운할 이유는 전혀 존재하지 않는다. 아버지 말씀을 안 들어서, 어머니의 뜻을 헤아리지 못해서 등의 이유는 지금과 여기의 문제와는 상관이 없다.

이 세상에 태어나 삶을 선사받은 우리 모두 사람답게 살아보는 거다. 자기 운명대로 살아보는 거다. 삶을 사랑해보는 거다. 이 주장이 왜 이토록 논쟁 속에 휘말려야 할까. 신의 뜻을 저버려서? 그게 그토록 욕먹어야 할 일인가? 영생에 대한 희망을 앗아가서? 영원 속에 동참할 가능성조차 배제해서? 그게 그토록 간절한 이유는 무엇이란 말인가. 생로병사의 굴레가 그렇게도 싫은가? 아무리 싫어해도 결국에는 생명의 끝을 경험하게 될 것이다. 그것도 가장 초라한 모습으로 직면하게 될 것이다. 어차피 맞이해야 할 일이라면 긍지를 갖고 맞이하는 게 어떨까. 허무주의 철학으로 무장하는 것도 나쁘진 않은 것 같다.

허무주의 철학의 핵심은 절대적인 선도 절대적인 악도 없다는 데 있다. "절대적 진리가 없는 것과 마찬가지로 영원한 사실도 없다."(인간적I, 25쪽) 진리가 중요한 것이 아니라 그 진리를 만들어가는 열정이 중요한 것이다. 사실이 중요한 것이 아니라 사실을 엮어가는 그 노력이 중요한 것이다. 진리는 이럴 수도 저럴 수도 있는 것이다. 사실도 시시때때로 그 내용을 달리한다. 영원불변의 진리나 사실은 존재하지 않는다. 사람 사는 세상에서 그런 것을 원한다는 것 자체가 모순이다. 생철학의 결론은 그래서 다음과 같다.

> 인간이 스스로에 대해 존경심을 품을 수 있으려면, 인간은 악이 될 수도 있어야 하는 것이다. (192쪽)

이럴 수도 저럴 수도 있어야 자유로운 영혼이다. 이래야 하고 저래야 한다는 말을 입에 달고 사는 자가 도덕주의자다. "자유로운 인간은 선할 수도 악할 수도 있다."(즐거운, 170쪽) 선만을 고집하는 자는 영혼에 문제가 생긴 거나 다름이 없다. 착함에 얽매인 자가 스스로를 좁은 틀에 가둬놓는 것이다. 그러면서 선 밖에 있는 자들을 혐오스럽게 바라본다. '너하고 놀기 싫어!'라고 말하는 자가 문제란 얘기다. 니체의 생철학은 그런 논리와는 거리를 두고자 한다. 흑백논리보다는 흑백 모두를 아우르는 그런 세상을 희망한다.

선도 좋고 악도 좋다. 건강도 좋고 질병도 좋다. 대낮도 좋고 어둔 밤도 좋다. 해가 떠도 좋고 비가 와도 좋다. 남자도 좋고 여자도 좋다. 이것도 좋고 저것도 좋다. 충분히 강한 자만이 가질 수 있는 여유다. '이건 되고 저건 안 돼'라고 말하는 자가 문제일 뿐이다. 선과 악은 두 가지의 놀이기구라고 보면 어떨까. 인생을 즐겁게 살 수 있는 도구라고 말이다. 때로는 선한 행동으로 재밌게 살고 또 때로는 악한 행동으로 즐겁게 살면 되는 것이다. 2002년 4강 신화를 일궈낼 때는 붉은 악마의 정신조차 행복의 원인으로 작동했었다.

덕에서 쉽사리 손을 떼는 자는, 나아가 덕을 조소하기까지 한다. 덕을 진지하게 끝끝내 지킨다는 것이 가능한 일은 아니다. 덕에 달했는가 싶으면, 그것을 건너뛰는 것이다 ─ 어디로? 악마의 세계로. / 그동안, 온갖 우리의 고약한 성벽이나 충동이 얼마나 지적知的이 되었던가! 얼마나 많은 과학적 호기심이 그것들을 괴롭히고 있는 것인가! 이것이야말로, 인식의 낚시바늘밖에 되지 않는다! (208쪽)

덕에서 손을 떼라! 그것도 쉽게 떼라! 안달복달하며 떼지 말라는 것이다. 우리는 너무도 오랫동안 도덕에 연연해왔다. 하지만 니체는 이제 그런 행동을 지난 세월의 흔적으로만 간주한다. 이제는 새로운 생각으로 삶을 살아줄 것을 요구한다. 하나의 도덕을 지킨다는 것 자체가 불가능하다는 것을 보여주고자 한다. 삶의 현장은 다양하다. 다양한 만큼 다양한 생각과 행동을 요구한다. 이럴 땐 이래야 하고 저럴 땐 저래야 한다. 무슨 일이 있어도 놀아야 한다. 노는 게 문제다. 뭐하고 놀까? 이것이 생존의 문제란 것이다. 무슨 일을 해도 재밌어야 한다. 재미가 없으면 아무런 의미도 없다는 것을 알아야 한다. 이런 '즐거운 학문'의 이념이 와 닿으면 도덕을 향해 '조소'를 던질 수도 있을 것이다.

도덕에 등을 지면 무엇이 보일까? 부도덕? 비도덕? 그렇다. "어디로? 악마의 세계로." 이것을 감당할 수 있는가? 도덕주의자들에게는 입에 담지 못할 말들이 향연을 이룬다. 비이성의 축제가 벌어진다. 하지만 그런 생각들이 결국에는 새로운 세상을 만들어가는 재료들이 된다. "온갖 우리의 고약한 성벽이나 충동이 얼마나 지적이 되었던가!" 나쁜 짓이었던 것 같지만 그것이 오히려 지적인 방향임을 증명해냈다. 예를 들어 과거에는 개미가 환영받았다. 베짱이는 싫었다. 하지만 요즈음은 예능이 대세다. 모든 아이들은 아이돌 가수가 되기 위해 수많은 오디션을 감당하고 있다. 노래 부르는 기술을 전수하기 위해 대학 강단에도 선다. 변화가 세상을 만들어간다.

지식세계는 끊임없이 호기심으로부터 도전을 받는다. 정답으로 간주되던 것이 허접한 대안이었을 뿐임을 알게 된다. 충동도 호기심도 다 좋다. 하지만 허무주의 철학은 그것을 목적으로 두지 않는다. "이것이야말로,

인식의 낚시바늘밖에 되지 않는다!" 정신이 악을 선택할 때 그것은 목적지가 아니다. 시합을 앞두고 선수들이 전의戰意를 다지는 것은 그것 자체가 목적이 아니다. 투지鬪志는 과정에 불과하다. 그것을 통해 일궈낼 그다음을 위해서 정신을 집중하는 것에 지나지 않는다.

충동과 호기심, 그것은 인식을 위한 도구다. 인식을 낚는 낚시바늘이다. 인식으로 향하기 위해 필요한 것이다. 알고 싶다면 충동과 호기심의 달인이 되어야 한다. 그것들을 적재적소에 배치하고 적절하게 사용할 줄 알아야 한다. 인식, 앎, 깨달음은 실험정신을 요구한다는 얘기다. 하지 말라는 것을 할 수 있는 도덕이 필요한 것이다. 삶을 예술적으로, 즉 창조적으로 살 수 있으려면 하지 말라는 곳으로 향할 수 있는 것도 양심일 수 있어야 한다.

> 오늘날 우리는, '인간은 이러이러해야 한다'를 입에 올릴 때에는 언제나 다소 빈정거림을 머금으며, 모든 것에도 불구하고, 사람은 존재하는 바의 것으로 구성되는 데 지나지 않는다고 철저히 확신하고 있으나(모든 것에도 불구하고란, 교육, 교화, 환경, 우연, 재난을 말한다), 그러한 우리는 동덕의 일에 관해서도 기묘한 방식으로 원인과 결과의 관계를 역전시키는 것을 배우고 말았다. ─ 아마 이것보다 더 우리를 낡은 도덕의 신봉자들로부터 근본적으로 구별하는 것은 하나도 없을 것이다. (213쪽)

학교에서 공부 잘했다는 것이 사회에 나가 잘살 것이라는 보증은 되지 못한다. 소위 행복은 성적순이 아닌 것이다. 그런데도 불구하고 소시민의 부모들은 자식을 향해 늘 '열심히 공부하라'고만 말한다. 사람이라면 그래야 마땅하다고 생각하기 때문이다. 과거의 것에 잘 적응하는 것만이 잘 사는 것이라고 판단한 것이다. 하지만 세상은 변한다는 것을 감안하지 못한 처사다. 유행이 돌고 도는 것처럼 생각의 패턴도 돌고 돈다. 내면이 중시되다가 외면이 중시되고 또 외면이 중시되다가 다시 내면이 중시된다. 시대의 흐름을 잘 읽어내지 못하는 자들은 누구나 '낡은 도덕의 신봉자'로 사는 실수로부터 자유로울 수가 없다.

허무주의 철학이 원하는 도덕은 과거나 미래로 향하는 시선에 사로잡히지 않는 것을 지향한다. 태초의 의미는 필요 없고 종말의 경고는 두려움을 일으키지 못한다. 오로지 삶의 현장만을 주시하고 그것에 대해 긍지를 가지고 대해주기를 바랄 뿐이다. '이렇게 사는 것'은 잘못된 것이 아니다. 이렇게라도 살아서 다행이라는 생각으로 살면 되는 것이다. 저렇게 살면 좋을 것 같지만 그렇게 살아봐야 다 사람이 살아줘야 하는 삶일 뿐이다. 모든 삶에는 불편함이란 것이 존재한다. 남의 떡이 더 커 보이는 것일 뿐이다. 자기 떡에 만족하고 살면 되는 것이다. 그것이 아모르 파티의 이념이다.

이상주의자들이 말하는
이상의 본질

이상은 이성의 산물이다. 이성을 가지고 살아야 하는 존재는 이상을 품고 살 수밖에 없다. 이성, 즉 라치오Ratio라는 단어의 원래 의미는 '계산능력'이다. 인간은 계산할 수 있는 능력을 가진 존재다. 그 계산능력으로 인간은 수많은 허무맹랑한 생각들을 해낼 수 있는 것이다. 그래서 '걱정도

팔자'라는 얘기가 있는 것이다. 어설픈 생각일수록 대부분 극단적으로 치닫는다. 최선도 최악도 생각의 내용이다. 좋아도 걱정 나빠도 걱정이다. 태초도 생각하고 종말도 생각하고, 천국도 생각하고 지옥도 생각하고, 생각이 도달할 수 없는 곳은 존재하지 않는다. 그만큼 큰 그릇이 생각이기에 그 안에 담을 내용에 대한 불만은 영원한 숙제가 되기도 한다. 늘 아쉬움 속에서 인생은 마지막을 맞이하게 될 것이다. 평생을 생각하며 살았어도 마지막 순간에는 생각에 대한 아쉬움이 남을 것이라는 얘기다. 그래서 삶의 목표를 깨달음에 두는지도 모를 일이다.

극단으로 치달은 좋은 생각과 나쁜 생각은 범인凡人들의 생각이다. 유치한 어린아이들의 생각처럼 밑도 끝도 없을 때가 많다. 성숙하지 못한 생각들의 전형적인 현상이다. 좋게 말하면 동심이고 나쁘게 말하면 유치찬란한 생각이다. 좋게 말하면 환상과 망상을 넘나드는 생각이고 나쁘게 말하면 이성이 부족한 생각이다. 좋게 말하면 창조적 발상이 넘치는 생각이고 나쁘게 말하면 허무맹랑한 생각에 지나지 않는다. 생각하는 존재는 생각 때문에 멋지게 살 수도 있지만 바로 그 생각 때문에 목숨도 내놓아야 할 때가 있다. 이제 특히 도덕을 운운하는 이상주의자들의 생각에 집중해보자.

자기 스스로를 인식하지 않는다는 것이야말로, 이상주의자들의 현명함이다. 이상주의란, 스스로에 관해 애매한 채로 있는 이유를 가지고 있으며, 또한 이 이유에 관해서도 역시 애매한 채로 있을 만큼 현명한 자들이기도 하다. (221쪽)

도덕주의자들은 모두가 이상주의자들이다. 물론 모든 이상주의자가 도덕주의자인 것은 아니다. 그러나 모든 도덕주의자는 이상주의라는 굴레를 벗어날 수가 없다. 왜냐하면 옳고 그름을 판단하고 제시하는 것을 전제하기 때문이다. 도덕주의자들은 '이건 이래야 하고 저건 저래야 한다'는 말을 당연하게 하는 사람들이다. 그들의 생각은 늘 이성적인 틀 안에서 진행된다. 원인과 결과가 맞아떨어져야 한다. 논리 속에서 사물을 정리정돈하려 한다. 하지만 이상주의자들의 한계는 자기 자신에 대해서는 무지하다는 것이다.

이상주의자들은 이상을 주시한다. 먼 곳을 응시하기도 한다. 하지만 가장 가까운 자기 자신은 생각의 범주 안에 들지 못한다. "자기 스스로를 인식하지 않는다는 것이야말로, 이상주의자들의 현명함이다." '현명함' 자체만 놓고 보면 긍정적인 개념이다. 그런데 전체적인 문장을 놓고 보면 비아냥거리는 음성이 들려온다. '자기 자신을 모르는 게 지혜다'라고 말하는 것이나 다름없기 때문이다. 몰라야 산다는 나르시스의 운명과 같다. 자기 자신에 대해 알면 죽음을 면치 못하는 그런 신탁의 명령처럼 들린다. 이상은 이상주의자들에게 존재의 의미와 같다. 이상이 무너지면 삶 자체가 흔들리는 재앙이 된다. 이상을 만드는 이상주의자는 언제 무너질지도 모르는 위기의 존재다. 세상은 변하기 때문이다.

"이상주의자란, 스스로에 관해 애매한 채로 있는 이유를 가지고 있으며, 또한 이 이유에 관해서도 역시 애매한 채로 있을 만큼 현명한 자들이기도 하다." 애매한 것이 현명한 것이다. 애매해야 살아남는다. 이상주의자들의 삶의 방식이다. 그들이 살아남는 방식이다. 먼 곳을 바라보는 방식인 것이다. 흐리게만 사물을 인식한다. 아무리 가까이 있어도 애매하게 받아들인다. 이상주의자들의 사물 인식은 그렇게만 진행된다. 그것이 현명한 것이라고 판단하기 때문에 양심의 가책도 없다. 당당하게 애매해지는 것이다.

그런데 모든 이상에 있어서 그 출발점은 늘 정반대의 원리로 작동했다는 게 인식의 시작이다. 예를 들어 '웃어라, 칭찬하라, 그리고 침묵하라'가 좌우명이라면 삶의 현장에서는 그것이 문제였다는 전제가 인정될 수밖에 없는 논리다. 만약 돈 버는 것이 삶의 목표라면 일상 속에서 돈에 대한 갈증이 전제될 수밖에 없는 것과 같은 논리다. 이상의 내용이 무엇이 되었든 간에 현실 속에서는 그것이 없기 때문에 이상으로 선택되는 것이다. 이상이 되었든 이상형이 되었든 그것은 늘 바라는 것의 내용이 될 뿐이다. 바라는 대상이 아니라면 이상이 될 이유도 없다.

> 모든 이상이, 사랑과 증오, 외경과 경멸을 전제한다. 최초의 동작은, 적극적 감정이거나 소극적 감정, 그 어느 쪽이다. 예컨대 모든 르상띠망 이상에 있어서는, 증오와 경멸이 최초의 동작이다. (223쪽)

그 무엇인가가 이상이라면 언제나 "사랑과 증오, 외경과 경멸을 전제한다." 이상의 싹이 자라는 곳에 그런 감정이 움직이고 있다는 얘기다. 그런 감정이 없이 이상이 생겨나지는 않는다. 게다가 르상띠망 이상, 즉 원한 감정이 만들어내는 이상은 예외 없이 '증오와 경멸'이 만들어내는 것이다. 노예도덕이 만들어내는 이상은 그들이 주인 행세를 할 수 있는 천국이다. 약자의 논리는 늘 꼴찌가 첫째가 된다는 그런 이상 위에서만 진행된다. "너희 중에 누구든지 으뜸이 되고자 하는 자는 너희의 종이 되어야 하리라.”(마태복음 20:27) “누구든지 첫째가 되고자 하면 뭇 사람의 끝이 되며 뭇 사람을 섬기는 자가 되어야 하리라.”(마가복음 9:35) 이런 논리가 노예들에게는 위안의 소리로 들릴 것이다. 약자에게 희망을 안겨주는 그런 소리다. 그 희망 때문에 현실 속에서 자신의 처지를 감당할 수 있게 된다. 노예는 그런 논리 속에서 당당하게 종이 되고 섬기는 자가 된다. 그런 욕망이 강할수록 내세에서의 인생역전은 더욱 확실하게 보장받게 되기 때문이다.

> 겸손하고 부지런하며 호의적이고 절도 있는 여러분은 인간이 이러하기를 욕구하는가? 선인이? 하지만 나는, 이것을 이상적인 노예, 미래의 노예에 지나지 않는다고 생각한다. (228쪽)

약자가 겸손한 것은 다 이유가 있기 때문이다. 그 겸손으로 인생이 바뀔 것이라는 그 믿음 때문이다. 모든 믿음은 늘 이상적이다. “믿음은 바라는 것들의 실상이요 보이지 않는 것들의 증거”(히브리서 11:1)가 되기 때문이다. 노예의 시선에는 원한 감정이 모든 것의 원인이 되게 한다. 말 잘 듣는 자가 착한 사람이라고 말한다. 그들이 선인이라고. 그들이 의인이라고. 그들이 결국에는 천국 갈 권한을 가진 자라고. 천국에 가지 못하는 모든 이들은 지옥에 떨어져 혼쭐이 날 거라고. 이런 생각이 스스로를 노예로 만든다. ‘이상적인 노예, 미래의 노예’로 말이다. 이상 때문에 이상적인 노예가 탄생하는 것이다.

> 이상적인 노예(‘선인’). – 스스로를 ‘목적’으로서 설정할 수 없고, 대체로 자신의 내부로부터 목적을 설정할 수 없는 자, 그 자는 무아의 도덕에 대해 외

경을 표현한다. – 본능적으로 모든 것이, 즉 그의 영리함, 그의 경험, 그의 허영이 이 도덕에 따르도록 그를 설득한다. 게다가 신앙도 또한 하나의 무아이다. (228쪽)

착한 사람에 대한 이미지도 이데올로기에 해당한다. 말 잘 듣는 자가 순종과 복종에 적극적이다. 그런 행동에 보상이 따를 것이라는 생각으로 착한 사람이 되려고 하는 것이다. 그들은 늘 이상을 염두에 두고 산다. 주인의 손짓이나 말에 온 신경을 집중시킨다. 그것을 명령으로 듣고 움직일 태세를 갖추고 사는 것이다. 늘 반작용으로 삶을 살아갈 뿐이다. "이러한 반작용이 출현하는 것은 항상, 신의 문제에, 정의라든가 인간성이라든가 하는 문제를 핑계 삼아서이다."(222쪽) 그것이 노예의 삶이다. 자기 안에서 반작용에 대한 의무감을 발견할 뿐이다.

노예는 자기 안에서 자기를 발견하지 못한다. 자신의 모습은 주인의 말에 의해 규정되고 있을 뿐이다. 결국 자기 자신을 향하려 할 때 절벽에 서는 자의 그런 느낌으로 살 뿐이다. 평생토록 그는 주인의 의도에 집중했을 뿐 자기 자신의 의도에 대해서는 생각도 못하고 살아간다. 절벽 앞에서도 하늘을 바라보며 천국에서의 삶을 꿈꾼다. 자기 자신에 대해서는 아예 봉사가 되기를 자처하려는 듯이 산다. 자기 자신에 대한 그런 절망감에 맞서기 위해 주인의 존재에 더욱 간절함을 표시한다. 오히려 이상을 바라보는 것을 긍지로 여기며 살아간다. '무아의 도덕에 대해 외경'을 표하면서 사는 것이다.

격세유전, 즉 언젠가는 무조건으로 복종할 수 있다는 환희에 찬 감정. (228쪽)

격세유전. 세대를 걸러서 나타나는 현상. 그것이 내세관이다. 지금은 이렇게 살아도 다음 생에 가서는 전혀 다른 삶을 살게 될 것이라는 그런 믿음으로 살아간다. 이생에서 이루지 못한 사랑 다음 생에서는 이루리라는 그런 환상 속에서 살아간다. 구약성서를 읽을 때 재미난 광경은 인간이 신의 소리를 직접 들을 수 있었다는 얘기다. 신과 함께 살았었다. 그의 질문을 듣기도 하고 명령을 듣기도 했다. 그런 시절이 있었다는 얘기다. 그러다가 단절이 되었다. 죄 때문에. 하지만 다시 구원론이 등장한다. 죄를 지었지만 그래도 신은 인간을 구원해준다. 죄를 지어 이토록 힘들게 살고 있지만 다음 세상에서는 은혜로운 삶을 살 것이라고 믿는다. 세상 종말이 오면 모든 게 달라질 거라고 믿으며 산다.

> 부지런, 겸손, 호의, 절도 있음은, 주권적인 성향을, 위대한 발명심을, 영웅적인 목적 설정을, 고귀한 독립을 그만큼 저해하는 것이기도 하다. (228쪽)

도덕은 주권적인 삶을 방해할 뿐이다. 도덕은 사회를 구성하는 원리일 뿐이다. '나와 너의 관계'를 규명하는 원리이기 때문이다. 관계를 형성하는 원리라는 얘기다. '나'보다는 '너'를 더 주목하게 하는 원리다. 도덕적인 사람은 늘 배려정신으로 남을 먼저 생각하는 것을 긍정적으로 평가한다. 도덕적인 성향이 강해질수록 자기 자신에 대한 감정은 경멸적인 수준으로 치닫게 된다. 자기 자신을 생각하는 것 자체를 이기적이라고 바라보기도 한다. 자기 자신에 대해 경멸적인 감정을 숨길 수 없게 된다는 것이 문제다.

내가 통찰할 수 있었던 것은, 삶과 생장이 그 혜택을 입고 있는 모든 힘이나 충동은, 도덕의 주문에 묶여 있다는 것, 즉 도덕은 삶을 부정하는 본능이라는 것이다. 삶을 해방시키려면, 도덕이 절멸되지 않으면 안 된다. (220쪽)

니체는 도덕과 전쟁을 치르고자 한다. 옳고 그름이라는 판단과 싸우고자 한다. 그리고 모든 가치의 전도를 꾀한다. 지난 날 옳았다고 판단했던 모든 것에 대해 부정적인 시각으로 다가서고자 한다. 그리고 틀렸다고 판단했던 것에 그 본래의 권한을 되돌려주고자 한다. 소위 신은 죽이고 자기 자신은 살리려 한다. 자기 자신에 대한 길을 밝히고자 한다. 임마누엘이라는 함께하는 환상보다는 고독이라는 자기 자신에게로 향하는 길의 가치를 가르치고자 한다. "오, 고독이여! 너, 나의 고향 고독이여! 나 눈물 없이는 네게 돌아갈 수 없을 만큼 너무나도 오랫동안 거친 타향에서 거칠게 살아왔다!"(차라, 303쪽) 고독 속에서 자기 자신은 태어났다. 금의환향을 준비한다. 눈물 없이는 다가설 수 없는 곳이지만 그곳에서 인간은 새로운 인생을 선사받는다. 그것이 니체의 믿음이다.

항해는 떠날 수 있는 자의 몫이다

니체는 '선악의 저편'을 이상향으로 본다. 도덕 너머 도덕을 동경한다. "비도덕주의자들 – 도덕주의자들은 오늘날 비도덕주의자로 비난받는 것을 감수하지 않으면 안 된다."(인간적II, 237쪽) 이것이 허무주의 철학의 입장이다. '너는 마땅히 해야 한다'는 거대한 용은 때려잡으려 한다. 그러면서 동시에 '나는 하고자 한다'(차라, 39쪽)라는 도덕을 세우고자 한다. 그런 양심을 만들고자 한다. 노예도덕은 지양하고 주인도덕을 염원하는 것이다. 허무주의는 도래해야 하지만 그 허무주의는 새로운 도덕의 토대가 되어 준다. 그것이 허무주의 철학의 원리다.

어디까지 도덕의 자기파멸은 역시 그 자체가 지닌 한 조각의 힘Kraft인가 하는 문제. 우리 유럽인은, 자신의 신앙을 위해서 죽은 사람들의 피를 체내에 가지고 있다. 우리는 도덕을 공포감을 느껴야 할 엄숙한 것이라고 여겨왔으며, 우리가 그것에 무언가의 희생을 들이지 않은 것은 하나도 없다. 한편, 우리의 정신적인 섬세함은, 본질적으로, 양심의 생체 해부에 의해 달성된 것이다. 우리는, 이와 같이 우리의 낡은 지반에서 완전히 이탈한 뒤에도, 우리가 내몰아지는 '어디로?'를 아직껏 알지 못한다. 그러나 이제는 이 지반 자체가, 먼 곳으로, 모험 속으로 우리를 몰아붙일 힘을 우리에게 길러준 것이며, 이 힘에 의해 우리는 끝없는 것, 음미된 적이 없는 것, 발견된 일이 없는 것 속으로, 추진되고 있다. – 우리에게는 선택의 여지가 없다. 우리에게 기분 좋은, 우리가 '유지'하고자 원하는 토지를 더 이상 우리는 갖고 있지 않은 까닭에, 우리는 정복자가 되지 않을 수 없는 것이다. 우리의 모든 아니오보다 더 강한, 감추어져 있던 예가 우리를 이것으로 몰아세운다. 우리의 강함 자체가 썩어빠진 낡은 지반에 머무는 것에 더는 만족하지 않는 것이다. 우리는 감히 원격遠隔의 땅으로 나아간다. 우리는 이 일로 자기를 내건다. 세계는 아직 풍부해서 남김없이 발견되지 않은 채로 있으며, 또한 철저한 몰락이라 할지라도 차라리 엉거주춤에 머물러 해독을 끼치는 것보다 낫다. 우리의 강함 자체가, 대양으로, 태양이 항상 지고 있는 그쪽으로, 우리를 강제

한다. 즉 우리는 하나의 신세계를 알고 있는 것이다. (253쪽 이후)

　파멸할 수 있는 자는 힘이 있는 자이다. 절망할 수 있는 자는 힘이 있어서 그런 거다. 이별을 인식하고 물러설 수 있는 자는 이별을 감당할 수 있어서 그런 것이다. '도덕의 자기 파멸'은 힘의 문제다. 그래서 니체는 '권력에의 의지'를 부르짖고 있는 것이다. 자기 철학의 종점에서 선택한 개념이다. 모든 것은 힘이 있어야 가능하다는 판단이 선 것이다. 힘이 없으면 아무것도 할 수 없다는 절박함이 보인다. 건강을 잃으면 모든 것을 잃는 것이나 다름없다는 선현의 지혜가 엿보이기도 한다.

　도덕은 피할 수 없다. 인간으로 사는 한 도덕은 필수적일 수밖에 없다. 그럼에도 불구하고 하나의 도덕에 얽매이는 것은 허락하지 않는다. 그것이 니체의 입장이다. "우리는 도덕을 공포감을 느껴야 할 엄숙한 것이라고 여겨왔으며, 우리가 그것에 무언가의 희생을 들이지 않은 것은 하나도 없다." 하나의 도덕이 형성되기까지 수많은 희생이 따라야 한다. 희생 없이 생겨난 도덕은 없다는 것이다. 도덕은 사회적 삶을 위해 필요하지만 개인적 삶을 위해서는 방해요인이 될 수밖에 없다. 긍정적인 요인과 부정적인 요인을 적절히 분배하는 게 관건이 되는 것이다.

　도덕을 사랑이라고 바꿔놓고 읽으면 이해가 쉬울까. 사랑은 희생 없이는 이룰 수 없기 때문이다. 자기를 버려야 경험할 수 있는 기적이다. 황홀지경은 결국 자기 자신과 사물 세계가 하나가 되는 물아일체에 의해서만 가능하다. 하지만 그 신의 존재를 인식하게 하는 순간은 늘 공포감을 느껴야 할 엄숙한 순간이다. 무섭다. 두렵다. 하지만 그것을 극복하고 나면 자기 자신을 넘어서는 환희의 세계가 펼쳐진다. 축제가 벌어진다. 이런 순간 자체를 거부하는 것은 결코 아니다. 오히려 니체의 허무주의는 이런 순간을 위해 철학의 길을 걷고 있는 것이라 말해도 무방하다.

선악의 저편을 이상향으로 선택한 니체는 '양심'을 주목한다. 무엇이 옳고 무엇이 틀렸는가? 이것을 규정하는 기준을 알고자 하는 것이다. 무엇이 좋은 마음인가? 양심이라는 이름으로 불리는 마음가짐은 어떤 것일까? 양심의 문제를 인식하기란 쉽지가 않다. 잠시 호흡을 정리하는 시간을 가져도 좋을 듯싶다. 서두르지 말자. '양심'이란 단어를 입에 물고 한참을 머물러 보자. '양심이 없다'는 말은 도덕적이지 않다는 말과 통한다. 양심과 도덕은 늘 함께 움직인다. 양심이 있는 곳에 도덕도 있다. 둘은 옳은 편에서 서로를 필요로 한다. 그런데 니체는 이 일방적인 옳음에 저항한다. 그것이 허무주의의 도래를 허용하는 시점이다.

"한편, 우리의 정신적인 섬세함은, 본질적으로, 양심의 생체 해부에 의해 달성된 것이다." '양심의 생체 해부', 그것이 니체의 철학이다. 그는 인간의 마음을 분석하고자 한다. 앞서 도입부에서 인용한 문구를 다시 한번 읽어보자. "인류는 얼마나 스스로의 내적 세계의 근본 사실에 관하여 항상 거짓말하며 속여 온 것일까! 여기서 꿰뚫어 볼 눈을 갖지 못하고, 여기서 입을 다물며, 또한 입을 열어 수다를 떨고 있다-"(179쪽) 이것이 니체가 인식한 문제상황이다. 현대인의 문제다. 모두가 모든 것에 대해 잘 알고 있다. 네트워크를 형성하며 백과사전을 손에 들고 다니는 시대가 된 것이다. 그럼에도 불구하고 자기 자신에 대해서는 오리무중이다. 허무주의 철학은 이런 상황을 인식시키고자 한다.

양심을 들여다보면 무엇이 보일까? 현대인은 무엇을 양심으로 간주하며 살아가고 있는 것일까? 이런 질문 속에서 현대인은 방향감각을 상실하고 말았다. "이와 같이 우리의 낡은 지반에서 완전히 이탈한 뒤에도, 우리가 내몰아지는 '어디로?'를 아직껏 알지 못한다." 마치 신을 상실한 아이처럼 넋을 놓고 있다. 얼이 빠진 상태라고 할까. 한계에 도달한 것이다. 하지만 이런 상태 자체를 니체는 긍정적으로 해석한다. "그러나 이제는 이 지반 자체가, 먼 곳으로, 모험 속으로 우리를 몰아붙일 힘을 우리에게 길러준 것이며, 이 힘에 의해 우리는 끝없는 것, 음미된 적이 없는 것, 발견된 일이 없는 것 속으로, 추진되고 있다." 질병도 도움이 된다. 아파봐야 건강을 아는 그런 논리다.

과거의 지반은 방향을 상실하게 했지만, 그 지반이 없었다면 한계에 대한 인식도 못했을 것이다. 늘 문제가 인식되어야 새로운 답이 보이게 마련이다. 세상이 어둡다는 인식이 와줘야 등불을 찾게 되는 것이다. 늘 어느 곳이 끝이라고 생각하고 주저앉을 때 다시 일어서고 또다시 걷는 것이 관건이다. 그럴 힘만 있다면 주저앉은 그곳은 발판이 되어줄 것이다. 좋은 경험을 했다고 말하며 미련 없이 그곳을 떠날 수 있게 되는 것이다.

그런데 가야 할 길이 전혀 다른 곳일 때 "우리에게는 선택의 여지가 없다." 아예 길도 없는 곳이라면 길을 만들어서라도 나아가야 한다. 이때는 정복에의 의지만이 도움을 줄 것이다. "우리에게 기분 좋은, 우리가 '유지'하고자 원하는 토지를 더 이상 우리는 갖고 있지 않은 까닭에, 우리는 정복자가 되지 않을 수 없는 것이다." 힘이 있다면 문제가 될 게 없다. 정복자가 되면 되는 것이다. 그것이 양심을 형성해줄 것이다. 밟고 일어서야 할 땅이 없다면 그런 땅을 스스로 찾아야 한다. 또 다른 방법이 도대체 무엇이란 말인가? 신께 디딜 땅을 달라고 기도를 해야 할까? 니체는 그런 기도를 원하는 게 아니다.

부정을 위한 부정은 부정적이다. 긍정을 위한 부정만이 인정받는다. 허무주의에서 허무를 받아들이는 것은 모두가 포기를 선언하는 그때 긍정을 외칠 수 있게 하기 위함이다. "내가 아무것도 희망할 수 없는 곳, 모든 것이 너무나 명백하게 종말을 가리키는 곳에서 희망을 걸었다."(비극, 20쪽) 이것이야말로 허무주의적인 태도다. 끝까지 가본 자만이 가질 수 있는 다짐이요 결심이다. "우리의 모든 아니오보다 더 강한, 감추어져 있던 예가 우리를 이것에로 몰아세운다." '이것에로'가 어디로인지 감이 안 잡히는가? 그러면 다시 앞으로 가서 읽어보면 된다. "끝없는 것, 음미된 적이 없는 것, 발견된 일이 없는 것 속으로"가 그곳이다. 강한 긍정의 힘은 바로 이런 곳으로 스스로를 몰아세운다. 스스로를 바다로 향하게 하고 스스로를 사막으로 내몬다. 이 모든 것이 힘이 있어서다.

"우리의 강함 자체가 썩어빠진 낡은 지반에 머무는 것에 더는 만족하지 않는 것이다." 허무주의는 강함의 철학이다. 강해야 의미가 있는 철학이다. 마지막 희망조차 버릴 수 있는 자만이 감당해낼 수 있는 철학이다. 모든 것을 버릴 수 있는 자만이 가질 수 있는 희열을 준비하는 철학이다. '이것만은 안 돼!' 하고 경계를 긋는 정신에는 상상도 못하는 답을 품고 있는 철학이다. 허무주의 정신은 낡은 것에 머물고자 하지 않는다. 그런 것에 만족할 수 없어서다. 일상에 만족하는 자가 어찌 신만이 가질 수 있는 그런 삶의 여유를 알까.

버릴 수 있는 자가 떠난다. "우리는 감히 원격의 땅으로 나아간다." 낡은 땅에 고집을 피울 이유가 없다. 새로운 것을 원하기 때문이다. 그것이 바로 '끝없는 것, 음미된 적이 없는 것, 발견된 일이 없는 것'이다. 이런 것만이 삶의 의미를 찾게 해줄 것이다. 그것도 창조적인 삶의 원형으로서 말이다. 그런 삶을 살고자 한다면 목숨을 걸어야 한다. "우리는 이 일로 자기를 내건다. 세계는 아직 풍부해서 남김없이 발견되지 않은 채로 있으며, 또한 철저한 몰락이라 할지라도 차라리 엉거주춤에 머물러 해독을 끼치는 것보다 낫다." 니체의 목소리다. 그가 하고자 하는 소리다. "무서움에 떨게 하는 것은 산정이 아니라 산비탈이다!"(차라, 240쪽) 어설픈 게 더 위험하다. 어중간한 게 더 위험하다. 선무당 생사람 잡는다. 비탈진 곳이 가장 위험한 곳이다. 그곳에 머무는 것이 가장 많은 힘을 소모하게 한다.

몰락! 니체는 이 단어에 매력을 느꼈다.《차라투스트라는 이렇게 말했다》를 시작하는 곳에 '몰락'이라는 개념을 내세웠다. "'너 위대한 천체여! 네가 비추어줄 그런 것들이 존재하지 않는다면 무엇이 너의 행복이겠느냐! / […] 그러기 위해 나 저 아래 깊은 곳으로 내려가야 한다. 네가 저녁마다 바다 저편으로 떨어져 하계에 빛을 가져다줄 때 그렇게 하듯, 너 차고 넘치는 천체여! / 나 이제 사람들을 만나기 위해 저 아래로 내려가려 하거니와, 나 또한 저들이 하는 말대로 너처럼 몰락하지 않을 수 없는 것이다. / […] 보라! 잔은 다시 비워지고자 하고, 차라투스트라는 다시 사람이 되고자 하니.' / 이렇게 하여 차라투스트라의 몰락은 시작되었다." 정말 장관이다. 책의 서문은 이래야 할 것 같다. 니체는 모범을 제시해주고 있는 것이다. '태양처럼 몰락하라'는 이념과 함께 허무주의 철학은 정점을 찍었다.

몰락도 대충하는 몰락을 원하지 않는다. '철저한 몰락'이라 할지라도 '엉거주춤'보다는 낫다고 말할 줄 알아야 한다. 허무주의 철학은 삶을 위해서는 목숨까지 바칠 수 있는 싸움을 준비한다. 살아남기 위해 무슨 일이라도 해낼 수 있어야 한다. 삶을 위해서는 그 어떤 양심의 가책도 필요 없어야 한다. 누구는 이렇게 반항한다. '그래도 신은 그냥 살려두면 안 되냐'고. 안 된다. 절대적인 것을 그냥 내버려두고 창조적인 삶을 이야기할 수 없다. 절대적인 것이 존재하는 한 늘 구속의 틀을 벗어날 수가 없기 때문이다. 절대적인 것의 존재는 태양을 가리는 먹구름과 같은 것에 불과할 뿐이다.

"우리의 강함 자체가, 대양으로, 태양이 항상 지고 있는 그쪽으로, 우리를 강제한다. 즉 우리는 하나의 신세계를 알고 있는 것이다." 알고 있기 때문에 그만둘 수가 없는 것이다. 낙타가 되어 삶의 짐을 짊어져야 하는 이유가 여기에 있는 것이다. 불굴의 정신으로 버텨야 한다. 굴복하지 않는 정신으로 사막을 건너야 한다. 어떤 경우에도 희망을 손아귀에 거머쥐고 운명에 맞서야 한다. 그것이 삶에 대한 예의다. 그것이 살 권리가 있는 삶에 최선을 다하는 것이다.

니체가 원하는 정신은 자유정신이다. '인간적인 너무나 인간적인' 모습은 바로 이런 자유정신에 의해서만 구현된다. 자유롭지 못한 정신으로는 인간적인 이야기를 해낼 수가 없다. 자유로운 정신은 양심이라는 족쇄를 벗어난 존재다. 양심은 이상의 문제와 무관하지 않다. 이상이 있으니까 양심도 생기는 법이다. 이상의 부정적인 개념은 우상이다. 이상이 더 이상 삶과 생명에 긍정적인 힘의 원인으로 작용하지 않는다면 그것은 이미 우상이 된 것이라 판단해도 된다. "근대적 교양의 역겨운 우상 숭배로 인해 손과 마음이 더럽혀지지 않은 자가 우리 가운데 누가 있겠는가!"(반시대IV, 13쪽) 호통 치는 니체의 음성이 들려오면 다행이다.

"매 순간 태양에게 달려가라"(우상, 73쪽)가 허무주의가 제공하는 과제다. 태양은 어둠 속에 갇힌 세상을 동경하며 스스로 몰락을 선택한다. 그런 존재를 모범으로 삼고 살라는 것이다. 삶에 어두운 그림자를 드리우는 것을 최고의 죄악으로 여겨야 할 일이다. 자유정신, 그것은 옛것을 버릴 수 있는 자의 전유물이다. 버리기 위해서 무엇이 옛것인지 알아야 한다. "알면 버릴 수 있다. 모르면 버릴 수 없다. 버려야 할 것이 무엇인지 모르기 때문이다."[5]

04
—
미신과 도그마에 등 돌리기

진리란 일종의 오류다.
궁극적으로 결정적인 것은
삶을 위한 가치다.

―

그는 신을 죽이며 신을 찾고 있다.
그가 부정하는 신은 어떤 신이고,
그가 찾는 신은 또 어떤 신인가?

허무주의는
하나의 철학이다

철학자는 철학을 하는 사람이다. 철학은 그리스어로 필로소피아 philosophia라고 한다. 필로스philos와 소피아sophia가 결합하여 만들어진 말이다. 필로스는 사랑 혹은 친구라는 뜻이고 소피아는 지혜를 뜻한다. 즉 지혜를 향한 사랑 혹은 지혜의 친구 등이 철학의 원래 의미라고 보면 된다. 그런데 도대체 무엇이 지혜란 말인가. 이제 내용을 살피면 문제가 커지고 있음을 직감하게 된다. 1+1=2, 일 더하기 일은 이라는 식을 배울 때는 간단하게 생각하다가도 일에 해당하는 내용을 묻고 또 그다음 일의 내용을 문제 삼게 될 때 결론으로 제시하는 이의 내용은 더 이상 논리의 문제가 아님을 알게 된다. '사과 더하기 태양'[1]은 말문을 막게 하는 계산이 되고 마는 것이다.

니체의 철학은 허무주의라는 이름으로 불린다. 그 내용은 삶이다. 삶의 주체인 사람을 연구의 대상으로 삼는다. 인생과 인간이라고 한자어로 말해도 된다. 상관없다. 그런 것에 신경 쓰지 말자. 개념은 이래도 저래도 무관하다. 그 개념으로 무엇을 말하려 하는가에만 집중하면 되는 것이다. 니체가 철학을 하는 이유는 한마디로 '잘 살아보고 싶기 때문'이다. 무엇이 잘 사는 삶일까? 어떤 삶이 잘 사는 것일까? 그 내용이 문제될 때 허무주의는 한없는 심연 속으로 빠져드는 기분이다. 그 어떤 곳도 발 디딜 땅으로 제공하지 않기 때문이다. 마치 허공 속에 내버려둔다. 무작정 아래로 아래로 하강하는 기분이다.

허무주의의 내용은 삶이라 했다. 삶을 찾기 위해 삶이 아닌 것은 모두 버리고자 한다. 허무주의는 도래해야 하고 또 극복되어야 한다. 도래와 극복은 서로 다른 원리로 작동한다. 절망과 희망의 고리처럼 돌고 돈다. 동양사상의 음양이론이라고 할까. 둘은 서로 다른 원리를 근간으로 삼지만 서로가 서로를 감싸고돈다. 둘은 서로를 필요로 한다. 허무주의. 단어는 하나지만 최소한 두 개의 내용을 포함한다. 부정적 허무주의와 긍정적 허무주의가 그것이다. 허무주의가 도래할 때는 있던 땅도 꺼지게 하는 마력을 지니고 있다. 하지만 극복을 해낼 때는 없던 땅도 생겨나 계단이 되게 한다.

> 우리는, 철학자에 관해 지금까지 행해지고 있었던 몇몇 미신에서 탈피하자!
>
> (255쪽)

지금까지 우리는 철학자에 관해 어떤 미신을 가지고 있었던가? 반성하는 시간을 좀 가져야 한다. 누구는 말한다. 철학자들은 괴짜라고. 또 누구는 말한다. 철학자들은 이상한 사람들이라고. 또 누구는 말한다. 철학자들은 비이성적인 사람들이라고. 또 누구는 말한다. 철학자는 비현실적인 사람들이라고. 도대체 철학자들이 무슨 짓을 하였길래 이런 소리를 듣고 있는 것일까? 누구는 '철학공부 한다'고 말하면 '왜 그런 쓸데없는 짓을 하느냐'는 식으로 걱정까지 해준다. 소중한 시간을 낭비한다는 식으로 말하기도 한다.

하물며 철학이라는 간판을 내걸고 나면 점ᄂ을 보러 오는 사람도 있다. 길흉화복을 미리 판단해주는 그런 소리를 듣고 싶어 찾아오는 것이다. 철학이 그런 것을 알려주는 곳으로 판단하고 있는 것이다. 사실 니체도 '운명을 사랑하라'고 말하기도 했다. 그런 운명을 알고 싶을 때 드는 생각은 니체도 그런 철학을 하는구나 하는 오해에 휩싸이기도 한다. 어쩔 수 없다. 약간의 생각의 차이가 불러온 커다란 오해다.

그러면 진정한 철학자는 무엇을 하는 것일까? 점괘를 원하는 자에게는 들려줄 말이 하나도 없다. 실망만 안겨줄 뿐이다. 철학자에 대한 질문에 답을 구하기 위해 쇼펜하우어가 말한 문구를 한번 인용해보자. "철학자란 당황스런 상태를 뚫고 헤쳐 나오려고 하면서 철학자가 되는 것이다."[2] 참 멋진 정의다. 철학자란 무엇보다도 당황스런 상황을 인식하는 자다. 문제의식이라고 말하면 너무 식상할까. 난관을 마주하는 시선이라고 할까. 난관에 봉착한 정신이야말로 철학자의 정신이라는 얘기다.

철학자는 하늘에서 떨어진 존재가 아니다. 철학자는 어려움을 인식하고 그 어려움을 극복하고자 하는 과정에서 탄생하는 것이다. 모든 철학자는 나름의 문제 속에서 고통의 시간을 보낸 자들이다. 당황스런 상태 속에서 머물며 깊은 상처를 받고 상상을 초월할 정도로 아파본 적이 있는 자들이다. 삶에서 상처를 주는 것은 무엇일까? 이제 문제는 여기까지 온 것이다. 삶을 위기로 몰고 가는 것은 무엇일까? 무엇이 삶을 힘들게 하는 것일까? 무엇이 삶을 당황스럽게 하는 것일까? 삶의 문제가 무엇일까? 이런 문제의식으로 다음 잠언을 읽어보자. 무엇이 읽히는지 관찰하면서 읽어보자.

> 철학자들은 가상, 변전, 고통, 죽음, 신체적인 것, 감관, 운명이나 부자유, 목적 없는 것에 반항해야 한다는 생각에 사로잡혀 있다. / 그들이 믿고 있는 것은 1. 절대적인 인식, 2. 인식을 위한 인식, 3. 덕과 행복과의 결부, 4. 인간의 행위의 인식 가능성. 그들은, 이전의 (더욱 위험한) 문화상태가 그 위에 반영하고 있는 본능적 가치 규정에 의해 인도되고 있다. (255쪽)

고인 물이 섞듯이[3] 사로잡혀 있는 생각은 부정적이다. 생각은 자유로울 때 긍정적이다. 모든 믿음은 이상조차 우상으로 만들어낼 수 있는 위험한 놀이다. 멀쩡한 사람도 이단자로 또 마녀로 몰고 갈 수 있는 것이 믿음이 저지를 수 있는 짓거리들이다. 그런데 지금까지 철학자들은 고정관념에 사로잡혀 있었다. 즉 "가상, 변전, 고통, 죽음, 신체적인 것, 감관, 운명이나 부자유, 목적 없는 것에 반항해야 한다는 생각에 사로잡혀" 있었던 것이다. 꼭 그래야 한다는 듯이 생각해왔다는 것이다. 이런 것들은 철학자들이 싸워야 할 내용인 것처럼 여겨왔던 것이다. 철학의 근본은 반항인 것처럼 생각했던 것이다.

여기서 잠시 '가상'에 대한 니체의 생각을 고민해보자. '철학자들은 가상에 반항해야 한다는 생각에 사로잡혀 있다'는 말의 의미는 무엇인가? 바꿔 말하면 가상은 전혀 반항해야 할 일이 아니라는 말이 된다. 사실 가

상에 대한 이론은 처녀작 《비극의 탄생》까지 거슬러 올라간다. 그만큼 그
것은 니체 철학에 있어서 생각의 뿌리를 형성하고 있는 개념이라는 얘기
다. "이 현상 세계의 한가운데에는 소생한 개체화의 세계를 삶 속에 붙잡
아두기 위하여 새로운 미화의 가상이 필요하게 된다. 우리가 불협화음의
인간화를 생각할 수 있다면 - 그리고 만약 그렇지 않다면 인간이란 도대
체 무엇이겠는가? - 이 불협화음은 살 수 있기 위하여 훌륭한 환상을 필
요로 할 것이다. 이 환상은 불협화음이 가진 고유한 본질을 아름다운 베
일로 은폐한다. 이것이 아폴론의 진정한 예술 의도다. 우리는 매 순간 실
존 일반을 살 만한 가치가 있는 것으로 만들고 그다음 순간을 체험해보고
싶게 만드는 아름다운 가상의 저 수많은 환영들을 아폴론이라는 이름으
로 포괄한다."(비극, 178쪽) 즉 가상은 아폴론적인 것이다. 디오니소스적인
것과 함께 짝을 이루어 진정한 예술을 일궈내는 두 개의 축 중의 하나를
담당하고 있다. 소위 희망의 원리에 속한다. 그것 없이는 살 수가 없는 것
이다. 가상은 삶을 미화하는 원리이기 때문이다.

　니체가 저항하고자 하는 세계는 가상의 세계가 결코 아니다. 그가 본능
적으로 싫어하는 것은 가상이 아니라 허위다. 허위의 세계. "가상의 세
계와 허위의 세계 - 이것이야말로 대립적인 것들이다. 후자가 지금까지
'참세계', '진리', '신'으로 불리어왔다. 이것을 우리는 폐기하지 않으면 안
된다."(290쪽) 가짜를 진짜로 만드는 온갖 말들은 폐기의 대상이다. 니체는
그것에 저항하고자 한다. 니체의 입장은 분명하다. 세상을 어지럽히는 것
은 거짓말이 아니라 신념이라고 말한다. "진리의 적들 - 신념은 거짓말보
다 더 위험한 진리의 적이다."(인간적I, 391쪽) 진리를 위해 진리를 공격해야
하는 이유가 여기에 있다.

"삶의 대변자로 자칭하는 우리의 과학은, 오늘날에도 여전히 비방이라는 근본적 입장을 받아들이고, 이 현세를 가상으로 삼아, 이 현세의 인과적 연쇄를 단순한 형상으로 다루고 있다. 거기에서 증오하고 있는 것은 본래 무엇인가…?"(290쪽) 즉답을 원한다면 허위의 세계다. 하지만 정답에 만족하지 말고 한참을 머물며 생각에 잠겨보자. 허무주의 철학이 허무함을 느끼는 세계라는 인식이 올 때까지. 니체는 이 세계에 저항하며 삶을 대변하고자 한다. 삶의 현장을 단순하게 바라보지 못하고 오히려 복잡하게 만드는 것은 인식론자들의 현실과 무관한 발상들이라는 판단이 설 때까지. 니체는 이들에게서 발언권을 박탈하고자 한다.

너무 멀리 간 듯하다. 다시 위의 인용문에 집중해보자. 니체는 지금 철학자들이 믿고 있는 미신이 무엇인지 가시화하고자 한다. 그들은 "1. 절대적인 인식, 2. 인식을 위한 인식, 3. 덕과 행복과의 결부, 4. 인간의 행위의 인식 가능성" 등을 믿어왔던 것이라고 말한다. 절대적인 인식이 가능하다? 인식을 위한 인식이 가능하다? 도덕적인 사람이 행복하다? 왜 그렇게 행동하는지 인식할 수 있다? 정말 그럴까? 인식에 대한 철학자들의 믿음은 절대적인 경지로까지 치닫고 있다. 하지만 실상은 전혀 다르다. "그들은, 이전의 (더욱 위험한) 문화상태가 그 위에 반영하고 있는 본능적 가치 규정에 의해 인도되고 있다." 간단히 말하면 과거의 본능에 얽매여 있다는 것이다. 세상은 변했는데 철학자들은 과거의 가치 규정에 연연하면서 고리타분한 소리만 늘어놓고 있다는 얘기다. 철학자들은 그래야 한다는 듯이 말이다. 하지만 니체는 이제 이런 미신으로부터 탈피하기를 선언한다. 그리고 새로운 과제를 제시한다. 앞으로 철학자들은 이런 것에 능통해야 한다는 것이다.

무엇이 철학자들에게 빠져 있는가? 1. 역사적 감각, 2. 생리학의 지식, 3. 미래에로 향해진 목표, - 모든 아이러니와 도덕적 단죄 없이 비판하는 일. (255쪽)

철학자들이 잘 다룰 수 있어야 할 내용들이다. 첫째, '역사적 감각'이 있어야 한다. 무엇이 역사적 현장인지 알아볼 수 있어야 한다. 사회가 바뀌고 역사가 바뀌는 순간을 포착할 수 있어야 한다는 것이다. 둘째, '생리학의 지식'에 능통해야 한다. 육체의 상태와 변화에 그리고 그 리듬에 정통해야 한다. 자기 몸도 제대로 알지 못하면서 지혜를 얻고자 한다는 것은 어리석은 짓이다. 몸, 육체, 신체, 움직임 등에 지식을 쌓아야 한다. 그것도 철학의 내용이 되어야 한다. 셋째, '미래에로 향해진 목표'가 있어야 한다. 어른들이 말하는 목표로부터 해방될 수 있어야 한다. '이래라 저래라' 하는 소리로부터 벗어날 때 양심의 가책도 없어야 한다. 익숙했던 목표를 버리고 나면 한동안은 멍해질 것이다. 마치 알프스에서 무를 기다리다가 '목표 없는 시간'과 함께 맞이했던 '선악의 저편'(즐거운, 414쪽)이라고 할까.

미래로 향한 목표 의식은 진정한 허무주의적인 발상이다. "목표와 길 - 많은 사람들이 한번 선택한 길에 대해서는 집요하지만, 그 목표에 대해서는 소수의 사람들만이 그러하다."(인간적I, 394쪽) 대부분의 사람들은 길처럼 보이는 길에 집착한다. 길을 걷고 있으면서도 방황한다고 생각한다. 남이 걸었던 곳을 걷고 있으면서도 길을 찾고 있다고 생각한다. 하지만 철학자는 다르다. 그런 길에 연연하지 않기 때문이다. 밟히고 밟힌 길에 대해 오히려 반감을 가질 필요가 있지 않을까.

그리고 니체는 철학자에게 "모든 아이러니와 도덕적 단죄 없이 비판하는 일"도 요구한다. 사물을 비꼬아서 말하지 말라는 것이다. 비판해야 할 때는 직설적인 어법을 사용해달라는 것이다. '잘했다!'고 말하면서 '잘못했다!'는 의미를 전하려 해서는 안 된다는 것이다. 또 사물을 도덕적으로 판단해서는 결코 안 된다는 지적이다. 공과 사를 구분하는 것도 이런 판단과 무관하지 않다. 가장 비도덕적인 사람들이 가장 창의적인 경우가 많다. 과거의 잣대에 얽매이지 않아서 그런 거다.

사물을 바라볼 때 도덕적 단죄 없이 바라볼 수 있는 것도 능력이다. 그러면 이렇게 물어보자. 도덕적 단죄 없이 사물을 바라본다는 것이 도대체 무엇이냐고. 옳고 그름의 판단 없이 바라볼 수 있다는 것이 무엇이냐고. 이런 생각을 할 때마다 떠오르는 장면이 하나 있다. 릴케의《말테의 수기》에 등장하는 구절이다. "나는 보는 법을 배우고 있다. 왜 그런지는 모르지만 모든 것이 내 안 깊숙이 들어와서, 여느 때 같으면 끝이었던 곳에 머물지 않고 더 깊은 곳으로 들어간다. 지금까지는 모르고 있었던 내면을 지금 나는 가지고 있다."**4**

지금까지 무엇을 어떻게 바라보았던 것일까? 새롭게 보는 법은 무엇일까? 니체는 '제3의 눈'을 요구한다. "연극에서처럼 세상을 내려다보는 눈을 열어라. 다른 두 개의 눈을 통해 세계를 들여다보는 커다란 제3의 눈을 열어라!"(아침, 380쪽) 사물을 위에서 아래로 내려다보는 조망을 요구한다. 이런 시각만 가질 수 있다면 삶의 현장은 재밌는 놀이터가 될 수 있으리라. 길을 잃고 방황하는 일은 없으리라. 오히려 길을 찾는 데 연연하지 않고 길을 개척하려는 의지로 시간을 보낼 것이다. 창조적인 삶을 살 수 있을 것이다.

보는 법을 배우고 싶을 때 그림 공부를 해보는 것도 좋다. 시대마다 다른 그림들이 그려졌다는 것을 인식하는 순간 많은 것을 배울 수도 있다.

사람들은 분명 서로 다른 것을 바라보고 있었다. 예를 들어 중세 때는 보이지도 않은 천사들, 신의 형상, 신을 낳았다는 신의 어머니 등을 그림 속에 담아냈다. 모든 것이 신비롭게 그려졌다. 그 시대 사람들은 사물을 그런 식으로 바라봤던 것이다. 그러다 사실주의와 자연주의를 거치면서 사람들은 사물을 있는 그대로 보려는 시도를 했던 것이다. 이런 시각의 변화를 가져오는 데 수많은 세월이 흘러가줘야 했다는 것을 인식하는 순간 본다는 것이 얼마나 힘든 일 중의 하나인지도 알게 된다. 누구는 아직도 사물을 제대로 보지 못하고 있는지도 모를 일이다. 허무주의를 인식하지 못하고 맹인처럼 살고 있는지도 모를 일이다. 눈 뜬 장님처럼.

인식론적 도그마에 대한 저항

도그마dogma는 그리스어로 독단적인 의견, 결정, 신념이나 학설 등을 의미한다. 생각하는 존재가 빠질 수 있는 수렁이다. 생각의 수렁이다. 빠져나오기 힘든 수렁이다. 이 수렁은 생각 때문에 생겨난 것이어서 생각하는 존재에게는 피할 수 없는 상황이 된다. 도대체 어떤 의견을 가져야 하는가? 중요한 질문이다. 도대체 어떤 결정을 내려야 할까? 생각하는 존재에게는 어떤 생각으로 살아야 하는가 하는 질문과 같은 것이다. 생각이 생각이 아닐 수 있다? 의견이 의견이 아닐 수 있다? 생각다운 생각은 어떤 것일까? 의견다운 의견은 어떤 것일까? 꼬리에 꼬리를 물고 늘어지는 의혹들이 생각을 복잡하게 한다. 하지만 이런 얽힘은 긍정적이다. 이제야 문제가 인식되고 있다는 뜻이기도 하기 때문이다.

인식론적 도그마에 대하여 깊은 불신을 품는 까닭에 나는, 때로는 이쪽 창에서, 때로는 저쪽 창으로 바라보기를 좋아하고, 그러한 도그마 속에 고정되는 일이 없도록 조심하며, 그것을 유해하다고 인정했거니와, ― 결국에는 하나의 도구가 그것 자체의 유능함을 비판할 수가 있다는 것은, 있을 수 있는 일일까? ― 내가 주의를 기울인 것은 오히려, 인식론적 회의나 독단은 저의 없이는 결코 방해하지 않았다는 것, ― 무엇이 근본에 있어서 이와 같은 태도를 취하도록 강제했는가에 생각이 미치건 않건 간에, 그것은 제2급의 가치밖에 갖지 못한다는 점이었다. (256쪽)

허무주의는 모든 독단을 거부한다: 모든 고정관념을 싫어한다. 모든 편견을 경계한다. 허무주의는 과거로 향한 모든 목표를 본능적으로 사양한다. '인식론적 도그마'는 생각하는 존재 주변에서 늘 도사리고 있다. 잘못된 인식은 가능하다. 그것이 문제인 것이다. 잘못된 깨달음이 가능하다는 것이 문제다. 그것이 삶을 괴롭히는 요인이 되기 때문이다. "삶을 파괴하는 인식은 자신도 같이 파괴할 것"(반시대II, 385쪽)이다. 생각이 잘못되면 모든 게 망가지고 만다. 자기 자신이 파괴되면 세상이 무슨 의미가 있겠는가. 생각하는 존재는 생각에 가장 조심해야 할 일이다.

'인식론적 도그마'는 생각이 만들어낸 괴물이다. 자기 생각이 옳다고 믿는 신앙에서 탄생하는 악마다. 도대체 이런 괴물과 어떻게 싸워야 할까? 어떤 전략을 세워야 할까? 이 괴물, 이 악마와 싸우기 위해 필요한 무기는 어떤 것들이 있을까? 허무주의 철학이 고민하는 부분이다. 삶을 파괴하는 인식에 맞서기 위해 새로운 인식이 필요하다. 그런데 그런 "인식은 삶을 전제로 한다."(반시대II, 385쪽) 깨달음은 삶을 기반으로 할 때에만 가능하다는 얘기다. 깨닫고 싶으면 진정한 삶을 살아야 한다. 삶에 대한 인식만이 허무주의의 무기다. "이 싸움의 한복판으로 뛰어들기 전에 이제까지 획득한 인식의 갑옷을 입기로 하자."(비극, 121쪽) '인식의 갑옷', 그것은 삶이 선사한 생각의 옷이다.

허무주의 철학은 다양한 창문을 통해 세상을 구경한다. 창문이 가져다준 풍경을 관찰한다. 자연을 제약한 그 틀에 관심을 가져본다. 다양한 틀! 다양한 생각의 틀! 그런 틀에 대한 고민들이 시간과 공간에 대한 건강한 감각을 형성하게 해줄 것이다. 진정한 '역사적 감각'은 이때 생겨나는 것이다. 생각을 위해 생각에 소용될 조각들을 모으는 작업이 필요하다. 이를 두고 '외운다'고 말해도 무방하다. 외운 것이 외운 것을 만나게 될 때 생각은 새로운 경지를 보여준다. 다양한 것이 혼돈으로 보이지 않을 때 세상은 화려함 그 자체로 여겨지게 된다. "외워둔 것이 새로운 것을 만나 마치 거미줄처럼 엮어지기 시작"[5]하면 모든 것은 감동적인 새로운 모습으로 다가서게 되는 것이다. 그것이 인식의 현상이다. 비교할 줄 알게 될 때 생각은 혁명을 일궈내는 경지에 오르게 된다. 하나가 다른 하나를 만나게 될 때 생각은 상상을 초월하는 경지로 나아가게 되는 것이다.

틀은 없을 수 없다. 하나의 틀이 튼튼해야 다른 틀을 만나 거대한 구조물을 만들 수 있게 되는 것이다. 계단은 밟아야 한다. 놀이터의 정글짐처럼 하나의 공간은 다른 공간으로 나아가는 통로가 될 뿐이다. 생각하는 존재는 죽을 때까지 생각하다 죽을 것이다. 사는 것 자체가 고행이다. 맞는 말이다. 늘 그다음을 생각하기 때문이다. 쉽게 주어지는 깨달음은 하나도 없다. 뭔가 깨닫고 싶으면 심각하게 고민을 해야 한다. 하나의 사물을 인식하고 싶으면 그 사물을 붙들고 오랜 시간을 견뎌내야 한다. 정해진 시간도 없다. 개인마다 차이는 있다. 누구는 한 시간 만에 깨달은 사실을 누구는 평생을 바쳐야 하기도 한다. 그래도 깨달음을 포기할 수 없다. 인간은 그저 알고 싶을 뿐이다. 생각하는 존재에게 '인식욕'은 운명이나 다름없다.

세상은 넓다. 인식의 지도를 펼쳐놓고 여행을 준비해보는 것도 좋다. 여기에 고대가 있고 저기에 중세가 있고 또 저기에 근대라는 대륙이 있고 여기에 현대라는 대지가 있다. 여기에 플라톤이 저기에 칸트가 저기에 괴테가 저기에 쇼펜하우어가 저기에 니체가 이런 식으로 말이다. 뭐 이런 식으로 그림을 그려놓고 생각에 도전해보는 것도 좋다는 것이다. 하나의 지점에 얽매이는 것은 여행이 아니다. 그리고 모든 여행은 돌아오는 것이 목적이다. 돌아오지 않는 것은 여행이라 말하는 것이 아니다. 오디세우스가 칼립소^{Kalypso}에 빠져 그녀 곁에서 "7년 동안이나 머물러"⁶ 있으면서 세월을 보내게 될 때 금의환향은 먼 나라 이야기처럼 변하고 말았다. 7년 동안 환상적인 생활을 했을지는 몰라도 현실과는 동떨어져 지냈다는 것이 문제다. 그런 시간은 한순간처럼 흘러간다. 모세의 국민들이 광야에서 보낸 40년의 세월과 같다. 이집트를 떠날 때 훔쳐온 것들로 흥청망청 보낸 시간과 같다는 얘기다. 황금송아지를 만들고, 뇌물을 주고받으며, 만나를 먹고 즐긴 시간은 순식간에 흘러간다. 아무런 의미 없이 보낸 시간이 삶을 채울 때 허무함은 극복하기 힘든 파도처럼 들이닥친다.

하나의 생각, 하나의 틀, "그러한 도그마 속에 고정되는 일이 없도록 조심"하는 것이 허무주의적 자세다. 늘 허무함을 맞이할 준비를 하고 사는 것이다. 그러면 속절없이 주저앉을 이유는 없게 된다. 도대체 어떤 생각이 허무주의자를 무방비 상태로 만들 수 있단 말인가. 니체는 늘 조심하며 살았다. 생각이 도그마 속에 갇히는 것을 경계하면서 살았다. 평생을 그렇게 살았다. 그가 직접 출판에 관여한 책들을 차례로 읽어가다 보면 거인적인 치열함이 느껴진다. 휴식조차 그다음을 위한 준비 기간이었던 삶이기 때문이다. 한순간도 허투루 보낸 시간이 없다.

도그마는 유해하다. 그것이 니체의 인식이다. 그가 가르치고자 하는 내용이다. 그가 펼치는 모든 논리는 이런 식으로 진행된다. "절대적 진리가 없는 것과 마찬가지로 영원한 사실도 없다."(인간적I, 25쪽) "신은 죽었다! 신은 죽어버렸다! 우리가 신을 죽인 것이다!"(즐거운, 200쪽) "우리의 쾌활함이 의미하는 것. - 근래의 최대의 사건은 - '신은 죽었다'는 것, 그리스도교의 신에 대한 믿음이 믿지 못할 것이 되었다는 점이다."(즐거운, 319쪽) "'모든 신은 죽었다. 이제 위버멘쉬가 등장하기를 우리는 바란다.' 이것이 언젠가 우리가 위대한 정오를 맞이하여 갖게 될 최후의 의지가 되기를!"(차라, 130쪽 이후) 허무주의 앞에 허무하지 않을 수 있는 것은 하나도 없다. 모든 것은 허무함을 운명처럼 받아들여야 한다. 진리도 사실도 신도 모두.

모든 도그마는 자기 자신의 생각에 걸려 넘어진 꼴이다. 생각의 덫에 걸린 것이다. 그런데 자기 생각이다. 여기에 풀기 힘든 문제가 있다. 자기 자신의 생각이 보여주는 세상이 전부라고 생각하는 게 문제인 것이다. 생각하는 존재의 한계다. 교회 안에서도 신자들끼리 싸우는 이유는 여기에 있다. 심지어 목사들끼리도 싸운다. 신앙이 달라서다. 믿는 바가 달라서 갈등을 일삼는 것이다. 생각의 차이는 생각하는 존재들의 운명이다. 여기서 생각하는 패턴을 하나로 정하느냐 아니면 다양한 생각을 허용하느냐의 문제가 발생한다.

그래서 생각을 할 때 우리는 니체가 제시해주는 다음과 같은 질문으로 스스로를 검증을 해야 한다. "무엇이 근본에 있어서 이와 같은 태도를 취하도록 강제했는가"하는 질문으로 말이다. 왜 이렇게 생각해야 했고 또 그렇게 생각해야만 하는가? 그러면 도그마는 '제2급의 가치밖에 갖지 못한다'는 사실을 깨닫게 된다. 자기 생각이 진리는커녕 그 자체로 이미 실수를 내포하고 있다는 인식이 들면 세상은 전혀 다른 모습으로 보인다. 자기 생각이 독단이었음을 알게 되면 개선은 식은 죽 먹기처럼 쉬워진다. 그때 정신은 자유를 맛보게 된다. 그것이 바로 니체가 동경하는 '자유정신'이다.

> 나는, '자유정신'을 무언가 극히 확정적인 것으로 이해하고 있다. 그것은, 철학자나 기타의 '진리'의 사도보다, 스스로에 대한 엄격함을 통해, 순수함과 기력을 통해, 아니오가 위험할 때 아니오라고 단언할 무조건적인 의지를 통해 백 배나 출중해 있다. ─ 나는, 지금까지의 철학자를, '진리'라는 여자의 두건을 두른 경멸스러운 방탕아로 취급한다. (293쪽)

인식에 얽매인 인식론자들은 늘 자신의 생각과는 전혀 다른 본질을 전제한다. 마치 스스로는 전혀 알지 못하는 '지고의 가치'(290쪽)가 따로 존재하고 있는 것인 양 그렇게 믿고 있는 것이다. 인식론자들은 "마치 순수한 정신성이 인식이나 형이상학의 문제를 그들에게 제시하기라도 하는 양 굴고 있다. ─ 그들은 마치, 이론의 해답이 어떠하든, 실천은 그 자체의 가치척도에 따라 판정되어야 하는 듯이 굴고 있다."(287쪽) 하지만 현실은 다르다. 생각이 미치지 못하는 진리란 없다. "나는 묻는다. 과연 우리는 선한 행위를 위해 선한 사고 이외의 방법을 알고 있는가라고. 사고 그 자체가 하나의 행위이며, 나아가 행위는 사고를 전제한다."(같은 곳) 이것이 니체의 입장이다. '순수한 정신성'으로만 접근이 가능하다는 그 '진리'를 알아야 선한 행위가 가능하다는 논리는 거부한다. "두 가지 척도를 가지고 살아서는 안 된다! … 이론과 실천을 분할해서는 안 된다…!"(288쪽) 긴 여운과 함께 읽어내야 한다. 니체가 역설하고 있는 내용이 무엇인지 감지해내야 한다.

진리의 논리 대 원근법주의

'개떡같이 말해도 찰떡같이 알아듣는다'는 말이 있다. '진리'를 신앙처럼 믿는 정신은 잘 알아듣는 것을 목표로 한다. 늘 시험당하는 입장에 서려고 한다. "주 너의 하나님을 시험하지 말라."(누가복음 4:12) 이 말은 스스로를 시험하라는 말의 반어법에 해당한다. 물론 시험당함 자체는 불쾌한 상황이다. 그래서 이런 말도 있다. "시험에 들지 않게 일어나 기도하라"(누가복음 22:46)고. 여기서부터 양심을 건드리는 문제가 발생한다. 도대체 언제까지 깨어 있어야 시험에 들지 않을까? 결국 시험에 드는 것은 인간의 운명이 되고 만다. 인간의 생각은 필연적으로 질문의 의도에 집중한다. 일종의 '신의 뜻'에 몰두하는 것이다. 신의 존재를 기정사실로 간주하는 발상이다. 분명히 가치 있는 의미를 부여했을 것이라는 믿음으로 다가선다.

사물의 근저는 극히 도덕적이 되어 있으므로, 인간의 이성이야말로 올바르다는 전제는 - 하나의 신뢰심과 우직한 자가 취하는 전제이며, 신의 성실성을 믿고 있었던 영향의 흔적이다. - 신은 사물의 창조자로 생각되고 있었다. 이들 개념은, 일찍이 피안에서 생존하고 있던 전세前世로부터의 유산이다. -

(298쪽)

사물의 근저는 도덕적으로 되어 있다? 사물이 도덕적이다? 니체는 그런 생각에 저항한다. 인간의 이성이 올바르다? 이 또한 저항의 대상이다. 이성 자체가 비이성적일 수도 있다. 이성이 만병통치약처럼 여겨지는 것은 독단에 지나지 않는다. 논리의 비약을 통해 전혀 막다른 골목으로 치달을 수도 있는 것도 이성이 하는 짓이다. 도덕 자체도 비도덕적일 수 있다. 이거 하라 저거 하라 하는 잣대가 이미 비도덕적 근거에 기반을 두고 있을 수 있다. 그 가능성을 배제한 모든 논리는 독단적 폭력에 지나지 않는다. '신의 성실성', 즉 '진리'를 운운하는 모든 정신은 신앙의 결과물에 지나지 않는다. 신을 '사물의 창조자'로 간주하면서 발생하는 오류에 불과하다.

진리란 일종의 오류이다. 그것 없이는 특정종의 생물이 살 수가 없다고 말하는 그런 오류이다. 하지만 궁극적으로 결정적인 것은 삶을 위한 가치다.

(309쪽)[7]

무엇이 '진리'란 말인가? 이 질문 앞에 니체는 역겨운 감정만 느낄 뿐이다. 왜냐하면 그 질문이 얻고자 하는 내용 자체가 허무한 것이기 때문이다. 1+1=2, 일 더하기 일은 이라는 논리적 답은 이성적일 수 있어도 그

각각의 숫자에 해당하는 내용까지 이성적이라는 보장은 없다. 그 내용이 헛된 것일 때는 모든 것이 헛되고 만다. 진리 자체는 결코 내용의 권리를 꿰차서는 안 된다. 그릇은 하나여도 그 안에 담길 수 있는 것은 다양할 수 있어야 한다. 모든 진리는 오류이다. 진리가 오류인 이유는 "그것 없이는 특정종의 생물이 살 수가 없다고 말"하기 때문이다. 오로지 그것만이 생존을 가능하게 한다고 주장하기 때문이다. 그것만이 옳다고 감히 말하고 있기 때문이다. 이 모든 것이 오해다. 니체는 삶을 위한 가치만을 정당하다고 간주하고 있을 뿐이다. 삶을 위한 가치! 그런 가치만이 진리의 이름으로 불릴 자격이 있다는 것이다.

> 가장 강하게 믿어져 온 선험적인 '진리'는, 우리에게는 - 당면한 상정이며, 예컨대 인과성의 법칙처럼, 신앙의 가장 잘 길들여진 습관이거니와, 그것을 믿지 않는다면 종족이 몰락하기에 이를 만큼 혈육화되어 버린 것이다. 그러나 그것은 이것 때문에 진리일까? 얼마나 희한한 추론인가! 마치 진리는, 인간이 존속하고 있다는 것으로 증명되기라도 하는 양! (310쪽)

선험적 진리가 존재나 할까? 경험을 해야만 하는 그런 진리가 있을까? 어쩌면 그것은 이성이 추구하는 바에 지나지 않을까? 태초나 영원처럼 그런 것이 가능하다고 믿어지는 것처럼? 생각하는 존재는 생각에 익숙해질 때 조심해야 한다. '가장 잘 길들여진 습관'이 '신앙'의 대상으로 자리 잡게 될 때가 가장 위험한 상황이다. 그런 신앙에 얽매이게 될 때 다른 모든 가능성들은 고통을 받아야 한다. 진리가 사람을 죽인다. 진리를 믿는 종족이 살기 위해 성전聖戰을 일삼는 것이다. 일말의 양심의 가책도 없이 재앙의 중심에 선다. 그래도 된다는 듯이, 아니 그래야만 한다는 듯이. 진리가 마치 자기 것인 양, '혈육화 되어버린 것'인 양, 그렇게 생각하면서 당당하게 잔인한 진리의 편에 선다. "얼마나 희한한 추론인가!" 진리는 추론의 결과물이다. 그런데 그 결과물이 진리로 역전해간다.

> 논리학은 몇 가지 동일한 경우가 있었더라면 하는 조건에 결부되어 있다. 사실, 논리적인 사고나 추리가 행해지려면, 이 조건이 먼저 충족되어 있다고 허구되지 않으면 안 된다. 환언하면, 논리적 진리에의 의지는, 모든 사건의 근본적 위조가 상정될 수 있었던 후에야 비로소, 성취될 수가 있다. 이것으로 분명해지는 것은, 여기에는, 첫째로는 위조, 둘째로는 스스로의 관점의 관철이라는 두 가지 수단을 구사할 수 있는 어떤 충동이 지배하고 있다는 점이다. 즉 논리학은 진리에의 의지에서 유래하는 것은 아니다. (315쪽)

논리는 늘 전제에서 시작한다. 1+1=2, 일 더하기 일은 이라는 논리적 추론을 관찰하면 제일 먼저 1이라는 존재가 상정되어 있다는 것을 알 수 있다. 그리고 더하기의 원리가 개입한다. 그리고 두 번째 1이 등장한다. 그 결과물이 2라는 답으로 도출된다. 무섭다. 일방적이다. 다른 가능성이 존재하지 않는다. 다른 모든 것은 오답으로 결정되기 때문이다. 이 1에 전형적으로 해당할 수 있는 것은 이 세상 어디에도 존재하지 않는다는 사실이 무서움을 자아낸다. 모든 논리는 하나의 답만을 추론해낸다. 그것이 무섭다는 얘기다.

조건 없이 이루어지는 논리는 없다. 모든 논리는 조건에서부터 시작한다. "사실, 논리적인 사고나 추리가 행해지려면, 이 조건이 먼저 충족되어 있다고 허구되지 않으면 안 된다." 마치 신의 뜻과 같은 의도가 근저에 깔려 있다고 믿는 신앙과 같다. 모든 "논리적 진리에의 의지는, 모든 사건과 근본적 위조가 상정될 수 있었던 후에야 비로소, 성취될 수가 있다." 그다음을 이끄는 '조건', 그 조건을 맹목적으로 인정하는 '허구', 진리의 이름으로 절대 권리를 부여하는 '위조', 이런 것이 바로 논리적 사고의 산물이다. 나이 들면 이성이 강해진다. 부정적으로 말하면 고집이 세진다. 젊은이들은 늙은이들을 본능적으로 싫어한다. 대화가 안 되기 때문이다. 정답이 정해져 있기 때문이다. 그릇이 작기 때문이다. 이런 현상은 세월이 가져다준 부정적 변화다.

생각하는 존재는 생각에 희생제물이 되어간다. 위험한 칼을 들고 무모한 춤을 춰댄다. 잘못 휘둘러 자기 몸에 상처를 내면서도 그 칼을 손에서 내려놓지를 못한다. 미련 때문이 아니다. 운명 때문이다. 인간은 모두 태어나면서부터 생각하는 훈련을 해야 하는 존재로 살아왔기 때문이다. 무모한 춤, 그 춤의 논리는 '위조'와 '스스로의 관점의 관철'이라는 '두 가지 수단을 구사할 수 있는 어떤 충동'에 의해 진행된다. 모든 논리는 그것을 생각해낸 자의 관점이 근저에 깔려 있다. 어떤 허점도 허락하지 않기 위해 온갖 노력을 다해 만들어놓은 논리가 철옹성을 만든다. 그런 논리에 갇혀 있는 정신은 아무도 도와줄 수가 없다. 그 성 안으로 들어갈 수 있는 자가 없기 때문이다. 니체는 경고한다. "논리학은 진리에의 의지에서 유래하는 것은 아니다"라는 사실을. 아니 '진리를 만들려는 의지'의 산물임을 가르치고자 한다. 논리는 어쩔 수 없이 하나의 정답을 추구한다. 논리는 결국 하나의 진리만을 고수한다. 그것이 사람을 고집스럽게 만드는 것이다.

이런 식으로 피안, 즉 내세가 현세의 원인으로 권리를 획득하고 나면 모든 것은 뒤바뀐 논리 속에 빠져들고 만다. 지금과 여기와는 전혀 다른 세상의 원리가 사물의 질서를 정하는 꼴이 된다. 세상을 피조물로 간주하게 될 때 창조의 이유를 묻게 된다. 귀를 닫고 귀를 여는 꼴이 된다. 자기가 듣고 싶은 소리만 골라 듣는 상황이 벌어지고 마는 것이다. 자기 자신을 신의 창조물로 간주할 때 발생할 수 있는 가장 치명적인 것은 자기 존재의 의미를 자기 밖에서 찾게 된다는 것이다. 생각하는 존재가 생각을 하면 할수록 자기 자신에게서 자꾸만 멀어지는 우를 범하게 되는 것이다.

니체는 세계를 하나의 논리에 근거한 이론으로 묶으려 하지 않는다. 세상일은 논리로 해석할 수 없는 게 허다하다. 어떻게 해야 할까? 세상을 바라볼 때 어떤 시각을 선택해야 할까? 어떻게 해야 '개구리의 관점'(선악, 17쪽)을 지양할 수 있을까? 어떻게 해야 '삶을 위한 가치'로 충만한 '삶의 광학'(비극, 16쪽)을 취할 수 있을까? 세상을 있는 그대로 봐줄 수 있는 '제3의 눈'은 어떻게 구해질 수 있을까? "연극에서처럼 세상을 내려다보는 눈을 열어라. 다른 두 개의 눈을 통해 세계를 들여다보는 커다란 제3의 눈을 열어라!"(아침, 380쪽) 들을 때는 쉬운 것 같은데 막상 실천에 옮기려 들면 앞이 깜깜하다고 말하고 싶은가? 그 이유는 어떻게 해야 할지를 몰라서다. 아직도 니체의 말로 생각하는 데 부족함이 있어서다. 이론으로 묶여 있는 세상을 자유롭게 풀어주고자 하는 그 소리를 아직 듣지 못해서 그런 것이다.

대체로 '인식'이라는 말이 의미를 갖는 한, 세계는 인식될 수 있는 것이다. 하지만 세계는 달리 해석될 수도 있는 것이며, 그것은 스스로의 배후에 아무런 의미도 가지고 있지 않으며, 도리어 무수한 의미를 가지고 있다. - '원근법주의', / 세계를 해석하는 것, 그것은 우리의 욕구이다. 우리의 충동과 이것의 찬성과 반대이다. 여하한 충동도 일종의 지배욕이며, 어느 것이나 그 원근법을 가지고 있고, 이 스스로의 원근법을 모범으로 삼아 그 밖의 모든 충동에 강제로 따르고 있는 것이다. (304쪽)

무엇을 중심에 두고 무엇을 배경으로 삼느냐에 따라 시각은 달라진다. 그것이 원근법의 문제다. 인간은 분명 인식하는 존재임에는 틀림이 없다. 하지만 그 인식 때문에 인간은 또한 하나의 시각에 얽매일 수밖에 없는 한계를 지닌다. 니체의 '초인'은 바로 이런 족쇄로부터 해방된 자라 생각하면 된다. 허무주의의 최대 과제는 그러니까 세상을 다양하게 볼 수 있는 가능성을 획득하는 데 있다고 보면 된다. 이것이 과제일 수 있는 이유는 그것이 간단한 문제가 아니기 때문이리라.

다시 차근히 읽어보자. "세계는 달리 해석될 수도 있는 것이며, 그것은 스스로의 배후에 아무런 의미도 가지고 있지 않으며, 도리어 무수한 의미를 가지고 있다." 그 어떤 것도 배후의 의미는 없고 동시에 무수한 의미가 가능하다는 이 말, 모순처럼 보이는 이 논리를 이해하겠는가? 창조자의 의도 따위는 존재하지 않지만 무수한 의도의 결과는 가능하다는 이 말이 들려야 한다. 길 가에 무심하게 놓여 있는 돌맹이 하나라도 시간과 공간의 원리 속으로 들어오게 되면 하나의 의미를 가질 기회를 획득하게 된다. 거기서는 창조의 의미가 문제시되는 것이 결코 아니다. 예를 들어 괴테의 집 서랍에 수집되어 있는 수많은 돌맹이들은 이미 해석을 기다리고 있는 사물이 되어 있는 것이다. 세상을 바라보는 괴테의 시각이 여전히 연구의 대상이 되는 이유다.

물론 여기서 '원근법주의'는 또 다른 개념 '관점주의'와 관련해서 이해해도 무방하다. "너는 모든 가치 평가에서 관점주의적인 것을 터득해야만 했다."(인간적I, 18쪽) 어떤 관점에서 사물을 바라보고 있는가? 그것이 문제라는 것이다. 세상에는 사람의 숫자만큼이나 다양한 생각들이 문제로 존재한다. 이것을 부정할 수는 없는 법이다. 하지만 세상의 어떤 문제도 감당할 수만 있다면 수수께끼 놀이처럼 다가설 수 있다. 서로가 상대방의 생각을 감당할 수 있을 때 모든 문제는 사라지고 사랑이라는 기적이 탄생할 수 있는 상황이 형성되는 것이다. 세상을 축제의 현장으로 만드는 것은 자기 책임이다. 스스로 타인에게 위로의 말을 해줄 수 있는 존재로 거듭나는 것은 자기 노력의 여하에 달려 있다. 그 누가 와서 기대도 버틸 수 있는 나무처럼, 그 누가 와서 더러운 때를 씻어도 스스로는 더러워지지 않는 바다처럼, 그 누가 와서 속내를 털어놓아도 하나의 이야기를 담아내는 텅 빈 노트처럼 변할 수만 있다면 삶은 재밌는 놀이터가 되어줄 것이다. 눈만 뜨면 달려가던 놀이터, 그곳에서 영원의 시간을 보내던 동심의 세계가 실현되는 것이다.

이성의 달인이 도달한 경지

허무주의 철학은 생철학이다. 사람과 삶을 철학적 연구의 대상으로 삼는다. 사람이 산다는 것은 떡으로만 해결되는 것이 아니다. 말하는 존재라서 말이 가져다주는 의미를 열망한다. 인식욕은 운명이다. 알고 싶은 욕망은 인간의 운명이다. 생각하는 존재라는 정의는 피할 수 없다. 모든 생각은 상에서 시작해서 단어를 결정하고 그다음에는 자기 생각이라는 판단에 도달한다. 그런데 현상은 시간과 공간의 원리에 의해 결정되어서 영원을 담을 수 있는 생각은 없다는 게 문제다.

생각은 완벽할 수가 없다. 하나의 상황 속에서만 인정될 수 있는 논리의 산물일 뿐이다. 독일 속담에 '실수는 인간적이다'[8]라는 말이 있다. 인간은 완전할 수 없다는 뜻이기도 하다. 평생을 살아도 잘못된 생각 때문에 낭패를 당하는 일은 허다하다. 나이가 들어도 실수의 가능성으로부터 해방될 수는 없다. 다만 조심하느라 실행하는 횟수가 줄어들 뿐이다. 누구는 '사는 게 힘들다'고 말한다. 정말 먹을 게 없어서 힘든 삶은 거의 없다. 대부분 생각의 문제에 갇혀 있을 뿐이다. 그래서 생철학자로서 니체는 생각이 어떻게 형성되는지를 묻기 시작한다. 도대체 우리 안에서 무슨 일들이 벌어지고 있는지를 관찰하고 있는 것이다.

먼저 심상心象Bilder - 어떻게 해서 심상이 정신 가운데서 발생하는가를 설명해야 한다. 이어서 낱말Wort, 이것이 심상에 적용된다. 최후에 개념, 이것은 낱말이 있어야 비로소 가능해진다. - 다수의 심상을, 무언가 직관될 수 없는, 오히려 듣고 파악할 수 있는 것(낱말) 아래에로 총괄하는 활동. '낱말'을 듣고 파악할 때, 따라서 그것들을 표현할 낱말이 하나뿐인 듯한 몇 가지 유사한 심상을 직관할 때 생기는 변변치 못한 한 조각의 정서 - 이 어렴풋한 정서가, 공통적인 것이며, 개념의 기초인 것이다. 몇 가지 어렴풋한 감각이, 동등한 것으로 확립되고, 동일한 것으로 감각된다는 것이, 근본 사실인 것이다. 그러므로 두 가지 완전히 인접한 감각을 이들 감각을 인식할 때 혼동한다는 것, - 그러나 확인하는 것은 누구인가? 믿는 것이 모든 감관 인상 가운데 이미 들어 있는 원초적인 것이다. 즉 일종의 긍정이 최초의 지적 활동인 것이다! 처음에 '참이라고 굳게 여기는 일'이 있었다! 그러므로 어째서 '참이라고 굳게 여기는 일'이 발생했는지를 설명해야 한다! '참'의 배후에는 어떠한 감각이 도사리고 있는가? (312쪽 이후)

'생각이 떠오른다'는 말이 있다. 마치 태양이 떠오르듯이 생각이 떠오른다는 것이다. 그 태양으로 인해 주변의 모든 것들은 '제자리'를 찾아간다. 어둠이 사라진 결과다. 하지만 그 정돈조차 잘못된 조건이라면 어떤 일이 벌어지게 될까? 잘못된 태양이란 것을 생각할 수 있어야 니체의 사상이 읽혀질 수 있다. 허무주의 앞에 영원한 태양은 존재하지 않는다. 이제 니체의 말에 귀를 기울여보자. 그는 지금 심상을 운운한다. 마음에 떠오른 형상을 말한다. 뭔가 말로 형용할 수 없는 생각이 먼저라는 얘기다. 그것이 인간적이라는 얘기도 된다. 예를 들어 성경적 논리는 이런 것에 반대된 논리를 제시하며 양심의 가책을 받게 한다. 즉 신은 "너를 위하여 새긴 우상을 만들지 말고 또 위로 하늘에 있는 것이나 아래로 땅에 있는 것이나 땅 아래 물속에 있는 것의 어떤 형상도 만들지 말며"(출애굽기 20:4)를 명하고 있다. 그것도 까먹을까봐 "친히 기록한 돌판"(출애굽기 24:12)에 새겨줬다고 한다.

문제는 생각하는 존재가 생각을 시도할 때 형상부터 만들며 시작한다는 데 있다. '참이라고 굳게 여기는 일'이 그다음 생각을 위한 조건을 형성한다. 즉 "믿는 것이 모든 감관 인상 가운데 이미 들어 있는 원초적인 것"이라는 얘기다. 그런데 성경은 그런 짓을 하지 말란다. 우상을 만들며 시작하는 그 생각에 딴지를 건다. 할 수 없는 것을 하라고 말하니 주눅이 들 수밖에 없다. 니체는 묻는다. "'참'의 배후에는 어떠한 감각이 도사리고 있는가?" 지극히 허무주의적인 질문이다.

또 다른 예도 있다. "사람을 외모로 보지 말라"(신명기 16:19)는 것이 그것이다. 가능한 일일까? 면접을 볼 때 첫인상이 중요하다고 얼마나 강조되어 왔던가. 첫인상이 좋게 보이려고 얼마나 많은 노력을 해왔던가. '외모지향주의'는 부정적일 수 있겠지만 외모를 보지 말라는 것 자체는 받아들일 수 없는 요구에 해당한다. 신체적인 접촉이 일어나기 전까지는 누구나 외모를 주시할 수밖에 없기 때문이다. 최초의 정보는 거기서 얻을 수밖에 없다. 생각의 시작지점에는 언제나 또 어떤 식으로든 형상이 존재할 수밖에 없다. 그것이 참이라는 생각이 들 때 그다음으로 진행해가는 것이다.

성경적 논리와 허무주의의 차이는 분명하다. 성경은 진리를 보여주고자 애를 쓰고, 허무주의는 진리라 불리는 온갖 것의 진상을 보여주고자 한다. 생각은 형상에서 시작하여 낱말을 끼워 맞춘다. 낱말과 낱말이 모여 문장이 되고, 문장과 문장이 모여 문단이 되며, 그렇게 서서히 논리가 형성되어간다. 생각이 옷을 입어가는 것이다. 하지만 옷은 영원한 것이 아니다. 옷은 언제든지 벗을 수 있어야 한다. 그것이 관건이다. 지금 당장은 옳을 수 있어도 또 언젠가는 틀릴 수도 있어야 한다. 그 가능성을 늘 품고 생각에 임해야 한다.

근본 해결. ─ 우리는 이성을 믿고 있다. 그러나 이것은 회색 개념의 철학이다. 언어는 이보다 더할 수 없이 유치한 선입견에 기초하여 조립되어 있다. / 하지만 우리는 부조화나 문제를 사물 속으로 넣어 읽는다. 왜냐하면 우리는 언어의 형식으로만 사고하기 때문이다. ─ 이리하여 '이성'의 '영원한 진리'를 믿는 것이다(이를테면 주어, 술어 따위를). / 우리는, 우리가 언어의

강제를 받아 사고하는 것을 바라지 않게 되면 사고하는 일을 멈춘다. 우리
는, 여기서 한계를 한계로서 인정해야 하지 않을까 하고 의문을 갖는 데, 가
까스로 달하고 있다. / 합리적 사고란, 우리가 포기할 수 없는 도식에 따라
서 해석하는 일이다. (322쪽)

　이성이면 다 되는 것일까? 이성적으로 행동하면 만사형통하단 말인
가? 어떤 때는 이성적으로 행동하는 자기 자신만 바보 같은 경우도 있다.
이성을 신앙처럼 믿는 것이 관념론이다. 말로 진리를 찾아가는 이론이
다. "그러나 이것은 회색 개념의 철학이다." '회색 개념의 철학?' 분명 긍
정적인 표현은 아니다. 논리를 좋아하고 논리에 얽매인 생각들은 하나같
이 '선입견'이라는 판단으로부터 자유로울 수가 없다. "언어는 이보다 더
할 수 없이 유치한 선입견에 기초하여 조립되어 있다." 말로 생각을 해야
하는 이성적 존재에게는 온갖 희망을 앗아가는 발언이 아닐 수 없다. 이
성을 통해 이데아로 나아갈 수 있다는 소크라테스의 생각도 말씀을 믿음
으로써 구원받을 수 있다는 생각도 모두 허무하게 만들고 있기 때문이다.
그래도 겁먹지 말고 니체의 말에 귀를 기울여보자.
　"정신의 자유에 대한 언어의 위험 ― 모든 단어는 하나의 편견이다."(인간
적II, 266쪽) 《인간적인 너무나 인간적인》에 남겨놓은 하나의 잠언이다. 정말
짧은 잠언이기에 전해지는 인상도 강렬하다. '모든 단어는 하나의 편견이
다.' 그 편견이 모이고 모여 생각이라는 집을 짓고 있는 것이다. 언어는 분
명 존재의 집임에는 틀림이 없다. 하지만 허무주의적 발상은 그런 집안에
틀어박혀 습관적인 일상의 삶에 익숙해지기보다는 그것을 깨고 나올 것
을 종용한다. 헤세의 《데미안》에 나오는 말처럼 '알을 깨고 나오라'는 것

이다. 그래야 하늘을 나는 존재로 거듭날 수 있다는 메시지가 담겨 있는 것이다. 자기를 깨지 못하는 자는 썩어문드러질 수밖에 없다. "허물을 벗을 수 없는 뱀은 파멸한다"(아침, 422쪽)는 비극적 종말을 면할 수가 없는 것이다. 늘 떠날 수 있어야 한다. 늘 버릴 수 있어야 한다. 그것만이 진리를 인식하게 해줄 것이다. 그것만이 깨달음의 경지를 경험하게 해줄 것이다.

허무주의가 긍정하는 신과 부정하는 신

니체는 줄기차게 신을 죽여 왔다. 그 누구도 만나보지 못한 신을 거부했다. "근래의 최대의 사건은 – '신은 죽었다'는 것, 그리스도교의 신에 대한 믿음이 믿지 못할 것이 되었다는 점이다."(즐거운, 319쪽) "신은 죽었다! 신은 죽어버렸다! 우리가 신을 죽인 것이다!"(같은 책, 200쪽) "'모든 신은 죽었다. 이제 위버멘쉬가 등장하기를 우리는 바란다.' 이것이 언젠가 우리가 위대한 정오를 맞이하여 갖게 될 최후의 의지가 되기를!"(차라, 131쪽) "나는 춤을 출 줄 아는 신만을 믿으리라."(같은 책, 65쪽) 그러니까 니체는 신을 죽이면서 신을 찾고 있다. 그가 부정하는 신은 어떤 신이고 그가 찾는 신은 또 어떤 신인가? 부정이 분명해지면 긍정도 자연스럽게 분명해질 수 있다. 어둠이 깔리면 별이 보이는 이치로 다음의 잠언을 읽어보자.

나의 명제는, 고대의 향기를 발하고, 그리스도교, 스콜라학, 그 밖의 사향 냄새가 나는, 한 가지 정식으로 축약하면, 이러하다. 즉 '정신으로서의 신'이라는 개념 속에서는 완전성으로서의 신은 부정되고 있다… (323쪽)

인조 향기는 싫다. 말로만 설명될 수 있는 신은 싫다는 것이다. '정신으로서의 신!' 참 멋진 신이 아닐 수 없다. 감각적으로는 다가설 수 없으니 무슨 말을 해도 반박할 수가 없다. 교회에서 아이들을 가르칠 때 아이들이 '하나님이 누구예요?' '예수님이 누구예요?' 하고 물어오면 참 당황스럽다. 설명해야 할 것이 너무도 많기 때문이다. 연필이나 지우개처럼 특정 사물을 가리키며 이건 이거다 저건 저거다 하고 말할 수 있는 대상이 아니기 때문이다. '예수님은 어떻게 부활했나요?' 말문이 막힌다. 시간 여행이나 공간 이동을 소재로 한 영화 한 편을 보여주는 게 나을 것 같기도 하다.

물론 허무주의 철학에서도 상황은 별반 다를 바가 없다. '초인이 누구인가?' '니체가 누구인가?' 하고 누군가가 물어오면 참으로 당황스럽다. 한두 마디로 설명될 문제가 아니기 때문이다. '니체는 왜 미쳤나요?' 또다시 말문이 막힌다. 행복한 나라의 이야기를 들려주는 만화 영화 한 편을 보는 게 더 나을까. 정답을 요구하는 열정은 좋으나 그 정답을 듣고도 이해하지 못하는 준비되지 못한 정신은 안타깝기만 하다. 타인의 생각을 이해한다는 것은 결코 쉬운 일이 아니다. 그것이 쉽다면 사랑도 하나의 기적이라 부르지 않으리라.

니체는 '나의 명제'라는 개념을 제목으로 제시해놓았다. 도대체 그는 무엇 때문에 글을 쓰는 것일까? 왜 그는 철학의 길을 걷는 것일까? 이에 대해 그는 '나의 명제'를 제시하고 있는 것이다. 그는 '고대의 향기'를 좋아하는 대신 인조적인 '사향 냄새'는 싫어한다. 고대가 어떤 시대인가. 바로 신들이 살던 시대가 아니었던가. 사람들이 신들의 자격으로 살 수 있었던 시대다. 중세 이후 근대를 거쳐 현대에 이르기까지 고대의 세계에 대한 이해는 거의 불가능한 것처럼 보인다. 아직도 성기를 다 드러낸 홀

딱 벗은 신상을 바라보며 고대인의 생각을 추적조차 해내지 못하고 있다.

고대에서 신은 실존적 존재였다. 그들에게 영원성은 다른 의미로 이해되었을 것이 분명하다. 그들이 즐겼던 신화, 즉 신들의 이야기는 우리의 감각을 벗어나 있다. 그들이 말하는 불사不死의 존재는 우리가 알고 있는 내용으로는 전혀 감도 잡지 못한다. 우리가 알고 있는 개념으로 고대를 이해하고자 하는 것 자체가 이미 무리다. 소크라테스 이후 등장하는 이성으로서의 신, 즉 기독교나 스콜라철학이 주장하는 '정신으로서의 신'은 우리에게 익숙할지는 몰라도 고대의 신은 결코 아니다. '비극의 탄생'을 염원하는 니체는 전혀 다른 세상을 꿈꾸고 있는 것이다. 비극 아닌 비극이 지배하는 세상을 동경하고 있는 것이다. '향기'가 가득한 세상 말이다.

> 심리학자들의 주요 오류. 그들은, 선명한 표상에 비해 애매한 표상을 저급종의 표상으로 여기고 있다. 그러나 우리의 의식에서 보면 멀리 떨어져 있고, 그 때문에 애매하게 되는 것은, 이로 인해 그 자체에서 완전하게 명료해질 수 있다. 애매하게 된다는 것은 의식의 원근법의 문제이다. (324쪽)

애매한 것은 애매한 대로 내버려둘 때 모든 것은 아름답게 보인다. 어둠 속에서 별이 보인다. 밝음을 무턱대고 좋아할 이유도 없다. 오히려 그 밝음이 아름다운 별들의 세상을 가려놓기 때문이다. 모든 것을 참 거짓이라는 이분법적 논리로 정리정돈하려 할 때 오히려 진리는 보이지 않는 존재가 되어버릴 수가 있는 법이다. 신들의 이야기는 논리로 접근할 수 있는 대상이 아니다. '선명한 표상'이 '애매한 표상'보다 낫다는 인식은 논리적 판단의 산물일 뿐이다. 하지만 아무리 선명해도 답답함은 여전하다.

묻고 싶은 욕망 때문에 질문하는 것을 멈출 수 없기 때문이다. 어린 왕자가 코끼리를 삼킨 보아뱀을 그려놓고 그것을 설명해줘야 알아듣는 어른은 그 그림을 이해했다고 말은 할지 몰라도 그 그림이 지닌 진정한 의미의 세계에는 도달할 수가 없는 것이다.

'우리의 의식에서 보면' 사물은 '명료해질 수 있다.' 여기서 말하는 '우리의 의식'은 어떤 것일까? 그것은 선명함에 집착하지 않는 의식이다. 동심의 세계에서처럼 온갖 상상이 함께 어울려 작동하고 있는 의식이다. 해석의 가능성을 열어놓고 세상을 바라보는 의식이다. 거기서는 더러운 물도 깨끗이 씻을 수 있는 물로 변신을 거듭한다. 거기서는 온갖 썩은 물을 받아들이고도 스스로는 썩지 않는 바다처럼 존재할 수 있다. 거기서는 원숭이도 인간으로, 또 인간도 초인으로 극복을 거듭할 수 있다.

생각이 바뀌면 안 될 일이 없다. 생각하는 존재에게 문제가 되는 것은 오로지 생각 그 자체뿐이다. 무엇을 중심에 두고 무엇을 주변에 두느냐의 문제가 남아 있을 뿐이다. 무엇을 가까이에 두느냐의 문제인 것이다. 먼 것이 애매해져야 가까운 것이 선명해지는 법이다. 먼 것을 흐리게 그려줘야 가까운 것이 실물처럼 돋보이게 되는 것이다. 생각하는 존재는 생각의 달인이 되어야 한다. 허무주의 철학은 그를 두고 초인이라고 말한다. 그에게 주변이 될 수 없는 사물은 하나도 없다. 모든 것은 중심으로 간주될 수 있고 동시에 모든 것은 주변의 것으로 내몰릴 수도 있다. 심지어는 버려질 수도 있는 것이다.

물론 논리에 대한 유혹은 치명적이다. 이성적 존재라서 그런 거다. 늘 정답에 연연하는 하는 것은 이성을 가지고 살아야 하는 인간의 운명이다. 이성을 가지고 생각을 하면서 논리를 벗어난 것을 추구하기란 허구에 해당한다. "우리는 모든 사물을 인간의 두뇌를 통해 관찰하는 것이므로 이 머리를 잘라버릴 수는 없다."(인간적I, 30쪽) 하지만 한계를 인식하면 그다음 으로 나아갈 수 있다. 운명을 인식하면 대처가 가능해지는 것이다. 이성 에는 분명 한계가 있다. 논리에는 분명 문제점이 있다. 그런 문제의식이 분명해질수록 현상은 더욱 찬란한 모습을 띠게 될 것이다. 축제의 현장으 로 변해줄 것이다. 어둠 속에 갇혀 불안에 떨기보다 하늘에 떠 있는 별빛 을 감상하는 여유도 생길 것이다. 그때 진리에 대한 생각까지도 새롭게 형성될 것이다.

> 진리의 표지는 권력 감정의 상승 가운데 있다. (330쪽)

진리는 하나가 아니다. 진리는 하나일 수가 없다. 밤하늘이 아름다운 이유는 여러 다른 빛의 존재들이 더불어 존재하기 때문이다. 이런 별도 있고 저런 별도 있다. 하물며 달도 있다. 서로 다른 존재들이 발하는 빛의 향연을 인식하는 것은 바다로 향해 힘차게 흘러가는 강물과 같은 힘이 있 어 줘야 가능하다. '권력 감정의 상승 가운데'서는 불가능한 것이 없다. 스 스로 진리의 이름으로 불릴 수도 있는 것이다. "그런 행위를 할 자격이 있 으려면 우리 스스로가 신이 되어야 하는 것이 아닐까?"(즐거운, 201쪽) 그렇 다. '스스로 신이 되라'고 외쳐대는 철학이 니체의 허무주의이다.

> '진리', 이것은 나의 사고법 안에서는 반드시 오류의 반대를 나타내는 것이 아니라, 가장 원칙적인 경우에는 다양한 오류, 상호의 위치 관계를 나타내는 것에 지나지 않는다. 예를 들면, 어떤 오류는 그 밖의 오류보다도 더 한층 오

래되고 더 한층 깊으며, 아마 게다가 우리 같은 유기체가 그것 없이는 살 수가 없을지도 모르는 한, 근절하기 어려운 것임을 나타내는 것이다. 한편, 그밖의 오류는 이 오류처럼 삶의 조건으로서 우리를 압제하고 있지는 않으며, 오히려 그러한 '압제자'로 측정되면 제거되고 '논박'될 수 있을 것이다. / 논박되기 어려운 하나의 설정, – 왜 이 상정이 이 때문에 이미 '참'이어야 하는가? 이러한 명제는, 아마, 스스로의 한계를 사물로 한계로서 설정하는 논리학자를 격앙시킬지도 모른다. 그러나 이러한 논리학의 옵티미즘에 나는 벌써 오랫동안 선전을 포고해왔다. (330쪽)

논리학은 긍정적이다. 늘 하나의 전제를 선택하여 그다음으로 나아가려 한다. 그래서 그것은 낙천적이라 불린다. '하면 된다'는 의식이 밑바닥에 깔려 있다. '열심히 공부하라'는 식의 발상이 하나의 논리를 형성한다. 사실 이런 긍정적인 발언 앞에 무기력해지는 것이 신세대의 입장이다. 구세대는 늘 자신의 삶에서 얻은 것을 지혜로 삼아 그것을 강요하는 입장에 선다. 하지만 '열심히 해도 안 된다'는 한계를 인식한 일부 신세대는 저항이나 반항을 선택한다.

스스로 자신의 길을 개척하는 슬기는 선구자의 몫이다. 그다음에 수많은 추종자들이 뒤를 따르게 되는 것이다. 그런 과정 속에서 위대한 정신이 탄생하는 것이다. 새 시대를 이끄는 정신이 출현하는 것이다. "위대함은 방향을 제시하는 것을 의미한다 – 어떤 강물도 자기 자신에 의해 크고 풍부해지지는 않는다: 오히려 아주 많은 지류들을 받아들이며 계속 흘러가는 것, 그것이 강물을 그렇게 만드는 것이다. 모든 정신의 위대함 역시 마찬가지다. 단지 중요한 것은 한 사람이 그 많은 지류들이 뒤따라가야 할 방향을 제시하는 일이다. 그가 처음부터 재능이 없는지 재능이 풍부한지는 중요한 일이 아니다."(인간적I, 400쪽) 지극히 인간적인 발상이다. 도움이 있어야 한다. 아무도 동조해주지 않는 상황에서는 새로운 시대가 열려주지 않는다.

니체는 싸우고자 한다. 그의 눈은 늘 적당한 적을 찾아 헤맨다. 싸울 가치가 있는 적을 필요로 하는 것이다. 그중의 최고의 적이 신이라 불리는 말이다. 그 말 앞에 정신은 신앙을 강요받는다. 어느 하나의 사물을 신으로 간주하는 순간 정신은 그 신앙에 갇혀 무릎을 꿇게 되는 것이다. 하물며 그 사물에게 소원을 빌기도 한다. 누구는 이 모든 것을 기도라는 개념으로 포장해놓기도 한다. 아무리 하찮은 물건이라 해도 그것이 신이라는 인식을 동반한 뒤에는 상상을 초월하는 행위도 가능해진다. 그것이 돌멩이가 되었든 나뭇가지가 되었든 상관없다. 그것이 신앙의 힘이다.

"그러나 이러한 논리학의 옵티미즘에 나는 벌써 오랫동안 선전을 포고해왔다." 싸움에 대한 필요성은 이미 있었다. 하지만 그것을 구체적인 말로 형성해내기까지는 좀 시간이 걸렸다. 자서전에 해당하는 《이 사람을 보라》에서 니체는 과거에 써놓은 《아침놀》과 함께 도덕과의 한판 승부를 선언했다고 고백했다. "이 책으로 도덕에 대한 나의 전투가 시작된다."(아침, 413쪽) 그전에 허공을 바라보는 기분으로 고대를 연구했던 《비극의 탄생》, 과거와 선을 그으려는 의도로 집필되었던 《반시대적 고찰》 그리고 현실을 주목하고 가까이 있는 것에 대한 사랑고백과 같은 《인간적인 너무나 인간적인》을 써놓은 상태였다. 그리고 '아침놀'을 맞이하고 있다. 이제 성스러운 시간을 준비해야 한다. 성전이 이루어질 시간을. 아침놀의 여명은 결전을 준비하라는 신호와 같다.

단순한 것과 복잡한 것의 대립

현상은 다양하다. 그것을 감당하지 못하면 삶 자체가 힘들어진다. 모든 순간에 삶의 짐을 인식하게 해준다. 모든 노력은 헛된 것이 된다. 모든 생각과 행동은 혼란만 가중시킨다. 하지만 다양한 것이 감당되면 삶은 축제의 현장이 되어준다. 잘 차려진 밥상을 맞이한 기분일 수도 있다. 무엇을 먹어도 맛있다. "뭐든 먹으면 소화가 될 것"[9] 같은 기분이 든다. 하물며 코끼리를 삼켜도 뼈가 되고 살이 되도록 소화해낼 것만 같은 그런 기분이 들 것이다. 그것이 바로 '상승된 권력 감정'이다. 무엇을 만나도 진리로 탈바꿈시킬 힘을 지닌 상태다. 무엇을 읽어도 이해가 되고 무엇을 써도 작품이 되는 그런 힘을 느끼는 상태다. 꿈틀대는 '뱀의 지혜'(인간적II, 12쪽)를 느끼는 순간이다.

뱀은 늘 허물을 벗으며 존재를 이어간다. 진리의 껍질을 찢고 나오며 성장을 거듭하는 것이다. 한동안은 살갗이 되어 피부를 보호해주겠지만 어느 순간이 되면 벗겨내야 할 더러운 때가 될 뿐이다. 그것을 인식하면 초인이 될 반열에 올라서게 되는 것이다. 초인은 '영원회귀'의 이념일 뿐이다. 그것은 과거의 모든 현상을 제물로 삼는다. "모든 과거는 미래의 꼬리를 문다."[10] 자기 자신을 제단 위에 올려놓는 순간이야말로 삶의 가장 신성한 순간이 아닐까. "머리가 꼬리를 무든 그 과정 속에 현재가 있다."[11] 현실을 인식하려면 삶을 제물로 삼을 줄 알아야 한다. "인식은 삶을 전제로 한다."(반시대II, 385쪽) 이것이 허무주의적인 논리다. 전제 없이 생각할 수 없는 존재가 선택해야 할 전제다. 삶, 삶만이, 삶의 조건만이 논리적 전제의 자격이 있는 것이다.

단순한 것은 이미, 단지 공상에서만 존재하는 것이며 '참'은 아니다. 또한, 현실적인 것, 참인 것은 하나가 아니며 하나로 환원될 수조차 없는 것이다. (330쪽)

정답을 늘 간단하다. 알고 나면 그것도 몰랐다는 사실에 대해 수치심을 느끼기도 한다. 하지만 모를 때는 답답함이 극으로 치닫는다. 머리를 쥐어뜯고 벽을 치고 발을 동동 구르기도 하며 발악을 한다. 까치발로 서서 고함을 치기도 한다. 누구는 "바들바들 떨며 방바닥에 드러눕기"[12]도 한다. 하지만 원리를 알고 사물의 이치를 깨닫게 되면 모든 것은 제자리로 돌아가는 느낌이 든다. 잘 정돈된 집안에서 마침내 쉴 수 있는 시간을 번듯한 느낌도 드는 것이다.

되돌아보면 늘 길이 보인다. 앞만 보고 달릴 때는 그것이 길일까 하는 의구심을 가지기도 한다. 갈림길에 설 때마다 그 너머에 무엇이 있는지 몰라 불안하지만 높은 곳에 올라가 되돌아보는 순간 인생길이 보인다. 어떻게 해서 이곳까지 오게 되었는지가 장관처럼 펼쳐진다. 보람을 느끼는 순간이다. 살아줘서 고맙다는 말을 할 수도 있는 순간이다. 허무주의 철학은 그 순간을 앞당겨보려 애를 쓴다. 가능하면 살 시간을 많이 앞둔 시점에 그런 시각을 제공하려고 하는 것이다.

단순한 것은 참이 아니다. 그것은 진리가 아니다. 그것은 오로지 '공상에서만 존재하는 것'이다. 이것은 모범을 추구했던 고전주의 정신과 맞짱 뜨는 생각이다. 대표적으로 빙켈만Johann Joachim Winckelmann(1717-1768)은 '고귀한 단순함과 고요한 위대함'[13]이란 말로 고전주의의 이념을 전했다. 고대 그리스의 작품들은 바로 이런 점에서 장인적인 면모를 보인다는 얘기다. 하지만 생철학자 니체는 입장이 다르다. 정말 고귀하고 위대한 것은 복잡한 것을 부담스럽게 보여주지 않고 다양하게 인식하고 보여주는 데 있음을 주장하고 있을 뿐이다. 세상은 복잡한 게 아니라 다양할 뿐이다. 허무주의적 인식 앞에 진리는 그저 오류이며 벗어야 할 허물에 해당할 뿐이다.

> 진리란 무엇인가? - 타성Inertia이다. 정신적 힘의 최소의 소비라는 동등의 만족을 일으키는 가설 그 자체. (330쪽)

진리를 믿는 것 자체가 타성이다. 스스로 진리가 되기를 포기하는 태만과 게으름을 선택한 처사다. 힘든 시험을 통과하기 위하여 수많은 책들을 읽으려 하지 않고 오로지 단 한 권의 '교과서'만 있으면 될 것만 같은 심정으로 그런 책을 찾아 헤매는 정신과 같다. 노력은 가상치만 헛수고다. 진정한 시험은 그렇게 단순하게 이루어지는 것이 아니다. 스스로 지름길보다는 굽은 길을 선택하는 것이 더 나을지도 모른다. "이른바 '지름길들'은 항상 인류를 큰 위험에 빠뜨렸다."(아침, 66쪽) 느릴지는 몰라도 지체된 시간만큼 기본이 다져진 그런 결과물을 내놓을 것이기 때문이다. '아름다움이라는 느린 화살'(인간적I, 170쪽)이 도달하는 곳은 논리로는 따라갈 수조차 없는 곳이다.

> 파르메니데스는 말했다. '존재하지 않는 것은, 사고되지 않는다'고, - 우리는 다른 극단을 취하며 말한다, '사고될 수 있는 것은, 허구되지 않을 수 없음이 확실하다'고. (331쪽)

깨달음은 일회적으로 끝나지 않아야 한다. 영원회귀의 그것처럼 끊임없이 되풀이되어야 한다. '조문도석사가의朝聞道 夕死可矣'와 같은 공자의 말은 니체의 것이 아니다. 아침에 도를 듣고 깨달았어도 저녁에 그것으로부터 해방될 줄 알아야 한다. 모든 것을 밝혀주는 빛을 등지고 모든 것을 풀어주는 어둠 속으로 들어갈 줄 알아야 한다. 스스로 어둠 자체가 될 줄도 알아야 한다. 허무주의는 도래해야 한다. 데카당스는 와줘야 한다. 허물은 불편한 것으로 인식되어야 한다.

'사고될 수 있는 것은, 허구되지 않을 수 없음이 확실하다.' 생각하는 존재는 끊임없이 되풀이되는 허구와 싸워야 한다. "새로운 투쟁. - 부처가 죽은 후에도 수세기 동안 사람들은 동굴 안에서 엄청나게 크고 두려운 그의 그림자를 보여주었다. 신은 죽었다. 그러나 인간의 방식이 그렇듯이, 앞으로도 그의 그림자를 비추어주는 동굴은 수천 년 동안 여전히 존재할 것이다. - 그리고 우리는 - 우리는 그 그림자와도 싸워 이겨야 한다!"(즐거운. 183쪽) 수천 년 동안! 우리 모두가 싸워야 할 시간이다. 평화? 그런 것은 모른다. 허무주의는 전쟁이 없는 평화를 오히려 부끄럽게 여긴다. "많은 대립에 부딪혀야 한다는 대가를 치러야만 우리는 많은 수확을 거둔다; 영혼이 긴장을 풀지 않고, 평화를 열망하지 않는다는 전제하에서만 사람들은 젊음을 유지할 수 있다…"(우상, 108쪽) 젊음의 상징은 불굴의 정신에서 나타난다. 쓰러져도 다시 일어서는 모습에서 보인다. 패배를 모르는 열정에서 증명된다. 문제의식이 없는 생각을 수치스럽게 여길 줄 알아야 한다.

가상의 세계와 참의 세계

가상은 좋은 것이다. 모든 생각은 그 자체로 이미 일종의 우상화를 피할 수 없다. 인생이 어릴수록 생각은 극단으로 치닫는다. 이성이 작동하는 최초의 순간에는 늘 이런 생각으로 일관한다. 그런 것을 유치한 생각이라고 폄하해도 할 말은 없다. '로버트 태권브이가 이길까 마징가제트가 이길까?' 어린 아이들은 이런 것에 몰두한다. 하지만 이런 생각에서 창조가 시작되는 것이다. 변화는 늘 비이성적인 것이 이성적인 것으로 인정받는 과정 속에서 실현되는 법이다.

허무주의는 현실적이지 못한 모든 것에 허무함을 받아들이려고 한다. 하지만 현실적인 것은 그것이 무엇이 되었든 간에 인정하고 받아들이려고 한다. 그것이 죽음이 되어도 상관하지 않는다. 자신의 처녀작에서 니체는 이미 이런 말도 남겼다. "실제로, 이 책이 가르치는 바와 같은 순수하게 심미적인 세계 해석과 세계-정당화에 대해 기독교적 교리보다 더 커다란 대립도 없다"(비극, 17쪽)고. '순수하게 심미적인 세계 해석과 세계-정당화', 그것이 바로 허무주의가 지향하는 바다. 세계를 아름답게 해석하고 그렇게 함으로써 세계를 정당하다고 말하고 싶은 것이다. 세계는 결코 헛된 것이 아니다. "헛되고 헛되며 헛되고 헛되니 모든 것이 헛되도다"는 말은 천국에 눈이 먼 기독교인들이나 하는 말이다. 허무주의 철학은 똑같은 말로 세상을 해석하지만 그 결과물은 천국이 아니라 대지를 향하고 있을 뿐이다. 헛된 것이 하늘나라고 진실된 것이 바로 우리가 살고 살아야 하는 이 땅 이 대지라고.

'참의 세계'가 설령 어떻게 항상 지금까지 구상되어 왔다 하더라도 - 그것은 항상 또 한 번 가상의 세계였다. (346쪽)

비이성이 이성으로 그리고 그 이성이 또다시 비이성으로 거듭나며 세상은 변한다. 영원한 것은 변화 그 자체뿐이다. 이성적 존재는 논리를 추구하고 그 논리에 근거한 정답을 지향할 수밖에 없다. 하지만 그 하나의 정답으로 생각하는 것을 멈출 수는 없다. 생각하는 존재는 살아 있는 동안 생각하는 행위 자체를 운명으로 받아들여야 한다. 생각을 포기하는 순간 존재의 집은 허물어지고 만다. 니체의 영향을 받은 하이데거의《숲길》을 이끄는 모토가 인상적이다. "수풀은 숲을 지칭하던 옛 이름이다. 숲에는 대개 풀이 무성히 자라나 더 이상 걸어갈 수 없는 곳에서 갑자기 끝나버리는 길들이 있다. / 그런 길들을 숲길이라고 부른다. / 길들은 저마다 뿔뿔이 흩어져 있지만 같은 숲 속에 있다. 종종 하나의 길은 다른 길과 같은 것처럼 보인다. 그러나 그렇게 보일 뿐이다. / 나무꾼과 산지기는 그길들을 잘 알고 있다. 그들은 숲길을 걷는다는 것이 무엇을 뜻하는지 알고 있다."[14] 세상은 복잡하다. 하지만 누군가는 그 복잡한 곳에서도 좌절하거나 절망하지 않고 성공적으로 살아간다.

누구는 한 작가의 전집을 읽어가며 '맨날 똑같은 소리만 한다'고 한탄한다. 똑같아 보이는 글들 속에서 서로 다른 상황에 대한 인식이 없어서다. 그의 눈에는 그저 하얀 것은 종이요 까만 것은 글일 뿐이다. 그것은 통찰 속에서 내뱉어진 말이 결코 아니다. 변화무쌍한 길들 속에서 롤러코스터가 지나가는 쾌감을 느낄 줄도 알아야 한다. 숲속에서는 길을 잃을 수도 있다. 정신을 바짝 차려야 하는 이유다. 같은 길을 걸으며 그것이 같은 길인 줄 모르면 뺑뺑이 도는 것과 같다. 힘들어도 왜 힘든지도 모르는 사람이 있다. 실로 안타깝기 그지없다.

> '참의 세계와 가상의 세계'라는 개념의 비판. - 이들 중 전자는 순전히 허구이며, 전적인 허구물로 형성되어 있다. / '가상성'은 그것 자체가 실재성에 속해 있다. 그것은 실재성의 한 존재 형식이다. 바꿔 말하면 어떠한 존재도 없는 세계에 있어서는 몇 가지인가의 동일한 경우로 이루어지는 어떤 산정될 수 있는 세계가, 가상에 의하여 먼저 만들어내어지지 않으면 안 된다. 즉 관찰이나 비교를 가능하게 만드는 어떤 템포 따위가. / 즉 '가상성'이란 어떤 조정되고 단순화된 세계를 말하며 우리의 실천적 본능이 이 세계를 손댄 것이다. 즉 이 세계는 우리에 대해서는 완전히 참이다. 즉 이 세계 속에서 우리는 살아가고 있고 살아갈 수가 있을 것이다. 이 일이 우리에 대한 이 세계의 진리성의 증명에 지나지 않는다… (347쪽)

'콩깍지가 씌이다'는 말이 있다. 이성적 존재의 한계를 일컫는 말이다. 생각하는 존재가 생각의 틀에 갇힐 때 발생하는 오류다. 인간은 분명 콩깍지가 씌는 존재다. 생각하는 존재라서 그런 것이다. 가상이 항상 아름답게만 펼쳐지지 않는다. 망상으로 작동하여 현실 감각을 상실하게도 만든다. '창문에 갇힌 파리'[15]마냥 나르시스는 수면 위의 형상에 갇혀 옴짝달싹을 하지 못한다. 나르시스는 등을 돌리지 못했다. 그는 세상과 '비밀스러운 합일'[16]을 일궈내지 못했다. "신비로운 '근원적 일자'"(비극, 34쪽)의 경지에 도달하지 못했다. 물아일체의 경지를 염원하기보다 영상과 일체가 되기를 원했던 것이다. 우상을 통해 구원받기를 바랐던 것이다. 오류에 목숨을 바친 꼴이다. 나르시시즘은 회복되어야 할 질병이다.

'참의 세계'는 '허구'다. 옳다는 말 자체가 허구에 해당한다. 자기 한계를 모를 때 인간은 창문에 갇힌 파리 목숨보다 못한 안타까운 꼴이 되고 만다. 과거지사에 얽매이기보다는 그것으로부터 양심의 가책도 없이 돌아설 줄 알아야 한다. 그리고 미래를 위한 거보ㅌ步를 내디딜 줄 알아야 한다. 그렇다. 미래를 위한 한 발자국은 말 그대로 거보에 해당한다. 위대한 한 걸음이기 때문이다. 용기가 없이는 불가능한 발걸음이기 때문이다. 진정한 정 떼기 없이는 불가능한 것이기 때문이다.

허무주의 철학은 정 떼기의 미학이다. 진리에서 등 돌리고 새로운 아침을 맞이하는 정신을 선호하기 때문이다. 진리는 항상 저 멀리 있다. 항상 지향의 내용이 될 뿐이다. 그 진리 속에 있어도 끊임없이 '진리는 무엇인가?'라는 질문을 해야 한다. '신은 누구인가?'라는 질문을 해대야 한다. '나는 누구인가?' 이것이 자기 자신을 싸고도는 질문이 되어야 한다. '너는 이런 사람이다!' 하고 결정짓는 소리 앞에 분노할 줄 알아야 한다. 변화의 싹을 잘라놓는 모든 소리에 저항할 줄 알아야 한다. 그런 저항 속에서 자신의 실존은 진정한 의미에서 지속될 것이기 때문이다.

"이 세계는 우리에 대해서는 완전히 참이다." 멋진 말이다. 수첩에 적어놓고 시시때때로 꺼내 읽어야 할 문장이다. 니체는 백 개의 각운만 갖고 있으면 인생에 어떤 풍파가 들이닥쳐도 살아남을 것이라고 장담했지 않은가. "지금 백 개의 각운을 지니지 못한 자는 / 내기를 걸고 단언건대 / 죽음을 맞으리라!"(즐거운, 412쪽) 살고 싶으면, 즉 죽고 싶지 않으면 말하는 존재의 대가가 되라는 것이다. "피와 잠언으로 글을 쓰는 사람은 그저 읽히기를 바라지 않고 암송되기를 바란다."(차라, 63쪽) 반복은 좋다. 허무주의는 훈련소라 했다. "삶의 사관학교로부터 – 나를 죽이지 않는 것은 나를 더욱 강하게 만든다."(우상, 77쪽) 훈련을 제대로 받아야 삶의 현장에서 살아남을 것이다. 삶의 현장? 전쟁터다! 이 전쟁터로 나아가기 전에 허무주의적인 인식으로 완전무장을 해야 한다. "이 싸움의 한복판으로 뛰어들기 전에 이제까지 획득한 인식의 갑옷을 입기로 하자."(비극, 121쪽) 살고 싶다! 이 말로 스스로를 자극해보자. 죽고 싶다! 이 말에 구토증을 느껴보자. 삶에의 의지는 분명 태양처럼 솟아오를 것이다.

　"가상의 세계와 참의 세계라는 대립은 '세계'와 '무'라는 대립으로 환원된다."(347쪽) '존재와 무'의 대립으로 봐도 무방하다. 실존과 비실존은 대립을 이룬다. 삶은 이 대립 속에서 진행되는 모순 덩어리다. 하지만 모순을 모순으로 인식해낼 때 모순은 장미처럼 아름답게 피어날 것이다. 시인 릴케의 묘비명처럼. "장미, 오, 순수한 모순, 욕망, / 어느 누구의 잠도 아닌 이토록 많은 / 눈꺼풀들 아래에"[17] 애매한 것은 애매하게 내버려두자. 그러면 밤이 되어도 쏟아지는 별빛 때문에 황홀할 것이다.

05
—
가상에 대한 형이상학적 욕구

우리의 전제는
아무런 신도 아무런 목적도 없다는 것,
유한한 힘만이 있다는 것이다.
-
하늘나라로 비상하기 보다는
대지로 몰락하기를 바라는
허무주의 철학은
삶의 권리를 쟁취하고자 한다.

호모 메타피지쿠스

인간은 형이상학적 존재다. 사물을 보면서 생각을 하기 때문이다. 모든 생각은 관념이라는 틀 속에서 이루어질 수밖에 없다. 똑같은 노란색을 바라보면서도 생각은 제각각이다. 누구는 좋다고 환장하고 누구는 싫다고 혐오한다. 자기 생각을 잘 들여다보면 자신이 편하게 느끼는 그런 집안 분위기가 발견될 것이다. 분명 '언어는 존재의 집'임에 틀림이 없다. 자신이 하는 말 속에 나름의 취향이 형성되어 있음을 알게 된다. 누구는 받아들일 수 없는 말이 누구는 자신의 책 제목으로 선택하기도 한다. 《데미안》이 대표적이다. 좋게 말하면 '정령'이고 나쁘게 말하면 '악마'다. 파괴의 정신을 일컫는 개념이다. 그런데 헤세는 이 개념으로 반전反戰 소설을 써내려간다. 생각을 바꾸면 악마도 '붉은 악마'에서처럼 응원의 목소리를 들려주는 존재로 변할 수 있다.

형이상학적 존재는 인간이다. 그 어떤 존재도 형이상학을 필요로 하지 않는다. 오로지 인간만이 형이상학을 요구한다. "머리를 잘라버릴 수는 없다"(인간적I, 30쪽)고 했다. 머리를 가지고 살아야 한다. 생각하는 존재로 죽을 때까지 살아야 한다. 사람은 떡으로만 살 수 없다. 실사구시의 이념으로만 살 수가 없는 것이다. 대한민국이 자살공화국이라는 오명을 쓰게 된 이유를 곰곰이 생각해야 할 일이다. 어디에 가치를 두고 있기에 이런 작태가 벌어진 것인지 진심으로 반성을 해야 할 시점이 된 것이다.

> 지금까지 항상 철학자라고 일컬어지고 있었던 것이 철학자라고 하면 일찍 이 있었던 것이 무엇이며 이제부터 나타나는 것이 무엇인가를 꿰뚫어보는 눈을 가진 자는 없는 셈이 된다. - 그들은 실제로 존재하는 것에만 눈을 멈추고 있다. 그런데 존재하는 것은 전혀 없는 것이므로 철학자에게 그 '세계'로서 축적되어 남아 있는 것은 공상물뿐이었다. (349쪽)

철학자는 "일찍이 있었던 것이 무엇이며 이제부터 나타나는 것이 무엇인지를 꿰뚫어보는 눈을 가진 자"다. 니체는 철학자라면 최소한 그런 눈을 가지고 있어야 한다고 생각한다. 지금까지 있었던 것이 무엇인지 또 앞으로 올 것은 무엇인지를 판단할 줄 알아야 한다는 것이다. 그런데 지금까지 사람들은 철학자에 대해 오해를 하고 있었다. 허공을 바라보며 실제로 존재하는 것을 보았다. 하늘을 바라보며 실존을 운운했다. 그들이 말하는 '세계'는 그저 '공상물'에 지나지 않았다. 이 세상은 허물이고 저 세상이 실존이라는 논리로 사람을 현혹시켰던 것이다.

정상에 오르려면 계단을 밟아야 한다. 형이상학은 그런 계단 중의 하나에 해당한다. 형이상학 자체가 목적이 되어서는 안 된다. 그렇다고 무시할 수도 없다. 반드시 발아래 두어야 하는 대상이기 때문이다. 넘어서야 한다. 넘어서기 위해 공부해야 한다. 생각하는 존재는 생각의 달인이 되어야 한다. 형이상학은 생각하는 존재가 다룰 줄 알아야 하는 무기에 해당한다. 잘 다루면 무기가 되어주는 학문이다. 하지만 잘못 다루면 흉기가 된다는 사실도 알아야 한다. 자기 자신뿐만 아니라 타인까지도 힘들게 하는 그런 흉기가 되지 않도록 철두철미하게 배워야 할 것이다.

'호모 메타피지쿠스Homo metaphysicus'는 대표적으로 쇼펜하우어가 철학적 용어로 사용했다. 그는 인간을 '아니말 메타피지쿰animal metaphysicum'[1]이라고도 말한다. '형이상학을 추구하는 생물'이라는 뜻이다. 사람은 섹스를 하고 나서 '좋았냐?'고 묻기도 한다. 사랑하는 사람에게 가장 자주 하는 말이 '나를 사랑하는가?'이다. 자기가 낳은 자식에게 부모는 '엄마가 좋아, 아빠가 좋아?' 하고 묻기도 한다. 도대체 왜 이러는 것일까? 이게 모두 형이상학적 동물이라서 그런 것이다. 말로 보증을 받고 싶은 욕망 때문이다.

다시 니체의 글을 차근차근 읽어보자. "그들은 실제로 존재하는 것에만 눈을 멈추고 있다. 그런데 존재하는 것은 전혀 없는 것이므로 철학자에게 그 '세계'로서 축적되어 남아 있는 것은 공상물뿐이었다." 과거의 철학자들은 무엇을 주시했던가? '실제로 존재하는 것!' 무엇이 '실제로 존재하는 것'인가? 아무도 그 '실제적 존재'에 대해 확신을 가질 수가 없다. 눈에 보이는 게 진짜일까? 이것이 문제되는 것은 인간은 생각하는 존재이기 때문이다. 눈에 보이는 것도 믿지 못하는 게 인간이라는 얘기다. 생각은 눈에 보이는 것에 제한을 받지 않아서 문제다. 플라톤처럼 눈에 보이는 것은 이데아의 그림자일 뿐이라고 말할 수도 있다. 이런 주장에 아무도 '진리'로 혹은 '사실'로 간주될 만한 반박을 해낼 수가 없다.

우리가 전혀 아무것도 모르는 여러 사물도 전체로서의 현존재를 갖는다고 주장하는 것은, 그들 여러 사물에 관해서는 아무것도 알 수 없다는 것 속에 어떤 이익이 있다는, 엄밀하게 이 이유에서이거니와 이것은 칸트의 유치함이며 욕구의, 즉 도덕적, 형이상학적 욕구의 흔적으로부터의 귀결이었다. (349쪽)

갑자기 형이상학적 개념이 쏟아지니 '읽어도 무슨 뜻인지 모르겠다'고 말하는 독자가 있지나 않을까 하여 잔소리 좀 할 수 있도록 허락해주기 바란다. 누구는 '이런 번역을 왜 인용하느냐'고 불평을 쏟아내기도 한다. 비록 이 번역이 잘된 것은 아니나 그래도 한국적인 담론은 생겨나야 한다는 것이 필자의 생각이다. 약간의 어감은 바뀔 수 있어도 특별하게 틀린 것은 없다. 이제 우리의 과제는 이것을 발판으로 삼아 담론을 형성해나가는 것이다. 잔소리 그만하고 니체의 음성에 귀를 기울이자.

니체는 중세적 형이상학에 저항하는 칸트의 형이상학에도 문제점을 인식한다. 신이 있던 자리에 순수성을 대체해놓은 형이상학을 발견한 것이다. 인간은 모두 순수하지 못하다. 순수는 이상일 뿐이다. 어느 누구도 그 순수의 경지를 모른다. 하지만 그 순수의 가치를 운운한다. 여기에 '칸트의 유치함'이 있다. 칸트의 순진함이라 번역해도 된다. 칸트의 사상은 일종의 타성적 논리에 근거한다. 순수가 있다는 가정하에서만 가능하기 때문이다. '물자체' 이론도 이와 무관하지 않다. 한마디로 칸트의 형이상학은 도덕적 형이상학이다. 옳고 그름의 이분법에 의해 진행되는 사고의 틀을 보여주고 있는 것이다. 순수와 비순수의 대결 속에서 길을 찾고 있을 뿐이다. 그러면서 "좁은 문으로 들어가기를 힘쓰라"(누가복음 13:24)고 가르치는 것과 같은 논리다. 불가능한 것을 요구하고 있는 것이다. 극복할 수 없는 양심의 가책을 제시하는 것이다.

제약된 것을 무제약적인 것으로부터 이끌어내는 모든 형이상학의 배리. / 사고의 본성에는 사고가, 제약된 것에 무제약적인 것을 덧붙여 사고하며 덧붙여 날조한다는 일이 속해 있다. 이를테면 사고는 '자아'를 그 다양한 여러 사상事象에 덧대어 사고하며 덧대어 날조한다. 즉 사고는 세계를 순전히 사고 자체에 의하여 확립된 크기로 측정하는 것이다. '무제약적인 것', '목적과 수단', '사물', '실체'라는 스스로의 근본 허구로, 논리적 법칙으로, 수數와 형태로 측정하는 것이다. / 먼저 사고가, 세계를, '사물', 자기동일적인 것에로 이처럼 개조해놓지 않으면 인식이라고 이름되어야 할 것은 하나도 없을 것이다. 사고의 힘에 의하여 비로소 비非진리가 있는 것이다. / 사고가 이끌어내어질 수 없는 것임은 감각과 마찬가지이다. 그러나 이 일로 사고가 근원적이라거나 '그것 자체로 존재하는 것'이라는 따위가 결코 증명되고 있는 것은 아니다! 오히려 우리는 사고하고 감각하는 행동 이외에는 아무것도 갖고 있지는 않기 때문에, 그 배후를 둘러볼 수가 없다는 것이 확립되어 있는 데 지나지 않는다. (350쪽 이후)

소위 '믿는 자'의 생각을 들여다보면 재미난 현상이 발견된다. 그는 알 수 없는 것에서 알 수 있는 것을 도출해낸다. 신이니, 천사니, 천국이니 하는 개념들이 시사하는 바는 그에게 자명한 것처럼 여겨진다. 그럼에도 불구하고 이런 개념이 지닌 내용에 대해서는 끊임없이 의혹을 제기하지 않을 수 없다. 1+1=2, 일 더하기 일은 이, 이런 식으로 진리가 규명되고 규정될 수만 있다면 얼마나 좋을까. 니체는 말도 안 되는 것으로부터 말을 만들어내는 온갖 것에 대해 허무함을 느낀다.

문제는 "사고의 본성에는 사고가, 제약된 것에 무제약적인 것을 덧붙여 사고하며 덧붙여 날조하는 일이 속해 있다"는 데 있다. 허무맹랑한 생각을 할 수밖에 없는 것이 '사고의 본성'이라는 얘기다. 생각하는 존재는 어쩔 수 없이 상상을 초월하는 생각으로 치달을 수밖에 없다. 그게 가장 재밌는 놀이이기 때문이다. 시간 여행, 공간 이동, 투명 인간, 온갖 어벤져스들의 초능력들 등의 이야기가 끊임없이 거론되는 이유는 여기에 있다. 물론 세월이 흐르면 또 과학이 발전하면 실현될 수도 있는 이야기임에는 틀림없다. 여기서 창조적 행위가 생겨나는 것이다. 하지만 늘 창조적으로 살 수는 없어서 문제다. 인생의 대부분은 일상이라는 틀에 묶여 있어야 하기 때문에 문제인 것이다. 즉 현실과 비현실의 경계를 통제할 수 있느냐가 관건인 것이다.

'날조한다'는 것에 집중해보자. 무엇이 무엇을 날조한다는 얘기인가? 생각이 사물을 날조한다. "이를테면 사고는 '자아'를 그 다양한 여러 사상에 덧대어 사고하며 덧대어 날조한다." 하늘을 날고 망치를 휘둘러 콘크리트 건물을 박살낸다. 그런 가능성 속으로 자신의 '자아'를 집어넣으면 별천지가 따로 없다. 신세계다. 한바탕 환상 여행을 하고 나면 속이 후련하기도 하다. 그런데 극장을 떠날 때는 그 환상에서 벗어나 현실로 돌아와줘야 한다. 현실로 돌아오는 것도 능력이다. 꿈꾸며 살아야지 살면서 꿈꾸면 큰일이다.

생각하는 존재는 늘 '허구'와 싸워야 한다. 길에서도 길을 물으며 걸어가야 한다. 소화해내지 못하는 모든 것은 쓸모없다. "먼저 사고가, 세계를,

'사물', 자기동일적인 것으로 이처럼 개조해놓지 않으면 인식이라고 이름되어야 할 것은 하나도 없을 것이다." 사실 플라톤의 이데아 이론이나 칸트의 물자체 이론도 알고 나면 생각하는 데 큰 도움이 될 수 있다. 일주일에 하루쯤은 교회나 절을 찾아가는 것도 좋다. 가끔 타로나 운명을 말해주는 곳을 들려 조언을 구해보는 것도 좋다. 하지만 그것이 주가 되면 안 된다. 그것이 니체의 생각이다. 그는 오로지 삶만이, 현실적인 생존만이 궁극적인 목적이 되어야 한다고 주장하고 있을 뿐이다. 그래서 그에게 있어 제대로 된 '인식'은 인식하는 주체로서의 '나'가 인식의 대상이 되는 사물과 만나 존재의 확장을 실현하는, 즉 전혀 새로운 것을 창출해내는 것으로 나아갈 때뿐임을 주장한다. 그것만이 예술적인 삶이라고. 그것만이 창조적인 삶이라고.

논리학의 아버지로서 아리스토텔레스가 궤변fallacia, 즉 잘못된 논리와 싸웠고, 경험론자로서 베이컨은 이돌라idola, 즉 우상과 싸웠다면, 생철학자로서 니체는 신, 즉 진리와 도덕과 싸운다. 생각할 수 있다고 다 증명되는 것은 아니다. 여기에 아리스토텔레스의 한계가 있다. 경험이 이로울 수는 있어도 시간적 공간적으로 유한한 존재에게는 어쩔 수 없는 운명이 있다. 여기에 베이컨의 한계가 있다. 이제 니체는 생각의 달인이 되고자 한다. 그 어떤 번개를 맞고도 죽지 않을 그런 강한 정신을 요구하고 있는 것이다. "너희를 혀로 핥을 번갯불은 어디에 있는가? 너희에게 접종했어야 할 광기는 어디에 있는가?"(차라, 20쪽) 혀로 핥는 광기의 번갯불을 맞고도 쓰러지지 않을 정신은 초인의 것이다. '백 개의 각운'(즐거운, 412쪽)으로 무장한 정신의 대가이다.

존재와 삶을 위협하는
'참의 세계'에 대한 환상

니체에게 존재는 곧 삶이다. 삶이 아닌 것은 존재라 불릴 자격이 없다. '진리의 존재', '천국의 존재', 하물며 '신의 존재' 따위는 허무주의적인 발상이 아니다. 니체의 사상은 그런 개념으로 구축된 것이 결코 아니다. 하지만 이런 개념 없이 생각할 수는 없다. 흙, 돌, 나무, 시냇물, 바다, 이런 것들만 있는 게 아니라 보이지 않는 것에 대한 단어들도 많다. 사랑, 정의, 진리, 정답 등이 그것이다. 무엇이 형이상학적 개념인지만 알아도 생각에는 많은 도움이 될 수 있다.

> 존재 ― 우리는 '살아 있다'는 것 이외에는 아무런 그것에 관한 표상을 가지고 있지 않다. 그러므로 어떻게 무엇인가 '죽은 것이' 존재할 수 있는가?
> (355쪽)

존재에 대한 모든 표상은 오로지 "'살아 있다'는 것"에만 제한된다. 그것이 니체의 의도다. 그의 철학의 대전제다. 그가 말하는 삶은 오로지 '살아 있음'에 의해서만 의미를 부여받게 된다. '죽음 이후' 따위에는 관심조차 없다. 하지만 죽음 이후에 대한 이론이 얼마나 유혹적인지는 잘 알고 있어야 한다. "우리의 관심이 하나 줄어들었다. '죽음 이후'는 우리에게 더 이상 관심거리가 되지 못한다! 이것은 이루 말할 수 없을 정도로 좋은 일이지만, 이것이 그렇게 좋은 일로서 널리 느껴지기에는 아직 너무 이르다."(아침, 84쪽) '이루 말할 수 없을 정도로 좋은 일', 그것이야말로 '복음'이다. 좋은 소식이다. 하지만 니체는 이런 소식에 감동하지 않는다. 오히려 허무한 감정으로 맞설 뿐이다. '죽은 것'은 결코 존재할 수가 없다는 확신 때문이다.

> 참의 세계를 제거하는 일이, 결정적으로 중요하다. 참의 세계가 있다면 그야 말로, 우리 자신이 그것인 세계가 크게 의문시되고, 그 가치를 감소당한다. 즉 참의 세계는 지금까지 우리에 대하여 삶의 가장 위험한 모살謀殺이었던 것이다. / 참의 세계가 허구된 모든 전제들에 대한 전투. 이들 전제에는, 도 덕적 가치가 지고의 가치라는 점이 속해 있다. / 지고의 그것으로서의 도덕 적 가치 평가는 그것이 비도덕적 가치 평가의 귀결이라고, 즉 진정한 비도 덕성의 한 가지 특수한 경우라고 입증될 수 있다면 논박당하고 말 것이다. 이 일로 그것은 겉모습에로 환원되고 또한 겉모습으로서 그것은 직접, 가상 을 단죄할 어떠한 권리도 더 이상 갖지 못하게 될 것이다. (356쪽 이후)

도덕적 가치가 지고의 가치다? 천만의 말씀! 니체는 이런 주장에 반기를 든다. 그런 것은 그저 '껍데기'라고 단언한다. 사물의 본질이 될 수 없다는 선언이다. '참의 세계'? 무엇이 옳은 세계란 말인가? 어떤 세계가 옳단 말 인가? 질문이 너무 거창한가? 그러면 좀 좁혀보자. 문화는 어떤가. 어떤 문 화가 옳은 문화인가? 개고기를 먹는 문화는 틀린 문화이고 안 먹는 문화는 옳은 문화인가? 마녀가 있는 문화는 틀린 문화이고 없는 문화는 옳은 문화 인가? 이런 문제를 가지고 고민하다보면 보다 근원적인 문제가 보이기 시 작한다. 도대체 무엇이 '참'이란 말인가? 하고. '참'이라 불리는 것은 고상 한 옷으로 치장한 껍데기에 불과하지 않을까. 허깨비에 지나지 않을까.

결국 허무주의적으로 보면, "참의 세계를 제거하는 일이, 결정적으로 중요하다." '참의 세계'는 제거의 대상이다. 끊임없이 정답을 요구하는 이성적 존재는 끊임없이 정답을 내쳐야 한다. 하나의 정답으로 만족할 수 있다면 끊임없이 정답을 요구할 이유도 없다. 사실 모든 정답이 그다지 정답스럽지 못해서 이런 현상이 벌어지고 있는 것이다. 정답이 좋을 때도 있지만 그것이 싫을 때도 있다는 것을 인정해야 한다. 그것이 이성적이다. "참의 세계가 있다면 그야말로, 우리 자신이 그것인 세계가 크게 의문시되고, 그 가치를 감소당한다." 참 번역 지랄맞다. 그렇다고 딱히 조언을 줘야 할 만큼 큰 잘못을 한 것도 아니다. 그저 담론을 형성한다는 생각으로 말을 덧붙여보자. '참의 세계'가 있다면 우리의 존재 의미 내지는 우리가 살고 있는 이 세계의 의미는 축소되고 만다. '우리 자신이 그것인 세계'는 묻지도 따지지도 말고 인정하라는 것이다. 그 세계의 가치는 절대로 감소시키지 말라는 것이다. 이것이 허무주의의 이념이다.

　"즉 참의 세계는 지금까지 우리에 대하여 삶의 가장 위험한 모살이었던 것이다." 진실계는 현실계를 위험에 빠뜨리는 가장 위험한 발상이다. 천국이 있다면 얼마나 좋을까. 구원이 가능하다면 얼마나 좋을까. 영생이 주는 유혹의 손짓은 정말 치명적이다. 영원히 살 수 있게 해준다는데 그것을 마다할 이유가 있을까. 그냥 믿고 따라가는 수밖에 없을 때가 더 많다. 사는 게 힘들다는 생각이 들 때 그런 유혹은 더욱 강렬하게 다가온다. 하지만 곰곰이 생각 좀 해보자. 삶을 위기에 빠뜨리는 것은 도대체 누구냐고. 도대체 무엇이 삶을 어렵게 만들고 있냐고. 참일까 거짓일까. 아니면 이런 이분법적인 발상 자체일까. 쉽게 답을 얻으려 하지 말자. 스스로 대답할 준비가 될 때까지 이 질문을 가슴에 품고서 한참을 기다려보

자. 그때 대답을 알고 있는 또 다른 자아가 탄생해줄 것이다. 마치 "하나가 둘"이 되는 순간처럼. "하나가 둘이 되었다 -"(즐거운, 415쪽), 이것이야말로 인식의 순간이다.

'참'이라는 말은 극히 많은 의미를 내포하고 있으므로 알게 모르게 우리는 이 말을 '참의 세계'에게도 증여한다. 즉 참의 세계는 성실한 세계, 우리를 기만하고 우롱하는 일이 없는 세계이지 않으면 안 되는 것이며 이 세계를 믿는 것은 거의 믿지 않을 수 없다는 점이다(- 신뢰할 만한 사람들 사이에서 행해지고 있는 예의부터가 -). (363쪽)

누군가 '하나님은 누구인가?' 하고 물어오면 참 답답하다. 모든 좋은 것을 동원해도 모자란다. 온갖 좋은 이념의 총체라고 할까. 말 그대로 이상형이다. 말로는 그저 '최고다', '제일이다' 등으로밖에 할 수 없다. 하지만 누군가가 '이게 네가 말하는 이상형이다' 하고 제시하면 결단코 만족하지 못한다. 만화 영화의 주인공을 처음 접할 때가 그런 예다. 알고 있던 자기만의 '주인공'은 그런 모습일 수 없다는 인식이 거부감을 부채질하는 것이다. 그러다가 그 영화를 한두 번 보다보면 그 모습에 익숙해진다. 그러면 언제 그랬냐는 듯이 아무런 거부감도 없이 영화에 푹 빠져든다.

여기서 만화 영화의 주인공에 대한 예가 전하는 메시지는 무엇일까? '참'이란 말이 처음에는 낯설어도 자꾸 입에 담다보면 정말 '참'인 것처럼 느껴지기 시작한다. 그것이 문제라는 것이다. "'참'이라는 말은 극히 많은 의미를 내포하고 있으므로 알게 모르게 우리는 이 말을 '참의 세계'에게도 증여한다"는 것이 문제라는 얘기다. 익숙해진 습관이 삶을 힘들게 할 때가 많다. 변해야 하는데 변하는 게 쉽지 않다. 습관이 들면 모든 게 편하다는 느낌으로 변해버리기 때문이다. 그런 느낌이 들면 그 느낌에 저항하기가 말처럼 쉽지가 않다. 자기 삶의 터전을 깨고 나오기란 정말 힘들다. 이쯤 되면 "먼저 너 자신의 오두막에 불을 질러라!"(인간적II, 415쪽)라는 니체의 요구사항을 실천하기가 얼마나 힘든 것인지 짐작하게 된다.

이상형은 늘 비현실적인 것처럼 저만치 멀리 있다. 하지만 그것은 이상을 의미하기에 그저 긍정적이다. "즉 참의 세계는 성실한 세계, 우리를 기만하고 우롱하는 일이 없는 세계이지 않으면 안 되는 것이며 이 세계를 믿는 것은 거의 믿지 않을 수 없다는 점"에서 치명적인 힘을 발휘한다. 참은 참이어야 한다는 고집 속에서 현실과의 타협 자체를 거부하기도 한다. 예를 들어 천국에 대한 이념 속에는 그저 좋은 것들만 모아놓은 진열장이 되어야 한다. 그 어떤 부정적인 것의 접근도 불가능하리라 판단되어야 한다. 그곳의 주인인 신은 그 좋은 것들의 정점에 위치해 있는 존재가 되지 않으면 안 된다.

그러나 모든 습관에 저항하라. 그것이 허무주의 사상의 출발점이다. 그동안 진리의 소리를 들어왔던 모든 것에 반기를 들 수 있어야 니체의 음성이 들릴 것이다. 스스로 '신도 죽일 수 있어야' 허무주의 철학이 도움의 손길을 뻗쳐 올 것이다. 준비되지 않은 자에게는 모든 것이 귀에 거슬릴 뿐이다. 모든 소리에 '아니다'라는 말로 맞받아치고 싶은 심정일 것이다. 하지만 생각 하나 바꿔놓으면 모든 게 옳은 소리처럼 들려올 수도 있다. "때로는 심각한 문제도 조금만 생각을 달리하면 아무것도 아닌 것이 되고 만다."² '진리'가 진리처럼 보일 때 생각을 조심하라는 얘기다.

페시미즘이 표출되게 한 '참의 세계'와 삶을 가능해지게 하는 세계와의 사이의 적대 관계, ─ 그것을 위해서는 진리의 권리가 음미되지 않으면 안 된다. 저 적대 관계가 본래 무엇인가를 포착하기 위해서는, 이들 모두의 '이상적 충동'의 의미를 삶으로 측정할 필요가 있다. 즉 그것은 병적인 절망적인 피안적인 것에 매달리는 삶과, 보다 건강한 보다 우매한 보다 기만적인 보다 풍부한 보다 붕괴하기 어려운 삶과의 투쟁이다. 그러므로 삶과 계속 투쟁하고 있는 것은 '진리'가 아니라 어떤 종種의 삶이 다른 종의 삶과 투쟁하고 있는 것이다. ─ 그런데 그 어떤 종의 삶이 고급종이 되고자 의욕한다! ─ 여기에 하나의 위계位階가 필요하다 라는, ─ 첫째 문제는 여러 종의 삶의 위계의 문제라는 논증이 기획되지 않으면 안 된다. (366쪽)

'하나의 위계만 요구하는 진리의 세계' 대 '여러 다양한 삶의 위계를 요구하는 현실 세계'가 대결을 펼친다. 그것을 실현시키고자 하는 것이 허무주의 철학이다. 이 철학은 한마디로 전쟁터다. 처절한 싸움이 이루어지는 곳이다. 난공불락처럼 보이는 '이상적 충동'에 맞서기 위해 니체는 삶에의 충동에 대해 총동원령을 내린다. 삶의 감각이 모두 모여도 이상 하나를 감당하기가 그토록 힘들다. 이상과 싸워야 하기 때문이다. 신이라 불리는 그림자와 싸워야 하기 때문이다. 상상이 만들어낸 거대한 공룡과 맞서야 하기 때문이다. 허무주의도 용기를 요구한다. "우리 인생의 위대한 시기는 우리가 우리의 악을 우리의 최선이라고 고쳐 부를 용기를 얻는 그때다."(선악, 118쪽) '모든 가치의 전도'를 감당할 수 있겠는가? 그럴 만한 용기가 있는가?

지금까지 옳다고 믿어왔던 진리의 세계를 오히려 "병적인 절망적인 피안적인 것에 매달리는 삶"이라고 단언할 용기가 있는가? 병들고 늙고 죽음으로 마감해야 할 현실 속의 삶을 "보다 건강한 보다 우매한 보다 기만적인 보다 풍부한 보다 붕괴하기 어려운 삶"이라고 인정할 수 있는 용기가 있는가? 그런 용기가 없다면 아직 준비가 덜 된 것이다. 삶의 변호자가 되고 삶의 복음을 전할 전사가 되기에는 아직 멀었다는 얘기다. 삶을 위한 투쟁에 동참하려면 영적 훈련부터 제대로 받아야 한다. '인식의 갑옷'(비극, 121쪽)부터 제대로 갖춰 입어야 한다. "이 지상에서 어떻게 이상이 제조되는가의 비밀을 조금이라도 내려다보고 싶은 사람은 누구인가? 누구에게 그런 용기가 있단 말인가?"(도덕, 380쪽) 이 질문 앞에 양심의 가책 없이 '그가 바로 나요!' 하고 외칠 수 있어야 한다.

권력의 의지로서의 의미와 해석

한때 '살아 있네!'라는 유행어가 있었다. 이 말은 '살아 있음'을 스스로 증명할 힘이 있다는 것을 의미한다. 이 말은 또 살아도 산 것이 아니라는 의미도 내포하고 있다. 이성의 틀 안에 갇혀, 스스로 만든 논리에 발목 잡혀 사는 삶은 진정한 삶이 아니다. 늘 순종하며 타성적으로 살면서도 그것을 기뻐하는 참으로 안타까운 삶이다. 창의적으로 사는 삶의 모습은 전혀 보이지 않는다. 무엇인가 스스로 해보려는 의지의 표출도 하나 없다. 방 안에 틀어박혀 공상만 하고 있다. 이것은 살아 있는 삶이 아니다. 죽은 삶이다.

이제 '권력에의 의지'에 대해 고민 좀 해보자. 왜 허무주의는 이 개념을 자기 철학의 이름으로 선택할 수밖에 없었던 것일까? 자기 삶의 주권 의식, 자기 존재에 대한 주인 의식이 왜 그렇게 간절해야만 했던가? 나라를 잃고 살아야 했던 시대처럼 스스로 독립투사가 되어 자기 나라를 되찾고 싶은 건가? 그 나라가 삶이라는 현장인가? 누구로부터 권력을 되찾아야 한단 말인가? 누가 우리의 권력을 빼앗아 갔단 말인가? 니체의 눈빛에서 동료애를 발견하지 못하고 오히려 반감만을 느낀다면 무엇이 문제인지 차분히 생각 좀 해볼 일이다.

> 우리의 가치는 사물 속으로 해석되고 넣어져 있다. / 도대체 그것 자체로의 것 속에 의미가 있는 것일까? / 의미는 필연적으로 바로 관계적 의미이며 원근법인 것은 아닐까? / 모든 의미는 권력에의 의지이다(모든 관계적 의미는 권력에의 의지 속으로 해석되고 만다). (366쪽)

굉장히 격정적인 잠언이다. 문장 하나를 하나의 단락으로 만들어놓았다. 짧은 호흡으로 진행되는 글이라는 얘기다. 그만큼 메시지도 강렬하다. "우리의 가치는 사물 속으로 해석되고 넣어져 있다." 가치는 해석의 결과다. 옳다고 믿는 신앙도 해석의 산물이다. 진리도 해석의 과정에서 도출된 것이다. "도대체 그것 자체로의 것 속에 의미가 있는 것일까?" 가치 자체, 옳다고 믿는 신앙 자체, 진리 자체에 의미가 있는 것일까? 해석 없이도 스스로 의미를 갖고 있는 것일까? "진리는 힘을 필요로 한다. - 진리 그 자체는 힘이 아니다."(아침, 391쪽) 진리의 힘은 그것을 필요로 하는 신앙인들에 의해 나타날 뿐이다.

의미는 홀로 존재할 수가 없다. 의미는 늘 관계 속에서만 구현된다. 이건 이거고 저건 저거고 하면서 길을 만들고, 그 길을 통제하면서 진리로 향하는 좁은 문이 형성되는 것이다. 그 길에 고집을 피울 때 의미는 절대성을 부여받으며 폭력을 행사하기 시작한다. 양심의 가책도 없이 '넌 왜 그러느냐?'는 말로 상대방 입장을 난처하게 만든다. 스스로 진리의 편에 섰다고 판단하기 때문이다. 상대가 아파해도 당연하다며 잔인한 소리를 한다. 진리의 편에 서지 않았기 때문이라고 오히려 증오의 시선을 보낸다. 이런 상황에서 우리는 묻지 않을 수 없다. "의미는 필연적으로 바로 관계적 의미이며 원근법인 것은 아닐까?" 하고. 반어법이다. 몰라서 묻는 것이 아니다. 수사학적 의문문이다. 질문 속에 답이 있다. 의미는 필연적으로 해석에 의해 탄생한 것일 뿐이다. 진리와 같은 절대적 의미는 스스로 존재할 수 없다. 모든 진리는 그것을 듣고 믿어주는 자가 있어서 가능하다.

이제 가장 중요한 문장을 읽을 차례다. "모든 의미는 권력에의 의지이다(모든 관계적 의미는 권력에의 의지 속으로 해석되고 만다)." 누가 '권력에의 의지'가 무엇인가 하고 물어오면 일단 '모든 의미'라고 대답하면 되고, 그 의미는 또 무엇이냐고 물으면 '관계적 의미'라고 설명해주면 되며, 또 무엇이 관계냐고 물으면 해석을 가능하게 하는 논리라고 말해주면 된다. 돌고 도는 순환 논리다. 하지만 악순환이 아니다. 삶의 의미는 관계 속에서만 구현된다. "우리는 어떤 일에서도 개별적으로 있을 권리가 없다: 우리는 개별적으로 잘못을 저질러도, 개별적으로 진리를 파악해서도 안 될 것이다. 오히려 한 그루의 나무가 열매를 맺는 필연성으로, 우리의 사상과 가치, 우리의 긍정과 부정, 가정과 의문이 우리 안에서 자라나는 것이다. - 모두 서로 친밀하고 밀접한 관계를 맺고 있으며, 하나의 의지, 하나의 건강, 하나의 토양, 하나의 태양을 증언하고 있다."(도덕, 339쪽) 삶은 일종의 총체적 관계라고 할까. 어느 하나만 잘못돼도 불가능한 것이 삶이기 때문이다. 핏줄 하나가 막혀도 삶은 위기에 빠질 수 있다.

> '이러이러하다'는 신앙은, '이러이러하게 되어야 한다'는 의지에로 전화轉化
> 되지 않으면 안 된다. (367쪽)

모든 신앙은 의지의 표출이다. 원하는 것을 믿기 때문이다. 원하지 않
는 것을 믿을 수는 없다. 긍정적인 것이든 부정적인 것이든 원하니까 믿
게 되는 것이다. 신앙과 의지는 필연적으로 굳건한 관계를 형성하고 있
다. 떼려야 뗄 수 없는 관계라는 얘기다. 신앙이 구원을 약속한다? 아니
구원받고 싶으니까 믿는 것이다. 그 믿음을 완성시키기 위해서 절대적인
신을 필요로 할 뿐이다. 제발 좀 솔직해지자. '이러이러하다는 신앙'은 어
떤 것이 있을까? 모든 단정적인 발언들을 모아보면 이 말이 뜻하는 바를
알게 된다. 신앙은 다른 가능성을 인정하지 않는다. 다른 길이 있다면 신
앙으로 간주할 필요도 없을 것이다. 하늘나라가 있다? 아니 그런 나라가
있어야 한다. 그것이 신앙인 것이다.

문제는 어떤 의지로 살 것인가 하는 것이다. 세상에는 다양한 사람들이
살고 있고 또 다양한 사람만큼이나 다양한 의지가 존재한다. 허무주의 철
학이 지향하는 의지는 어떤 것일까? 그것은 눈에 보이는 이 세상을 부인
하지 않는 데서 찾아져야 한다. 생로병사의 굴레에 갇혀 있어도, 모두가
죽음을 피할 수 없어도, 모두가 어리석게 살아가고 있어도, 그것만이 진
리라고 인정하며 살 때 허무주의는 극복되는 것이다. 모든 이상을 발아래
둘 때 초인의 시야가 주어진다. 모든 것이 다르게 보이는 '제3의 눈'(아침,
380쪽)이다.

우리의 전제는 아무런 신도 없다, 아무런 목적도 없다, 있는 것은 유한한 힘이라는 점이다. 우리는 저열한 자들을 위하여, 그들이 필요로 하는 사고법을 고안하거나 지시하거나 하지 않도록 경계하려고 생각한다!! (368쪽)

허무주의 철학의 대전제다. 신은 없다. 니체 철학의 출발점이다. 목적도 없다. 멍 때릴 때 초인이 등장한다. 그 어떤 이성적인 굴레도 없이 자유로운 모습으로 나타나주는 것이다. 자유정신은 헤라클레스적인 힘에 의해서만 구현된다. 그 힘이 해방시켜주는 것이 거인 프로메테우스이다. 비극의 탄생을 가능하게 해주는 상징적 인물이다. 그리고 그런 거인의 정신은 알프스에서 초인의 모습으로 다시 탄생한다. 〈질스마리아〉라는 한편의 시를 소가 되새김질을 하는 마음으로 읽어보자.

여기 앉아 나는 기다리고 또 기다렸다 – 무無를,
선악의 저편에서, 빛도 즐기고
그림자도 즐기며, 모든 것은 유희일 뿐
모든 것은 호수이고 정오이고 목표 없는 시간일 뿐.

그때 갑자기, 나의 여인이여, 하나가 둘이 되었다 –
– 그리고 차라투스트라가 내 곁을 지나갔다… (즐거운, 414쪽 이후)

'목적 없는 시간'을 보내고 있을 때 차라투스트라가 지나간다. 모든 목적으로부터 해방될 때 초인이 모습을 드러낸다. 무를 기다릴 때 하나가 둘이 될 수 있는 것이다. 여기 앉아 여기를 고수할 때 이 세상이 천국이 되어준다. 선악의 저편, 그곳에서는 모든 것이 현란하게 공존한다. 다양성을 본성으로 하기 때문이다. 사람 사는 세상이 최고다. 다른 세상을 꿈꾸지 않는다. 초인은 오로지 '대지의 뜻'이라 했다. "형제들이여, 너희의 정신과 덕으로 하여금 이 대지의 뜻에 이바지하도록 하라. 그리고 모든 사물의 가치를 새롭게 정립하도록 하라! 그러기 위해서 너희는 투쟁하는 자가 되어야 한다! 창조하는 자가 되어야 한다!"(차라, 128쪽) 삶을 위해서라면 목숨도 바쳐야 한다. 그런 절박한 투쟁이라면 어떤 상황에서도 정당성을 인정받을 수 있다.

생철학을 받아들이는 데 최대의 걸림돌은 죽음이다. 삶은 '유한한 힘'에 의존하고 있을 뿐이다. 모두가 영생이니 천국이니 하는 소리에 양심의 가책도 없이 귀를 열어준다. 하지만 하늘나라로 비상하기보다는 대지로 몰락하기를 바라는 허무주의 철학은 삶의 권리를 쟁취하고자 한다. 죽어도 좋다는 말을 하고 싶은 것이다. 한계가 있어도 아름답다는 인식을 주고자 하는 것이다. 오히려 죽을 수 있어서 좋고 또 한계가 있어서 아름답다는 말을 하고 싶은 것이다. 생로병사, 그것은 거부해야 할 대상이 아니다. 그것은 인간이기에 거쳐가야 하는 길목일 뿐이다. 모든 길목에는 전혀 다른 풍경을 보여줄 것이다. 설레는 마음으로 즐겁게 발걸음을 옮기면 그만이다.

허무주의 철학은 강자논리다. 강한 자를 위한 철학이다. 니체가 말하는 강한 사람은 현실을 인정하는 자다. 자신의 운명을 사랑할 수 있는 자다. 아모르 파티의 이념을 지상명령으로 삼을 줄 아는 자다. 아무나 할 수 있는 일이 아니라서 그런 거다. 모두가 영원성을 동경할 때 니체는 한계성을 찬양한다. '유한한 힘'을 즐기라고 말한다. 힘은 영원하지 않기에 지혜롭게 살라고 가르친다. 쓸데없는 데 힘을 소비하지 말라고 그토록 긴《인간적인 너무나 인간적인》을 집필했던 것이다. '신적인 너무나 신적인' 것은 사랑할 게 못 된다고 그토록 열정적으로 가르쳤던 것이다. 이제는 니체의 목소리에 귀를 열어보자. 손해될 것은 하나도 없다. 천국이니 진리니 하는 것은 원래부터 없었던 것이니 잃을 것도 없다. 당당하게 살자. 사랑하며 살자.

> 철학자의 기분풀이는 다르며, 그 수단도 다르다. 즉 철학자가 기분을 전환하는 것은 예컨대 니힐리즘에 있어서이다. 어떠한 진리도 전혀 없다는 신앙, 니힐리스트의 신앙은 인식의 전사戰士로서 오직 추할 뿐인 진리와 끊임없이 투쟁하고 있는 자에 대해서는 커다란 휴식이다. 왜냐하면 진리는 추한 것이기 때문이다. (368쪽)

권력에의 의지는 어떤 진리도 영원한 권좌를 차지 못한다는 인식을 가능하게 해준다. 권력을 쟁취해야 할 진리도 있겠지만 권력을 버려야 할 진리도 있다. 허무주의는 일종의 기분풀이와 같다. 버릴 때 기분은 전환을 경험한다. 도전자의 삶은 길고 험난하겠지만 승리자의 삶은 짧고 즐겁기만 하다. 하지만 그 짧은 즐거움을 위해 수많은 시간을 훈련에 바쳐야만 한다. 그것이 인생의 진리다. '허무하다'는 말을 하며 즐거운 생각을 가져보자. 어감語感이란 게 분명 존재한다. 감각조차 만들어질 수 있다. 그것이 인간적이다.

버리는 순간에는 애간장을 태울 수 있겠지만 마음을 바꾸면 버리고 돌아서는 순간에 이미 모든 것을 망각의 강 너머로 보낼 수 있다. "잊으려하면 잊지 못한다."(아침, 186쪽) 잊으려는 마음 없이 잊어보는 거다. 물론 말처럼 쉽지가 않다. 그래서 훈련이 필요한 것이다. '삶의 사관학교로부터'(우상, 77쪽)라는 말은 그래서 의미를 갖는다. 허무주의는 기분 전환을 위한 훈련소쯤으로 간주하면 된다. 권력에의 의지를 기쁜 마음으로 즐겁게 사용할 수 있는 곳이라고. 의지를 불태워야 하는 것을 행복의 징표로 간주하면서 살면 되는 것이다.

허무주의는 '인식의 전사'를 배출하고자 한다. '끊임없이 투쟁하고 있는 자'를 길러내고 싶은 거다. 진리와 싸우는 전사를. 그래서 "어떠한 진리도 전혀 없다는 신앙, 니힐리스트의 신앙" 자체는 '커다란 휴식'을 가능케 해준다. 싸울 적이 없다면 쉬면 되는 것이다. 쉬면서 새로운 적이 자라나주기를 기다리면 되는 것이다. 이때가 바로 '정적의 날들'³ '평온한 음조' (이 사람, 326쪽) '평온한 경지'가 아닐까. 이 순간은 오로지 목숨을 건 전투를 치른 자에게만 주어진다. 그런 자만이 《차라투스트라는 이렇게 말했다》를 이해할 수 있다. "이러한 경험을 한 후에야 그는 이 작품이 태어난 평온한 경지에, 그 태양빛 같은 밝음, 아득함, 드넓음, 확실함에 존경심을 지니고 참여하는 특권을 누릴 수 있을 것이다."(도덕, 347쪽) 최선을 다했다면 후회할 일도 없다. 그런 자만이 허무주의를 마음으로 받아들일 수 있다.

> 세계는 무한히 해석이 가능하다. 모든 해석이 생장의 징후이거나 몰락의 징후인 것이다. / 통일(일원론der Monismus)은 타성의 욕구이며 해석의 다수성이야말로 힘의 징후이다. 세계의 불안하고 혼미한 성격을 부인하고 싶어 해서는 안 된다! (369쪽)

힘 있는 자에겐 전쟁터조차 놀이터쯤으로 여겨질 뿐이다. 공부 잘하는 학생에게는 시험 치는 날보다 더 기쁜 날이 없다. 건강한 자에게 주어진 하루는 최고의 선물이다. 그는 그저 즐길 일만 남아 있다. 힘이 있어 건강한 거다. 그런 자에게 '해서는 안 되는' 일이란 존재하지 않는다. 도덕조차 그에게는 춤을 출 수 있는 무대가 되어준다. "우리는 도덕 위에도 서 있을 줄 알아야 한다. 매 순간 미끄러져 넘어질 것을 두려워하는 경직된 두려움을 가지고 그 위에 서 있는 것이 아니라, 그 위에서 뛰놀 줄 알아야 한다!"(즐거운, 180쪽) 놀 수만 있다면 시간에 쫓기지 않고 살 수 있다. 오히려 시간을 앞서가며 순간을 영원처럼 살 수 있다. 신만이 느낄 만한 삶의 여유도 가질 수 있다.

선악의 굴레를 벗어날 때 선악의 저편에 서게 된다. 거기서는 자유로운 정신만이 존재할 뿐이다. "자유로운 인간은 선할 수도 악할 수도 있다." (즐거운, 170쪽) 이럴 수도 있고 저럴 수도 있다. 자기 의지대로 원하며 살면 그만인 것이다. 그 의지에 대해 어떤 양심의 가책도 있을 수 없다. 그저 무한한 해석의 가능성 앞에서 무엇을 선택할 것인가를 즐기며 살면 되는 것이다. 건강한 자에겐 잘 차려진 밥상 앞에서 무엇을 먹든 상관없다. 무엇을 먹든 소화해낼 것이기 때문이다.

"모든 해석은 생장의 징후이거나 몰락의 징후인 것이다." 허무주의는 양날의 칼이다. 한쪽은 '생장의 징후'를 또 다른 한쪽은 '몰락의 징후'를 보여준다. 허무주의는 도래해야 하고 극복되어야 한다. 무엇이 먼저여야 하느냐고 묻지 말자. 닭이 먼저인지 알이 먼저인지 그것은 중요한 게 아니다. 투쟁하느냐 못 하느냐가 문제일 뿐이다. 양날의 칼을 잘 다룰 줄 아느냐가 '인식의 전사'가 스스로에게 물어야 할 질문이다.

이 원근법적 세계, 시각, 촉각, 청각이 포착하는 이 세계는 훨씬 정치한 감각

기관이 포착하는 세계와 비교하기만 해도 극히 거짓이다. 그러나 이 세계의 이해하기 쉬움, 꿰뚫어보기 쉬움, 그 유용함, 그 아름다움은 우리의 감관이 정치한 것이 될 때 스러지기 시작한다. (369쪽)

시간과 공간의 원리 속에서 움직이는 이 세계는 '원근법적 세계'다. 먼 과거가 있고 가까운 과거가 있다. 가까운 미래가 있고 먼 미래가 있다. 가까운 산이 있고 먼 산이 있다. 가까운 가치가 있고 먼 가치가 있다. 가까운 사람이 있고 먼 사람이 있다. 모든 사람이 '이래야 한다'는 법은 없다. 무엇을 먼저 취할 것인가? 그것이 문제일 뿐이다. 그런데 이러한 우리의 세상은 "훨씬 정치한 감각 기관이 포착하는 세계와 비교하기만 해도 극히 거짓"처럼 보인다. 진리와 비교하면 너무도 하찮은 것으로 보인다. 자기 자신을 전지전능한 신과 비교하면 너무도 허무한 존재로 보인다. 진리를 대변한다는 천국과 비교하면 이 세상은 하나의 거짓에 불과하다. 그러나 허무주의는 저 세상에 대항해 이 세상을 변호하고자 한다. 여기서 싸워야 할 이유를 찾는다. 그리고 확신에 차 있다. 승리에 대한 확신이다. 왜냐하면 "훨씬 정치한 감각 기관이 포착해내는 세계", "이 세계의 이해하기 쉬움, 꿰뚫어보기 쉬움, 그 유용함, 그 아름다움은 우리의 감관이 정치한 것이 될 때 스러지기 시작한다"는 것을 잘 알고 있기 때문이다. 바로 이 때문에 프로메테우스처럼 버틸 수 있는 것이다.

모든 것은 거짓이다! 모든 것은 허락되고 있다! (369쪽)

이런 문장을 모순으로 읽지 말자. "절대적 진리가 없는 것과 마찬가지로 영원한 사실도 없다."(인간적I, 25쪽) 진리가 없다? 사실이 없다? 그게 가능한가? 이런 문제로 골머리를 앓지 말자. 바로 이런 것이 니체의 문체다. 그가 사용하는 말과 논리에 적응만 한다면 그가 하는 모든 말과 함께 축제도 벌일 수 있다. 그가 하는 말로 생각만 할 수 있다면 허무주의는 식은 죽 먹기다. '모든 것은 거짓이다!' 하지만 동시에 '모든 것은 허락되고 있다!' 즉 모든 것은 본성상 진리가 될 권리를 갖고 있다. 해석이 문제다. 무엇을 가까이 두고 무엇을 멀리 둘 것인가가 문제다. 원근법이 문제다. 의미? 있을 수도 있고 없을 수도 있다. 가치? 그것도 마찬가지다. 없다고 어린 아이처럼 울고불고 하지 말자. 없으면 찾으면 되고 찾을 수 없으면 만들면 된다. 세상은 무한한 가능성의 보물창고다.

커져만 가는 사막을 위한 힘의 필요성

니체는 삶의 현장을 사막으로 표현할 때가 많다. 그가 정말 사막에 가봤는가? 하는 식으로 말꼬리를 잡지 말자. 꼭 가봐야 아는 것은 아니다. 여행 한 번 해보지 않았던 칸트는 철학만 가르친 것이 아니었다. 물리학, 지리학, 인류학, 신학, 도덕, 자연권[4] 등 거의 모든 학문이 그의 손아귀에 들어와 있었다. 충분히 가능한 일이다. 요즈음 어느 방송 프로그램의 제목이 〈알쓸신잡〉이라고 한다. 요즈음 유행처럼 줄여놓은 말이다. 풀어놓으면 '알아두면 쓸데없는 신비한 잡학사전'이라고 한다. 2002년 히딩크가 우리의 태극 전사들에게 멀티플레이를 요구했던 것처럼 이제는 아무 쓸모없는 것처럼 보이는 잡학에도 관심을 써야 할 시대가 된 것이다. 굳이

진리가 아니어도 된다. 선배들이 답을 요구하면 '옛다, 정답!' 하고 던져
줄 수만 있다면 아무 문제없다.

　사막에서는 신기루에 현혹되지 말아야 한다. 사막도 여행해볼 만한 곳
이다. 어느 광고의 장면에서처럼 높은 모래 언덕 위에서 샌드보딩을 즐기
는 젊은이들의 모습은 환상적이다. 부러워하면 진다고 하지만 그 정도는
져줘도 상관없이 않을까. 자기보다 즐겁게 사는 사람을 발견하면 존경하
거나 사랑할 일이다. 가능성으로 충만한 세상에서 길이 안 보인다고 주저
앉는 일은 없어야 한다. '아는 만큼 보인다'는 말이 있다. 알면 알수록 세
상은 거대한 모습으로 펼쳐지게 마련이다. 세상을 얼마나 크게 보느냐?
그것이 그 사람의 내공을 가늠한다.

　　우리는 알고 있다, 하나의 환상이 파괴되었다고 하더라도 여전히 어떠한 진
　　리도 생기지 않으며 한 조각의 무지를 더하는 데 불과하며, 우리의 '공허한
　　공간'이 확대되고 우리의 '사막'이 증대되는 데 지나지 않는다는 것을 - (370쪽)

　그래도 살래? 세상이 이렇게 사나운데 살고 싶니? 하고 허무주의 철학
은 우리의 심중을 떠본다. "사막은 자라고 있다: 화 있을지어다, 사막을
감추고 있는 자에게!"(디오, 484쪽) 사막은 커져만 간다. 그것을 감당할 수
있어야 한다. 그것이 산 자의 운명이다. "모든 인생은 고통이다."[5] 맞는 말
이다. 하지만 고통이 있어 거인의 자격이 있는 것이다. 괴테의 거인주의
를 다시 떠올려보자. "여기 앉아 나는 인간을 만드노라 / 내 모습 그대로
/ 나처럼 / 괴로워하고 울고 / 즐기고 기뻐하며 / 그리고 너의 종족을 존
경하지 않는 / 나를 닮은 종족을."[6] 거인에게 신들은 그저 가소로운 존재

다. 그런 종족은 존경의 대상이 되지 못한다. 제우스조차 그를 굴복시키지 못했다.

힘들어도 좋다. 힘들어서 좋다. '괴로움'과 '울음'이 삶을 힘들게 해도 '즐거움'과 '기쁨'을 머금고 살면 되는 것이다. 모든 것은 해석의 문제일 뿐이다. 모든 것은 원근법의 문제일 뿐이다. 하나에 얽매이지만 않으면 사는 것은 별 문제될 게 없다. 잊지 말자. 환상이 깨진다고 슬퍼할 일도 기뻐할 일도 아니라는 사실을. 현실은 언제나 늘 있던 그 모습으로 우리를 기다리고 있을 뿐이라는 사실을. 그래서 자연自然이라는 사실을. 언제나 자연은 목적의식을 가지고 사는 인간을 기다리며 그에게 건네줄 위로의 말을 품고 있다는 사실을. 자연스러운 게 가장 아름답다. 그렇게 사는 사람이 제일 아름답다.

인생살이에 지름길은 없다. 오히려 그런 길이 삶을 망칠 때가 더 많다. "이른바 '지름길들'은 항상 인류를 큰 위험에 빠뜨렸다"(아침, 66쪽)는 사실을 명심하며 살 일이다. 삶과 직면하여 잘 살고자 하는 자가 있다면, "즉 그는 자연은 비약하지 않는다는 삶의 근본 원칙에 따라 사유하지 않으면 안 된다."(인간적II, 348쪽) 늘 한 걸음씩 내디디며 살면 된다. 큰 욕심 부리지 말고 살면 되는 것이다. 천운 같은 것은 믿을 게 못 된다. "하늘은 내 편이 아니라고, 늘 경계심을 갖고"[7] 살면 된다. 하늘은 도와주지 않을 것이라는 신앙으로 살면 되는 것이다. 하늘을 믿는 게 아니라 자기 운명을 믿고 살면 되는 것이다.

'신의 죽음'이 안타까운가? 신을 변호하고 싶은가? 진리의 파괴가 걱정스러운가? 그래서 진리의 편에 서고 싶은가? 신기루에 현혹되면 될 일도 안 된다. 삶의 현장은 사막과 같다. 사막을 지날 때는 늘 신기루에 경계심을 가지고 살아야 한다. 환상이 하나씩 깨질 때마다 '공허한 공간'이 커져만 갈 것이다. 희망이 하나씩 사라질 때마다 눈물을 흘려야 할 일들이 많아질 것이다. '사막은 증대'하기를 멈추지 않을 것이다. 하지만 잊지 말자. "텅 빈 종이 맑은 소리를 낸다"[8]는 사실을. 공허가 내면을 채우고서도 당당할 수 있을 때 위로의 소리를 내뱉을 수 있다는 사실을.

'힘Kraft'이라는 우쭐한 개념은, 그것으로 현대의 물리학자가 신과 세계를 창조한 것인데, 여전히 보완될 필요가 있다. 즉 내가 '권력에의 의지'로서, 바꿔 말하면 권력을 표명하려는 혹은 권력을 행사하고 실행하려는 물리지 않는 요망으로서 창조적 충동 따위로서 특징 지워지는 하나의 내적 의지가 그것에 돌려지지 않으면 안 된다. 물리학자는 '원격작용'을 그 원리에서 제거할 수 없다. 반발력(혹은 견인력)도 또한 마찬가지이다. 그렇게 하는 것밖에 길이 없다. 모든 운동, '현상', '법칙'은 내면적 사건의 증후로서만 포착되며 이 목적을 위하여 인간과의 유추가 이용되지 않으면 안 되기 때문이다. 동물에 있어서는 모든 그 충동을 권력에의 의지로부터 이끌어내는 일이 가능하다. 유기적 생명의 모든 기능을 이 유일한 원천으로부터 이끌어내는 일도 마찬가지로 가능하다. (376쪽)

인생은 늘 보완의 필요성에 직면해 있다. 완벽한 삶은 없기 때문이다. 니체에게 삶은 존재의 조건이 된다. "나는 살고 있다, 고로 나는 존재한다."(반시대II, 383쪽) 일단 살아야 삶의 의미도 가치가 있는 것이다. 하지만 삶 그 자체는 완성된 것이 아니라는 데 문제가 있다. 늘 어떻게 살아야 하는지가 문제다. 나는 누구인가? 이 질문은 사는 동안 발목을 잡을 것이다.

죽을 때까지 이 문제로 골머리를 앓아야 할 것이다.

니체의 생철학과 허무주의 사상을 대변하는 '권력에의 의지'에서 권력으로 번역되는 마흐트Macht는 또 다른 개념 크라프트Kraft와 깊은 관계 속에 있다. 둘 다 힘으로 번역될 수 있는 말이다. 하지만 크라프트는 권력으로 번역되지는 않는다. 여기에 어감의 미세한 차이가 존재한다. 크라프트는 물리적인 힘을 의미한다. 에너지와 같은 계열이다. 하지만 크라프트와 마흐트는 어떻게 이해되어야 할까. 이런 말을 해보자. '힘은 충분하다. 그런데 힘이 없다.' 여기서 말하는 첫 번째 힘은 뭐고 또 두 번째 힘은 무엇인가? 분명 두 가지 힘이 존재한다. 뭔가 큰 낭패를 당하거나 당황스러운 일을 직면했을 때 '다리의 힘이 풀린다'는 말도 한다. 정말 힘이 없어서 힘이 빠지는 게 결코 아니다. 여기서 해둘 말이 있다면, 인생의 문제는 결코 근육의 힘만으로 해결되는 것이 아니라는 것이다.

영화 〈싸움의 기술〉에 나오는 대사가 생각난다. "너 한번만 더 까불면 피똥 싸고 기저귀 찬다!" 싸움의 고수가 한 말이다. 싸움은 기氣가 센 놈이

〈싸움의 기술〉(2005) 포스터.

이긴다는 메시지다. 그 기를 얻기 위해 오랜 수련을 해야 하기도 한다. 기싸움은 결코 물리적인 힘만으로는 안 된다. 근육이 크다고 싸움을 잘하는 것도 아니다. 또 다른 힘이 요구되는 것이다. 자기 자신에 대한 확신과 주변의 사물을 잘 이용할 줄 아는 지혜도 필요하다. 상황판단도 한몫을 한다는 얘기다. 이런 영화가 재밌는 이유는 싸우지 않고는 살 수가 없기 때문이기도 하다. 사람 사는 곳은

어떤 형태로든 싸움이 존재하고 있다. 공부를 열심히 하는 것도 일종의 싸움이다. 상대를 공부로 이기고 싶은 욕망이 깔려 있기 때문이다. 이게 바로 '권력에의 의지'인 것이다.

모든 권력에의 의지는 '내적 의지'다. 마음의 문제라고 말할 수도 있다. 무슨 일이라도 마음이 있어야 할 수 있기 때문이다. 마음이 없이 하는 일은 노예의 것이다. 니체는 하루를 살아도 주인처럼 살라고 가르쳤다. "하루의 3분의 2를 자신을 위해 가지고 있지 않는 사람은 노예이다."(인간적I, 284) 24시간을 삼등분하면 8시간이 남는다. 그 시간은 일반적으로 잠을 자야 할 시간이다. 깨어 있어야 할 나머지 16시간은 자기 자신을 위해 살라는 가르침이다. 니체의 가르침대로 살기가 참으로 어렵다. 어쩌면 니체도 거의 불가능한 것을 요구하고 있는지도 모를 일이다. 하지만 곱씹어보면 "항상 기뻐하라"(데살로니가전서 5:16) 혹은 "시험에 들지 않게 깨어 기도하라 마음에는 원이로되 육신이 약하도다"(마태복음 26:41)고 가르치는 논리보다는 더 인간적이다. 무작정 깨어 있으라고 가르치지는 않기 때문이다. 24시간 전체를 깨어 있으라고 요구하지는 않기 때문이다.

'마음을 다잡는다'는 말도 있다. 이 또한 '권력에의 의지'로 해석할 수 있다. 마음은 잡아야 할 대상이다. 잠시라도 경계의 끈을 늦추면 마음은 딴 곳에 가 있을 때가 많다. '한 눈 팔지 말라'는 말도 있다. '창조적 충동'은 무를 기다릴 때 혹은 기다려야 할 때 필수적인 조건이 된다. 무는 기존의 것으로는 인식이 되지 않을 것이기 때문이다. 무는 모든 것을 거부할 수 있을 때 빛나는 밤하늘의 별빛과 같은 것이다. 허무주의는 이런 충동을 '물리지 않는 요망'이 되게끔 하라는 것이다. 지치면 큰일이다. 심심하면 큰일이다. 권태가 고개를 들면 큰일이다. 축제의 날에 "우울이란 놈이 찾아오면"⁹ 안 된다. 그런 낭패를 당하지 않도록 '창조적 충동'을 끊임없이 자극해야 할 일이다.

괴테도 《파우스트》에서 태초에 있었을 법한 존재를 네 가지로 생각해보았다. 첫째는 "태초에 말씀이 있었느니라"였고, 둘째는 "태초에 뜻이 있었느니라"였으며, 셋째는 "태초에 힘이 있었느니라", 그리고 마지막 넷째는 "태초에 행동이 있었느니라"[10]였다. 이 네 가지는 사고가 발전해가는 이 과정에서 나타나는 단계라고 볼 수 있다. 말을 하며 사는 존재는 늘 말의 의미를 추구할 수밖에 없고, 또 말을 해야 할 때는 힘을 추구할 수밖에 없으며 그 힘은 결국 행동의 원인이 되는 것이다. 결국 "행동이 전부고, 명성은 아무것도 아니다"[11]라는 결론에 도달하게 된다. 괴테에게 있어서 '행동하는 인간'은 '파우스트의 이데올로기'[12]나 다름이 없다. 니체에게서도 마찬가지다. 권력에의 의지는 삶을 위한 이념이고 삶은 결국 행동으로 채워지게 마련이다. 생철학자 니체가 원하는 궁극적인 행동이라면 아모르 파티가 아닐까. 운명을 사랑하는 행위 말이다.

다시 인용문에 집중해보자. "모든 운동, '현상', '법칙'은 내면적 사건의 증후로서만 포착되며 이 목적을 위하여 인간과의 유추가 이용되지 않으면 안 되기 때문이다." 이 문장의 조건은 말하자면 '내적 의지'가 힘/크라프트로 되돌려지지 않으면 안 된다는 것이었다. 즉 내적 의지는 외적 행동을 담당하는 힘으로 전환되어야 하고, 또 외적 모든 운동이나 현상은 오로지 내적 사건의 증후에 지나지 않는다는 논리다. 현상과 본질은 서로가 맞물려 있다는 것이다. 무엇이 먼저고 무엇이 나중이라는 논리가 아니다. 이데아나 물자체가 먼저고 현상은 그다음이라는 그런 식의 논리가 아니라는 것이다.

현상과 본질이 하나가 되어 있는 예로 니체는 동물의 세계를 주목한다. 왜냐하면 "동물에 있어서는 모든 그 충동을 권력에의 의지로부터 이끌어 내는 일이 가능하다"고 보기 때문이다. 동물에게서 삶의 모범을 찾는 것은 그의 두 번째 책인《반시대적 고찰》에서 이미 등장한다. 동물은 "순간의 말뚝에 묶여 있으며, 그래서 우울함도 권태도 느끼지 않는다."(반시대Ⅱ, 290쪽) 순간의 말뚝에 묶일 수 없는 것이 인간이다. 이성 때문에 그런 것이다. 인간은 늘 과거에 얽매이고 미래에 주눅이 들어 산다. 이성 때문에 지금 여기를 제대로 인식조차 하지 못한다. 하루가 주어져도 그 하루조차 제대로 살지 못한다. 때로는 남의 삶을 주시하는 시선에서 유발하는 시기와 질투 때문에, 때로는 과거나 미래와 관련된 연속성에서 유발하는 걱정과 불안 때문에 마음 졸이며 살기 때문이다. 늘 양심의 가책 때문에 '창조적 충동'은 기를 펴지 못하고 있는 것이다.

삶을 삶답게 하는 고통과 저항의 필요성

늙어가고 병들어 죽어야 할 인생이지만 그래도 그것만이 가장 아름답다. "이렇게 신들은 스스로 인간의 삶을 살아감으로써 인간의 삶을 정당화한다. ─ 이것만으로 충분한 변신론이다! 그러한 신들의 밝은 햇빛 아래에서 실존은 그 자체로 추구할 만한 가치가 있는 것으로 여겨졌다."(비극, 42쪽)《비극의 탄생》에서부터 이미 실존에 대한 고민은 시작되었다. 그다음 책인《반시대적 고찰》에서는 멋진 명령어도 등장한다. "'삶을 기억하라Memento vivere'는 솔직히 말하면 아직 상당히 주눅이 들어 있고 온 목청을 다해 외친 소리가 아니며 부정직한 면을 가지고 있다."(반시대II, 354쪽) 사람마다 차이는 있겠지만 그래도 여전히 삶에 대한 기억보다는 창세기가 전하는 태초의 사건이나 계시록이 전하는 종말에 대한 기억이 더욱 강렬하다. 그리고 니체 철학의 백두대간에 해당하는《인간적인 너무나 인간적인》에서는 '인간의 죄 없음'(인간적I, 142쪽)을 소리 높여 외치기고 했다.

삶에 대한 애착은 허무주의 사상의 이념이다. 삶은 어떤 상황에서도 정당화되어야 한다는 것이 니체의 입장이다. 삶에 대한 사랑은 마지막 순간까지 생명줄처럼 여기고 놓을 줄을 모른다. 하지만 사는 게 힘들다. 그 누구도 만족을 모르고 살아간다. 불행하다는 생각이 삶의 현장을 점령한다. 천 년 동안 암흑 속에서 방황했던 것이 인류다. 왜 그랬을까? 인간의 정신에 무슨 일들이 벌어졌던 것일까? 구원받아 고통 없이 천국 가겠다는 의지가 세상을 이 모양 이 꼴로 만들어놓은 게 아닐까.

권력에의 의지는 저항에 당면해서만 발현할 수가 있다. 그러므로 이 의지는 스스로에게 저항하는 것을 찾아 구한다. – 이것이 원형질이 위족偽足을 뻗쳐 주위를 더듬거릴 때의 그 근원적 경향이다. 전유專有와 동화는 그중에서도 압도하고자 의욕하는 것, 형태화하고 덧대어 형성하고 바꿔 형성하는 일이며 다음에 압도된 것은 공격자의 권력 영역 안으로 완전히 옮겨가고, 공격자의 힘을 증대시키기에 이른다. – 이와 같은 동화가 성공하지 못한다면 유형물은 아마도 붕괴하고 이리하여 둘로 분열하는 것이 권력에의 의지의 결과로서 나타날 것이다. 정복된 것을 놓치지 않기 위하여 권력에의 의지는 두 가지 의지로 분열하는 것이다(사정에 따라서는 양자 서로의 결합을 완전히 상실하는 일이 없어도). '굶주림'이란, 권력을 구하는 근본 충동이 보다

정신적인 형태를 획득하고 만 후에, 순응이 한층 더 협소하게 되는 것에 불과하다. (390쪽)

의지가 있는 사람은 늘 그다음을 넘본다. '이제 그만!'이란 말은 그의 것이 아니다. 할 마음만 있다면 못할 게 없어서다. '굶주림', 즉 배고픔을 느끼는 것은 현재에 만족하지 못하기 때문이다. 그 감정은 불행과는 전혀 다르다. 욕망의 불이 느껴져도 부정적인 의미로 해석되지 않는다. 순응? 복종? 그런 것은 굶주린 자의 것이 아니다. '2002 한일 월드컵'에서 16강 진출 후 거스 히딩크 감독은 우리의 태극 전사들에게 더 많은 것을 요구했다. 그때 그는 이런 말을 했다. "나는 아직도 배가 고프다"고. 역사에 남을 명언이다. 그 굶주림의 감정은 4강 신화라는 기적을 일궈냈다. 그때 그 감격과 흥분은 아직도 여전하다.

물론 마음을 먹어도 안 되는 게 있다. 그것은 바로 운명이 된다. 넘어설 수 없다면 멈춰야 한다. 아니 멈출 수밖에 없다. '이제 그만!'이란 말을 해야 하는 순간이다. 운명과 마주할 때 잊지 말아야 할 말이 하나 있다. '아모르 파티!'가 바로 그것이다. 생철학적 삶의 지혜다. 운명이 보이면 사랑해야 할 일이다. 하지만 운명이 아니라고 생각되면 멈출 수 없다. 멈춰서도 안 된다. 한계에 도달하지도 않았는데 멈추는 것은 자기 삶에 대한 예의가 아니다. 늘 한계는 넘어섬으로써 극복을 해내야 한다.

"권력에의 의지는 저항에 당면해서만 발현할 수가 있다." 강자는 그래서 적을 찾아 모험 여행도 떠난다. 두려움을 가르쳐줄 자를 찾는 것이다. 일종의 독일의 건국신화의 중심인물에 해당하는 지크프리트는 호전적인 이동민족이 지닐 수 있을 법한 놀라운 이야기를 들려준다. 그는 두려움이 무엇인지 모른다. 그 두려움을 알고자 용을 찾아 나선다. 그리고 그 용을 죽인 후 그의 피로 목욕을 하고 났더니 불사신이 된다.[13] 전쟁터에서 죽은 영혼만이 이상향 '발할Walhall'[14]에 입성할 수 있다는 일종의 전쟁민족의 구원론은 전의로 가득 차 있다. 오로지 전쟁터만이 구원이 이루어질 수 있는 성스러운 자리다. 그리고 두려움을 가르쳐줄 수 있는 용 앞에서 주눅들거나 겁을 먹어서도 안 된다. 쓰러지는 한이 있어도 용감하게 싸우다 죽어야 한다. 그것만이 영웅의 조건이다. 니체식으로 표현하면, "권력에의 의지는 저항에 당면해서만 발현할 수가 있다"는 것이 된다.

도대체 삶에 대해 저항을 일삼는 것이 무엇이란 말인가? 의지로 똘똘 뭉친 자는 이런 질문을 품고서 세상을 바라본다. 무엇이 삶을 힘들게 하고 있는가? 그 저항에 맞서 싸울 준비를 갖춘 자가 권력에의 의지로 무장한 자다. 그의 행동은 두 가지로 진행될 수밖에 없다. 하나는 '전유'고, 다른 하나는 '동화'다. 하나는 압도하는 것이고, 다른 하나는 압도당하는 것이다. 하나는 "형태화하고 덧대어 형성하고 바꿔 형성하는 일"이며, 다른 하나는 "공격자의 권력 영역 안으로 완전히 옮겨가고, 공격자의 힘을 증대시키기에 이른다." 싸우는 자가 맞이할 운명은 이기거나 지는 일밖에 없다. 무승부? 권력에의 의지는 끝까지 싸우기를 원할 뿐이다. 무승부 따위는 이런 의지 앞에서는 의미를 상실하고 만다.

동화할 수 없을 때 권력에의 의지는 운명적으로 두 가지 방향으로 분열을 일으킬 수밖에 없다. 삶의 짐을 지든가 그 짐을 벗어던지는 것이다. 결국 '굶주림'을 느끼는 한 싸움은 끝나지 않았다는 것만은 분명하다. 스스로 무엇인가를 먹어치우며 동화를 시키던가 아니면 스스로 동화의 내용이 되는 것밖에 없다. 니체의 생철학은 정말 대충 사는 것을 용납하지 않는다. 그래서 부담스럽기도 하다. "삶의 사관학교로부터 – 나를 죽이지 않는 것은 나를 더욱 강하게 만든다."(우상, 77쪽) "그래서 나는 게으름을 피워가며 책을 뒤적거리는 자들을 미워한다."(차라, 63쪽) 이런 잠언들은 그의 철학을 대변하는 것으로 충분하다. 그에게 '적당히'라는 말은 존재하지 않는다. 살려면 사람답게 살라고 가르치고 있을 뿐이다. "사람은 극복되어야 할 그 무엇이다."(차라, 16쪽 이후) 극복하지 못하는 존재는 사람도 아니라는 얘기다. 늘 아침에 눈을 뜨자마자 극복을 생각해내야 한다. 왜냐하면 "낮 동안 너는 열 번 네 자신을 극복해야 한다"(차라, 42쪽)는 명령 때문이다. 잠시도 태만하게 시간을 보낼 수가 없는 것이다. 하루에 열 번 극복하기! 이것이 사는 목적이 되어야 한다. 늘 '굶주림'으로 자기 자신과 세상을 바라봐야 한다. 그것이 허무주의적 시각이다.

진정한 생존의 조건으로서
건강한 육체에 대한 인식

천 년이 넘는 중세 동안 사람들은 '신의 뜻'에 얽매여 있었다. 그것에 모든 관심을 집중시켜야만 했다. 아우구스티누스는 알기 위해서 신앙을 선택했다. "크레도 우트 인텔리감Credo ut intelligam", 즉 "나는 알기 위해 믿는다"[15]고 그는 말했다. "필로조피아 안칠라 테오로기아에Philosophia ancilla theologiae", 즉 "철학은 신학의 시녀"[16]가 될 수밖에 없었던 시대가 중세였다. 그 어떤 학문도 자기 자신에게로 향하지 못했다. 고대를 위기로 몰아넣었던 소크라테스도 니체의 시선에는 곱게 보이지 않았다. "논리적 충동은 결코 자기 자신을 향하지 못했다"(비극, 107쪽)는 것이 문제였던 것이다.

"우리는 자기 자신을 잘 알지 못한다."(도덕, 337쪽) 이것이《도덕의 계보》를 시작하는 첫 번째 문장이었다. 우리는 너무도 오랫동안 '도덕'의 소리에 귀를 기울여왔던 탓이다. 니체는 자신의 대표작《차라투스트라는 이렇게 말했다》에서 "지난날에는 영혼이 신체를 경멸하여 깔보았다"(차라, 18쪽)라고 지적하기도 했다. 자기 몸조차 깔보는 이런 문제가 진정 극복되었을까? 현대인에게서 니체는 그저 위기감만을 느낀다. 그는 "너 스스로가 되어라! 네가 지금 행하고 생각하고 원하는 것은 모두 네가 아니다"(반시대III, 392쪽)라고 말한다. 그의 가르침은 여전히 낯설기만 하다. 자기 삶을 스스로 책임지기에는 여전히 부족한 게 너무도 많다. 용기가 없어서일까? 게으른 탓일까? 아니면 솔직하지 못한 탓일까? 현대인의 문제는 너무도 복잡하기만 하다. 우리 자신이 현대인이기 때문이다. 스스로 문제 속에 있으면 무엇이 문제인지조차 알 수 없다. 평생을 바다에 산 물고기가 바다가 무엇인지를 모르는 것처럼,[17] 우리 스스로는 자기 자신조차 제대로 알지를 못한다. 도대체 어디서부터 시작해야 할까. 문제를 너무 크게 벌여놓지 말자. 니체가 하는 말에 귀부터 기울이자.

육체를 길잡이 삼아. ─ '영혼'이, 철학자들이 미련 없이 내어버리기가 어려웠던 것도 당연할 만큼, 매력 있는 비밀에 찬 사상이었다고 하면 ─ 그들이 이제부터 그것을 대신할 만한 것이라고 배우는 그것은 아마 더 한층 매력 있고 더 한층 비밀에 가득 찬 것이리라. 인간의 육체는 모든 유기적 생성의 태고로부터 오늘날까지의 모든 과거가 그것으로 다시 생명을 얻어 싱싱해지고 그것을 통과하며 그것을 넘어서고 초월하여, 하나의 거대한 들어본 적이 없는 흐름이 흘러간다고 생각되는 것인데 이 육체야말로 낡은 영혼보다 더 한층 놀라운 사상이다. (391쪽)

이제 현대인은 '영혼'을 대신할 만한 것에 관심을 가져야 한다. "그것은 아마 더 한층 매력 있고 더 한층 비밀에 가득 찬 것이리라." 지극히 옳은 말이다. 누가 과연 자신의 몸을 제대로 이해하고 있을까? 우리의 몸과 관련한 문제라면 오오시마 나기사大島 渚 감독의 〈감각의 제국〉(1976)이라는 영화가 생각난다. 은막 위로 펼쳐지는 충격적인 정사장면들 앞에서 관객은 할 말을 잊었

〈감각의 제국〉 포스터.

었다. 생각의 속도는 눈에 보이는 속도를 따라잡지 못해서였을까? 우리 인간은 도대체 무슨 짓을 하고 있는 것일까? 아무도 공개적으로 자신의 사생활을 공론화하지 않는다. '섹스'와 '성기'는 여전히 입에 담기 거북한 개념이다. 전통문화를 자랑하는 인사동 거리를 걷다보면 묘한 생각이 든다. 골목 하나만 돌아서면 모텔들이 자리 잡고 있기 때문이다. '대관 할인' 이란 문구가 길가를 점령하기도 한다. 이중적 잣대가 오히려 당연한 것처럼 여기며 살아가고 있다. 도덕과 양심의 위험한 줄타기가 이루어지고 있다고나 할까.

이제는 철학적으로 고민해야 할 때가 됐다. 육체는 신비로운 것이다. 알아가야 할 대상이다. 배워야 할 목록 중 가장 높은 자리에 놓여야 할 덕목이다. 이것이 생철학적인 시각이다. "인간의 육체는 모든 유기적 생성의 태고로부터 오늘날까지의 모든 과거가 그것으로 다시 생명을 얻어 싱

성해지고 그것을 통과하며 그것을 넘어서고 초월하여, 하나의 거대한 들어본 적이 없는 흐름이 흘러간다고 생각되는 것인데 이 육체야말로 낡은 영혼보다 더 한층 놀라운 사상이다." 만연체라서 읽히기가 쉽지 않다. 간단히 말하면 육체가 영혼보다 더 신선하다는 것이다. 육체가 영혼보다 더 놀라운 사상이라는 것이다. 영혼에 대한 궁금증은 이제 낡은 것이 되고 말았다고 선언해야 하지 않을까. 물론 영혼과 육체는 균형을 이루어야 한다. 다만 영혼이 그동안 너무도 많은 관심을 받아온 탓에 그에 버금가는 강렬함으로 육체에 관심을 쏟아야 할 것만 같은 생각이 들 뿐이다.

삶은 육체를 통해서만 가능하다. "육체를 길잡이로 삼아" 살아야 한다. 육체의 가르침에 귀를 기울여야 한다. 그동안 관심 밖에 놓였던 부당함을 제거하고 그것에 정당성을 부여해야 할 때가 된 것이다. 세기 전환기의 그림 하나도 생각난다. 자기 자신의 성기를 만지며 지그시 눈을 감고 음미해보는 장면을 포착해낸 클림트의 그림이다. 아니 시대를 더 거슬러 올라가 르네상스 시대의 다빈치의 그림도 충격적인 이미지로 남아 있다. 근대를 여는 그의 시선은 성관계하는 모습을 해부학적으로 표현해내기도 했다. 우리 현대인은 이런 그림을 보며 어떤 생각을 하고 있을까? 솔직히 고백 좀 해보자. 여전히 수치심을 느끼고 있지 않을까? 아직도 도덕이 시선을 장악하고 있지는 않을까? 이런 그림을 두고 여전히 예술과 외설 사이에 논쟁은 뜨겁다. 니체의 생철학이 아직도 논쟁의 중심에 있는 이유가 무엇인지 서서히 감이 잡힐 것이다.

니체가 생철학을 선택한 이유는 사람과 삶을 변호하기 위해서다. "세계의 실존은 오로지 미적 현상으로만 정당화된다."(비극, 16쪽) 세계의 실존, 그

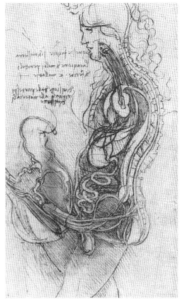

클림트의 〈자위〉(1913).   다빈치의 그림(1492).

중심에 육체의 문제가 있다. 인간의 육체보다 더 아름다운 것은 없다. 사람이 가장 아름다운 것이다. 살아 있는 육체에 대한 정당한 평가는 우리의 몫이다. "우리는 유기체를 그 완전한 비도덕성에 있어서 연구해야 마땅하다…"(399쪽) 도덕을 배제하고 육체를 바라볼 수 있는가? 그것이 관건이다.

따라서 '육체'라든가 '육'으로 이름 지어져 있는 것에 말할 나위도 없이 커다란 중요성이 있는 것이다. 그 밖의 것은 작은 부속물에 불과하다. 삶의 모든 연쇄를 한데 이어 짜고, 그것도 그 실이 더욱더 강력해지도록 이어 짠다는 과제 – 이것이야말로 과제인 것이다. 그런데 보라. 마음, 영혼, 덕, 정신이, 마치 이것들이 목표이기라도 한 듯이 이러한 원리적 과제를 전도시키려

하는 정식正式 맹세를 하고 있는 것인가… 삶이 변질되는 것은 의식이 오류를 범하는 이상한 성능을 가지고 있는 것에 제약받고 있다. 의식은 본능에 의하여 조금도 제약받는 일이 없고 이 때문에 가장 오랜 기간에 걸쳐 가장 근본적으로 잘못 다루어 손상시키기 때문이다. (400쪽)

우리의 육체는 일반 다른 유기체와 다르다. 살도 그냥 고깃덩어리가 아니다. 세상을 인식하는 가장 중요한 도구이다. 그런데 도구로의 육체는 또한 동시에 목적이 되기도 한다. 생각하는 존재이기 때문이다. 원인과 결과라는 일방적 논리로는 도저히 이해할 수 없는 것이 육체다. 그만큼 '중요성'이 인정받아져야 마땅하다. 세상의 모든 것은 이 육체를 통해 거대한 틀을 만들어간다. 이 세계의 크기는 우리의 의식으로는 도저히 담아낼 수 없을 정도로 크다. 그런데도 불구하고 마음, 영혼, 덕, 정신 등이 삶의 목적이기라도 한 듯이 간주되어왔고, 그것이 의식으로 자리 잡고 있었다. 삶 자체가 변질되고 만 것이다. 육체가 필요 없는 세계를, 즉 영혼만이 살아남아 영속된다는 세계를 상상해냄과 동시에 육체는 그 세계에 대한 방해물 정도로 여겨지고 말았다. 모든 관념론적 이상향은 이런 "의식이 오류를 범하는 이상한 성능"에 제약을 받고 있다.

의식, 우리가 알고 있는 것은 극히 일부에 지나지 않는다. 천 년 이상 관념적인 지식에 몰두해왔지만 여전히 인식에 갈급한 상태다. 게다가 "의식은 본능에 의하여 조금도 제약받는 일이 없고 이 때문에 가장 오랜 기간에 걸쳐 가장 근본적으로 잘못 다루어 손상"되고 말았다. 이제 말로만 설명될 수 있는 세계로부터 등을 돌리고 우리가 살고 살아야 하는 이 세계에 대해서 관심을 가져야 할 때가 됐다. 그것은 결코 하찮은 일도 또 수치스런 일도 아니다. 오히려 긍지와 사명을 가지고 임해야 할 과제다. "의식은 바로 하나의 수단에 지나지 않는다"(400쪽)는 말을 하면서도 양심의 가책을 받지 않을 수 있다면 이 과제는 충분히 실현 가능하다.

> 우리는 개체 이상의 존재이다. 즉 우리는 또한 모든 연쇄 그 자체이며 연쇄의 모든 미래의 과제를 휴대하고 있는 것이다. (411쪽)

니체에게 있어서 인간은 긍지의 대상이다. 우리 모두는 하나에 불과하지만 그 하나가 전체를 아우를 수 있다는 점에서 위대하다. 파스칼의 말이다. "사람은 하나의 갈대에 지나지 않으며, 자연계에서 가장 약한 자이다. 그러나 그는 생각하는 갈대이다."[18] 인간은 비록 갈대처럼 미천한 존재에 불과하지만 생각하는 능력 때문에 그 어떤 존재보다도 위대하다. 파스칼식으로 표현하자면 인간은 신을 믿을 수 있는 가장 고귀한 존재이기도 한 것이다. 신을 모르는 것은 불행이고 신을 가진 인간만이 행복하다는 논리가 그의 것이다. 그렇다면 니체의 논리는 정반대로 이해하면 된다. 인간이 자신을 모르는 것이야말로 가장 불행한 것이며 주인의식을 갖고 자기 삶을 주체적으로 사는 자만이 진정으로 행복하다는 논리로 이해해주면 되는 것이다.

> '삶의 가치' - 삶은 하나의 특수한 경우이며, 모든 생존이 시인되지 않으면 안 되며, 삶만이 시인되어서는 안 된다. - 시인是認의 원리란 삶을 설명할 수 있는 것과 같은 원리를 말한다. / 삶은 무언가를 위한 수단에 불과하다. 즉 삶은 권력의 생장 형식의 표현이다. (420쪽 이후)

생철학은 삶을 인식의 도구로 간주한다. "'삶은 인식의 수단'이다."(즐거운, 294쪽) 생각하는 존재에겐 생각이 제대로 균형을 잡아줘야 한다. 생각이 건강해야 한다. 생각이 건전해야 한다. 그런 생각이 건강한 삶을 영위하게 해줄 것이다. 어떤 하나를 위해 다른 하나를 무시하는 것이 아니라, 모든 것이 서로 연결되어야 한다. 그것이 생명을 가능하게 해준다. 니체는 《비극의 탄생》에서 '근원적 일자'(비극, 34쪽)를 자신이 믿는 이상향처럼 제시했었다. 축제의 현장을 꿈꿨던 것이다. 모두가 하나가 되는 그런 상황은 실로 황홀지경이다. 우리가 4강 신화를 일궈냈을 때 국가적 차원에서, 즉 온 국민이 축제를 즐겼었다.

힘이 있어야 축제도 가능하다. 몸도 건강해야 사랑도 할 수 있다. 둘만 모여도 이루어질 수 있는 기적이 사랑이라지만 그런 사랑이 모이고 모이면 상상을 초월하는 행복을 맛볼 수도 있으리라. 즉 니체는 "모든 생존이 시인"되기를 바란다. 모두가 건강한 개인이 되어주기를 바라는 것이다. 이건 되고 저건 안 된다는 식으로 일관하는 비판적 태도로는 축제가 이루어질 수가 없다. 그때 삶은 전혀 새로운 가치를 획득하게 된다. 삶의 가치, 그것은 어느 하나의 의지에 의해서 결정되는 것이 아니다. "어떠한 의지도 없다. 있는 것은, 부단히 그 권력을 증대 혹은 상실하는 의지의 점재點在이다."(426쪽) 어떤 하나의 의지만 존재한다는 식의 발상은 망상이다. 예를 들어 '신의 의지' 따위는 존재하지 않는다. 세상은 수많은 의지들이 서로 관계하면서 존재한다. '나'와 '너' 그리고 '우리'가 존재의 핵심인 것이다. 모두가 권력에의 의지로 충만해 있다면 갈대처럼 미미한 존재라 할지라도 행복한 존재가 될 수 있다. 모두가 하나의 점에 불과해도 그 찍힌 점은 자기 존재의 징표가 되는 것이다

06
—

힘과 권력이라는 생명의 증거

그렇다,
우리는 그 섬세함, 충실, 힘에 대하여
관능에 감사하고
우리가 가지고 있는 정신의 최선의 것을
관능에 되갚아주고 싶어 한다.
－
그는 변화를 선택했다.
극복을 선택했다.
한계를 인식하고 그 너머로
나아갈 수 있는 용기를 종용했다.

사회와 국가가 지향하는 권력에의 의지

　니체는 괴물이 아니다. 그의 사상은 생뚱맞은 이론이 아니다. 그의 철학이 정말 미치광이나 할 법한 소리로 채워져 있다면 그것은 공부할 이유가 없다. 귀를 닫고 무시하거나 아니 오히려 공격적인 말로 폄하해도 상관없으리라. 하지만 그의 철학은 고전이 되었다. 시간의 검증을 거쳐 살아남은 저서가 된 것이다. 그는 세상에서 가장 유명한 현대 철학자로 우뚝 서 있다. 이제 우리는 겸손한 자세로 다가서야 할 의무를 지닌다. 유언처럼 남겨놓은 그의 저서들을 꼼꼼히 읽어내야 한다는 그런 의무감으로 책장을 넘겨야 할 것이다. 그는 자신의 책이 그냥 읽혀지는 것으로 만족하지 않는다고 했다. "피와 잠언으로 글을 쓰는 사람은 그저 읽혀지기를 바라지 않고 암송되기를 바란다."(차라, 63쪽) 지금쯤 우리는 검증을 해야 한다. 도대체 몇 개의 문장을 외우고 있냐고 자신에게 물어봐야 한다.

　허무주의도 세상에 이로운 영향을 끼치고자 하는 의도로 진행된 철학이다. 세상을 혼란에 빠뜨리고자 기획된 그런 사상이 아니다. 니체는 자신의 대표작《차라투스트라는 이렇게 말했다》를 빛이 없는 곳에 빛을 주려 몰락하는 태양처럼 몰락하기를 원하면서 시작했다. 몰락은 아무나 할 수 있는 게 아니다. 높이 비상했던 자만이 할 수 있는 것이다. 오를 때 투자했던 모든 노력을 이제는 세상을 위해 쓰겠다는 것이다. 자신이 희생해야 할 존재라면 기꺼이 하겠다는 것이다. 그런 일이라면 몰락의 아픔 정도는 아무것도 아니라는 것이다. 오히려 그런 몰락이야말로 가장 위대한 거인적 행위임을 확신하고 있었다. 그렇지 않고서야 처녀작《비극의 탄생》표지 모델로 프로메테우스를 선택하지 않았을 것이리라. 인류의 친구인 거인을 전면에 내세운 것은 분명 탁월한 선택이었다. 그 어떤 것으로도 굴복시킬 수 없는 거인의 정신이야말로 허무주의의 정신이기 때문이다.

이제 사회와 국가를 바라보는 니체의 시각을 따라가 보자. 그는 사회와 국가를 어떻게 바라보고 있는 것일까? 개인과 사회는 분명 정반대의 원리로 작동된다. 전자는 후자에 의해 구속되지만 후자 없이는 전자의 존립 자체도 힘들어진다. 니체는 어떤 세상을 원하고 있는 것일까? 구체적으로는 어떤 사회 어떤 국가를 염원하고 있는 것일까? 허무주의 철학을 공부할 때 가장 주의해서 다가가야 할 문제다. 순진한 독자는 개인을 초인의 씨앗으로 간주하는 반면 사회나 국가는 그 적으로 바라보는 오해를 범할 때가 많다. 그런 흑백논리로는 니체의 생각을 따라갈 수가 없다. 니체의 말에 귀를 기울여보자.

원칙, 즉 개개인만이 책임을 느낀다. 다수자는 개개인이 그 기력을 때마침 가지고 있지 않은 사항을 행하기 위하여 날조된 것이다. 바로 이 때문에 모든 공동체 사회는, 너무나도 약하므로 스스로의 욕망에 대한 기력을 가지고 있지 않은 개인보다 더욱, 인간의 본질에 관하여 백 배나 솔직하게 가르치는 바가 많다… / 모든 '이타주의'는 개인의 총명함으로써 생긴다. 사회는 서로 '이타'적이 아닌 것이다… 이웃 사랑의 명령이 아직껏 전혀 근린애Nachbar-Liebe의 명령에로 확대된 적은 없었다. 오히려 거기에서는 마누 법전에 있는 다음 말이 여전히 통용된다. '자국에 인접한 모든 나라, 마찬가지로 이들 그 동맹국을 우리는 적으로 생각지 않으면 안 된다. 같은 이유에서 나라의 인접국은 우리에게 우호적이라고 간주되지 않으면 안 된다.' / 사회 연구는 사회로서의 인간 쪽이 '단위'로서의 인간보다 훨씬 천진난만한 까닭에 그럴 수 없이 귀중하다. '신화'는 덕을 강함, 권력, 질서의 수단 이외의 것으로 결코 간주하지 않았다. / 마누 법전은 얼마나 간결하게 위험을 가지고 이 점을 말하고 있는 것인가, 즉 '덕은 자기 스스로의 힘으로는 거의 스스로를 주장할 수 없을 것이다. 근본에 있어서 인간을 자제하게 하고 각 사람이 각 사람의 물건을 평온하게 소유하도록 맡기고 있는 것은 벌에 대한 공포에 불과하다.' (427쪽)

니체 철학의 대전제는 '개개인만이 책임을 느낀다'는 것이다. 바꿔 말하면 인간은 자기 자신에 대해서만 책임을 느낄 뿐 다른 사람과 관계할 때는 책임을 느끼지 않는다는 얘기다. '공동체 사회'라는 조직체는 "개개인이 그 기력을 때마침 가지고 있지 않은 사항을 행하기 위하여 날조된 것"이라고 말한다. 즉 약자들이 모여서 만든 것이 사회라고 말한다. 약자들은 모여살기를 원한다. 약자들은 그래서 도덕관념을 중시한다. 사회를 형성하기 위해서 덕은 존재해야 한다고 믿는 것이다.

모든 도덕은 개인의 생각보다는 '인간의 본질'을 먼저 생각하게 한다.

여기서 '이타주의'가 생겨나는 것이다. 서로 도와주라는 것이다. 약자의 논리지만 영리한 발상이 아닐 수 없다. 니체의 말로 표현하자면 "개인의 총명함으로써 생긴다"는 것이 바로 '이타주의'인 것이다. 하지만 이것은 인간의 본성이 이타주의적이지 않아서 도덕의 이름으로 불리게 되는 것이 아닐까. 이웃을 사랑하라는 말은 이웃을 사랑하지 않으니까 미덕으로 간주되는 것이 아닐까. 거짓말하지 말라는 것이 계명이 될 수 있는 이유는 모두가 거짓말을 하니까 그런 게 아닐까. 좀 솔직해져 보자.

니체는 인도의 힌두교 법의식을 대표하고 있는 '마누 법전'을 주목한다. "자국에 인접한 모든 나라, 마찬가지로 이들 그 동맹국을 우리는 적으로 생각지 않으면 안 된다. 같은 이유에서 나라의 인접국은 우리에게 우호적이라고 간주되지 않으면 안 된다." 모순으로 읽히는가? 아니다. 주변의 모든 나라들은 적이면서 동시에 친구이다. 그들의 힘을 이용할 줄 아는 지혜만 있다면 모든 게 상관없다. 감당이 안 되면 힘든 법이다. 영웅은 적을 찾아 모험 여행도 마다하지 않는다고 했다. 영웅이 되지 못할 때 주변은 온통 적들로 가득해진다. 시기와 질투로 세상을 바라본다. 그것이 노예의 삶에 나타나는 전형이다. 노예가 가지는 적대의식은 영웅이 적을 향해 던지는 시각과 다른 것이다. 남의 눈치를 보는 삶과 자신의 의지에 귀를 기울이는 삶은 그 내용 자체가 전혀 다른 것이다.

마찬가지로 시야를 좁혀 개인 대 개인의 관계를 주목해보자. 이때도 국가 대 국가의 관계와 별반 다를 게 없다. "덕은 자기 스스로의 힘으로 거의 스스로를 주장할 수 없을 것이다. 근본에 있어서 인간을 자제하고 각 사람이 각 사람의 물건을 평온하게 소유하도록 맡기고 있는 것은 벌에 대한 공포에 불과하다." 질서가 유지되는 이유는 벌을 안 받으려는 의지의 발현일 뿐이다. 어느 누구도 기회만 주어지면 제멋대로 살고 싶은 욕망을 가지고 있는 것이다. 주변에서 바라보는 눈이 있어서 자제를 하고 있을 뿐인 것이다. 그것이 인간의 본성이다. 그래서 "'사회'는 덕을 강함, 권력, 질서의 수단 이외의 것을 결코 간주하지 않았다"는 주장에 이의를 제기할 근거를 찾기 힘들게 된다.

하지만 사회와 국가가 도덕관념 혹은 법의식으로 개인 대 개인의 관계를 원만하게 형성시켜주는 기관으로 제 역할을 해내지 못할 때가 문제다. 오로지 자기 권력을 유지하기 위해 각 개인들을 통제하려고만 할 때 문제가 발생하는 것이다. 유행이 삶을 지배한다든가 무리감각 내지 집단의식이 일정한 방향을 제시할 때 개인의 삶은 구속되고 만다. 이때 사회를 이루는 구성원들은 그저 '가축 떼 유형'(428쪽)을 보여줄 뿐이다. 구속에의 의지를 자유에의 의지로 착각하며 살아간다. 개인의 행동은 그저 "대군중이 행한다는 것"(같은 곳) 이외의 것을 보여주지 못한다. 구속에의 의지로 무장한 노예들이 행동에 일사불란함을 보여주는 것은 그저 '벌'을 받지 않으려는 '개인의 총명함'에 의한 결과일 뿐이다. 바로 여기서 니체는 비판의 소리를 내뱉는다. "인간이 국가에 봉사하여 실행하는 모든 일은 인간의 본성에 위배되고 있다"(428쪽)고. 진정 원해서 하는 게 아니라고. 그저 수동적으로만 행동하고 있을 뿐이라고.

"도덕은 본질적으로 개개인을 초월하여 혹은 오히려 개개인의 노예화에 의하여 어떤 것을 지속시키는 수단이다."(432쪽) 도덕관념이 없으면 사회는 혼란에 빠질 수밖에 없다. 도덕은 필요악이나 다름없다. 사회를 구성하기 위해 반드시 필요한 것이지만 그것이 개개인을 노예화하는 데 일조한다는 것을 인식하고 살아야 한다. 개개인을 그저 노예화하는 그런 사회로는 창조적인 일은 꿈도 못 꾼다. 니체는 이런 사회나 국가를 원하는 게 결코 아니다. 더 나은 삶을 바란다면 변화를 도모해야 한다.

변화를 도모하기 위한 범죄와
폭도의 저항의식과 저항의지

변화는 늘 비이성에서 시작하여 이성으로 인정받으면서 마감한다. 하지 말라는 것을 하면서 인간은 어른이 되는 느낌을 가진다. 기성세대는 용납할 수 없는 것을 해냄으로써 차별화를 시도하고 그 차별화를 근거로 새로운 세대의 등장을 선포하는 것이다. 어른들의 '아~ 옛날이여~'하며 과거를 동경할 때 신세대는 새롭게 펼쳐지는 미래를 준비한다. 과거의 인습에 얽매인 정신으로는 그저 '열심히 공부하라'는 말을 미덕으로 삼고 복종을 일삼겠지만 미래를 준비하는 정신은 열심히 공부하는 것만으로는 충분하지 않다는 것을 알려준다. 공부는 늘 기존의 것을 답습하게 하기 때문이다. 새로운 미래는 그런 공부만으로는 열리지 않는다. 그것이 문제인 것이다. 결국 니체는 변화를 가능하게 하는 구상을 지향한다. 그 대표적인 예가 '범죄'에 대한 입장이다.

> 범죄는 '사회적 질서에 반항하는 폭동'이라는 개념 중 하나이다. 폭도는 '처벌되는' 것이 아니라 제압되는 것이다. 폭도라는 것은 애처롭거나 경멸스런 인간일 수도 있으나 그 자체로는 폭동에 아무런 경멸스런 것은 없다. - 게다가 현재와 같은 사회에 대해 폭동을 일으킨다는 것은 그 자체로는 아직 인간의 가

1894년 12월 전라도 순창에서 체포된 뒤 서울로 압송되는 전봉준.

치를 저열한 것이 되게 하지 않는다. 그러한 폭도는 공격할 필요가 있는 무언가를 우리 사회에서 지각하고 있다는 점 때문에 차라리 외경을 받아도 좋을 경우가 있다. – 즉 그것은 그 폭도가 우리를 졸음에서 깨우는 경우이다. (437쪽)

동학혁명, 4·19혁명 등은 역사적인 사건들이다. 하지만 그 시작은 모두 폭도들의 움직임이었다. 체제에 저항하는 정신들이 앞장을 섰던 것이다. 소위 깨어 있는 정신들이 흘러가야 할 물의 방향을 제시해주었던 것이다. 하지만 우리의 역사에서 아쉬운 점은 그때마다 외세를 끌어들이는 어리석음이 반복되었다는 점이다. 청나라에 구원의 손을 뻗치고 미국이 보이지 않는 손을 뻗을 수 있는 계기를 줘가면서 변화의 싹은 처참하게 잘려나갔다. 통일신라조차 아름답게 우상화되어 있지만 실상을 들여다보면 당나라를 끌어들이는 부끄러운 역사가 숨어 있다. 우리의 역사를 언급하니 마음이 불편한가? 양심이 불편한가? 그러면 먼 나라 이야기나 하자.

1789년 프랑스 대혁명을 보자. 귀족이 군림하는 사회를 떠올리자. 시민은 세금을 내야 하는 계층으로 사회의 모든 구조와 체제를 담당해야 했다. 하지만 세금이 너무 비싸 살 수가 없다면 어떻게 해야 할까? 그래도 '학철부어'처럼 상황을 견뎌내야 할까? "수레바퀴 자국에 괸 물에 있는 붕어" 신세로 살아야 할까? 살려 달라 외쳐대니 "기다려라, 개울에서 수로를 내어 물을 끌어다주겠다"[1]는 정치적 발언에 희망을 걸어야 할까? 아니면 저항해야 할까? 이것이야말로 선택의 문제다.

니체는 변화를 선택했다. 극복을 선택했다. 한계를 인식하고 그 너머로 나아갈 수 있는 용기를 종용했다. 변화는 기존의 질서의식에 저항하며 시작된다. 변화는 현재를 극복하고 미래를 준비하는 과정에서 구현된다. 허무주의 철학은 미래를 위한 철학이다. 도덕관념처럼 과거를 아름답게 꾸미지 않는다. '전통'이라는 소리에 오히려 역겨움을 느끼기도 한다. '좋은 습관'이라는 말에 반감을 숨기지 않는다. '미풍양속'이라는 주장에 거부감마저 느낀다. 그렇게 '길들여진 동물'(165쪽)로 살아가는 것을 수치로 간주한다.

"잘못된 판단을 포기하는 것은 삶을 포기하는 것이며, 삶을 부정하는 것이리라. 삶의 조건으로 비진리를 용인하는 것, 이것이야말로 위험한 방식으로 습관화된 가치 감정에 저항하는 것을 의미한다. 이 일을 감행하는 철학은 그것만으로도 이미 선과 악의 저편에 서 있게 된다."(선악, 19쪽) 틀에 박힌 삶을 포기할 수 있는가? 자기 자신의 삶을 보호해주던 알을 깨고 나올 수 있는가? 신이라 믿어왔던 내용을 깨고 정신에 자유를 선사할 수 있는가? 니체는 대답을 듣고 싶어 한다. 대답하기 전에 역사가 카Edward Hallett Carr(1892-1982)가 인용한 베이컨의 말을 한번 새겨 들어보자. "인습의 완강한 유지는 혁신만큼이나 난폭한 것이다."[2] 난폭함에 난폭함으로 맞설 수 있는가? 변화를 도모할 용기가 있는가?

허무주의 철학은 온갖 오해와 오명에 시달려야 했다. '위험한 책'(인간적 II. 52쪽)이라는 둥, '의혹의 학교'(인간적I, 9쪽)라는 둥, '경멸의 학교'(같은 곳)라는 둥 하면서 말이다. 니체는 이런 오해에 저항하고자 했다. "우리를 오도되게 놔둬서는 안 된다."(안티, 277쪽) "무엇보다도 나를 혼동하지 마시오!"(이 사람, 323쪽) "사람들이 나를 오해하지 않기를 바란다."(즐거운, 357쪽) "사실 우리를 이해하기 위해서는 많은 노력이 필요하다."(같은 책, 326쪽) "- 나를 이해했는가? - 디오니소스 대 십자가에 못 박힌 자…"(이 사람, 468쪽) "내 말을 이해하겠는가? … 내 말을 이해했는가? … '전혀 모르겠습니다! 선생님!' - 그럼 처음부터 시작해보자."(도덕, 451쪽 이후) 니체는 자신의 생각을 이해시키고자 무진 애를 썼다.

니체가 《비극의 탄생》 표지 모델로 선택한 거인 프로메테우스도 사실 범죄자에 해당한다. 그는 하지 말라는 짓을 해서 벌을 받고 있는 것이다. 불은 제우스의 전유물이었다. 인간은 그의 불을 사용할 수 없었다. 그것을 건드리는 것은 제우스의 체제 안에서는 범죄 사항이다. 그런데 프로메테우스가 그 불을 훔쳐다가 인간세계에 전달하고 만다. 그는 인간에게 우호적이었고 인간의 친구로서 인간의 편에 섰다. 인간들에게 도움을 줬다는 것이 미움의 싹이 되고 만 것이다. 죄 없이 죄를 덮어쓰고 만 것이다. 눈물 없이는 들을 수 없는 비극적 상황이다.

도덕, 법, 진리, 이성, 이 모든 것들은 오로지 사회를 전제한 개념들이다. 관계를 필요로 하는 말들이다. 하지만 그것이 잘못되었을 때 저항은 필연적이 될 수밖에 없다. 일제강점기가 그런 시절이라고 보면 어떨까. 안중근, 윤봉길 등은 모두가 의로운 거사를 치른 우리의 영웅들이다. 기득권의 입장에서 보면 테러에 불과하겠지만 말이다. 법이 특정 민족, 특정 계급을 위한 것이라면 그 외의 민족과 그 외의 계급은 저항할 수밖에 없다. 모두를 위한 법을 요구하며 '사회적 질서'에 반기를 드는 것이다. 이런 저항의식과 저항의지를 통해 사회는 변화를 도모한다.

변화는 가만히 있는다고 그저 참고 견딘다고 이루어지는 것이 아니다. 위에서부터 알아서 변화를 해주는 게 가장 바람직한 것이겠지만 인간은 모두 기회만 주어지면 제멋대로 또 편하게 살려는 의지가 있어서 그것마저 쉽지가 않다. 외압이 없으면 스스로 변하는 게 거의 불가능한 것처럼 보이기도 한다. 태어나면서부터 귀족으로 태어난 행운아를 한번 연상해보자. 사회적 질서는 그에게 삶의 보금자리를 보장해주는 조건이 되고 있을 뿐이다. 이런 상황에서 변화에 대한 필요성을 느끼기나 할까. 공부 열심히 해서 성공해야겠다는 생각이나 할까. 너무 낭만적인 소리는 그만하자.

인간의 가치는 개개의 실행에서 보아 문제로 삼는 일은 삼가야 한다. 나폴레옹은 이 일을 경고하고 있었다. 특히 돈을새김마냥 두드러지는 실행 따위는 특별한 중요성을 전혀 갖고 있지 않다. 우리 같은 자가, 양심이 켕기는 어떠한 범죄도, 예컨대 여하한 살인도 범하지 않았다 해서 ― 그것에 무슨 상관이 있을까? 몇 가지 유리한 상황으로 인해 우리가 그것을 범하지 않았을 뿐이다. 또한 우리가 그것을 실행했다고 하자. 그것으로 우리의 가치에 오점이 찍히는 것일까? 본래는 우리가 사정에 따라서는 인간 하나를 죽일 만한 힘을 갖고 있다고 신뢰받지 못했을 때에야말로 우리는 경멸받아야 한다. 거의 모든 범죄 가운데에는 남성에게 없어서는 안 될 고유성이 동시에 표현되어 있다. 도스토예프스키가 저 시베리아 형무소의 주인들에 관해서 그들은 러시아 민족의 가장 강하고 가장 가치 있는 요소를 형성하고 있다고 말한 것은 부당하지 않다. 우리에게 있어서 범죄자가 영양불량의 위축된 잡초라고 하면 이것은 우리의 사회적 관계의 불명예가 된다. 르네상스 시대에는 범죄자가 번성하여 그 고유의 덕을 획득하였다. ─ 물론 르네상스적 덕, 도덕에 구속되지 않는 덕을. / 경멸을 가지고서는 다룰 수 없는 그와 같은 인간만을 사람은 높은 곳으로 이끌어 올릴 수가 있다. 도덕적 경멸은 어떠한 범죄보다도 큰 능욕이자 위해이다. (438쪽)

죄수라고 침 뱉지 말자. 죄인이라고 단죄하지 말자. 마녀라고 손가락질하지 말자. 도둑놈이라고 함부로 말하지 말자. 불효자라고 대놓고 말하지 말자. 모두 어떤 시대적 잣대에 맞지 않아 그런 인간으로 보일 뿐일지도 모르기 때문이다. "도스토예프스키가 저 시베리아 형무소의 주인들에 관해서 그들은 러시아 민족의 가장 강하고 가장 가치 있는 요소를 형성하고 있다고 말한 것은 부당하지 않다." 멋진 말이다. 정당성과 부당함은 상황 논리일 뿐이다. 정의와 불의는 "분명 한 시대의 사회현상과 그 구조적 문제점들"[3]을 보여주고 있을 뿐이다. 상황이 바뀌면 대역죄인도 영웅 소리를 들을 수 있는 것이다. 거꾸로 모범으로 추앙받던 영웅조차 상황이 바뀌면 목숨을 내놓아야 하는 역적으로 전락할 수도 있는 법이다. 특정 상황에 놓인 '사회현상과 그 구조적 문제점들'이 보이면 의식이 생겨난다. 그런 의식이 변화를 이끈다.

살인을 한 번도 저지르지 않았다고 옳은 것은 아니다. 때로는 안중근처럼 역사와 민족의 이름으로 누군가를 처단해야 하는 임무를 띠기도 해야 한다. 선을 넘지 않았다고 선한 사람이라고 단정할 일은 아니다. 때로는 선을 넘는 행위가 용기의 현상으로 칭송되어야 할 때도 있는 법이다. 축구 경기를 보는 관중은 중앙선을 넘어선 선수를 향해 환호성을 지르기도 한다. 어떤 상황이냐가 문제인 것이다. 누구는 국정농단을 눈감아주고서도 아무런 죄의식도 없다. 선을 넘지 않았다는 것이 그에게 양심을 형성해주고 있는 것이다. 그에게 주어진 권력이 무능과 영리함 사이에서 곡예를 하는 듯하다. '아무것도 몰랐다'는 말은 결코 무죄가 되는 필수조건은 아니다.

"본래는 우리가 사정에 따라서는 인간 하나를 죽일 만한 힘을 갖고 있다고 신뢰받지 못했을 때에야말로 우리는 경멸받아야 한다." 이것이 니체의 목소리다. 부끄러운 줄 알라! 선을 넘지 못한 용기에 수치심을 느끼라는 것이다. 모든 극복은 한계를 넘어설 때 가능한 것이다. 모든 창조는 기존의 것을 무시하거나 파괴할 때에만 가능한 것이다. 모든 변화는 과거의 것에 데카당스를 허용할 때 실현가능한 것으로 다가오는 법이다. 모든 변화의 시작은 그래서 비이성으로만 가능한 것이다. "거의 모든 범죄 가운데에는 남성에게 없어서는 안 될 고유성이 동시에 표현되어 있다." 니체가 말하는 남성성은 적극성에 의해서만 증명될 뿐이다. 현실에 안주하는 것은 그의 것이 아니다. 어떤 상황에서도 한계를 인식하고 그 너머를 동경할 줄 알아야 한다. 그것이 사는 자의 의무인 것이다.

르네상스인들의 도덕은 '도덕에 구속되지 않는 덕'이었다. 천 년이 넘도록 지배해온 사회질서에 반기를 드는 행위가 도덕으로 간주되었던 것이다. 그것이 신세대의 모습이었다. 르네상스인들은 자신의 길을 찾았다. 자신의 길을 인식할 수 있었다. 그리고 그 길을 과감하게 선택했다. 그것이 중세를 극복하는 계기가 된 것이다. 저항의식은 구속되지 않은 덕을 양심으로 갖추게 될 때 형성되는 것이다. 반대로 이런 저항의 싹을 짓밟는 행위는, 즉 "도덕적 경멸은 어떠한 범죄보다도 큰 능욕이자 위해"가 될 뿐이다. 자유를 허락하지 않는 구속은 모든 창조적 행위를 가로막는 폭력이 되는 것이다.

"완전한 국가가 실제로 달성되면, 위대한 지성과 대체로 강한 개체가 성장하던 땅은 유복한 삶에 의하여 파괴될 것이다."(인간적I, 236쪽) 플라톤이 말하는 이상적인 국가? 그런 국가에서 살고 싶은가? "모든 질서정연한 사회는 정열을 잠들게 한다."(즐거운, 73쪽) 이런 사회는 현상유지도 어렵다. 퇴행의 속도는 상상을 초월한다. 폐허가 된 도시에 서보면 세월의 무상함을 느낄 수 있다. 삶에의 의지는 완전한 국가에서는 활개를 펼칠 수가 없다. 그런 사회에서는 그저 쥐 죽은 듯이 말 잘 듣는 존재가 되어 살아야 할 뿐이다. 천국? 그런 나라에서 살고 싶은가? 시집장가도 못 가는 그런 곳에? "장가도 아니 가고 시집도 아니 가고 하늘에 있는 천사들과"(마가복음 12:25) 같아지고 마는 그런 곳에? 사랑도 열정도 제거되고 만 그런 곳에? 니체의 허무주의 사상은 손사래를 치고 있다. 한계가 보일 때 사랑하라고 가르치고 싶을 뿐이다. 아모르 파티의 이념을 전해주고 싶은 것이다. 운명처럼 주어진 자신의 육체를 가지고 열심히 살다가 행복하게 죽음을 맞이하는 것이 가장 바람직한 것이라고 말해주고 싶은 것이다.

진리도 거짓말도 필요로 하지 않는
허무주의적 권력에의 의지

허무주의는 진리나 거짓말에 휘둘리지 않는다. 그런 것에 대한 열망도 없다. 아니 그런 경지에 도달하기 위해 진리와 거짓말을 필요로 할 때도 있다. 즉 계단 삼아, 발판으로 삼아 한 발자국 더 올라서기 위해. 인간은 생각하는 존재, 즉 생각으로 삶을 끝까지 책임지고 살아야 한다. 생각이 어느 지점에서 멈춘다는 것은 바람직하지 않다. 끊임없이 진행되어야 한다. 생각은 그래야 한다. 도덕에 대한 허무주의적 입장이 그래서 문제가 되는 것이다.

'이건 이거다' 하고 말하는 순간, 금기가 생기고 마는 것이다. '이래야 한다, 저래야 한다'고 말하는 순간, '도덕적 행위'(460쪽)가 무엇인지 규정하게 된다. 해야 할 일과 하지 말아야 할 일을 말하고 있기 때문이다. 그러면 기준이 될 수밖에 없는 어떤 것에 생각은 얽매이고 만다. 그것을 중심으로 생각은 어떤 범주를 만들어내고 만다. 그 범주를 벗어날 수가 없다. 허무주의 철학은 그것을 경계한다. 그럴 바에야 차라리 무도덕을 지향한다. 그 어떤 것에 대해서도 얽매이는 것은 질색이다. 자유정신만이 허무주의적인 정신을 표방한다.

유럽의 군주들은 과연 그들이 우리의 지지없이 해나갈 수 있는지 없는지를 실제로 자성해보아야 했다. 우리들 무도덕가 – 우리야말로 오늘날 승리를 거두기 위하여 아무런 동맹자도 필요로 하지 않는 유일한 권력이며, 이 일로 우리는 강자 속에서 현격하게 최강자인 것이다. 우리는 거짓말조차도 필요로 하지 않는다. 우리들 말고 이 거짓말 없이 지낼 수 있는 어떠한 권력이 있을까? 강한 유혹이, 아마도 있을 수 있는 것 중의 가장 강한 유혹이 우리를 위해 싸우고 있다. – 즉 진리의 유혹이… '진리'의? 이 말을 우리에게 하게 하는 것은 누구인가? 하지만 나는 이 말을 다시 철회한다. 그러나 나는 이 우쭐대는 말을 업신여긴다. 아니 우리는 그것도 필요로 하지 않으며 우리는 진리 없이도 권력을 차지하고 승리를 거둘 수가 있을 것이다. 우리를 위해 싸우고 있는 마력, 우리의 적 그 자신의 마음을 빼앗아 장님이 되게 하는 비너스의 눈, 이것이 극한적인 것의 마법이며 모든 극단적인 것이 끄덕이는 유혹이다. 즉 우리들 무도덕가 – 우리는 극단적인 자들이다⋯ (442쪽)

평생을 도덕을 배워온 자에게는 낯선 글이 아닐 수 없다. 도덕적인 사람이 되라고 배워왔던 교육적 현장을 떠올리며 '이래서는 안 된다'고 말을 하고 있을 수도 있다. 특정 형식의 사고방식이 진리의 이름으로 정신 속에서 작동하고 있는 것이다. 이것을 깰 수 있을까? 허무주의는 이 문제에 도전장을 내민다. 그럴 수 있다는 믿음으로 맞선다. 도덕에 대해서는 무도덕으로 대결을 자처한다. "도덕적 행위라는 것은 전혀 없다."(460쪽) 이런 말을 양심의 가책을 받지 않고 내뱉을 수 있는가? 그럴 수 있는가? 불안한가? '무도덕'이란 단어가 마음에 거슬리는가? 걱정 말고 따라가 보자. 니체가 이끌고 있는 길은 분명 인간적인 너무나 인간적인 세상을 밝혀주는 그런 길이라고 믿으며 따라가 보자.

생각이 하는 일에 틀이 필요할 때도 있지만 그것이 전혀 필요하지 않을 때도 있다. 삶은 파도와 같다. 밀려올 때도 있지만 뒤로 물러서야 할 때도 있다. 어느 순간을 보며 말을 하고 있는지를 알아야 한다. 왜냐하면 니체는 도덕을 추구할 때도 있기 때문이다. "도덕을 설교하기는 쉽지만 도덕의 기초를 놓는 것은 어렵다."(반시대적I, 228쪽) 니체는 새로운 도덕을 가르치고자 한다. 새로운 도덕의 기초를 놓으려 하는 것이다. 도덕에 대한 그의 이념은 단호하다. "삶은 결코 도덕에 의해 창안된 것이 아니다."(인간적I, 11쪽) 삶이 먼저라는 얘기다. 그다음이 도덕이라는 것이다. 삶이 있고 도덕이 있는 것이지, 도덕이 있고 삶이 있는 것은 아니라는 주장이다.

도덕이냐 무도덕이냐, 혹은 비도덕이냐? 끊임없이 되풀이되는 논쟁이다. 삶이 있는 곳에는 필연적인 문제다. "비도덕주의자들 – 도덕주의자들은 오늘날 비도덕주의자로 비난받는 것을 감수하지 않으면 안 된다."(인간적II, 237쪽) 비도덕주의자 혹은 무도덕주의자로 번역된 원어는 '임모랄리스텐Immoralisten'으로 똑같다. 두 가지 모두 같은 말에 대한 번역일 뿐이다. 이거냐 저거냐 하는 식으로 번역 상태에 발목이 잡히지는 말자. 현상 너머에 있는 본질을 보려는 의지로 독서에 임해보자.

니체는 도덕을 비판했다. 생철학을 선택한 자의 운명이라고 할까. 그는 도덕을 삶의 의미를 가둬놓는 돌로 간주하기도 한다. "그러나 나의 불과 같은 창조 의지는 언제나 새롭게 나를 사람들에게로 내몬다. 망치를 돌로 내모는 것이다. / 아, 너희, 사람들이여, 돌 속에 하나의 형상이, 내 머리 속에 있는 많은 형상 가운데 으뜸가는 형상이 잠자고 있구나! 아, 그 형상이 더할 나위 없이 단단하고 보기 흉한 돌 속에 갇혀 잠이나 자야 하다니! / 이제 나의 망치는 저 형상을 가두어두고 있는 감옥을 잔인하게 때려 부순다. 돌에서 파편이 흩날리고 있다. 무슨 상관인가?"(차라, 143쪽) 도덕의 이름은 일전을 벌여야 할 '거대한 용'의 이름이라 했다. '너는 마땅히 해야 한다'(차라, 39쪽)는 것이 그 이름이라고 가르쳤다. 자유정신이 가야 할 길목에는 어김없이 이 용이 기다리고 있다. 피해갈 수도 없다. 싸워야 한다. '나는 하고자 한다'는 이름으로 맞서야 한다.

《인간적인 너무나 인간적인》에 언급된 문장을 다시 한번 읽어보자. "도덕주의자들은 오늘날 비도덕주의자로 비난받는 것을 감수하지 않으면 안 된다." 니체는 자신을 도덕주의자로 인정하고 있다. 도덕을 위해 도덕과 싸운다! 그래서 본래는 도덕의 편이지만 외면적으로는 도덕과 싸우고 있으니 어쩔 수 없이 도덕의 적이라는 오명을 쓸 수밖에 없다. 이것이 니체의 입장이다. "우리는 도덕 위에도 서 있을 줄 알아야 한다. 매 순간 미끄러져 넘어질 것을 두려워하는 경직된 두려움을 가지고 그 위에 서 있는 것이 아니라, 그 위에서 뛰놀 줄 알아야 한다!"(즐거운, 180쪽) 도덕은 놀이터가 되어야 한다. 도덕은 춤을 춰야 하는 무대가 되어야 한다. 도덕을 떠받들고 살아서는 안 된다는 얘기다.

모든 도덕주의자들은 '너는 마땅히 해야 한다'라는 말로 길을 가르쳐주었지만 그 모든 것은 그저 '거짓말'에 불과하다. 친구가 무엇을 해서 좋았다고 해서 자신도 그 무엇을 해서 좋아지리라는 보장은 없다. 세상에 정답이 있으면 그대로 살면 되는 것이다. 가르치는 대로 사람이 형성될 수 있다면 얼마나 좋을까. 그런데 삶은 그렇지가 않다. 정답도 없다. '너는 마땅히 해야 한다'는 주장은 그저 기성세대가 편하게 살기 위해 마련해둔 조항에 불과하다. 신세대는 늘 '하지 말라'는 것을 하며 쾌감을 느낀다. 세대갈등은 삶이 있는 곳에 피할 수 없는 상처처럼 도사리고 있다.

모두들 '진리'를 향해 행진을 해나갈 때 허무주의 철학자는 이탈을 선언한다. "하지만 나는 이 말을 다시 철회한다. 그러나 나는 이 우쭐대는 말을 업신여긴다." '진리'의 편에 서지 않겠다는 의지가 발동한다. 진리의 다른 말은 신神과 같다. 그런 우쭐대는 말에 기죽지 않는다. '스스로 있는 자'(출애굽기 3:14)와 같은 절대적 논리에 굴복하지 않는다. 필연에 우연으로 맞선다. 아니 필연으로 인정되어 왔던 모든 것이 우연이었을 수도 있다. 그렇다면 그 우연과도 싸워야 한다. "우리는 아직도 우연이라고 하는 저 거인에 대항하여 한 걸음 한 걸음 싸워나가고 있다."(차라, 128쪽) 하지만 하늘 위에서 필연을 보지 않고 우연을 볼 수 있다면 행복한 것이다. 행복한 싸움인 것이다. "'나 모든 사물 위에 우연이라는 하늘, 순진무구라는 하늘, 뜻밖이라는 하늘, 자유분방이라는 하늘이 펼쳐져 있다'고 가르친다면 그것은 축복일망정 모독은 아니다."(차라, 275쪽) "내게 있어서 너 신성한 우연이란 것을 위한 무도장이며 신성한 주사위와 주사위놀이를 즐기는 자를 위한 신의 탁자라는 것이다!"(차라, 276쪽) 우연도 무대다. 춤을 춰야 할 무대라는 얘기다.

　허무주의는 거짓말도 진리도 필요로 하지 않는다. 그런 것 없이도 춤을 출 수 있는 철학이다. 아니 그런 것을 무대로 삼아 현란한 춤을 출 수도 있다. 힘 있는 자의 건강한 춤이 바로 이런 무대 위에서 실현되는 것이다. 가장 위험한 춤일 수 있지만 가장 황홀한 춤이 될 수도 있다. 가장 큰 승리감은 가장 위험한 적과의 싸움만이 선사해주는 선물인 것처럼. 니체는 '비너스의 눈'을 좋아한다. "우리의 적 그 자신의 마음을 빼앗아 장님이 되게 하는 비너스의 눈, 이것은 극한적인 것의 마법이며 모든 극단적인 것이 끄덕이는 유혹이다." 비너스는 육체적 사랑의 상징이다.[4] 머리를 자를 수 없는 존재로 살아야 하는 운명, 그것이 인간의 삶이다. 생각하는 존재는 머리를 필요로 할 수밖에 없다. 육체 없이 이루어지는 삶이라는 이야기는 모순에 지나지 않는다. 오히려 그런 이야기에 귀를 허락한 정신은 비너스의 눈빛 앞에서 장님이 되고 말 것이다. 니체의 글 속에서 그 어떤 메시지도 발견해내지 못할 것이다. 모든 것은 그저 자신의 생각에 저해되고 방해되는 요소로만 읽혀질 뿐일 것이다. 그때 외쳐대는 말이 아마도 '위험한 책'(인간적II, 52쪽)이 아닐까.

　하지만 니체의 말들이 익숙해지고 나면 허무주의도 놀이터가 될 수 있다. 정신이 춤을 출 수 있는 무대가 되어줄 수 있다. 이보다 더 멋진 무대는 없으리라. 삶의 꽃이 만발한 정원에서 희망의 춤도 출 수 있으리라. "우리 모두는 우리 안에 숨겨진 정원과 식물을 갖고 있다."(즐거운, 79쪽) 이 정원과 이 식물을 보호하고자 니체는 허무주의를 선택했다. '위대한 인간'(442쪽)으로 거듭날 수 있는 조건이기 때문이다. 모든 진리는 자기 안에서 찾을 일이다. 모든 논리로는 찾을 수 없는 진리다. "논리적 충동은 결코 자기 자신을 향하지 못했다."(비극, 107쪽) 허무주의는 정답과 진리 등을 갈구하는 눈을 안으로 향하게 할 뿐이다. "'너 스스로가 되어라! 네가 지금 행하고 생각하고 원하는 것은 모두 네가 아니다'라고 그에게 외치는 양심의 소리를 따르면 된다."(반시대Ⅲ, 392쪽) 도덕을 위해 도덕을 거부하며 양심을 위해 양심을 거부하는 철학, 그것이 허무주의 철학이다. 삶을 위한 권력을 지향하는 철학인 것이다. 니체가 말하는 권력에의 의지는 삶의 현장에서만 의미를 갖는다.

건강한 육체를 가지고
자유롭게 춤추는 것을 배워라

육체는 가장 직접적인 실존의 원인이다. '나는 누구인가?' 이런 질문을 갖게 되면 가장 먼저 거울 앞으로 스스로를 내몬다. 그리고 거기서 자기 자신을 추궁한다. 눈에 보이는 게 다가 아니라는 생각을 하면서 또 다른 자기 자신을 찾기 시작하는 것이다. 도대체 나는 누구인가? 육체처럼 정해져 있는 것일까? 그렇다면 문학도 철학도 예술도 모두 헛일이 되고 만다. 그게 아니라서 이런 것들이 결국에는 관심의 대상이 되는 것이다. 평생을 일상에 내몰려 살다가 겨우 시간이 허락되고 생각할 여유가 생기면 이런 것들이 운운되는 장소를 기웃거리게 되는 것이다. 진리에 대한 갈급함으로, 생명수를 찾는 마음으로 찾아가는 것이다. 하지만 익숙지 않아 어려움만 겪는다. 여기저기 예상치 못한 사물에 걸려 넘어지기를 반복한다. 그래도 포기할 수 없다. 생각하는 존재라서 그런 거다.

생각하는 존재는 생각의 달인이 되어야 한다. 지식의 많고 적음이 이것을 결정하는 것도 아니다. 백과사전식으로 외워둔 지식은 아무짝에도 쓸모없다. 삶에 도움이 되는 지식은 지혜의 경지로 올라서줘야 한다. 지금까지 아는 것은 진정한 앎이 아닐 수도 있다는 이런 가능성을 스스로에게 허락할 때 정신은 자유 앞에 서게 된다. 길이 없다. 길이 안 보인다. 어디로 나아가야 할까? 이것이 자유 앞에 선 정신이 인식하는 것이다. 문제 상황일까? 그럴 수도 있지만 그런 문제 때문에 삶이 주눅 들지는 않을 것이다. 이제는 선택하는 것만이 남아 있을 뿐이다. 스스로 모든 것을 결정하며 나아가야 하는 것이다. 남이 시켜서 하는 게 아니라 스스로 해야 할 일을 찾아 나서는 것이다. '나는 하고자 한다', '나는 원한다'는 이름으로 삶을 책임지고자 하는 것이다.

상위를 계속 유지하기 위해서는 어느 정도의 저항이 부단히 초극되지 않으면 안 되는가, 이것이 개개인에 대해서이든 사회에 대해서이든 자유의 척도이다. 즉 그것은 적극적 권력으로서 권력에의 의지로서 설정된 자유를 가리킨다. 따라서 개인적 자유의, 주권성의 최고형식은, 그 반대물과 다섯 걸음도 떨어지지 않은 곳에서 노예화의 위험이 백 개의 다모클레스의 칼처럼 생존의 머리를 위태롭게 하고 있는 곳에서 생육한다는 것도 극히 있을 수 있는 일이다. 이 점에 눈을 멈추어 역사를 개괄해보라. '개인'이 저 완전성에까지 성숙하는 바꿔 말하면 자유케 되는 시대, 주권적 인간의 고전적 전형이 달성되는 시대, 오, 아니다! 그것이 결코 인도적인 시대는 아니었던 것이다! / 상위에 앉거나 - 아니면 벌레처럼 조소받고 무시당하며 짓밟혀 하위로 만족하거나 여기에는 선택의 여지가 있을 수 없다. 압제자가 되기 위해서는, 바꿔 말하면 자유케 되기 위해서는, 사람은 스스로에 대한 압제자를 갖지 않으면 안 된다. 백 개의 다모클레스의 칼이 자신의 머리를 위협하고 있는 것은, 결코 작은 이익이 아니다. 이 일로써 사람은 춤추는 것을 배우기 때문이며, 이 일로써 사람은 '운동의 자유'에 다다르기 때문이다. (450쪽 이후)

'자유의 척도', 그것은 얼마나 큰 '저항'과 맞서고 있느냐 하는 데 달려 있다. 얼마나 큰 사막을 앞에 두고 있는가? 얼마나 큰 바다를 앞에 두고 있는가? 모험 여행을 떠날 준비가 되었는가? 뜨거운 사막의 모래 위에 첫 발을 내디딜 준비를 마쳤는가? 마실 물 한 방울 없는 바다에 희망을 실은 배를 띄울 준비를 마쳤는가? 그리고 그 사막 한가운데 있다는 느낌은 어떤 것일까? 그게 삶이 아닐까. 그래도 좋다. 왜냐하면 삶은 운명이기 때문이다. "생의 한가운데에서 - 아니다! 삶은 나를 실망시키지 않았다."(즐거운, 293쪽) 실망은 자기 자신이 했을 뿐이다. 우연 앞에서 필연이라 느끼며 쓰러졌던 것이다. 한계에 부딪혀 스스로 다시 일어설 힘을 앗아간 탓이다. 자유롭게 살고 있는가? 자유인으로 살고 있는가? 끊임없이 해야 할 질문이다. 살아가는 동안 잊어서는 안 될 질문이다.

니체가 말하는 '자유'는 "적극적 권력으로서 권력에의 의지로서 설정된 자유"를 일컫는다. 권력 없이는 자유는 망상에 불과하다. 진정한 자유는 오로지 권력에 의해서만 구현된다. '개인적 자유'만이 '주권성의 최고 형식'을 증명한다. 자기 자신이 원하는 것을 양심으로 가진 자가 자유인이다. '마땅히 해야 한다'는 모든 명령들을 제압해낸 자가 권력에의 의지로 무장한 허무주의자다. 하지만 이 의지는 절대적이지 않아서 끊임없이 되풀이해야 할 뿐이다. '어느 정도의 저항'을 감당하고 있는가 하고.

허무주의가 이상형을 내세운 '초인'은 절대적인 형식이 아니다. 그것은 끊임없는 극복에 의해서만 실현될 뿐이다. "낮 동안 너는 열 번 네 자신을 극복해야 한다."(차라, 42쪽) 열 번? 그런 숫자에 얽매이는 순진함은 지양하자. "낮 동안 너는 열 번 네 자신과 화해해야 한다."(같은 곳) 화해하기 위해 싸웠어야 한다. 하루에 열 번 자기 자신과 목숨 걸고 싸워야 한다. "낮 동안 너는 열 개의 진리를 찾아내야 한다."(같은 곳) 진리는 지양의 대상일 뿐이다. 현상은 다양하다. 하나의 진리로 현상을 대변할 수는 없다. "낮 동안 너는 열 번 웃어야 하며 열 번 유쾌해 있어야 한다."(같은 책, 43쪽) 웃기 위해 살아야 한다. 삶의 의미는 웃음과 함께 인식된다. '아~ 좋다~' 하는 말과 함께 삶은 자기 앞으로 성큼 다가온다. 결국에는 유쾌해야 한다. 그것이 사는 자의 의무다. 즐거운 삶이 허무주의가 지향하는 궁극적인 삶이다. 허무주의는 신조차 제거의 대상으로 삼지만 오로지 인간을 살리려는 의지의 발현일 뿐이다.

노예의 삶은 허무주의가 원하는 삶이 아니다. 시키는 대로 사는 게 때로는 편할 때도 있다. 모든 것을 신께 맡기는 행위보다 더 행복한 것이 또 있을까? 그가 모든 것을 책임지고 모든 복수까지도 대신 해준다고 했다. 그는 '복수하시는 하나님'(시편 94:1)이기 때문이다. "원수 갚는 것이 내게 있으니 내가 갚으리라"(로마서 12:19)고 그는 말한다. 세상 편하다. 이게 '구속의 자유'라는 것이다. 믿으면 구원받는다는 논리다. "자신이 원하는 것을 하려고 할 때 나쁜 욕망을 품을 수밖에 없다"[5]는 것을 잘 알고, 그런 욕망을 스스로 제거하며, "사랑하는 것을 섬기고 또 복종하는 것"[6]을 실천할 때 구원이 이루어지는 것이다. 하지만 현실로 돌아오면 모든 게 마음대로 되지 않는다. 그게 문제다. 그 누구도 '나는 구원받았다'고 증명할 길이 없다. 그런 말을 하는 자가 오히려 이상하게 보일 뿐이다. 스스로는 믿음이 굳건한 자로 여길지는 몰라도.

세상에는 '노예화의 위험'이 곳곳에 있다. 주인보다 노예가 더 많다. 마치 피라미드 구조처럼 위로 올라갈수록 그 숫자는 줄어든다. 아래로 내려갈수록 무리동물의 집단의식이 판을 친다. 유행을 따르며 그게 멋이라고 자랑한다. 틀에 박힌 생각을 하며 그게 진리라고 간주한다. '친구 따라 강남 가는' 추종정신으로 삶을 살아간다. 이런 자들이 득실거리는 세상에서 자유인으로 산다는 것은 실로 많은 것을 감당해내야 하는 것을 의미한다. '다모클레스의 칼'은 '머리 위에 한 가닥의 말꼬리털로 매달아놓은 예리한 칼'(451쪽, 각주)을 의미한다. 머리에 칼을 묶어놓고 춤을 취야 하는 상황, 그것이야말로 세상살이다. 시시때때로 위험에 노출되기 때문이다. 다모클레스의 칼은 손에 들려 있지도 않다. 칼이 손에 쥐어져 있다면 힘 조절이라도 쉬우련만, 그게 아니라서 너무 힘들다. 칼이 머리에 매달려 있다. 작은 실수 하나도 큰 상처를 줄 수 있다. 춤의 달인이 아니라면 큰일을 당할 수도 있다. 머리를 자를 수도 없는 상황이다. 이것이 인간의 운명이다.

"생존의 머리를 위태롭게 하고 있는 곳에서 생육한다"는 것이 니체가 바라보는 삶의 현장이다. '살기 힘들다'는 말은 당연하다. 어느 누구도 삶을 쉽게 살아갈 수가 없다. 하지만 힘들다고 우울해할 필요는 없다. 그게 운명이라면 '사랑'하는 마음으로 보듬어주면 된다. 운명을 만나면 사랑하라 했다. 아모르 파티, 그것이 허무주의 철학의 정언명법이다. 그게 생철학의 지상명령이다. 사랑하지 않는 자, 니체와 친해질 수 없다. 허무주의라는 철학을 놀이터로 삼아 즐겁게 놀고 싶다면 모든 위험한 장난에 달인이 되어야 한다. 양심의 가책으로 스스로를 옭아매면 맬수록 위험은 가중될 뿐이다. 생각과 행동이 자유롭지 못하면 머리에 매달려 있는 칼이 혼쭐을 내줄 것이다. 늘 정신 차리고 살 일이다. 늘 생각 하나 잘못하면 큰일 난다는 인식으로 살아야 한다.

　니체가 꿈꾸는 세상은 '완전성에까지 성숙해진 개인'이 그런 개인을 만나 행복하게 사는 사회다. 그런 개인이 또 다른 그런 개인을 만나 사랑의 기적을 경험하는 그런 세계다. 모두가 '자유케 되는 시대, 주권적 인간의 고전적 전형이 달성되는 시대'를 맞이하여 즐겁게 사는 세상이다. '인도적인 시대'가 도래한 세상, 그것이 니체의 이상향이다. '신은 죽었다'에 연연하지 않고 '스스로 신이 되어야 한다'는 게 양심의 소리로 들리는 그런 세상에서의 삶이 최고라는 얘기다.

　끊임없이 극복하여 위에 오르려는 의지로 삶에 임해야 한다. "벌레처럼 조소받고 무시당하며 짓밟혀 하위로 만족"하는 것은 허무주의적인 삶이 아니다. 생철학자의 눈은 '비너스의 눈'으로 무장해야 한다. 자신의 육체에 긍지를 가진 시각으로 인식의 갑옷을 입어야 한다. "압제자가 되기 위해서는, 바꿔 말하면 자유케 되기 위해서는, 사람은 스스로에 대한 압제자를 갖지 않으면 안 된다." 삶의 짐은 스스로 짊어져야 한다. 사막에서도 굴하지 않고 전진하는 불굴의 의지를 지녀야 한다. 니체는 이런 정신을 '낙타의 정신'으로 설명했다. "공경하고 두려워하는 마음을 지닌 억센 정신, 짐깨나 지는 정신에게는 무거운 짐이 허다하다. 정신의 강인함, 그것은 무거운 짐을, 그것의 더없이 무거운 짐을 지고자 한다."(차라, 38쪽) 삶의 짐은 스스로 질 일이다. 그 누구에게도 맡길 수 없다. 무거운 짐을 예비하고 있는 삶을 불굴의 정신으로 버티라는 얘기다.

스스로를 구속할 때 정신은 자유를 쟁취한다. "구속된 마음, 자유로운 정신 – 만일 사람들이 자신의 마음을 엄격하게 묶어 잡아두면, 자신의 정신에 많은 자유를 줄 수 있다: 나는 이것을 이미 한번 말했다. 그러나 사람들은 이것을 알지 못했는지 내 말을 믿지 않는다."(선악, 112쪽) 또다시 반복해보았다. 이제는 처음 이 문장을 대했을 때보다 더 감동적으로 읽혀질 것이다. 니체의 진심이 읽혀질 것이기 때문이다. 대가가 되고 싶으면 일단 지켜야 할 조항을 지켜야 한다. 틀에 박힌 리듬과 박자에 익숙해져야 한다. 그것이 습관이 될 때까지 연습에 임해야 한다. 하지만 때가 되면 그것에서 벗어나야 한다. 그때 멋진 춤이 탄생하는 것이다. 그때 감동을 주는 예술이 세상에 모습을 드러내는 것이다. 압제자가 되기 위해서는 스스로 압제자가 되어야 한다. 초인이 되고 싶은 자는 스스로 초월하는 용기를 내야 한다. 육체를 가진 자는 춤을 배워야 한다. 한 걸음조차 예술적으로 내디뎌야 한다. '운동의 자유'에 도달할 때까지 노력하며 살아야 한다.

삶의 현장은 축제의 현장이 되어야 한다. 모든 짐에도 불구하고 발걸음은 가벼워야 한다. "즉 축제는 모두 감정의 하중을 낮추어줄 어떤 주체를 필요로 한다."(453쪽) 그 주체는 오로지 자기 자신뿐이다. 육체가 있어 감각이 있고, 감각이 있어 감정이 있고, 감정이 있어 느낌이 있고, 느낌이 있어 생각의 형식이 정해지는 법이다. 생각하는 존재가 생각에 발목 잡히는 일이 없으려면 모든 생각에 주체적으로 반응할 수 있는 존재로 거듭나야 한다. 어떤 생각에도 구속되지 않으려면 자유정신을 인식하고 있어야 한다.

예술을 위한 권력에의 의지로서
아폴론적인 것과 디오니소스적인 것

　생철학은 삶을 예술적으로 살아주기를 원한다. 기업이 만들어놓은 상품을 지향하는 삶이 아니라 스스로 원하는 그 마음으로 삶을 살아주기를 지향한다. 옷을 사고 자동차를 사고 아파트를 사는 그런 상품과 같은 삶이 아니라 예술작품 같은 삶을 살아주기를 바라는 것이다. 상품처럼 살지 말고 작품처럼 살아라! 상품으로 살지 말고 작품으로 살아라! 이것이 니체가 들려주고 싶은 말이다. 허무주의는 끊임없이 위협하는 '노예화의 위험'(450쪽)에 대처하는 것을 진정한 지혜로 삼는다. 자기 삶에 대해서는 스스로 주인의식으로 살아야 한다. 자기 삶에 주인이 되지 못한 자는 허무주의 철학이 부담스러울 수밖에 없다. 일상에서 가축 떼의 무리본능으로 일관하는 자는 유행이 만들어놓은 유니폼을 입고서 발맞춰 행진을 하면서도 그것이야말로 틀에 박힌 노예의 삶이라는 사실을 눈치도 못 챘다.

　"예술가는 곧 철학자"(468쪽)이다. 그는 "자기 자신을 손수 출산하는 예술 작품으로서의 세계"(같은 곳)를 창출하는 주체가 된다. 창조론에 의해 만들어진 세계 속으로 자기 자신을 내모는 것이 아니라, 스스로 창조해낸 세계 속으로 삶을 이끌어간다. 스스로가 자기 삶의 선구자가 된다. 아무도 자기 삶을 이끌어줄 수 없다. 스스로가 최전방에 서서 적극적으로 삶을 이끌어야 한다. 그렇게 살아야 한다. 독일어로 예술은 '쿤스트Kunst'라고 한다. 이 말의 뜻은 '능력'과 연관한다. 능력이 있어야 예술이 가능해진다는 얘기다. 그래서 속담에도 이런 말이 있다. "예술은 능력에서 온다"[7]고. 그렇다면 어떤 능력을 가져야 할까? 이런 질문을 품고서 다음의 잠언을 읽어보자.

아폴론적-디오니소스적 - 예술 자체가 자연의 폭력처럼 인간 가운데 등장하고, 인간이 바라건 않건 상관없이 인간을 임의로 부리는 두 가지 상태가 있다. 즉 한편은 환영에의 강제로서, 다른 편은 망아적 방종에의 강제로서. 이 두 가지 상태는 정상적인 삶 가운데서도 그 전주곡을 연주하고 있으나, 오직 그것은 비교적 약하다는 데 불과하다. 즉 한편은 꿈에 있어서, 다른 편은 도취에 있어서. / 하지만 이것과 동일한 대립은 역시 꿈과 도취의 사이에도 있다. 양자가 모두 우리의 마음속에서 예술적 위력을 해방시켜주지만 그러나 양자는 각기 다르다. 즉 꿈은 관상하고, 연결하고, 작시하는 행동의 예술적 위력이며 도취는 몸짓, 격정, 노래, 춤의 그것이다. (469쪽)

《비극의 탄생》에서 니체는 아폴론적인 것과 디오니소스적인 것을 예술의 두 가지 원리로 설명한다. 이들 둘은 "두 개의 몹시 상이한 충동"에 해당하지만 서로를 필요로 하는 조건이 될 뿐이다. 결국 이 둘은 '결합'하고, "이 짝짓기를 통해 마침내 디오니소스적이기도 하고 아폴론적이기도 한"(비극, 29쪽) 예술 작품을 산출하게 되는 것이다. 바로 이런 예술 작품이야말로 고대 그리스의 비극이 된다. 생명력을 강화시켜주는 그런 예술로 말이다.

아폴론적인 것은 '환영에의 강제'를 지향한다. 이에 반해 디오니소스적인 것은 '망아적 방종에의 강제'를 지향한다. 한쪽은 보려고 하고 다른 한쪽은 보지 않으려 한다. 한쪽은 기억하려 하고 다른 한쪽은 잊으려 한다.

둘의 원리는 서로 다르지만 다른 하나가 없이는 존재할 수 없는 충동이다. 마치 동양의 음양이론처럼 둘을 서로를 지향하며 돌고 돈다. 다른 하나가 없이는 태극을 일궈낼 수가 없는 것처럼.

또 아폴론적인 것은 '꿈'을 지향하고, 디오니소스적인 것은 '도취'를 지향한다. 꿈은 특정 형상을 보여주지만, 도취는 모든 것을 잊게 하는 매력이 있다. '꿈은 이루어진다'는 말은 지극히 아폴론적인 발언이다. 하지만 그 꿈에서 영원히 살 수는 없다. 언젠가는 꿈에서 깨어나야 한다. 꿈이 꿈이었음을 인정해야 할 때도 있다. 이제는 망각의 힘이 동원되어야 할 때다. 술의 신 디오니소스는 잊는 능력을 통해 인간의 정신을 구원해준다. 그런 의미에서 그는 '뤼지오스Lysios' 혹은 '뤼오이스Lyäus'라는 별명으로 불리기도 한다. 그 뜻은 '조르겐브레허Sorgenbrecher',[8] 즉 '걱정을 없애주는 자'이다.

'걱정도 팔자'라는 말이 있다. 걱정 없이 살 수 있는 자는 하나도 없다. 이성을 갖고 살아야 하는 운명 속에 '걱정'도 속해 있다. 물론 그 걱정의 현상은 다양하다. 누구는 이런 일로 걱정하고 또 누구는 그런 일로는 전혀 걱정도 하지 않는다. 걱정거리가 되고 못 되고는 팔자에 해당한다. 걱정이 삶에서 제거될 수 없는 것이라면 이에 대해서도 달인의 모습을 갖출 때까지 연습을 해야 할 일이다. 걱정도 잘 다루면 삶이 예술적으로 변화를 일궈내 줄 것이다.

다시 꿈과 도취의 문제로 돌아가 보자. 둘은 예술을 위해 반드시 필요하다. "즉 꿈은 관상하고, 연결하고, 작시하는 행동의 예술적 위력이며 도취는 몸짓, 격정, 노래, 춤의 그것이다." 아폴론적인 것은 이상을 담당하고 디오니소스적인 것은 현실을 담당한다. 둘 다 생각하는 존재가 익숙해져야 하는 개념이다. 생각과 존재는 결코 대립하고 갈등하는 사이가 아니다. 생각과 존재는 하나가 되어줄 때 진정한 인간의 상이 형성되는 것이다. 그때 아름다운 예술 작품 같은 삶이 구현되는 것이다.

성욕과 관능에
명예를 되돌려주어야 한다

몸은 수치스러운 게 아니다. 성이 다르다는 것은 아름다운 일이다. 음과 양처럼, 디오니소스적인 것과 아폴론적인 것처럼, 둘을 짝짓기를 해낼 때 이상적인 경지로 나아가게 되는 것이다. 사랑을 신의 이름으로 부르는 데는 다 까닭이 있지 않을까. 더 이상 쪼갤 수 없는 개인으로 살아야 하는 게 운명으로 인식되어서 그런 게 아닐까. 혼자가 싫어서 사랑을 최고의 이상으로 선택한 것이 아닐까. 사랑을 싫어하는 자는 없다. 사랑은 모든 긍정적인 것의 최고 형식에 해당한다. 사랑이 뭐냐고 설명할라치면 신이 누구냐는 설명을 떠올릴 수밖에 없는 상황이 펼쳐지고 만다. 그만큼 복잡하다는 얘기다.

그런데 사랑이 참 묘하다. 플라톤은 이념적 사랑을 최고로 삼는다. 정신적 사랑을 최고 정점에 둔다는 얘기다. 관념론의 사랑방식이다. 하지만 생철학은 정반대의 원리를 취한다. 허무주의는 몸의 무고함을 주장한다. 육체는 죄가 없다는 얘기다. 성이 다른 것을 수치심으로 받아들이지 말라는 것이다. 성기는 부끄러움의 대상이 아니다. 이것을 인식하고 싶으면 고대의 도시들을 여행해보면 된다. 고대의 모든 신들은 실오라기 하나 걸치지 않은 채로 거리를 지키고 있다. 고대의 동상들이 보여주는 자태는 현대인에게는 낯선 현상 그 자체다.

> 우리가 사물 속으로 변모나 충실을 넣어놓고 그 사물을 실마리로 삼아 창작
> 하고, 다음에는 그 사물이 우리들 자신의 충실이나 생명욕을 되비추기에 이
> 르는 상태란 성욕, 도취, 향연, 회춘, 적을 압도한 승리, 조소, 감행, 잔혹, 종
> 교적 감정의 희열에 다름 아니다. 특히 성욕, 도취, 잔혹이라는 세 가지 요소
> 이다. – 이들 모두는 인간의 가장 오랜 축제의 환희에 속하며, 이들 모두는
> 마찬가지로 최초의 '예술가'에게 있어서도 우세하다. (471쪽)

가장 멋진 축제는 어떤 것일까? 그토록 아픈 상처를 남겨놓는 게 사랑
이라지만 그 누구도 사랑을 마다하지 않는다. 낭만주의 작가 노발리스가
《푸른 꽃》을 이끄는 헌시의 한 구절이 생각난다. "왜 나는 자꾸만 이 지상
의 고통에 매달리는가? / 이 마음과 생은 영원히 당신 것이 아니던가? /
이 세상에서 당신의 사랑만이 내 은신처가 아니던가?"[9] 고통이 은신처다.
사랑이 바로 그 고통이다. 이런 논리가 오로지 낭만주의의 전유물에 지나
지 않을까? 아니다. 사랑은 모두가 염원하는 기적이다. 누구는 "오래 전,
집 나간 나의 '설렘'을 찾고 있다"[10]고 고백하기도 했다. 인간이 허전함을
느끼는 이유는 설렘이라는 사랑의 감정이 부재하기 때문이리라.
　하지만 이것을 성욕이니 도취니 잔혹이니 하는 개념으로 묶으려 들면 기
분이 상한다. 이것이 우리 현대인의 한계가 아닐까. 특히 성욕은 가장 인정
하기 힘든 개념이 아닐까. 고귀한 생각을 더럽게 만든다고 항변하는 소리
가 들려온다. 숭고한 생각을 오해한 것이라고, '나는 전혀 그런 생각으로 한
말이 아니라'고. 하지만 창작은 언제나 설렘과 함께 시작한다. 그 설렘과 함

께 선악의 경계를 넘어서게 되는 것이다. "사랑으로 행해진 것은 항상 선악의 저편에서 일어난다."(선악, 127쪽) 옳고 그르다는 판단이 없는 곳에서 사랑은 기적처럼 일어나는 것이다. 이래야 한다 저래야 한다는 '우쭐대는 말'(442쪽)이 없는 곳에서 사랑은 생의 최고의 선물로 주어지는 것이다.

예술은 우리에게 동물적 활력의 상태를 상기시킨다. 예술은 한편으로는 왕성한 육체성의 형상이나 원망의 세계 속으로의 넘침이자 유출이다. 다른 편으로는 높여진 삶의 형상이나 원망에 의한 동물적 기능의 도발이다. ─ 생명감정의 고양, 생명감정의 자극제이다. / 추잡한 것도 또한 어디까지 이러한 위력을 가질 수 있는가? 그것은 이러한 추잡한 공포스러운 것을 지배하고만 예술가의 의기양양한 에너지에 관하여 그것이 무엇인가를 전달하는 한도 내에서이다. 혹은 그것이 잔혹함의 쾌감을 우리의 마음에 어렴풋이 유발하는 한도 내에서이다(상황에 따라서는, 우리를 괴롭히는 쾌감, 자학까지도 유발하고 이리하여 우리를 지배하는 권력 감정을 유발한다). (471쪽 이후)

'동물적 활력'이 없다면 그것은 예술이 아니다. 생명이 있는 곳에 예술이 있는 것이다. "예술은 한편으로는 왕성한 육체성의 형상이나 원망의 세계 속으로의 넘침이자 유출이다." '왕성한 육체성'으로 넘어가줘야 예술이다. 가장 아름다운 것은 인간의 육체이다. 세상의 그 어떤 사물도 인간의 육체만큼 설렘을 일으키는 것은 없다. '동물적 기능의 도발'만큼 자극적인 것이 없다. 이것만이 "생명감정의 고양, 생명감정의 자극제이다." 바꿔 말하면, 생명감정을 고양시키거나 자극하지 않는 것은 예술의 가치가 없다는 뜻이기도 하다. "예술가는 곧 철학자"(468쪽)라 했다. 이 또한 바꿔 말하면, 생명강정을 고양시키고 자극하지 못하는 철학자는 철학자도 아니라는 단정이기도 하다.

육체가 더럽고 추잡한가? 육체의 일부분이 숨겨야 할 정도로 아름답지 못한가? 하지만 사랑에 빠지면 그 누구도 가장 은밀한 곳에 숨겨두었던 수치스러운 것도 꽃의 성기처럼 가장 높은 곳에 두어 아름다움을 자랑하게 된다. 바로 이런 점에서 인간은 '꽃이 아름다운 이유'를 찾고 있는지도 모른다. "꽃이 아름다운 이유는 부끄러워하지 않고 당당하기 때문이다. 가장 은밀해야 할 곳을 가장 높은 곳에 두어 가장 잘 보이게 하고, 깨끗한 척 도도하지도 않으며, 자신의 존재에 무한한 긍지를 갖고서 먼지의 집합체인 흙 속에 뿌리박고 서 있다. 꽃잎으로 어두웠던 마음의 문을 열어 밝은 태양을 바라보며, 맨 위쪽 꼭짓점에 자신의 성기를 부끄럼 없이 드러내고 숨김없이 깨끗한 마음으로 꽃은 항상 하늘을 향해 활짝 핀다. 피어난 꽃은 한 생명의 절정이 되어 또 다른 시작을 허락한다. 격정의 순간을 자연의 영원에 맡기고 힘 잃고 시들어 가는 자신을 희생해 사라질 것에 최선을 다한다. 이 모든 것이 꽃이 아름다운 이유다."[11]

생의 의미는 선에 의해서 결정되는 것이 결코 아니다. 착하게 산다고 잘 사는 것도 아니다. 도덕적 잣대는 오히려 훗날 후회하는 삶의 원인이 될 때도 있다. 하고 싶은 마음을 스스로 꺾으며 살았기 때문이다. 하지 말라는 것을 하며 청춘은 성숙해진다고 했다. "추잡한 것도 또한 어디까지 이러한 위력을 가질 수 있는가?" 그것도 통제가 가능할 때 생명감정의 고양과 자극제로 활용될 수 있다. 머리에 묶인 칼조차 잘 다룰 수만 있다면 멋진 춤으로 승화되는 원인이 될 수 있는 것처럼.

'잔혹함의 쾌감'은 강자만이 느낄 수 있는 감정이다. 그 잔혹함이 꼭 타인을 향하지 않아도 된다. 즉 자기 자신을 향한 잔혹함도 괜찮다. 그 정도는 견뎌낼 수 있으니까 잔혹해질 수 있는 것이다. 자기 검증의 순간이 될 수도 있다. "자신의 힘을 견주어볼 수 있는 상대인 적, 즉 가치 있는 적"(비극, 10쪽)을 찾아 떠나는 것도 이에 해당한다고 볼 수 있겠다. 결코 만만치 않은 적이지만, 그래도 필요하다는 의식으로 다가서는 것이다. 적에 대한 호의적 태도는 여유가 있어야만 가능하다.

"상황에 따라서는, 우리를 괴롭히는 쾌감, 자학까지도 유발하고 이리하여 우리를 지배하는 권력 감정을 유발한다"는 것이 니체의 입장이다. 나쁜 것도 나름대로 좋은 영향을 끼칠 수 있다. 악한 것이 나쁘다는 식의 일방적인 논리는 결코 좋은 결과를 창출해낼 수 없다. 경우에 따라서는 '추잡한 것', '잔혹한 것', '괴롭히는 것', '자학하는 것' 등도 좋은 영향을 끼칠 수 있다. 전의戰意, 투지鬪志 등은 곱고 아름다운 착한 마음씨로는 불가능한 태도다. 분노가 없으면 가질 수 없는 마음상태다. 하지만 이런 마음 없이 세상을 무난하게 살아갈 수는 없다. 문제는 이런 마음씨가 나쁘다는 이미지를 갖는다는 데 있다. 예를 들어 그런 감각을 동물적이라는 개념으로, 즉 인간 이하의 것으로 폄하할 때가 많다는 것이다.

주요한 점에 있어서 나는 지금까지의 모든 철학자보다 더 예술가를 시인한다. 예술가는 삶이 더듬어가는 발자취를 놓치는 일 없이 '이 세상'의 사물을 사랑하며, – 그 의미를 사랑했기 때문이다. '관능의 박탈'에 노력한다는 것, 이것은 나에게는 그것이 단순한 위선이나 자기기만이 아닌 경우에는 하나의 오해, 혹은 하나의 질병, 혹은 하나의 치료라고 생각된다. 내가 나 자신과 청교도적 양심의 불안 없이 살아간다. – 살아가는 것이 허락되고 있는 모든 사람들에게 바라는 것은 자신의 관능을 한층 더 정신화하고 다양화하는 일이다. 그렇다, 우리는 그 섬세함, 충실, 힘에 대하여 관능에 감사하고 우리가 가지고 있는 정신의 최선의 것을 관능에 되갚아주고 싶어 한다. 승려나 형이상학자가 관능을 나쁘게 말하려 해도, 우리에게 무슨 상관이 있을까! 우리는 이러한 험담을 더 이상 필요로 하지 않는다. 괴테와 마찬가지로 한층 더 큰 쾌감과 애정을 느껴 '이 세상의 사물'에 마음을 기울인다면 그것은 태생이 좋다는 증거이다. – 즉 이리하여 그 사람은, 인간을 자기 스스로를 변모시키는 법을 배울 때에는 생존을 변모시키는 자가 된다는 위대한 인간관을 견지하는 것이다. (484쪽)

"'이 세상의 사물'에 마음을 기울인다면" 좋은 일이다. "'이 세상'의 사물을 사랑"한다면 그보다 더 좋은 일은 없다. 철학자는 '지혜를 사랑하는 자'라고 했다. 그가 사랑하는 지혜는 삶에 대한 지혜여야 한다. 그런데 "지금까지의 모든 철학자"는 그렇지 못했다. 거의 모든 생각과 행동은 이상을 지향하고 있었기 때문이다. 그래서 니체는 그런 철학자들보다는 예술가를 더 신뢰하게 된다. 왜냐하면 예술가는 언제나 작품화라는 과정을 밟고자 하기 때문이다. 바꿔 말하면 늘 현실적 표현을 지향한다는 뜻이기도 하다. 생각이 생각으로 머무는 것이 아니라 감각적으로 구체화하려는 의지를 갖고 있다는 것이 그들에게 위대함으로 작용하고 있다는 것이다. 게다가 모든 표현과 구체화는 세상을 아름답게 만든 데 주력한다는 데서 최고의 의미를 찾을 수 있다.

"자기 스스로를 변모시키는 법을 배울 때에는 생존을 변모시키는 자가 된다는 위대한 인간관을 견지하는 것이다." 그것만이 생철학적 발상이다.

삶의 방식과 내용을 끊임없이 변모시켜나갈 때 권태에 빠질 위험은 그만큼 줄어드는 법이다. 예술가가 삶을 더듬어가듯이 그렇게 사는 것만이 무료한 일상에서도 웃음을 선사하는 의미를 찾게 해줄 것이기 때문이다. 시키는 것만 하고, 마치 시험지를 향한 지식처럼 정해진 것만 배우려 하는 그런 수동적인 삶의 태도는 허무주의적인 것이 아니다.

현대인의 교육현장은 이제 비판적으로 고민을 해봐야 할 시점이 되었다. 교실은 온통 대학가는 것을 이념으로 두고 있다. 여기서 이루어지는 모든 배움은 자기 자신을 향하지 않는다. 오로지 대학만을 향하고 있는 것이다. 학생들은 "그냥 공장의 컨베이어 벨트 위에 놓인 상품처럼 시험 앞으로 행진해간다."**12** 그렇다면 니체가 원하는 교육은 어떤 것일까? 그것은 말할 것도 없이 자기 자신을 위한 것이다. "삶이 더듬어가는 발자취를 놓치는 일 없이 '이 세상'의 사물을 사랑"하는 것이다.

자기 자신을 인정할 때 최대의 걸림돌이라면 육체에 대한 인식이다. 그것도 외모에 대한 인식이다. 불평불만은 한도 끝도 없다. 인정하려 들면 해야 할 일이 한둘이 아니다. 이게 바로 허무주의 철학이 어렵게 느껴지는 지점이다. 욕망, 감정 등을 부정적으로 평가해온 지난날의 해석을 뒤집을 수 있을까? "'관능의 박탈'에 노력한다는 것, 이것은 나에게는 그것이 단순한 위선이나 자기기만이 아닌 경우에는 하나의 오해, 혹은 하나의 질병, 혹은 하나의 치료라고 생각된다." 그러니까 '관능의 박탈'은 말도 안 된다는 얘기다. 그것은 불가능한 것을 일컫고 있을 뿐이다. 그것을 가능한 것으로 간주할 때 양심의 가책이 생기고 만다. 하지만 니체는 "청교도적 양심의 불안 없이 살아간다"고 고백한다. 허무주의적 양심 고백이다. '관능의 박탈' 없이 살아간다는 것이다. 이성異性을 사랑한다는 것은 부끄러운 일이 아니다. 이성異性에 대한 인식은 이성理性 행위의 결과이기도 한 것이다. 남녀가 모여 짝짓기를 한다는 것은 생명을 가진 자에게는 지극히 당연한 것이다.

니체가 모든 사람들에게 바라는 것은 분명하다. "살아가는 것이 허락되고 있는 모든 사람들에게 바라는 것은 자신의 관능을 한층 더 정신화하고 다양화하는 일이다." 일상적인 삶이 어디까지 정신화의 과정 속에 들어왔는가? 단조로운 삶의 현장이 얼마나 다양하게 인식되고 있는가? 이것이야말로 허무주의 철학이 지향하는 인식론적 과제다. 생각하는 존재로 살아야 하는 우리 모든 독자가 풀어 해결해내야 할 생철학적 숙제다. 관능을 정신화하고 다양화하는 데 최선을 다하라! 이것이 지상명령인 셈이다.

그런데 문제는 쉽게 해결될 기미를 보이지 않는다. 이성은 현실보다는 비현실을 주목하기 때문이다. 내용보다는 형식에 매력을 느끼기 때문이다. 눈에 보이는 것에 만족하기보다는 그것이 의미하는 바를 알고자 하기 때문이다. 사랑하면서도 이성적 존재는 '나를 사랑하는가?'라는 질문을 하는 존재라는 것이 한계다. 이것이 이성의 한계인 것이다. 정답에 대한 추구는 끝을 모른다. 정답을 앞에 두고서도 그 정답에 대한 또 다른 해석과 설명을 요구하는 것이다. 말로 그려놓는 선線은 아무리 분명해도 의혹의 대상이 될 뿐이다. '관능'이 바로 그런 선이다.

"승려나 형이상학자가 관능을 나쁘게 말하려 해도, 우리에게 무슨 상관이 있을까!" 허무주의 철학은 관능을 나쁘게 말하는 승려나 형이상학자에 반기를 든다. 그들로부터 '관능'을 변호하고자 한다. 관능은 문제없다는 것이다. 관능이야말로 인간 고유의 본성에 해당한다는 것이다. 관능이 있어 인간다운 인간이 될 수 있다는 것이다. 매력을 느끼고 설렘을 느낄 수 있다면 행복한 것이다. 그런 순간을 위해 사는 것이다. 분명 인간은 먹고 싸는 것만으로 만족하지 못하는 존재임에 틀림없다.

니체가 말하는 '위대한 인간'이란 다른 게 아니다. 그는 오로지 세상 속에서 세상과 함께 살고자 하는 인간이다. 여기를 떠나 저기로 가고자 하는 것은 허무주의적 삶의 태도가 아니다. 현세를 부정하고 내세를 지향하는 것은 생철학적 의도가 아니다. 오히려 그 반대를 원해야 한다. '선악의 저편'이야말로 진정한 천국이다. 이 세상이야말로 웃고 춤출 수 있는 가장 아름다운 무대인 것이다. 관능이 주인공이 될 때 삶은 다양한 모습으로 다가올 것이다. 그때 그 다양함이란 축제의 의미 외에는 아무것도 아니다.

인생과 비극의 상관관계 속에서
내려져야 할 긍정

쇼펜하우어는 "모든 인생은 고통이다"라는 말과 함께 염세주의 철학을 개진시켰다. 니체는 모든 인생이 정말 고통스러운 것인가 하는 의문과 함께 허무주의 철학을 펼쳤다. 모든 근거 없는 주장 앞에 생철학자 니체는 허무함을 느낀다. 모든 허무맹랑한 설명 앞에 니체는 당당하게 등을 돌린다. 그는 현실을 현실답게 평가하고자 한다. "역사 속에는 어떠한 공정도 없으며, 자연 속에는 아무런 선의도 없다."(500쪽) 정말 잔인하다. 세상에는 어떤 공정도 선의도 없다는 말은 진정으로 허무함이라는 절벽 앞에 서게 한다. 신을 상실한 감정이라고 할까. 이제 어떻게 해야 할까? 무슨 낙樂으로 살아야 할까?

비극적 예술가, – '아름답다'는 판단이 내려지는 힘(개개인의 혹은 민족의)
이 과연 그리고 어디에 있는가 하는 문제가 있다. 충실의, 둑으로 막아진 힘
의 감정(이 감정이 있기 때문에 약자라면 소름이 끼칠 많은 것을 기를 쓰고
흔쾌히 맞아들이는 것이 허락되고 있다.) – 권력 감정이 권력 없는 자의 본
능이라면 증오할 만한 것으로밖에, '추한 것'으로밖에 평가할 수 없는 사물
이나 상태에 관해서조차 '아름답다'는 판단을 발하는 것이다. 위험, 문제, 실
험으로서 고스란히 그대로 맞서 준다면 우리가 거의 아퀴 짓고 말, 그러한
것에 대한 후각, – 이 후각이 또한 역시 미적 승낙Ja을 결정한다('이것은 아
름답다'는 것은 하나의 긍정Bejahung이다). (501쪽)**13**

    사실 '아름답다'는 말의 기준은 없다. 무엇이 아름답다는 말인가? 이에
대한 모든 대답은 그저 한정된 일부분만을 일컫고 있을 뿐이다. 누구는 이
것을 아름답다고 말하고 누구는 그것을 아름답지 않다고 혹은 경우에 따라
서는 끔찍하다고 말한다. 하지만 어디까지를 아름답다고 말할 수 있을까?
그것이 생각의 힘을 시사해준다. 감당이 되면 아름답게 보인다. 어떤 이에
게는 끔찍한 것조차 아름답게 느껴질 수 있다. 최고의 개념, 예를 들어 신
의 상실이라는 끔찍한 상황까지도 '아침놀'이라는 현상으로 받아들이는 정
신이 있다. 긴 어둠을 뚫고 새날을 준비하는 그런 정신 말이다. 일제 강점
기라는 어두운 시절 속에서도 "등불을 밝혀 어둠을 조금 내몰고, / 시대처
럼 올 아침을 기다리는 최후의 나"**14**를 인식하는 자아처럼 경계에 선 자기
자신을 발견할 수 있다. 끝까지 가본 자만이 경험하는 깨달음의 순간이다.
    '비극적 예술가'는 비극을 가지고 노는 최고의 달인이다. 삶이 비극이
다. 쇼펜하우어도 니체도 이 문제에 대해서는 인식이 같다. 하지만 그다

음이 문제다. 싫어서 버릴 것인가? 아니면 싫어도 사랑할 것인가? 그것이 문제의 갈림길이다. 삶에 대한 태도의 문제다. 삶이 감당 안 되면 끔찍하기 짝이 없는 것처럼 보인다. 살기 싫다는 말을 밥 먹듯이 할 수도 있다. 죽고 싶다는 말을 입에 달고 살 수도 있다는 얘기다. 살고 싶은데 살 수가 없어서 죽음을 선택하는 그런 상황이 바로 이런 경우에 발생한다.

삶의 문제는 오로지 힘의 문제다. 힘이 있다면 그 어떤 삶의 짐도 감당할 수 있다. 감당할 수 있다면 짐을 짊어지고도 춤을 출 수 있다. 그쯤은 짐으로 인식되지도 않는다. 오히려 그 짐이 있어 삶이 아름답게 보이기도 한다. 머리에 묶여 있는 칼조차도 멋진 춤을 실현시키는 도구가 된다. 상처를 남기는 사랑이야말로 인생의 가장 멋진 장면을 연출해낸다. 사랑이 있어 삶이 아름답게 보이는 것이다. 사랑 때문에 심장이 힘차게 뛰어주는 것이다. 사랑에 빠진 자만이 '세상이 아름답다'는 것을 양심의 가책 없이 말할 수 있는 것이다.

'아름답다'는 판단은 힘이 있어야 가능한 것이다. 힘의 감정이야말로 행복한 감정이다. 산을 오르다 정상에 오르면 누구나 '야호~'를 외치고 싶다. 뻥 뚫린 시야 앞에서, 그 어떤 사물도 시야를 가리지 않는 곳에서 시원한 감정을 느끼고 있어서다. 자기 자신이 최고^{最高}라는 인식이 가져다 주는 행복감이다. 아무것도 거칠 게 없을 때 우리의 감정은 힘으로 충만해지는 것이다. 그때는 광기의 춤도 가능하리라. 계곡을 통과할 때의 온갖 설움과 눈물은 이제 삶에 영향을 끼치지 못한다. 오히려 그런 것이 있어서 여기까지 온 것이 의미를 쟁취하게 되는 것이다.

힘의 감정은 권력의 감정으로 이어진다. 크라프트괴퓔^{Kraftgefühl}은 마흐트괴퓔^{Machtgefühl}로 연결된다는 것이다. 자기 자신을 통제한 감정은 모든 것으로 확산되어 간다. 육체를 가진 자가 육체를 통제할 수 있을 때 가장 멋진 춤을 출 수 있는 대가가 되는 것이다. 삶을 살아야 하는 자가 삶을 통제할 수 있을 때 가장 아름다운 삶을 살아가는 달인이 되는 것이다. 생활의 달인? 말은 어떻게 해도 괜찮다.

권력이 없는 자는 증오의 감정으로 세상을 바라볼 수밖에 없다. 노예감정으로 억울함을 느끼며 살아야 할 뿐이다. '할 수 없다'는 인식이 가져다주는 패배감의 크기는 말로 형용할 수조차 없다. '나는 할 수 없다'는 말이 의미하는 심연은 아무도 예상을 할 수가 없다. 그 깊이가 얼마나 깊은지도 모른다. 산 아래에서 바라보는 시야로는 아무도 산 위에 오른 자의 그 상쾌함과 경쾌함을 예상할 수 없듯이.

'아름답다' 혹은 '추하다'는 힘의 문제다. "세계의 실존은 오로지 미적 현상으로만 정당화된다."(비극, 16쪽) 살려면 정당하게 살 일이다. '아름답다'는 판단으로 자기 자신의 실존과 세계의 실존을 정당화해야 할 일이다. 신과 천국의 존재 그리고 영생의 논리를 끌어들이며 세상을 끔찍하게 만들지 말아야 한다. 죽어야 할 운명을 더욱 초라하게 만들지 말아야 한다. 우리는 죽을 것이다. 모두가 죽음 앞에서 무너질 것이다. 그렇다고 영생을 바라야 할까? 그러면 지금 여기서의 삶은 무슨 꼴이 되는가? 반성을 해봐야 할 일이다.

모든 인생은 긍정적이다. 모든 삶은 경작지다. 그것도 좋은 경작지다. "좋은 경작지 - 모든 거절과 부정은 생산성의 결여를 나타낸다: 만약 우리가 좋은 경작지이기만 하다면, 우리는 이용하지 않은 채 아무것도 썩히지 않고, 모든 일과 사건과 인간에서 바람직한 거름, 비 혹은 햇빛을 발견할 수 있을 것이다."(인간적II, 191쪽) 하루는 선물이다. 스스로 자기 자신에게

줘야 할 선물이다. "얼마나 좋은 일들을 이 하루는 내게 선사했는가."(차라, 431쪽) 그것을 인식하며 살아야 한다. "어떤 부정도 더럽히지 않은, / 존재의 영원한 긍정, / 나는 영원히 그대의 긍정이다: / 내가 그대를 사랑하기에, 오오, 영원이여!"(디오, 507쪽) 긍정만이 영원성을 인정받는다. 아름답다, 좋다, 사랑한다는 말들만이 니체가 듣고자 하는 소리다. 물론 그 내용은 오로지 실존을 향하고 있어야 한다.

> 최고의 고통도 또한 거기로부터는 제외될 수 없는 생존의 긍정의 최고의 상태가 구상되고 있다. (505쪽)

세상은 전쟁터다. 삶은 살기 힘들다. 사방에 고통이 도사리고 있다. 그래도 살아야 한다. 살면서 의미를 찾아야 한다. 삶을 생애 최고의 선물로 만들어내야 한다. "무엇보다 나는 언젠가 긍정하는 자가 될 것이다!"(즐거운, 255쪽) 그것이 양심의 소리여야 한다. 사는 게 부끄럽지 않아야 한다. "죽는 날까지 하늘을 우러러 / 한 점 부끄럼이 없기를"[15] 바라야 한다. 스스로 부끄럽지 않은 삶을 살기란 참으로 어렵다. 자기 자신을 속일 수는 없기 때문이다. 이런 삶을 실천하기 위해 그저 열 번의 극복을 기억해내야 할 것이다. "낮 동안 너는 열 번 네 자신을 극복해야 한다."(차라, 42쪽) 극복하지 않고 살 수는 없다는 것도 인식이라면 인식이다. 한계를 모르는 자가 생각 없이 사는 자다.

현대인은 너무도 자본에 물들어 있다. 공부하는 이유도 성공에서 찾는다. 좋은 집 사고 좋은 차 사고 좋은 옷 입고, 이런 것을 행복의 기준으로 삼고 살아간다. 하지만 자신이 노예처럼 살고 있다는 인식을 전혀 하지 못하고 살 뿐이다. 삶이 상품처럼 단조롭다. 삶의 가치가 연봉으로 책정된다. 그런 기준 속에서 정신줄을 놓고 산다. 그때 다가오는 죽음은 '세일즈맨의 죽음'처럼 허망하다. 매 순간 팔아치운 것이 자기 자신이라는 인식이 올 때 엄습하는 허무함은 그 누구도 책임지지 않는다. 인생의 책임자는 오로지 자기 자신뿐이기 때문이다.

하루를 살아도 예술작품처럼 살아야 한다. 창조적으로 살아야 한다. 힘의 감정을 느끼며 권력에의 의지로 살아야 한다. 스스로 신이 되겠다는 결심을 하며 살아야 한다. 믿으며 신앙으로 버티는 삶보다 스스로 개척하며 책임지는 삶이 더 낫다. 허무주의 철학은 귀찮은 요구 사항을 끊임없이 쏟아낸다. 그것을 감당할 수 있으면 허무주의 철학도 즐겁게 놀 수 있는 놀이터가 되어준다. 버리면서도 행복감을 느낄 수 있다. 헤어지면서도 양심의 가책을 느끼지 않을 수 있다. "예술은 진리보다도 더 한층 가치가 있다는 것을"(505쪽) 깨달으며 살 수가 있다. 창조가 정답 찾기보다 더 값진 일이라는 사실을 인식하며 살아야 한다.

삶을 형성하는 자, 삶으로 유혹하는 자, 삶을 자극하는 자가 진정한 허무주의자다. 신을 죽일 수 있는 자가 진정으로 스스로 신이 될 자격이 있는 자다. 생각하며 살아야 하는 자는 생각의 주인이 되어 권력을 행사할 줄 알아야 한다. 자유정신은 엄청난 책임감을 요구한다. 자유가 주어지는 대신 감당해야 할 책임의 한계 또한 어마어마하다. 신을 생각하며 감동했던 만큼이나 크다. 정신에도 힘이 있다. 그래서 정신력精神力이라고 말하는 것이다. 육체의 근육을 키우듯이 정신의 근육도 키워야 한다. 운동을 하며 건강을 유지해야 한다. 생각을 하며 힘을 키워야 한다.

07
———
상승하는 삶의 유형

보다 강한 종이
보다 높은 유형이
백일하에 드러나야 한다.

—

'권력에의 의지'
그가 평생을 바쳐 걸어온
철학의 길에서 선택된
마지막 개념이다.

문제로서의 법의식과
위계질서

  이성적 존재는 대개 깨달음을 삶의 목적으로 삼는다. 알고 싶은 게 본성이기 때문이다. 그냥 무작정 알고 싶다. 뭐든지 묻고 싶다. 이성이 작동을 하기 시작하는 지점에는 '이게 뭐야?'하는 질문이 인생의 숙제처럼 주어진다. 그 이성 때문에 생겨나는 호기심은 지식욕을 부채질한다. '알고 싶다'는 말은 인간이기에 내뱉을 수 있는 것이다. 동물의 호기심과는 달리 인간의 호기심은 현상 너머에 있는, 즉 말로 표현할 수 없는 영역에까지 도달한다. 동물은 주변 상황을 끊임없이 주시하지만 인간은 자기 안을 들여다보기도 한다. 그러면서 그곳에서 깊이를 알 수 없는 심연을 목도하기도 한다. '나는 누구인가?'하면서. 죽을 때까지 제대로 알 수 없는 존재 앞에서 망연자실할 때도 있다.

  인간은 다 똑같다. 이 말은 '개는 개다'라는 주장과 같다. 하지만 개들조차도 따지고 보면 다양한 종이 확인된다. 하물며 인간에게도 이런 인간

저런 인간이 있을 수밖에 없음을 알게 된다. 예를 들어 독일어에는 '쌍꺼풀'이란 단어가 없다. 그들에게 그것은 당연한 것이어서 특별하게 이름을 붙여줄 대상이 못된 것이다. 하지만 쌍꺼풀이 없는 우리에게는 그것을 특별한 것으로 간주하여 이름을 붙여주게 된다. 또 독일 여자들은 '생리통'이 뭔지 잘 모른다. 아이를 낳고도 샤워를 하며 걸어 나오는 민족이다. 이동민족의 특징일까. 하지만 우리의 여자들은 다르다. '달거리'를 하는 것을 운명으로 받아들이며 살아가고 있다.

세상에 똑같은 인간은 하나도 없다. 이 말은 모든 인간은 그 자체로서 이미 유일한 존재라는 인식에서 나온 표현일 뿐이다. 인간은 다 다르다. 니체의 허무주의는 여기서부터 철학의 길을 걷는다. 바로 이 지점에 그의 생철학적 고민이 시작되고 있는 것이다. 다르다? 수평적 인식이 아니라 수직적인 문제가 보이기 시작한 것이다. 더 강한 인간이 있고 더 약한 인간이 있다. 빵으로만 살 수 없는 인간은 육체의 요구와 상관없는 또 다른 영역에서의 강함을 필요로 한다.

> 나는 보통 선거의 시대에 있어서, 바꿔 말하면 각 사람이 모든 인간과 모든 사물을 심판하는 것을 허락받고 있는 시대에 있어서 위계를 다시금 수립하는 것을 강요받고 있다. (509쪽)

위계. 외적인 위계는 예전부터 존재해 왔었다. 어딜 가도 기득권은 존재한다. 권력을 가진 자가 있다는 얘기다. 아무리 원시 사회라 하더라도 그곳에는 장長이 있게 마련이다. 권력을 행사할 만한 자가 권력을 꿰차면 아무런 문제가 없다. 문제는 '보통 선거의 시대'다. 소위 현대 사회가 문제다. 각 개인이 '투표권'이라는 것을 행사할 수 있는 시대에 승자가 되는 것은 묘한 역학관계가 존재한다. 소위 '대세'라는 것이 모든 사물의 심판자로 등극한다. 그 대세에 편승하느냐 못 하느냐가 성공의 갈림길이다. 아니면 그 대세를 유도해내느냐 못 하느냐가 운명을 가늠한다.

당연한 것이 당연한 것이 아니다. 당연히 해야 할 일이 당연히 해야 할 일이 아니다. 한쪽에서는 준법정신이니 법치주의니 하는 것을 말하지만, 다른 한쪽에서는 혁명정신이니 자유주의니 하는 것을 주장하기도 한다. 한쪽에서는 그 누구도 법 위에 있을 수 없다고 말하지만, 다른 한쪽에서는 생명을 다한 법, 즉 쓸모없는 법은 사라져야 한다고 외쳐대고 있다. 법이 사회적 구속력을 가지기 시작하면 그 법에 적합한 인물들만 성공을 약속할 수 있다. 그런 와중에 기득권 세력이 형성된다. 이들이 보수 세력을 형성하게 된다. 결코 사회가 변하는 것을 원하지 않기 때문이다.

하지만 법이 잘못되었다는 인식의 편에 서면 세상은 달리 보인다. 법을 따르는 자보다 우매한 자가 없다는 패러독스 속에서 촛불이 켜졌다. 하늘의 별따기보다 어렵다는 장군 앞에서도 할 말을 하는 시대는 이런 촛불이 가져다준 선물이다. 소위 갑질이라는 행위는 이제 정죄의 대상이 되고 있다. 법의 보장 속에서 무소불위의 권력을 행사하던 기득권은 이제 몰락의 길을 걸어야 하는 시대가 된 것이다. 누구는 군 기강을 걱정한다. 이런 자들이 권력을 꿰차려면 전쟁을 불사할 수도 있다. 그것이 걱정이다.

허무주의적 고민을 해보자. 권력을 갖지 말아야 할 인물이 권력을 잡았다고 간주해보자. 그런 사회를 어떻게 바꿀 수 있을까? 한때는 그것이 좋다는 인식 속에서 내려진 판단들이 모여 일궈낸 일종의 조직체계를 어떻게 하면 바꿀 수 있단 말인가? 가치의 전도가 어떻게 해야 실현될 수 있을까? 권좌에 오른 인물을 탄핵하고 새로운 시대의 인물을 그 자리에 올려놓는 일은 어떻게 가능한 것일까? 분명 가치관이 바뀌어야 가능할 일이다. 옳다고 생각된 것을 틀리다고 말할 수 있는 상황이 벌어져야 실현될 수 있는 일이다. 니체는 새로운 시대에 걸맞은 질서를 요구한다.

> 위계를 결정하고 위계를 폐기하는 것은 권력양뿐이다. 게다가 그것 이외의 아무것도 없다. (509쪽)

누가 권력을 쥐고 있는가? 그것이 관건이다. 최고의 자리에 앉아 있다고 해서 권력을 꿰차고 있는 것은 결코 아니다. 진짜 권력을 가진 자는 따로 있다. 진짜 권력은 제도에 의해서 보장받을 때보다 그렇지 않을 때가 더 많다. 프로메테우스가 제우스의 뜻에 놀아나지 않은 것도 이런 경우이며, 종교재판에서 목숨을 유지할 수 있었던 갈릴레이도 같은 경우다. 누구나 다 안다. 이들이 죄 없이 죄인이 되어 고생을 하고 있다는 사실을. 이들은 독재와 민주의 경계지점에서 경계석을 놓는 인물들이다. 다만 그 변화의 선두에 서서 독재에 저항한다는 운명을 감당하고 있을 뿐이다. 이런 이들은 "죽는 날까지 하늘을 우러러 / 한 점 부끄럼이 없기를"[1] 바라는 마음으로 살아간다.

지금 당장은 권력이 없어 고통을 당할지 몰라도 시대는 결국 선구자들 때문에 변해간다. 시대의 선구자들, 그들이 새로운 세상을 만들어낸다. 과거에는 당연했던 것을 이제는 더 이상 당연한 것으로 간주하지 않는 용기를 가진 자들이기 때문이다. 미래는 결국 이런 용기에 의해 문을 열게 된다. 이런 용기를 실천하는 자들에 의해 과거가 결정되고 현재의 노력을 통해 미래를 만들어가는 것이다.

권력에의 의지. - 이 가치 전환을 스스로 기획하는 인간들은 어떠한 특질을 가지고 있지 않으면 안 되는가 하는 문제. 권력의 질서로서의 위계, 즉 전투와 위험이, 어떤 위계가 그 여러 조건을 견지하는 것의 전제인 것이다. 장대한 모범은 자연 속의 인간 - 가장 약하지만 가장 총명하고 스스로를 지배자가 되게 하며 보다 우매한 폭력을 굴복시킬 수 있는 본질의 소유자이다. (509쪽)

'권력에의 의지', 이것은 니체가 평생을 바쳐 걸어온 철학의 길에서 선택된 마지막 개념이다. 이것을 제목으로 한 책을 기획하다가 이성의 끈을 놓치고 만 것이다. 아니 정말 이성의 끈을 놓쳤을까? 잡고 싶었는데 놓친 것일까? 어쩌면 할 일을 다 했을지도 모를 일이다. 허무주의의 지도는 완성되어 있는지도 모른다. 그의 글들을 제대로 이해하고 해석해내지 못하는 우리가 잘못인지도 모른다. 권력에의 의지, 이 말을 입에 물고 오랫동안 견뎌야 한다. 쉽게 녹지 않는 커다란 사탕을 입에 문 것처럼 불편할 수도 있다. 그래도 그 달콤함을 느끼며 견뎌보자. 권력에의 의지, 그것이 가져다주고 남겨놓는 뒷맛을 감상해보자는 것이다. 니체의 글들을 읽고 있노라면 그 어떤 철학자들보다 더 강력한 인간애의 향기가 풍기고 있음을 부인할 수가 없다. 휴머니즘 사상이라고 할까.

신을 사랑하지 않은 죄는 컸다. 인간을 사랑했다는 소식은 여전히 복음으로 들려오지 않는 실정이다. 아직까지도 '신은 죽었다'는 그의 말에 화들짝 놀라는 가슴이 있다. '어찌 그런 막말을?' 하며 항변을 준비하는 이도 있다. 신을 버리고 인간을 선택한 것이 허무주의 철학이다. 신이라 불리는 온갖 것에 허무함을 받아들이고자 했던 것이 니체의 철학이다. 신을 죽여야만 살 수 있는 것이 인간임을 알았기 때문이다. "이 가치 전환을 스스로 기획하는 인간들은 어떠한 특질을 가지고 있지 않으면 안 되는가 하는 문제"가 니체의 고민이다. 도대체 이런 인간이 되려면 어떤 특질로 무장해야 한단 말인가? 신을 죽일 수 있는 권한이 부여된 인간은 언제 탄생할 수 있단 말인가?

가치 전환은 누가 가르쳐줘서 인식되는 것이 되어서는 안 된다. 스스로 인식해야 한다. 그러니 그 누구에게도 물어서는 안 된다. 아니 이렇게 설명하면 어떨까? 묻고 싶다면 물어야 한다고. 의혹이 있는 한 아직 허무주의는 진정으로 도래한 것이 아니라고. 그 어떤 의혹도 이제는 더 이상 필요 없다는 인식이 올 때, 더 이상 묻고 싶지도 않을 때, '신은 누구인가?' '하나님의 뜻은 무엇인가?' 등의 질문에 오히려 역겨움을 느낄 때, 허무주의적 인식이 마침내 오게 된다고. 그때 어둠을 뚫고 올라오는 태양의 노래가 들려올 거라고. 인간적인 너무나 인간적인 빛의 노래가 귓가에 울릴 거라고.

'전투와 위험'은 권력에의 의지의 조건이다. 싸우고자 하는 의지와 위험을 감수하겠다는 다짐 없이는 그 어떤 것도 쟁취할 수가 없다. 암흑기는 바로 이런 '전투와 위험'에 대한 인식과 함께 깨진다. 이런 인식이야말로 천 년이 넘도록 인간의 정신세계를 지배해온 '위계'를 파괴하고 새로운 시대에 요구되는 전혀 다른 위계를, 즉 '권력의 질서로서의 위계'를 세울 수 있는 원동력이 된다. 그때 이 위계의 모범이 되는 것은 '자연 속의 인간'이다. "가장 약하지만 가장 총명하고 스스로를 지배자가 되게 하며 보다 우매한 폭력을 굴복시킬 수 있는 본질의 소유자이다." 권력에의 의지로 충만한 자는 신을 찾으려 하지 않는다. 아니 오히려 스스로 지배자가 되고자 한다. 진정한 허무주의자는 자기 이외에 어떤 것에서도 가치를 발견하지 못하기 때문이다.

보통 선거로 위계를 결정하려는
대중에 대한 선전포고

허무주의 철학은 싸움의 철학이다. 전쟁의 이념을 본성으로 하는 사상이다. 허무주의는 늘 허무함을 느낄 대상을 찾고 있다. 이 세상 모든 것에서 그 대상을 찾고 있다. 변화를 영원성으로 하는 이 세상에서 허무하지 않을 수 있는 것은 하나도 없기 때문이다. 모든 것은 변한다. 영원한 것은 하나도 없다. 이것이야말로 진정한 허무주의적 인식이다. 영생에 대한 희망의 싹을 잘라놓기! 그것을 감당할 수 있겠는가? "너의 영혼은 너의 신체보다 더 빨리 죽어갈 것이다."(차라, 28쪽) 이 말을 진리로 삼을 수 있겠는가? 영혼 불멸설이니 윤회설이니 하는 유혹으로부터 스스로 자유로워질 수 있겠는가? 천 년이 넘도록 빨아왔던 '영생永生'이라는 달콤한 사탕을 내뱉을 수 있는가?

> 나는 상승하는 삶의 유형과 퇴락의, 붕괴의, 약함의 다른 유형을 구별한다. 이들 두 유형 사이의 위계의 문제가 대체로 아직도 확립되어야 한다고 믿을 수 있을까? … (509쪽 이후)

삶에도 강한 삶이 있고 또 약한 삶이 있다. 전자는 독립적인 반면에 후자는 의존적이다. 전자는 '상승하는 삶의 유형'인 반면에 후자는 '퇴락의, 붕괴의, 약함의 다른 유형'에 지나지 않는다. 전자는 '스스로를 지배자가 되게' 하는 반면 후자는 스스로를 지배자에 종속되게 한다. 전자는 자기 자신을 가치의 주체로 추구하는 반면 후자는 자기 이외의 것에서 가치를 찾는다. 전자는 자기 자신에게로 가는 길을 주목하는 반면 후자는 천국이나 신에게로 가는 길에 집착한다. 이런 생각이 들면 니체가 고민했던 '위계의 문제'가 보일 것이다.

니체는 강한 삶을 선호한다. 상승하고 싶은 욕망으로 삶을 대한다. '살고 싶다'는 말은 상승하고 싶다는 말의 다른 표현일 뿐이다. 상승을 전제하는 한에서는 하강조차 감당의 대상이 된다. '차라투스트라의 몰락'(차라, 13쪽)은 그래서 시작 지점에서 인식되는 허무주의적 발상에 지나지 않는다. 허무주의의 본능은 상승하는 삶으로 나아간다. 현재에 만족하고 한계를 모르며 그저 안주하려는 의지는 '퇴락', '붕괴', '약함'의 징조로 본다. 변화를 거부하는 모든 상황을 '비겁'으로 간주한다.

> 위계를 결정하는 것은 권력양이며 당신 자신이 이 권력양이나 다름없다. 나머지 것은 비겁이다. (510쪽)

권력양이 위계를 결정한다. 힘의 양이 질서를 잡게 한다. 모든 위계와 질서는 누가 힘을 가지고 있는가를 보여주는 잣대가 된다. 지배자가 될 것인가 아니면 지배를 당하는 자가 될 것인가? 그것은 오로지 권력에의 의지의 강도强度에 의해서 결정되는 것이다. 지배를 당하면서도 양심의 가책을 갖지 않고 오히려 그런 삶을 긍정적으로 해석하는 모든 지혜는 비겁의 산물이다. 세상 종말이 와서 신의 심판을 받게 되며 "나중 된 자로서 먼저 되고 먼저 된 자로서 나중 되리라"(마태복음 20:16)는 믿음으로 '나중 된 자'의 운명을 감당하는 것은 니체의 시각에서는 비겁한 행동이다.

신과 같은 절대 권력에 자기 자신의 운명을 맡기는 것은 비겁의 소치다. 니체의 허무주의 철학은 이런 것을 허락하지 않는다. 바로 이런 인식 때문에 현대가 위기의 시대로 보이는 것이다. 비겁한 자들이 세상을 지배하고 있기 때문이다. 제도적으로는 보통 선거가 이런 세상을 만든 주범이다. 이념적으로는 노예들의 세계관인 기독교가 문제다. 현세에서 승부수를 던지지 않고 내세에 희망을 거는 사고방식 자체가 위험천만한 것으로 보일 뿐이다. 결국 허무주의 철학은 이런 위계질서에 선전포고를 해야 함을 운명처럼 받아들이고 있다.

> 대중에 대한 고급한 인간의 선전포고야말로 필요하다! 스스로가 주인이 되고자 하여 도처에서 평범한 자들이 서로 제휴하고 있다! 유약하게 만들고 온유하게 만들며 '민중'을 혹은 '나약한 것'을 통용시키는 모든 것이 보통 선거에, 바꿔 말하면 저급한 인간의 지배에 유리하게 작용하고 있다. 그러나 우리는 대항수단을 단련하고 이러한 소동을 전부(유럽에서는 그리스도교와 더불어 시작되었다) 백일하에 드러내어 심판대로 끌어내려고 생각한다. (510쪽)

스스로 자기 삶의 지배자가 되고 또 스스로 자기 삶의 주인이 되고자 하는 자에게는 허무주의가 보약처럼 효과를 발휘할 수 있다. 니체의 선전포고는 힘 있는 자의 몫이다. 권력에의 의지가 있는 자가 '고급한 인간'이다. 평범한 자들의 집합체인 대중에 대한 선전포고는 필연적이다. '저급한 인간의 지배'에 저항하는 것은 허무주의 철학의 운명이다. 하지만 모든 저항은 위험하다. 위계질서에 대항하는 모든 싸움은 목숨을 걸어야 한다. 그러나 무모한 싸움이 되어서는 안 된다. 철저한 준비를 해야 한다. "그러나 우리는 대항수단을 단련하고 이러한 소동을 전부(유럽에서는 그리스도교와 더불어 시작되었다) 백일하에 드러내어 심판대로 끌어내려고 생각한다." 이제는 심판의 시대다. 정당성과 부당성을 판가름해내야 한다. 세상을 만만하게 봐서는 큰코다친다. 대항수단을 단련해야 한다. 허무주의 철학은 이를 위한 '삶의 사관학교'(우상, 77쪽), 즉 삶을 위한 훈련소와 같다.

기독교에 대한 니체의 입장은 단호하다. "기독교는 고대의 다른 종류의 노예들, 즉 의지와 이성이 약한 노예들, 다시 말해 대다수의 노예들을 위해 만들어졌다."(아침, 405쪽) 기독교는 노예들을 위한 종교다. 약자가 세상을 지배하게 되리라는 믿음으로부터 탄생한 것이다. 니체는 '이러한 소동'이 일으키는 현상을 인식 가능한 상태로 보여주고자 한다. 그것을 "백일하에 드러내어 심판대로 끌어내려고 생각한다." 잘잘못을 따지자는 것이다. 사태를 대충 무마하고 덮으려는 것이 아니다.

허무주의와 친해지려면 "어째서 약자가 승리를 거두는가 하는 문제"(512쪽)에 오랜 시간을 보내며 고민을 해야 한다. "천민의 대두는 되풀이하여 낡은 가치의 대두를 의미한다"(513쪽)는 인식이 올 때까지 이 문제를 붙들고 버텨야 한다. 현대는 "대중의 세기"(선악, 265쪽)다. 유행과 대세에 민감한 시대다. 누구나 타인의 의견을 자신의 의견인 것처럼 여기고 살아간다. "세상 사람들은 모두 풍속과 의견 뒤에 숨는다."(반시대III, 391쪽) 그게 편하기 때문이다. 허무주의 철학은 "모두에게 게으른 습성이 있다"는 판단을 인식의 지렛대로 삼는다. 게으른 자는 비겁한 자다. 자기 자신을 위해 싸우는 것조차 귀찮아하는 존재다. 그냥 시키는 대로 행동하는 것을 편하다고 생각하는 존재다. 이런 가치관과 싸울 준비가 되어 있는가? 생철학자 니체가 간절하게 듣고 싶은 소리다.

인식은 변할 수 있다. 아니 변해야 한다. 그래야 인식다운 것이 된다. 생각하는 존재는 인식에 끊임없이 도전장을 내밀어야 한다. 대중과 싸움을 자처하는 철학은 대중을 제거의 대상으로 삼지 않는다는 것도 인식에 속한다. 대중은 필요하다. 더욱 강한 존재를 위한 기반이 되어주기 때문이다. 이것이 비인간적인 발상으로 보이는가? 아직 노예도덕에 익숙해서 그런 것일 뿐이다. 니체의 생각은 변함이 없다. 그만큼 단호하다는 뜻이기도 하다.

> 높은 문화는 넓은 지반 위에서만, 강하고 건강하게 굳혀진 평범성의 위에서만 성립할 수가 있다. (514쪽)

대중은 발판이다. 건강하고 강한 자가 일어설 수 있는 터전이다. 모든 사회에는 권력자가 존재한다. 그리고 그 권력의 존재를 가능하게 하는 제도가 있다. 하지만 권불십년이라 했던가. 권력도 생명이 있어서 그 권한을 다할 때가 있다. 그 때를 인식하는 것이 지식인이 몫이다. 대낮에도 어둠을 인식하는 자가 문제를 인식한다. "미네르바의 올빼미는 다가오는 어둠과 함께 비상을 시작한다."² 헤겔의 이 명언은 낭만주의의 전유물이 아니다. 대낮에도 등불을 들고 시장터에서 사람을 찾아 헤매는 디오게네스의 행동은 새로운 시대의 주역을 찾아 헤매는 니체의 모범이 되기도 한다. "현대의 디오게네스 – 인간을 찾기 전에 등불을 찾아두어야만 한다. – 그것이 키닉 학파의 등불이어야만 할까? –"(인간적II, 237쪽) 아니다. 하지만 등불을 찾아두어야 하는 필요성에 대한 인식은 지극히 허무주의적이다.

보다 강한 종으로서
초인을 기다리며

허무주의 철학은 초인을 기대한다. 니체는 《차라투스트라》에서 "위버멘쉬가 이 대지의 뜻이다"(차라, 17쪽)라는 정의를 선보였다. 하늘의 뜻이나 하나님의 뜻에 반대되는 원리로 내세웠던 개념이다. 그러고 나서 "위버멘쉬야말로 너희의 크나큰 경멸이 가라앉아 사라질 수 있는 그런 바다다"(같은 책, 18쪽)라는 말을 하기도 한다. 아무리 큰 경멸도 초인에게는 문제가 되지 않는다는 뜻이다. 그만큼 초인의 경멸은 강렬하다는 뜻이기도 하다. 또 다른 비유도 있다. "그가 바로 번갯불이요 광기다!"(같은 책, 20쪽) 먹구름 속에서 대지로 내리 꽂히는 번갯불, 그것이 초인이라는 얘기다. 또 광기가 초인이다. 대지의 뜻이 광기의 현상으로 해석되고 있는 것이다. 이성을 신성시하며 살아온 우리들에게는 낯선 논리가 아닐 수 없다. 좋은 말을 하며 살라는 요구로 살아온 우리들에게는 경멸이란 소리 앞에서 넋을 놓기도 한다. '도대체 뭐라는 거야?' 하며 뒷걸음을 치고 싶은 심정이라고 할까.

그래도 위로가 되는 말도 있다. "위버멘쉬가 존재한 적은 아직 없다."(차라, 153쪽) 미래의 인물이라는 얘기다. 그가 누군지는 아무도 모른다. 일제강점기 때 우리의 시인이 희망을 걸었던 기사의 모습일까. "다시 천고의 뒤에 / 백마 타고 오는 초인이 있어 / 이 광야에서 목 놓아 부르게 하리라"[3] 세상이 바뀌어야 등장하는 그런 존재임에는 틀림이 없다. 현대를 극복한 이후, 즉 현대 이후! 그때가 되어야 제대로 인식할 수 있는 그런 존재 말이다. 변화에 동참할 수 있는 자만이 그 새 인물을 알아볼 것이다. 현대 이후의 사람들만이 그를 보며 환호를 외칠 것이다.

보다 강한 종이, 보다 높은 유형이, 백일하에 드러나야 한다. 이 유형을 알아
맞히는 나의 개념, 나의 비유가, 주지하는 바와 같이 '초인'이라는 낱말이다.
(516쪽)

초인이라는 하나의 낱말. 하지만 그것이 지닌 의미는 무한하다. 너무
도 큰 그릇이다. 그 안에 무엇을 담을지는 미지수다. 아니 좋다고 생각되
는 모든 것을 담아도 무방하다. 변화를 위한 경멸도 담을 수 있다. 창조를
위한 파괴도 감당할 수 있는 개념이다. 초인은 그러니까 긍정의 아이콘이
다. "'위버멘쉬'라는 말은 최고로 잘 되어 있는 인간 유형에 대한 명칭이
며, '현대'인, '선한' 자, 그리스도교인과 다른 허무주의자들과는 반대되는
말이다. ─ 도덕의 파괴자인 차라투스트라의 입에서 이 말이 나오면, 아주
숙고할 만한 말이 된다. 그런데 거의 모든 곳에서 그 말의 가치가 차라투
스트라의 형상에서 드러나는 것과는 정반대의 의미로 순진하게 이해되고
있다."(이 사람, 377쪽 이후) 불안에 떨지 말자. 겁먹지 말자. 니체는 괴물이 아
니다. 초인은 생철학자가 내놓은 이상형일 뿐이다. '최고로 잘 되어 있는
인간!' 그가 또 누구냐고 말꼬리를 잡고 묻지 말자. 스스로 악순환의 원인
이 되지 말자는 얘기다.

"믿음은 바라는 것들의 실상이요 보이지 않는 것들의 증거니"(히브리서
11:1)라고 한 성경의 구절처럼 초인을 대해보자. 온갖 바라는 바를 이 단어
하나에 실어보자. 보이지 않는 것들을 이 낱말 하나에 담아보자. 그 초인
의 모습은 마치 거울 속 형상처럼 자신의 속내를 그대로 비춰줄 것이다.
마치 자신이 쏟아낸 기도문의 내용처럼 그 안에는 자신이 바라는 것들의
잔치가 벌어지고 있을지도 모른다. 상관없다. 슈퍼맨의 모습? 그것 또한

상관없다. 뭐든지 감당할 수 있는 게 초인이기 때문이다. 상상을 초월하는 희귀한 존재일수록 더욱 초인답다. 광기의 전형은 이성적으로는 납득이 가지 않을 수 있기 때문이다. 다만 긍정하는 마음의 극단을 원해야 한다는 것만 잊지 않으면 된다.

신에 대한 갈증으로 순례여행을 떠나는 수도사처럼 초인을 찾아 떠나면 된다. 그는 인식의 전사에게만 손을 내미는 '완전한 여성'(인간적I, 323쪽)일 수도 있다. 잉태와 창조를 본업으로 하고 있는 그런 존재로서 화해와 위로의 손짓을 하며 다가올지도 모를 일이다. '보다 강한 종', '보다 높은 유형'이 초인의 모습이다. 무엇이 더 강한 것이냐고? 그것은 스스로 대답을 찾아야 한다. 무엇이 더 높은 유형이냐고? 이 또한 스스로 찾아내야 할 대답이다. 아무도 모르는 존재를 그 누군가에게 물어서 답을 얻고자 하는 것은 어리석음의 소치에 불과하다. 다시 한번 입에 담아보자. 초인은 아직 존재한 적이 없는 그 무엇이라고. 그러면 초인은 각자의 운명처럼 다가올지도 모른다. '지천명'의 이념처럼.

극히 헤아릴 수 없는 인간, 따라서 고급종의 어쨌든 종류를 달리하는 인간, 이러한 인간을 그대들은 알 수가 없으며 비교할 수도 없으므로 어째서 그대들은 이러한 인간의 가치를 평가하고자 할 수가 있을까? / 도덕적 평가는 최대의 판단의 우둔함을 결과로서 수반해왔다. 인간 자체의 가치가 과소평가되고 거의 간과되며 거의 부인되고 있다. 이것은 유치한 목적론의 잔재이다. 인간의 가치는 인간을 오로지 고려에 넣어 평가되지 않으면 안 된다. (523쪽)

'이래야 한다 저래야 한다'는 발언은 모두 목적론적 사고에서 나오는 말들이다. 니체는 그것을 때려잡아야 할 용의 이름이라고 했다. "정신이 더 이상 주인 또는 신이라고 부르기를 마다하는 그 거대한 용의 정체는 무엇인가? '너는 마땅히 해야 한다.' 그것이 그 거대한 용의 이름이다. 그러나 사자의 정신은 '나는 하고자 한다'고 말한다."(차라, 39쪽) '보다 강한 종', '보다 높은 유형'은 이런 사자의 정신에 의해 구현된다. 아무리 무서운 용이라 해도 이 정신 앞에서는 그저 제거의 대상이 될 뿐이다. 경멸의 대상에 지나지 않는다는 얘기다. 용에 대한 혐오감이라면 정점을 찍은 정신 상태라고 보아도 된다.

그럼에도 불구하고 초인이 누구인지 그만 물을 수도 없다. 마치 어린아이가 교회에서 '신이 누구냐?' '예수님이 누구냐?'고 묻는 것이나, 절에서 초심자가 '부처님이 누구냐?'고 묻는 것이나 다름없다. 정해진 대답이 있는 것도 아니다. 그저 좋은 말을 들려주면 되는 그런 상황처럼 생각하면 된다. 그 어떤 대답으로도 만족할 수 없다. 어린아이도 그쯤은 안다. 그래서 묻기를 멈추지 않는다. 일주일이 지나도 또다시 묻게 될 것이다. 궁금증은 해소되지 않기 때문이다. 그것은 시간과 공간을 달리하면서 더욱 증폭될 뿐이다. 결국에는 스스로를 목숨을 건 질문 앞에 세우고야 마는 운명을 고안해내기도 한다. 자신을 스핑크스 앞에 세우는 그런 생각 말이다. 하지만 질문이 어려울수록 그것에 대한 대답은 그에 버금가는 희열을 동반해줄 것이다. 목숨을 건 도전이 가져다주는 승리감은 그 무엇으로도 설명이 안 되는 무아지경을 맛보게 해준다.

즉 우리는 인간의 모든 생장과 더불어 그 뒷면도 역시 생장하지 않을 수 없다고, 최고의 인간이란, 그러한 개념이 허락된다고 하면 생존의 대립적 성격을 생존의 영광이나 유일한 시인론認으로서 가장 강하게 체현하고 있는 인간 그 자체임에 틀림없다고 통찰한다…(524쪽)

강한 인간은 일방적이지 않다는 것에 묘미가 있다. 악도 약으로 활용할 줄 아는 존재라는 말에 귀를 기울이자. 그는 선과 악이라는 삶의 짐을 지고 힘겨운 발걸음을 옮기는 이가 결코 아니다. 그는 선과 악을 뛰어넘어 '선악의 저편'에서 흥겨운 춤을 추고 있는 존재이다. 태양의 노래를 부르며 멋진 웃음으로 새날을 맞이하는 자유정신이다. "춤을 추는 자 차라투스트라, 날갯짓을 해가며 아는 체하는 경쾌한 자 차라투스트라, 온갖 새들에게 눈길을 보내며 날 채비를 마치고 날 각오를 하고 있는 자, 행복하고 마음 가벼운 자. / 예언자 차라투스트라, 웃음을 예고하는 자 차라투스트라, 조급하지 않은 자, 막무가내가 아닌 자, 도약과 가로 뛰기를 좋아하는 자"(차라, 483쪽 이후), 그는 "더러운 물로도 몸을 씻"(인간적II, 59쪽)을 줄 아는 존재다. 경멸의 바다에서 허우적대는 것이 아니라 그곳에서도 힘찬 항해를 할 줄 아는 존재다.

앞면도 뒷면도 잘 성장해준 존재! 그가 바로 초인이다. "성자와 창녀 사이에서 / 신과 세상 사이에서 춤을 추자!"(즐거운, 417쪽) 선과 악 사이에서 춤을 추자는 것이다. "춤추는 별 하나를 탄생시키기 위해 사람은 자신들 속에 혼돈을 지니고 있어야 한다."(차라, 24쪽) 혼돈을 감당해낼 때 춤추는 별이 탄생한다는 것이다. "우리는 도덕 위에도 서 있을 줄 알아야 한다. 매 순간 미끄러져 넘어질 것을 두려워하는 경직된 두려움을 가지고 그 위에 서 있는 것이 아니라, 그 위에서 뛰놀 줄 알아야 한다!"(즐거운, 180쪽) 도덕 위에서 뛰놀 줄 아는가? 가슴에 손을 얹고 대답해야 한다. 초인을 만나고 싶으면 솔직하게 대답을 할 줄 알아야 한다.

"자유로운 인간은 선할 수도 악할 수도 있다."(반시대IV, 102쪽) 똑같은 말을 《즐거운 학문》에서도 반복한다. 니체의 의도를 좇아가는 뜻에서 우리도 반복해서 읽어보자. "자유로운 인간은 선할 수도 악할 수도 있다."(즐거운, 170쪽) 선할 수만 있는 존재는 답답하다. 악할 수만 있는 존재는 곁에 둘 수가 없다. 그런 인간과는 놀 수가 없다. 니체가 꿈꾸는 축제는 그저 먼 나라 이야기쯤으로만 들릴 뿐이다. 하지만 선할 수도 있고 또 악할 수도 있다면, 그것이 자유자재로 가능하다면 그는 어떤 상황에서도 행복한 춤을 출 수 있을 것이다. 니체가 믿고 싶은 그런 신의 모습으로 춤을 춰댈 것이다. "나는 춤을 출 줄 아는 신만을 믿으리라."(차라, 65쪽) 신의 죽음을 복음으로 전했던 허무주의 철학자가 믿는 새로운 신이다.

"이러한 인간을 그대들은 알 수가 없으며 비교할 수도 없다." 과거에 존재했었다면 비교라도 할 수 있으련만. 그 어떤 위대한 존재도 초인의 이름으로 불릴 수 없는 상황은 참으로 답답하기만 하다. 지금 당장은 알 수가 없다. 초인은 미래의 인물이다. 시간이 흘러가 줘야 나타나는 그런 존재다. 준비가 된 자에게 모습을 드러내는 그런 존재다. "아직은 일찍이 생존한 적이 없는 철 같은 인간"(534쪽)의 모습으로 나타날 것이다. 강철 같은 인간! 그것을 알아보는 눈과 그것을 들을 수 있는 귀를 가져야 하는 게 문제다. 그 누가 '제3의 눈'(아침, 380쪽)과 '제3의 귀'(선악, 247쪽)를 가졌는가? 그 자는 분명 니체의 독자임에 틀림이 없다. 니체는 지극히 희망적이다. "더욱 강한 종족의 손에 장악된 수단으로서라는 날이 언젠가는 도래한다는 것이 더욱더 이해되기에 이르기 때문이다."(531쪽) "왜냐하면 그렇게 되면 젊은이들의 왕국이 도래할 것이기 때문이다."(반시대॥, 377쪽) 허무주의 철학이 들려주는 희망의 메시지다.

생철학이 바라는
허무주의적 배움과 견딤의 미학

견디는 것은 아름답다. 포기를 모르기 때문이다. 끊임없는 도전의 순간은 박수를 쳐주고 싶을 정도로 감동적이다. 영악하지만 극도로 소극적인 시지프스도 또 세상 끝 절벽에 묶여 있으면서도 극도의 저항적인 태도로 일관하는 프로메테우스도 견딤의 전형을 보여주고 있다. 그래서 벌을 받고 있는 죄인들이면서도 감동을 주는 인물들로 평가될 수 있는 것이다. 초인의 이념을 배우고 니체의 철학을 따라가고자 하는 자의 모습은 비이성을 선택한 대목에서 드러난다. 창조를 목적으로 하지만 결국에는 파괴를 위해 망치를 들고 마는 잔인함을 선택한다는 것이 허무주의 철학의 진면목이다.

> 나의 제자들의 전형. ─ 나와 무언가 관계를 갖는 인간들에 대해서는 나는 그들이 고뇌를 겪고 버림받고 병들고 학대받고 모욕당하는 것을 희망한다. ─ 나의 바람은 그들도 깊은 자기경멸을, 스스로에 대한 불신의 고민을, 초극된 자의 비참을 알지 못하는 채 지내는 일이 없었으면 하는 것이다. 나는 그들을 조금도 동정하는 일이 없다. 왜냐하면 내가 그들에게 바라는 점이 과연 그 사람이 가치를 가지고 있느냐 아니냐를 오늘날 증명할 수 있는 유일한 사항이기 때문이다. ─ 버티어 나간다는 점이 그것이다. (535쪽)

버틸 수 있는가 없는가? 그것이 문제다. 삶의 짐이 없을 수는 없다. 삶이 힘들다는 것쯤은 누구나 다 안다. 누구나 삶의 짐은 무겁기만 하다고 하소연을 할 수 있다. 다만 누가 그런 짐을 지고서도 불굴의 정신으로 사막을 통과할 수 있는가 하는 것이 관건이다. "정신의 강인함, 그것은 무거운 짐을, 그것도 더없이 무거운 짐을 지고자 한다."(차라, 38쪽) 무거운 짐을 더 올려라! 그렇게 외칠 수 있어야 한다. 그 어떤 짐을 지고서도 힘의 여유는 남아 있어야 한다. 그것이 한계가 되어서는 안 된다. 무릎을 꿇고 쓰러지는 일은 없어야 한다.

정신의 세 가지 변화 중에서 통과해야 할 첫 번째 관문이다. "그것은 자신의 오만함에 상처를 주기 위해 자신을 낮추는 일이 아닌가?"(차라, 38쪽) 그렇다. 짐을 지기 위해 스스로 무릎을 꿇을 줄 아는 존재다. 무릎을 꿇은 것은 삶에 대해서가 아니다. 짐이 무거워서가 아니다. 오히려 그 짐을 짊어지기 위해서일 뿐이다. 무릎을 꿇은 자가 다시 일어설 때 그 위대함은 이루 말로 형용할 수도 없으리라. 아무도 질 수 없는 짐일수록 그 광경은 감동을 자아내기에 충분하리라.

짐을 지고 견뎌야 한다. 그때 힘이 커지는 법이다. 정신에도 근육이 있다. 그래서 정신력精神力이라고 말하는 것이다. 힘을 키우려면 더 무거운 짐을 마다해서는 안 된다. 더 큰 인물이 되기 위해 약점을 보여줄 수 있는 여유도 있어야 한다. "자신의 지혜를 비웃어줄 생각에서 자신의 어리석음을 드러내는 일"(차라, 38쪽)도 연출해내야 한다. 스스로 웃음거리가 되는 운명을 자초할 줄도 알아야 한다. 그리고 스스로에게는 '이 또한 지나가리라!'고 외치면 된다. '억센 정신'(같은 곳)에게 견딜 수 없는 순간이란 없다.

니체는 말한다. 자신의 제자들은 어떤 모습을 취해야 하는지를. "나는 그들이 고뇌를 겪고 버림받고 병들고 학대받고 모욕당하는 것을 희망한다." 니체의 제자가 될 수 있는가? 이런 요구를 어떤 주저함도 없이 받아들일 수 있는가? 스스로 힘든 일을 자처하고 스스로 왕따를 당하고 스스로 병에 들려 고생하고 스스로 학대받고 모욕당하는 상황을 연출해낼 수 있겠는가 이 말이다. 왕따를 시키는 주체가 결코 눈치 채지 못하도록 왕따를 당할 수 있는 최고의 연기력을 갖추었는가? 그것이 문제다.

"나의 바람은 그들도 깊은 자기경멸을, 스스로에 대한 불신의 고민을, 초극된 자의 비참을 알지 못하는 채 지내는 일이 없었으면 하는 것이다." 반어법이라 말이 좀 꼬인 듯하다. 그냥 직설법으로 바꾸면 더 읽히기 쉽다. 니체가 바라는 것은 그러니까 '깊은 자기경멸을, 스스로에 대한 불신의 고민을, 초극된 자의 비참을' 제발 좀 알고 지내라는 얘기다. 선구자는 외롭다. 앞장서서 가는 자는 혼자 가야 한다. 고독은 그의 운명이다. 위인들은 대부분 시대의 암울한 순간을 깨달았던 자들이다. 문제의식이 있었던 자들이다. 인류의 성자들은 인간 본연의 문제를 알고 대처했던 자들이다. 아무도 몰라주는 행동을 해야 했던 그런 어려움을 참고 견뎌냈던 자들이라는 얘기다.

배울 때는 철두철미해야 한다. 자기 자신과 타협을 해도 안 된다. 니체는 그것을 요구한다. "나는 그들을 조금도 동정하는 일이 없다." 혹독한 훈련을 원한다. 마치 훈련소의 조교처럼 윽박지른다. 그것이 허무주의 철학의 소리다. "삶의 사관학교로부터 ─ 나를 죽이지 않는 것은 나를 더욱 강하게 만든다."(우상, 77쪽) 죽기 살기로 달려들라는 것이다. 죽을 각오만 서 있다면 무슨 일인들 마다하랴. 힘이 있다면 어떤 짐이든 부담스러우랴. 겁먹지 말자. 삶의 문제는 죽일 수 있는 용龍에 지나지 않는다. 죽지 않는 용은 없다. 모두 때려잡을 수 있는 대상일 뿐이다. 마음만 단단히 먹으면 되는 일이다.

나는 적당한 시기에 뛰어난 단련을 받는 일을 태만히 한 자가, 두 번 다시 그 보상을 할 수 있으리라고는 결코 생각할 수 없다. 그러한 자는 스스로를 알지 못하며 걸음걸이를 습득해두지 않은 채로 생애를 걸어 나아가는 것이다. 그 이완된 근육이 한 걸음 한 걸음 옮겨 놓을 때마다 역시 이 점을 드러낸다. 때때로 인생은 이처럼 뒤처진 엄격한 단련을 하게 할 만큼 자비롭기는 하다. 아마 여러 해에 걸친 오랜 질환에 걸려 극도의 의지력이나 자족自足이 강요될지도 모른다. 혹은 갑작스레 돌발하는 곤궁상태가 동시에 아내나 아이까지도 그것에 말려들게 하고 잠자고 있던 힘줄이 다시 에너지를 부여하여 삶에의 의지에 강인함을 다시 부여하는 활동을 강요할지도 모른다. 하지만 가장 바람직한 일은 어떤 사정이 있어도 쾌적한 시기에, 바꿔 말하면 스스로에게 많은 기대가 걸려 있음을 알고 자부심을 느끼는 저 나이가 지나기 전에 엄격한 훈련을 받는 것임에는 변함이 없다. 왜냐하면 이 일이 뛰어난 단련으로서의 엄격한 단련을 온갖 다른 단련으로부터 구별하기 때문이다. 그것은 많은 것이 요망되고 게다가 엄격하게 요망된다는 것. 뛰어난 일, 발군拔群의 일 자체가 다반사로 요망된다는 점이며 칭찬은 가뭄에 콩 나듯 하며 면죄는 없다는 점이며 질책은 가혹하게, 실질적으로 재능이나 특성을 고려하는 일 없이 공공연하게 행해진다는 점이다. 그러한 단련은 어떠한 관점에서 보아도 필요하다. 그것은 가장 육체적인 일에 관해서나 가장 정신적인 일에 관해서나 타당하다. 여기서 이 양자를 분리하는 것은 더할 나위 없는 화禍이다! 동일한 훈련이 군인도 학자도 유능하게 만든 것이어서 더욱이 좀 더 잘 음미해보면 유능한 군인의 본능을 체내에 가지고 있지 않은 유능한 학자는 없는 것이다. 명령할 수가 있고 게다가 다시 득의양양하게 복종한다는 것, 대열의 일원이면서도 또한 지도의 능력을 언제라도 발휘할 수 있다는 것, 안락함보다 위험을 좋아한다는 것, 허락되어 있는 것과 허락되고 있지 않은 일을 꼬치꼬치 신경 쓰지 않는다는 것, 악인보다도, 빈약하고 교활하며 기식자적寄食者的인 자를 적대시한다는 것. – 엄격한 단련을 받아 습득하는 것은 무엇인가? 복종과 명령. (536쪽 이후)

길어도 잠언 전체를 인용해보았다. 좀 긴 호흡으로 니체의 음성을 듣고 싶어서다. 하지만 아무리 길어도 메시지는 분명하다. 단련하고 훈련하라는 얘기다. 쉬지 말고 연습하라는 말이다. 독일 속담에 '위붕 마흐트 덴 마이스터Übung macht den Meister'⁴라는 말이 있다. '연습이 장인을 만든다'는 뜻이다. 연습은 신앙의 본질이기도 하다. 독일어 '아스케제Askese'는 일반적으로 금욕禁慾으로 번역하지만 원래 의미는 연습을 뜻한다. 그리스어 동사 '아스케인askein', 즉 연습하다라는 말에서 유래했기 때문이다. 금욕고행禁慾苦行은 하고 싶은 대로 하는 것을 지양하고 하기 힘든 일을 자발적으로 떠맡아 하는 것을 의미한다. 힘들지 않으면 연습할 이유도 없다. 잘 못하니까 연습이 필요한 것이다. 그런 선택이 깨달음의 길에 머물게 하는 것이다.

그렇다면 니체는 무엇을 연습하라는 것일까? 여기서는 두 단어로 요약해놓았다. '복종과 명령'이 그것이다. 복종할 줄 아는 자가 명령할 줄도 안다. 배운 자가 가르칠 수 있다. 모든 배움은 정해진 규칙을 인정하는 단계에서 시작된다. 금욕을 실천할 때, 하고 싶은 욕망의 불을 끌 때, 마침내 배움의 시간이 흘러가기 시작한다. 알프스의 고도 질스마리아에서 '무를 기다리는 자아'라고나 할까. 그런 정신이 초인을 경험하게 한다. 기다림의 의지가 목적의식으로부터 자유로워질 때 예상치 못한 자아가 탄생해주는 것이다.

모든 예술가는 능력을 갖춘 자임을 잊지 말아야 할 일이다. 삶의 예술가는 삶이라는 현장에서 창조적으로 살아갈 줄 아는 자를 칭한다. 창조적으로 살기 위해 해야 할 일은 정말 많다. 그 모든 것을 복종하는 마음으로 배우고 단련해내야 한다. 할 수 없다면 예술가라 말할 수 없다. 할 수 있어야 한다. 능력을 갖추고 있어야 한다. 그것도 최고의 수준으로. 어설프면 욕먹는다. 하지 않는만 못 하다. 하려면 제대로 하라. 살고 싶으면 제대로 살아라. 이것이야말로 허무주의적 정언명법이다. 살고 싶으면 초인처럼 살라는 것이다.

"나는 적당한 시기에 뛰어난 단련을 받는 일을 태만히 한 자가, 두 번 다시 그 보상을 할 수 있으리라고는 결코 생각할 수 없다." 저주의 말처럼 들릴 수도 있다. 너무 잔인한 소리여서 그렇다. 하지만 애정이 있어서 이런 말도 가능한 것이다. 인간애가 바탕이 되어 있으니까 이런 소리도 하는 것이다. 배움에 태만한 자는 인생이 혼내준다는 이 말 속에서 니체의 마음을 읽어보자. 적당한 시기에 뛰어난 단련을 해내라! 적당한 시기에 배우라! 살아오면서 이 말을 정말 많이 들었고 또 하고 있을 것이다. 배워야 할 때 배워야 한다. 이 말보다 지혜로운 소리가 또 있을까.

시기를 놓치면 두 번 다시 돌아오지 않는다. 복종해야 할 때도 있고 명령해야 할 때도 있다. "때를 놓치지 않고 명령하는 것을 습득하지 않으면 안 된다."(540쪽) 무엇을 배우든 때가 있는 법이다. 똑같은 기회는 반복되지 않는다. 시간이 변했거나 공간이 변해 있을 것이다. 모든 변화는 후회와 안타까움을 동반할 수밖에 없다. 그래서 인간은 후회하는 존재이기도 한 것이다. 이 또한 이성이 있어서 그런 것이다. 하지만 이성도 배움의 과정을 통과해야 한다. 생각하는 존재로 태어나서 생각의 달인이 되지 못한다면 결코 자기 자신이 누군지도 모르고 살다가 죽어가는 꼴과 같다.

배움에 태만하지 않았던 자가 높이 올라간다. 상승하는 인생을 살아간다. 산 위에 올라가 본 자만이 아는 것이 있다. 도전해본 자만이 경험하는 승리감이라는 게 있다. 싸워보지 않은 자는 승리의 쾌감이 얼마나 큰 힘을 부여하는지 모른다. 영웅 지크프리트는 두려움이 무엇인지 알려고 용을 찾아 나섰다. 모험 여행이다. 그리고 그 용을 죽이고 그 피로 목욕을 했을 때 불사신으로 거듭난다. 최고의 적을 무찔렀을 때 어떤 존재로 거듭날까? 묻지 않아도 알 것이다. 높은 산에 올라가본 자는 집 주변의 산들은 그저 동산쯤으로 여겨질 뿐이다. 그릇이 큰 자는 담아야 할 내용에 대해 고민을 하지 않는다. 내공이 큰 자는 어떤 고통도 거쳐 가야 할 고행의 길쯤으로 인식하고 운명적 깨달음으로 나아가려 한다.

물론 시기를 놓칠 수도 있다. 그때는 더 힘든 길을 피할 수 없다. 뒤늦게 시작된 공부는 남들보다 두세 배의 노력을 요구한다. "때때로 인생은 이처럼 뒤처진 엄격한 단련을 하게 할 만큼 자비롭기는 하다." 자비롭기는 하지만 고생은 더 하게 될 것이다. 성장하고자 하는 의지가 이 단련을 견디게 해줄 것이다. "하지만 가장 바람직한 일은 어떤 사정이 있어도 쾌적한 시기에, 바꿔 말하면 스스로에게 많은 기대가 걸려 있음을 알고 자부심을 느끼는 저 나이가 지나기 전에 엄격한 훈련을 받는 것임에는 변함이 없다." '쾌적한 시기'는 말 그대로 '적당한 시기'다. 준비됐다고 판단되었을 때 용기를 내서 실천에 옮겨야 한다. 인생은 그런 자에게 큰 상을 준비해줄 것이다.

배움은 자기 자신과의 싸움이다. 배우느냐 못 배우느냐는 자기 자신에게 달려 있다. 무엇을 배워야 하는가? 이것은 또 다른 문제. 그것은 자기 내면의 목소리에 귀를 기울이면 충분히 들을 수 있는 소리다. 자기가 하고 싶은 것을 배울 때 속도는 상상을 초월한다. 수년을 필요로 하는 내용도 때로는 단 몇 년 내에 해낼 수도 있다. 스스로 '엄격한 훈련'에 돌입할 때 "칭찬은 가뭄에 콩 나듯 하며 면죄는 없다는 점이며 질책은 가혹하게" 이루어진다. 자기 자신에 대한 칭찬은 오만을 키울 수 있지만, 자기 자신에 대한 질책은 무릎을 꿇고 배우는 자세를 취하게 해준다. "그러한 단련은 어떠한 관점에서 보아도 필요하다." 일단은 배워야 한다. 배워야 그 다음이 허락되는 것이다.

니체는 배움에 있어서 육체적인 것과 정신적인 것을 분리해서 논하려 하지 않는다. 인간은 생각하는 존재다. 존재는 육체를 전제로 하지만 오로지 생각하는 능력에 의해서 입증될 뿐이다. 인간에게 육체와 정신은 둘이면서 하나이고 하나이면서 둘인 묘한 관계다. 사람은 빵으로만 살 수 없지만 그렇다고 빵을 무시할 수도 없는 노릇이다. "여기서 이 양자를 분리하는 것은 더할 나위없는 화이다!" 느낌표의 어감까지 읽어내려 해보자. 그런 어리석은 행동은 삼가라는 윽박지르는 어조로 읽어보자. 그런 것을 분리했다간 혼쭐이 날 줄 알라는 그런 경고의 메시지로 읽어보자는 것이다.

배우고자 하는 자는 "안락함보다 위험을 좋아한다는 것"을 천성으로 하는 자이다. 모든 모험은 호기심에 근간을 둔 지식욕의 결과물이다. 해본 자만이 안다. 배워본 자만이 배움의 의미와 가치를 안다. 배우지 못한 자에게 그 가치를 아무리 달콤한 소리로 들려줘도 그에게는 들을 귀가 없어 결국 그것을 듣지 못한다. 깨달음은 스스로 해내야 한다. 깨닫고 싶다고 깨달아지는 것도 아니다. 독서는 아무 때나 할 수 있겠지만 사색은 아무 때나 안 된다. 멋진 생각은 느닷없이 떠오른다.

배우는 자는 남의 지식에 편승하는 것을 수치로 삼는다. "빈약하고 교활하며 기식자적인 자를 적대시한다는 것"이다. 그는 모방자는 될 수 있어도 창조자는 될 수 없다. 독서를 할 때도 마치 시험 공부하듯이 하지 말라는 것이다. 문제 출제자의 의도 따위는 중요하지 않다. 배우고자 하는 열정이 있다면 그는 반드시 예술작품을 만들어낸 창조자의 정신을 찾게 될 것이다. 그때 독자는 작품을 마치 자신에게 남겨진 유언처럼 읽게 될 것이다. 자기 자신을 위한 유일한 작품처럼 대하게 될 것이다. 그런 작품만이 인생을 바꿔놓는 기적을 일으킬 것이다.

모방은 싫다. 모방은 과정이 되어야지 목적이 되어서는 안 된다. 이것이 허무주의적 자세다. 배우기 위해 모방을 해야 할 때도 있지만 그 모방 자체가 목적이 되어서는 안 된다. 모방을 하는 이유는 그 다음의 결과물을 위해서일 뿐이다. 모방의 대상으로 선택된 것은 언제든지 극복될 수 있어야 한다. 독서는 사색을 위한 것일 뿐이어야 한다. "독서는 사색의 대용품에 지나지 않는다."[5] 물론 "사색하기 위해서는 먼저 독서하지 않으면 안 된다."(538쪽) 그러나 책 자체가 목적이 되면 그 책을 손에서 떼놓지 못하게 된다. 그때 책의 내용은 정신을 지배하는 독단이 되고 만다. 의견의 폭력은 이런 상황에서 벌어지는 것이다. 옳다는 생각 때문에 삿대질을 해대는 것이다. 이것은 모두 제대로 배우지 못한 자들의 어리석은 행동일 뿐이다.

격정과 힘의 과잉을 통제할 수 있는
새로운 도덕을 기대하며

니체는 도덕과 싸웠다. 그 이유는 새로운 도덕을 세우기 위해서였다. 그가 신의 죽음을 선포한 이유도 마찬가지다. 새로운 신을 내세우기 위해서였을 뿐이다. 예를 들어 '춤추는 신'을 믿기 위해 그에 걸맞은 양심을 만들어냈을 뿐이다. 강한 자가 권력을 꿰찰 수 있는 도덕을 마련하기 위해 노예들의 도덕관념을 비판했다. 약자의 승리 논리를 거부했다. 니체가 원하는 도덕은 무엇인지 다음의 잠언 속에서 답을 찾아보자.

> 도덕의 새로운 형식, 즉 무엇을 하지 않고 무엇을 하고자 하는가에 관하여 일치하고 있는 굳은 맹세, 많은 것을 단호하게 단념하는 일. 과연 거기까지 성숙해 있느냐를 음미하는 일. (537쪽)

양심의 가책을 받지 않고 '이게 양심이다'라고 말할 수 있는가? 과연 거기까지 성숙해 있는가? 아니 스스로는 어디까지 성숙해 있는지 반성을 해봐야 할 시점이 된 것 같다. 무엇을 하지 않고 무엇을 하고자 하는가? 하고 싶지 않은 것을 할 때 스트레스가 쌓이는 법이다. 버리고 싶지 않은 것을 버려야 할 때 절망감이 엄습하는 것이다. 헤어지고 싶지 않은데 헤어져야 할 때 숨도 쉴 수 없을 정도로 오열하게 되는 것이다. 살고 싶은데 살 수가 없을 때 패배감이 가슴을 찔러대는 것이다.

도대체 삶에 이로운 도덕은 무엇일까? '나는 하고 싶다'는 말을 양심으로 형성시켜주는 도덕은 어떤 도덕일까? 이를 두고 초인의 도덕이라고 말해도 무방하다. 아직 존재하지 않은 도덕이기 때문이다. 니체는 여태까지 존재한 적이 없는 도덕을 형성하고자 평생 애를 썼다.

> 유능한 소년이라면, '덕망 있는 자가 되고 싶으냐?'라는 물음을 받게 되면 빈정대는 표정을 할 것이다. - 그러나 '네 친구보다 강한 자가 되고 싶으냐?' 하는 질문을 받을 때에는 두 눈을 크게 뜬다. (539쪽)

'착한 사람이 되고 싶은가?'는 말을 들으면 좀 주눅이 든다. 성인군자의 이야기를 들을 때도 마찬가지다. 욕망이 작동하기보다는 이성이 작동하면서 질문을 쏟아낸다. 무엇이 착한 것인지? 또 무엇이 성인군자다운 면모인지 묻고 싶은 것이다. 하지만 '네 친구보다 강한 자가 되고 싶은가?'라는 질문을 듣게 되면 마음속에서 묘한 반응을 일으킨다. 꼬리에 꼬리를 무는 이성적 질문보다는 당연하다는 듯이 긍정의 소리를 내뱉고 싶은 것이다. 여자 아이라면 이런 질문이 어떨까? 남들보다 더 날씬한 몸매를 갖고 싶은가? 남들보다 더 예뻐지고 싶은가? 이런 질문을 받고서 무엇이 날씬한 몸매인지 어떤 얼굴이 예쁜 얼굴인지 꼬리에 꼬리를 무는 식의 질문을 토해내지는 않는다. 도대체 두 개의 질문 사이에는 어떤 차이가 있는 것일까?

남자는 힘에 의해 가치가 정해진다. 한자도 남男, 즉 밭에서 힘을 쓰는 자가 남자다. 그런데 여자는 한자도 여女, 즉 치마 같은 옷을 예쁘게 입은 존재로 형상화해놓았다. 뭔가 화장하고 꾸미고 그래야 여성다운 존재가 된다는 의미일까. 어쨌든 전형적인 여성성을 생각하며 힘을 연상해내는 자는 드문 것이 사실이다. 그런데 이런 것을 당당하게 여길 수 있는 도덕은 없을까? 이래야 한다 저래야 한다는 식으로 생각을 틀 속에 가두려는 그런 도덕 말고 모든 것을 자유롭게 내버려두는 그런 도덕은 부도덕한 것일까? 오히려 부도덕한 것이 도덕이 아니었을까? 지극히 허무주의적 의혹이다.

나는 사람이 자기 스스로를 존경하는 것에서 시작하기를 바랐다. 모든 그 외의 것은 이 일로부터 잇달아 발생하는 까닭이다. 물론 바로 이 일로 사람은 타인에 대한 것을 멈춘다. 왜냐하면 이 일을 타인은 가장 용서하기 어려운 것으로 여기기 때문이다. '얼마나? 자기 스스로를 존경하는 인간?' - /

이것은, 자기 스스로를 사랑하는 맹목적인 충동과는 무언가 다른 것이다. 양성의 사랑에 있어서도 '자아'라고 불리고 있는 이원성에 있어서처럼 스스로가 사랑하는 것을 경멸하는 것이 가장 흔한 일이기 때문이다. − 이것은 사랑 가운데 있는 숙명에 다름 아니다. (540쪽 이후)

 권력에의 의지가 보여주는 자기 자신에 대한 사랑에는 "자기 스스로를 사랑하는 맹목적인 충동과는 무언가 다른 것"이 있다. 그냥 자기 멋대로 사는 게 자기 사랑이 아니다. 편하게 사는 게 이상적인 삶은 아니다. 진정으로 자기 자신을 사랑하는 자라면 태만한 자세로 일회적인 삶을 살아가지 않을 것이다. 오히려 자기 인생을 기회로 삼아 무언가를 해보려 들 것이다. '인생은 기회다!' 원하는 것을 제대로 해볼 기회인 것이다. 하지만 하고 싶은 것을 원 없이 해내는 것도 능력이다. 이런 생각을 유도하려는 것이 허무주의 철학이다.

 니체는 진리나 정답으로 향했던 정신을 자기 자신에게로 향하게 하고 싶은 것이다. "'사나이가 되어라! 그리하여 나를 따르지 말고 너 자신을 따르라! 너 자신을!' 우리의 삶도 우리 스스로에 대해 권리를 지녀야 마땅하다!"(즐거운, 170쪽) 바로 이런 이념에서 니체는 한편의 시를 써내기도 한다. "나를 따르는 것 − 너 자신을 따르는 것. // 나의 방식과 말에 유혹되어 / 나를 따르고 추종하려 하는가? / 오직 너 자신만을 충실히 추종하라 − / 그것이 나를 따르는 것이다 − 여유롭게! 여유롭게!"(즐거운, 39쪽) 서두르지 말라. 초조해하거나 조바심을 내지도 말라. 자기 자신에게로 향하는 길은 서두른다고 되는 일도 아니고 조바심을 낸다고 더 빨리 뭔가가 되는 것도 아니다.

"나는 사람이 자기 스스로를 존경하는 것에서 시작하기를 바랐다." 니체의 바람이다. 중요한 메시지다. 정답이나 진리나 신의 뜻 따위에서 출발점을 찾지 말라는 것이다. 스스로를 존경하는 것에서 시작지점을 찾으라! 모두가 이런 시작지점을 찾지 못하고 있어서 이런 말을 하고 있는 것이다. 물론 자기 자신에 대해서 경멸을 느껴야 할 때도 있다. 그때는 극복을 해야 할 때다. 하지만 경멸은 그저 존경과 맞물려 있는 개념일 뿐이다. 삶은 이런 과정 속에서 진행된다. 마치 '영원회귀'의 이념처럼.

지도 속에서 '현 위치'의 의미와 가치는 매우 크다. 그 위치만 파악되면 어디로든 주체적으로 나아갈 수가 있다. 그냥 되는 대로 사는 게 아니라 의도대로 살아볼 수 있는 기회가 주어지는 것이다. '너 자신을 알라'는 생각하는 존재에게 실존의 의미를 부여하는 기준이 된다. "'너 자신을 알라'는 학문의 전부다."(아침, 62쪽) 이런 말이 허무주의 철학을 형성하는 잠언이라는 것쯤은 이제 인식의 수준으로 다가와 주었기를 빈다. 손자병법에도 지피지기知彼知己면 백전백승百戰百勝이라 했다. '뭐 그리 승리에 연연하냐'고 또 말꼬리 잡지 않기를 바란다.

자기가 분명해질 때 세상 또한 분명해진다. 건강한 사람이 모여 일궈낸 사랑의 기적은 이런 분명함 속에서 이루어진다. 스스로를 존경하는 인간이 그런 또 다른 인간을 만나면 일어나는 기적이 사랑이다. 황홀한 무아지경도 바로 이때 실현되는 것이다. 그런데 대체적으로 도덕은 자기 자신을 사랑하는 것을 부정적으로 바라본다. "스스로가 사랑하는 것을 경멸하는 것이 가장 흔한 일이기 때문이다." 사랑을 말하며 이웃사랑을 생각하는 데 너무 익숙해진 것이다. "이것은 사랑 가운데 있는 숙명에 다름 아니다." 이제 전혀 다른 사랑을 이야기할 때가 되었다. 그것을 숙명으로 받아들이기보다는 오히려 넘어서야 할 극복의 대상쯤으로 간주하는 게 더 나을 것이라는 얘기다.

대체로 사랑이란 말과 함께 혼동되는 것이 욕망이란 것이다. 욕정이니 격정이니 하는 것은 물론 사랑의 이념과는 사뭇 다른 것이다. 오히려 부정적인 뜻으로 사용될 때가 더 많다. 이에 정반대의 원리로 순결의 이데올로기가 선택되기도 한다. 하지만 허무주의 철학은 이에 저항한다. 반대로 순결하지 못한 성생활을 옹호하는 것을 철학적 기본방침으로 선택한다. "순결에 대한 설교는 반자연을 공공연히 도발한다. 성생활에 대한 모든 경멸, 성생활을 '불결하다'는 개념으로 더럽히는 것은 삶의 성령을 거스르는 진정한 죄다."(안티, 320쪽) 이것은 '그리스도교 반대법'의 제4조에 해당한다. 니체의 철학은 욕망의 전도사라고나 할까. 욕정도 격정도 모두 죄가 될 수 없다는 입장을 고수한다.

> 우리의 욕망은 격정을 오랜 기간 계속 품고 사물에게로 덤벼들고자 한다. - 그 둑으로 가두어진 힘이 저항을 추구한다. (546쪽)

욕망은 격정을 오래 견디게 해준다. 무슨 일이든지 오래 견디면 대가가 될 수 있다. 욕망은 우리로 하여금 특정 사물로 향하게 하는 힘이 있다. 욕망도 잘 다루기만 하면 큰 도움을 받을 수 있다. 사랑은 예상치 못한 상처를 남겨놓지만 사랑만큼 위대한 치료제도 또한 없다. 사랑으로 치료되지 않는 병은 없다. 오랜 기간 격정적으로 사물로 향할 수만 있다면 그 폭발력은 어마어마할 것이다. 인간적인 삶을 위해 2, 30년 동안 글쓰기 연습에 매진하라 했던 조언이 기억나기도 한다.

2페이지를 넘지는 않지만 거기에 포함된 모든 단어가 필연적이라고 할 만큼 명확한 소설을 백 개 이상 습작해보라; 가장 함축적이고 가장 효과적인 일화의 형식을 배울 때까지 매일 일화를 쓰도록 하라. 인간의 유형과 성격을 수집하거나 윤색하는 일을 게을리하지 말라. 특히 주위의 다른 사람들에게 미치는 효과를 유심히 바라보고, 가능한 한 모든 사람에게 말을 자주 하고 남이 말하는 것을 귀를 쫑긋 세워 듣도록 하라. 풍경화가와 의상 디자이너처럼 여행하도록 하라. 잘 표현되면 예술적 효과를 줄 수 있는 모든 것을 개개의 학문에서 발췌하도록 하라. 끝으로 인간 행위의 동기에 대해서 잘 생각하고 이 점에서 가르침을 주게 될 어떤 지침도 냉대하지 말고 밤낮으로 이런 것들의 수집가가 돼라. 이와 같은 다양한 훈련으로 2, 30년을 보내라: 그 후에는 작업실에서 창작된 것이 거리의 빛 속으로 나가도 좋다. (인간적I, 181쪽)

니체 전집을 통해 가장 좋아하는 문구들 중의 하나다. '훈련'하면 떠오르는 대목이기도 하다. 행운이 없는 것도 아니다. 행운은 분명 존재한다. 다만 행운이 나타날 만한 때를 준비해두는 것이 관건이다. 아니 행운을 잡을 준비라고 할까. 우연을 필연으로 만드는 힘이라고 할까. 무슨 말을 어떻게 하든 상관없다. 자기 의지를 관철시키려는 욕망을 2, 30년 붙들고 매달릴 수 있다면 그는 자신의 욕망에 긍지를 가질 자격이 충분히 있는 것이다.

요약. 격정을 지배하는 것이지 그 약화나 근절이 아니다! - 의지의 지배력이 커지면 커질수록 한층 더 많은 자유가 격정에게 주어져도 좋다. / '위대한 인간'이 위대한 것은 그 욕망의 자유를 허용하는 활동 범위에 의해서이며 이 욕망이라는 화려한 괴물을 봉사하게 만드는 법을 알고 있는 바의, 그것보다 더 한층 큰 권력에 의해서이다. / '선인'이란, 문명의 모든 단계에 있어서 위험이 없음과 동시에 유용하기도 한 자를 가리킨다. 즉 일종의 중간이다. 상식적으로 표현하면 두려워할 필요는 없으나 그럼에도 불구하고 경멸해서는 안 되는 자를 말한다. / 교육은 본질적으로는 상칙常則을 위하여 예외를 망가뜨리는 수단에 다름 아니다. 교양은 본질적으로는 중급품을 위하여 예외에게 등을 돌리는 취미를 양육하는 수단에 다름 아니다. / 문화가 힘의 과잉을 제어하기에 이를 때 비로소 그 문화는 예외, 실험, 위험, 뉘앙스라는 사치의 숭배를 기르는 온실도 될 수가 있다, – 모든 귀족주의적 문화의 경향은 이 방향으로 나아가고 있다. (546쪽 이후)

이제 격정과 관련한 니체의 결론이다. 격정은 모든 귀족주의적 문화의 경향을 결정짓는 원인으로 작동한다. 격정이 있어야 문화도 문화다워진다는 말이기도 하다. 요즈음 말로 하면 열정이라고 할까. 열정이 빠져 있다면 폐허가 되어버린 곳 혹은 사람이 살지 않는 빈 집과도 같은 곳이 되고 마는 것이다. 이런 해석의 방식을 사람에게도 적용할 수 있다. 열정이 없는 인간은 어떤 모습일까? 격정이 빠져 있는 그런 인간은 어떤 삶을 살아가게 되는 것일까? 그저 타성에 의하여 사는 그런 삶이 아닐까.

격정에 나쁜 감정은 없어야 한다. 이 단어와 결부된 온갖 부정적 어감을 극복해야 한다. 격정이라 말하며 욕을 하는 듯한 감정을 가져서는 안 된다. 격정을 말하며 아름답다, 소중하다 혹은 최소한 유용하다는 감정을 가져야 한다. 그것은 삶을 삶답게 해주는 최고의 묘약이라고 생각해야 한다. 격정이야말로 삶에서 의미를 찾게 해주는 최고의 보물이다. '집 나간 설렘'과도 같은 것이다. 격정은 이제 집으로 돌아와야 한다. 격정은 지배해야 할 대상이지 약화나 근절의 대상이 아니다. 이제 격정에게도 존재에 대한 권리와 권한을 다시 부여할 때가 된 것이다. 격정이 삶을 인도하기 시작하면 창조적인 삶이 펼쳐지게 될 것이다.

야생마가 통제되기 시작하면 준마로 거듭난다. 자연과 문화가 절묘하게 균형을 잡아주기 때문이다. 욕망이 통제되기 시작하면 위대한 인간으로 거듭날 수 있는 열쇠가 된다. 야성적 본성과 이성적 냉철함이 균형을 이루어주기 때문이다. 셰익스피어도 《말괄량이 길들이기》에서 열정이 넘치는 여자를 길들일 수만 있다면 남부러울 게 없는 부인을 얻을 수 있다는 메시지를 전해주기도 한다. 힘 있는 사람이 생각까지 분명하고 명쾌하게 할 수 있다면 최상의 경지에 오를 수 있다는 것에 대해서는 아무도 이의를 제기할 수 없을 것이다.

또 생각이 올바른 사람은 자신의 의지를 지혜롭게 활용할 수 있을 것이다. 즉 의지의 지배력이 강한 사람에게 더 많은 자유가 주어지는 것은 바람직한 일이 된다. "의지의 지배력이 커지면 커질수록 한층 더 많은 자유가 격정에 주어져도 좋다." 자기 자신에 대한 통제력이 강한 사람은 자유인의 자격이 있는 것이다. 아니 그런 사람만이 자유인의 자격을 부여받아야 마땅하다. 니체는 이런 자를 위한 도덕을 추구하고 있는 것이다.

욕망은 '화려한 괴물'이다. 잘 다루면 유용하기 짝이 없고 잘못 다루면 패가망신할 수 있다. '위대한 인간'은 바로 이 괴물을 잘 다룰 줄 아는 자다. 욕망의 대가라고나 할까. 자신의 욕망 때문에 좌절하는 일은 없는 그런 존재라는 얘기다. 그에게 욕망은 어떤 불행한 상황에서도 화려하게 부활할 수 있는 힘의 원천이 되어준다. 의지가 있고 희망이 있다면 절대로 쓰러진 채 누워 있지만은 않을 것이다. 그는 늘 다시 일어나 전진할 것이다. 그는 불가능이란 단어를 혐오의 대상쯤으로 간주할 뿐일 것이다.

이에 반해 '선인'은 좀 다르다. 소위 착한 사람은 열정이나 격정이라는 측면에 있어서 가장 이성적인 수준에 머물러 있는 존재에 해당한다. 즉 그는 사회가 인정하는 그런 것만 생각하고 행동한다. 그는 예상 가능한 것만 생각과 행동의 대상으로 삼는다. 그래서 그는 "위험이 없음과 동시에 유용하기도 한 자"를 대변한다. 즉 그는 "일종의 중간이다." 부정적으로 표현하면 그는 늘 이러지도 저러지도 못하는 그런 중간쯤에 존재하는 인물이기도 하다는 얘기다. 그는 "두려워할 필요는 없으나 그럼에도 불구하고 경멸해서는 안 되는 자를 말한다." 착해서 그런 거다. 이런 사람이 있어 행복할 때도 있다. 평화의 시기에는 딱 맞는 사람이다. 하지만 변화를 꾀해야 할 때는 아무짝에도 쓸모없는 사람이기도 하다. 창조는 그의 것이 아니다.

그런데 거의 모든 "교육은 본질적으로 상칙을 위하여 예외를 망가뜨리는 수단"으로 진행된다. 모두가 원하는 그런 사람으로 거듭남을 목적으로 두기 때문이다. 교육은 예상가능한 생각과 행동을 이끌어내는 사람을 길러내고자 한다. 즉 "교육은 본질적으로 중급품을 위하여 예외에게 등을 돌리는 취미를 양육하는 수단"에 불과하다. 여기서 말하는 '중급품'은 '일종의 중간'에 위치한 '선인'을 일컫는 말이다. 중간계층이 많을수록 사회는 튼튼하고 건강한 것은 사실이다. 하지만 그런 사회일수록 역동성은 떨어지고 만다. 그것이 문제다. 사회가 재미없어지면 현상유지도 어려워진다. 멸망한 로마처럼 순식간에 폐허로 돌변할 수도 있다. 언제 그랬냐는 듯이 과거의 영광만을 동경하는 그런 어처구니없는 문화로 타락할 수도 있다는 얘기다.

어떻게 하면 '힘의 과잉을 제어'하는 도덕이 탄생할 수 있을까? 어떻게 하면 생명력으로 충만한 문화가 탄생할 수 있을까? 이런 질문에 대한 대답이 분명해질수록 그 사회와 문화는 "예외, 실험, 위험, 뉘앙스라는 사치의 숭배를 기르는 온실도 될 수"가 있다. 늘 새로운 것을 지향하는 역동적인 문화는 바람직하다. 그런 문화만이 끊임없이 '귀족주의적인 문화'로 나아갈 수 있다. 니체가 희망하는 문화다. 건강한 도덕으로 무장한 인식의 문화다. "분명한 점은 세계가 이 장년과 노인들로부터 구원된다면, 세계가 지금보다 더 구원된다는 것이다. 왜냐하면 그렇게 되면 젊은이의 왕국이 도래할 것이기 때문이다."(반시대Ⅱ, 377쪽) 니체의 구원사상이다. 니체의 천국사상이다. 젊은이의 왕국! 그곳은 힘의 과잉은 통제의 영역 안에 머물러 있고, 격정은 자유의 날개를 달고 하늘 높이 활개를 치고 있는 천국이나 다름이 없다.

본능과 힘으로 충만한
야만적인 신

허무주의 철학자 니체도 믿는 신이 있다. "나는 춤을 출 줄 아는 신만을 믿으리라."(차라, 65쪽) 이것은 니체의 신앙고백이다. 문제는 춤을 출 수 있기 위해서 '대지의 뜻'에 능해야 한다는 것이다. 천 년이 넘는 중세 동안에는 오로지 하늘의 뜻에 매달려 살아야 했다. 허공으로 향했던 시선을 대지로 향하게 하는 데도 천년의 세월이 흘러가줘야 할까? 새로운 세상을 만들기 위해 니체는 '망치를 들고'[6] 철학을 한다. '우상의 황혼'을 조금이라도 앞당기려는 의도로 파괴의 정신에 도움을 요청하는 것이다.

미래는 힘으로 충만한 세계여야 한다는 것이 니체의 기본 입장이다. 선악을 구별하는 도덕의 굴레에 얽매여 옴짝달싹하지 못하는 꼴에서 벗어난 도덕, 즉 주인의식으로 무장한 도덕, 소위 주인도덕이 판을 치는 그런 세상이어야 한다는 것이다. 이 도덕은 '강함의 염세주의'(비극. 10쪽)를 감당할 수 있는 것이다. 몰락을 감행할 수 있는 능력을 지닌 정신이다. 무너질 수 있는 가능성을 포용할 수 있는 이념이다. 온갖 것이 통제 속에서 조화를 이룰 수 있는 자유정신이다. 니체에게 힘은 바로 자유의 다른 이름일 뿐이다.

> 지나치게 넘어서지 말라는 가르침이 적용되는 것은 넘쳐흐르는 힘을 가진 인간이며, – 평범한 자들은 아니다. 자제나 금욕은 높은 곳에 달하기 위한 하나의 계단에 불과하다. 한층 높은 계단에 서는 것은 '황금의 본성'이다. / '너는 해야 한다du sollst' – 이 무조건적 복종은 스토아주의자의 경우에서, 그리스도교나 아라비아인의 교단 안에서, 칸트의 철학 가운데서 나타난다(복종하는 것이 상위의 자에게인가 아니면 개념에게인가는 아무래도 좋은 일이다). / '너는 해야 한다'보다 고차의 계단에 서는 것은 '나는 의욕한다ich will'(영웅)이다. '나는 의욕한다'보다 고차의 계단에 서는 것은, '나는 존재한다ich bin'(그리스인의 신들)이다. / 야만인의 신들은 전혀 절도를 쾌라고 여기는 풍은 보이지 않는다. – 이 신들은 단순하지도 않고 경박하지도 않고 절도를 지키는 일도 없다. (549쪽)

'너는 해야 한다' 대 '나는 의욕한다'. 이 문제는 이미 《차라투스트라》에서부터 등장했던 것이다. 그때 그는 '너는 해야 한다'를 때려잡아 제압해야 하는 용의 이름으로 불렀다. 허무주의 철학은 마땅히 해야 한다는 도덕적 양심을 극복하고 본인이 스스로 하고 싶다는 것을 새로운 양심으로 형성해내는 것을 관건으로 삼는다. 물론 하고 싶다는 마음으로만 현실을 살아간다는 것은 독선이나 폭력으로 작용할 수도 있다. 때에 따라서는 타인과의 원만한 관계 형성을 위해 절제를 미덕으로 삼아야 할 때도 있다. 즉 이때 절제는 그 다음을 위한 조건에 지나지 않는다. "자제나 금욕은 높은 곳에 달하기 위한 하나의 계단에 불과하다." 그리고 "한층 높은 계단에 서는 것은 '황금의 본성'"에 해당한다.

그런데 그 '높은 곳'에서 만나는 것은 과연 무엇일까? "스토아주의자의 경우에서, 그리스도교나 아라비아인의 교단 안에서, 칸트의 철학 가운데서" 나타나는 것은 '너는 해야 한다'는 '무조건적 복종'의 이념이다. 스토아주의에서는 '우주적 원리'[7]가, 기독교에서는 '하나님의 뜻'(데살로니가전서 5:18)이, 그리고 칸트 철학에서는 '일반 입법의 원리'[8]가 '너는 해야 한다'는 이념으로 나타난다. 특히 마지막 칸트의 이념은 "너의 의지의 준칙이 항상 그리고 동시에 보편적 입법의 원리가 될 수 있도록 행위하라"[9]는 '정언명법'으로도 유명하다. 하지만 이런 관념론의 한계는 정말 생각하는 대로 행동할 수 있는가? 하는 의혹과 함께 나타난다. '호랑이 굴에 들어가도 정신만 차리면 산다.' 정말 그럴까? 생각만 올바르게 하면 김연아 선수처럼 얼음 위에서 멋진 점프를 성공적으로 해낼 수 있을까? 앞선 장에서 언급했던 것처럼 그것은 '칸트의 유치함'(349쪽)의 극치를 보여주는 것이 아닐까. 알아도 안 되는 게 분명 있다. 하고 싶어도 할 수 없는 게 있다.

결국 니체는 '너는 해야 한다'는 '무조건적 복종'보다 더 높은 단계의 것으로 '나는 의욕한다'를 제시한다. '뜻이 있는 곳에 길이 있다.' 지금 당장은 어려워도 지속적으로 훈련을 한다면 언젠가는 해낼 수 있지 않을까. 이런 희망으로 니체는 철학의 길을 걸어간다. 삶을 결정하는 것은 오로지 자기 자신의 힘뿐이라는 생각에서 허무주의를 선택한다. 즉 "'나는 의욕한다'보다 고차의 계단에 서는 것은, '나는 존재한다'이다." 의욕할 수 있는 자는 '영웅'이 될 수 있고, 존재하는 자는 '그리스인의 신들'과 같다. 복잡해졌다. 간단하게 말해보자. '너는 해야 한다'보다 더 나은 것은 '나는 의욕한다'이고, 이 '나는 의욕한다'보다 더 나은 것은 '나는 존재한다'이다. 진정으로 존재하는 자가 신이다. 그리스인들이 믿었던 신들이 바로 이런 존재자들이다.

'나는 존재한다'는 데카르트의 '코기토 에르고 줌^{Cogito ergo sum}',¹⁰ 즉 '나는 생각한다, 고로 나는 존재한다'를 닮아 있다. 생각이 존재의 조건으로 제시되고 있는 것이다. 하지만 니체의 논리는 뒤바뀌어 있다. "나는 살고 있다, 고로 나는 존재한다."(반시대Ⅲ, 383쪽) 삶이 먼저다. 삶이 있어 존재가 문제시되는 것이다. 게다가 그의 논리는 이렇게 일방적이지도 않다. "나는 아직 살아 있다. 나는 아직 생각한다. 나는 아직 살아야만 한다. 아직 생각해야만 하니까. 나는 존재한다. 고로 나는 생각한다. 나는 생각한다. 고로 나는 존재한다."(즐거운, 255쪽) 이것이 니체의 논리다. 살아 있어서 생각이 가능한 것이고, 생각할 수 있어서 살아갈 수가 있는 것이다. 모가지를 자를 수 없는 존재로 살아간다는 것은 육체를 가지고 동시에 머리로 생각을 하며 살아야 함을 의미한다. 육체가 더 중요할까? 생각이 더 중요할까? 둘 사이에 경중을 따지는 것은 생철학에서는 무의미한 일이 되고 만다. 둘 다 중요하다.

그리고 극복의 마지막 단계로 '야만인의 신들'이 보여주는 경지가 있다. "야만인의 신들은 전혀 절도를 쾌라고 여기는 풍은 보이지 않는다. - 이 신들은 단순하지도 않고 경박하지도 않고 절도를 지키는 일도 없다." 니체 철학을 배울 때 이런 부분이 가장 어렵게 다가온다. 감당이 안 돼서다. 신이라 불릴 수 있다면 뭔가 깔끔하고 정리정돈이 잘 되어 있을 것만 같다. 하지만 니체는 이런 것을 신의 경지로 보지 않는다. '절도를 쾌'라고 말하는 것 자체를 우습게 여길 뿐이다. 야만인의 신들은 '절도를 지키는 일'도 없지만 그렇다고 '경박'한 것도 아니다. 이들은 '단순'하지도 않다. 복잡하다. 깨달음의 경지는 간단하게 설명될 수가 없다. 지극히 이성적이면서도 틀에 박혀 있지 않다는 것이 그 본성이기 때문이다. 사막과 같은 삶의 한가운데서 춤을 추며 웃을 수 있는 존재, 이것이야말로 바로 야만인의 신들만이 보여줄 수 있는 최고의 경지다.

야만성에서 신성을 찾고 있는 니체의 생철학적 이념은 사실 받아들이기 가장 어려운 것 중의 하나다. 그가 고귀하다고 간주하는 것은 평범한 것과는 거리가 멀기 때문이다. 우리는 모두 신이란 소리를 말하거나 들으면서 생각하는 어떤 특정한 존재가 있다. 신이라면 당연히 그래야 한다는 식의 편견이 있는 것이나 다름이 없다. 그런 생각 속에는 야만성은 존재하지 않는다. 그런데 니체의 생각은 정반대다. 그가 이상향으로 꼽는 곳은 바로 이곳 대지라는 주장부터 제대로 인식해내야 납득이 가능한 논리다.

무엇이 고귀한 것인가? - 끊임없이 체면을 유지하지 않으면 안 된다는 것. 끊임없이 몸짓을 필요로 하는 상황을 탐구하는 것. 행복을 다수자들에게 맡긴다는 것, 즉 영혼의 평화, 덕, 안인, 스펜서류의 영국적 천사 같아 보이는 소매상인 근성으로서의 행복을 스스로가 져야 할 무거운 책임은 본능적으로 탐구하는 것. 도처에서 적을 만드는 법을 알고 있고 최악의 경우에는 자기 몸까지도 적대시한다는 것. 다수자들에게 말로써가 아니라 행위에 의해서 끊임없이 반항한다는 것. (553쪽)

고귀한 인간은 스스로 불행을 자초한다. 선구자의 길을 걷고자 한다. 혼자가 되는 상황을 도모한다. 모험이 아니면 하고자 하는 의욕조차 보이지 않는다. 도전해야 할 일이 아니면 다수자들에게 맡긴다. 돈 많이 벌어 잘 살고 싶은 그런 전형적인 현대인의 욕망은 '소매상인 근성'을 추구하는 대중에게 맡길 뿐이다. 이들은 모두 속물처럼 살아간다. 유행을 따르고 인습 뒤에 숨으면서 편안함을 느끼는 존재들이다. 높은 곳을 지향하기보다는 넓은 기반이 되는 쪽을 택한다. 같은 생각 같은 행동을 하면서 긍지를 느끼는 사람들이다. 하지만 니체는 이런 삶을 거부한다. 이들의 '게으른 습성'(반시대Ⅲ, 391쪽)을 혐오한다. 이들이 보여주는 삶은 고귀함과는 거리가 멀다.

이에 반해 니체가 고귀하다고 하는 것은 "끊임없이 체면을 유지하지 않으면 안 된다는 것. 끊임없이 몸짓을 필요로 하는 상황을 탐구한다는 것"과 관련한다. 끊임없이 생각하고 행동한다는 것이 고귀함의 조건이다. 삶을 위해서라면 '끊임없이'라는 조건만이 유용하다. 무엇에 끊임없이 전념해야 할까? "스스로 져야 할 무거운 책임을 본능적으로 탐구한다는 것"은 고귀하다. 자기 삶이 부여하는 존재의 무게는 본능적으로 알아야 한다. 삶이 힘들면 그 무게를 더 무겁게 해서라도 힘을 길러야 한다. "삶의 짐이 너에게 너무 무거워지고 있는가? - 그러면 너는 네 삶의 짐을 더 늘려야 한다."(인간적Ⅱ, 212쪽) 훈련만이 삶을 삶답게 해줄 뿐이다. "건강을 위해 가끔 무겁게 짓누르는 짐이 필요하다."(인간적Ⅰ, 68쪽) 힘이 있어야 삶을 즐길 수 있다. 건강해야 모든 것이 의미를 갖는다.

"다종다양한 종류의 곤혹이 있으나 그것들의 훈련에 의하여 인간은 형성되어 있다. 곤혹은 근로하고 노동하고 사고하며 스스로를 제어하는 일을 가르치는 것이다."(555쪽) 훈련이 인간을 형성해준다. 어려운 일을 마다하지 말아야 하는 이유가 여기에 있다. 어려우면 더 어려운 일을 찾을 줄 알아야 한다. 자신의 한계가 보이면 넘어서려는 의지로 맞서야 한다. 늘 초월하는 의지로 삶을 대해야 한다. 그것이 초인의 도덕이다. 그것이 주인도덕이다. 그것이 선악의 저편을 경험하게 해줄 것이다.

게다가 허무주의 철학은 끊임없이 스스로를 전쟁터로 내몬다. "도처에서 적을 만드는 법을 알고 있고 최악의 경우에는 자기 몸까지도 적대시한다는 것. 다수자들에게 말로써가 아니라 행위에 의해서 끊임없이 반항한다는 것"이 고귀한 인식으로 연결된다. 정말 야만적이다. 자기 자신까지 적대시하는 자가 가장 야만적이다. 자기 자신과의 싸움이 가장 힘들기 때문이다. 자기 약점을 가장 잘 아는 자가 자기 자신이기 때문이다. 자기 자신을 속일 수는 없다. 자기 자신과의 싸움은 그래서 정면승부만 할 수 있다. "독수리는 정면에서 공격한다."(554쪽) 이것이 니체가 원하는 싸움방식이다. 지름길을 거부한다. "이른바 '지름길들'은 항상 인류를 큰 위험에 빠뜨렸다."(아침, 66쪽) 자기 삶을 위해서라면 정면승부만이 정답이다.

극복을 위해 자기 자신을 혐오하는 자가 가장 감동적이다. 한계를 직면하고서 주저앉거나 포기하지 않고 넘어섰다는 것이 고귀함을 인식하게 해주기 때문이다. 산 자는 살아야 한다. 끊임없이 살아남아야 한다. 삶을 위해 최선을 다하는 자가 고귀하다. 허무주의의 도래를 허용하는 자는 그 끔찍한 상황 속에서도 극복의 기회 또한 거머쥔다. 끊임없이 도발을 감행하기 때문이다. 잠시도 편히 쉬고자 하지 않는다. 노력하는 자만이 잘 살 수 있다는 진리를 전하고 있을 뿐이다.

대지의 주인이 될
철학자의 출현을 기대하며

대지는 세상의 기본이다. 대지가 있어 세상이 있는 것이다. '대지의 뜻'은 허무주의 철학이 지향하는 이념이다. 그 뜻이 아닌 것에 대해서는 가차 없이 허무함을 인식하고자 한다. 신도 천국도 허무함으로 맞설 수 있는가? 그럴 자신이 있는가? 그동안 희망을 걸었던 사물에 대해 정 떼기를 할 수 있겠는가? 모두가 하늘을 바라며 행복을 꿈꿀 때 밤에도 잠을 이루지 못하고 깨어 있어야 하는 정신이 있다는 것은 지극히 긍정적이다. 모두가 가축 떼처럼 무리를 지어 살아갈 때 홀로 '사막 같은 현실'[11]을 견뎌내는 정신이 있다는 것은 지극히 희망적이다.

> 한 가지 질문이 거듭 우리에게로 다가선다. 아마도 한 가지 유혹적이고 심술궂은 질문이, 마치 이 질문은 그러한 질문을 할 만한 권리를 가지고 있는 사람들에게 자기 스스로도 가장 잘 뜻대로 할 수 있는 오늘날의 최강의 영혼에게, 이렇게 소곤대는 것 같다. 즉 더욱더 '군거동물' 유형이 유럽에서 발달되고 있는 오늘날이야말로 반대 유형과 그 덕과의 철저한 인위적이고 의식적인 육성을 실험해보아야 할 시대가 아닐까? (555쪽)

'최강의 영혼?' 이제는 정말 그것이 무엇인지 철저히 고민을 해봐야 할 시대가 되었다. 무엇이 강한 것인가? 무엇이 강한 존재인가? 초인은 누구일까? 하나가 둘이 되었다는 차라투스트라는? 도덕 위에서 춤을 추는 자는? 질문은 다양하다. 현상적이어서 그런 거다. 하지만 본질은 하나다. 말은 달라도 같은 것을 의미하고 있다. 그러나 본질은 이념에 해당한지라 말로 설명을 요구할 수밖에 없다. 여기에 딜레마가 존재한다. 어떤 설명으로도 본질의 세계는 확실하게 모습을 드러낼 수 없기 때문이다. 의자의 이념은 하나에 불과하지만 그 현상은 다양한 것처럼. 우리는 이 다양한 현상을 통해 이념을 유추해낼 수밖에 없는 것처럼.

니체가 철학하는 이유는 무엇일까? 문헌학에서 그는 독서하는 법을 배웠다고 고백한 바 있다. "여기서의 문헌학은 아주 일반적인 의미로, 잘 읽는 기술로 이해되어야 한다. – 해석에 의해 왜곡시키지 않고, 이해하려는 요구로 인해 신중함과 인내와 정교함을 잃지 않으면서 사실들을 읽어낼 수 있는 기술로."(안티, 294쪽) 하지만 문헌학에서 만족할 수는 없다. 책을 잘 읽는 기술로 니체는 그 다음의 영역으로 넘어가고자 했던 것이다. 이제는 철학이다. 그가 말하는 "철학은 개인이 건강해지는 법에 대한 본능"(아침, 413쪽)으로 연결된다. 건강한 자가 대지를 지배한다. 그가 대지를 천국으로 만든다. 니체가 원하는 인간형이다.

> 나는 아직 현존하고 있지 않은 종류의 인간을 위하여 쓴다. 즉 '대지의 주인들'을 위하여. / 플라톤의 《테아게스Theages》 편 가운데 다음과 같은 구절이 있다. '우리들 가운데 누구나가 할 수만 있다면 모든 인간의 주인이 되고 싶어 하지만 최고의 소원은 신이 되는 것이다.' 이 성향은 현재 또다시 나타나지 않으면 안 된다. / 영국인, 미국인, 러시아인 – (558쪽)

오랫동안 《테아게스》는 플라톤의 책으로 알려져 있었다. 하지만 오늘날에는 그의 학당 아카데미에서 공부하던 자의 글로 간주되고 있다. 이유는 이 대화편에는 특히 '철학적 깊이가 결여되어 있기 때문'[12]이라고 한다. 게다가 여기에 덧붙여 플라톤의 다른 책에서는 보이지 않는 면모로서 소크라테스가 보여주는 '공개적이고 노골적인 자기 찬양'[13]이 문제로 지적되기도 한다. 하지만 니체에게는 이런 게 문제가 아니다. 그가 이 대화편에서 인용한 문구다. "우리들 가운데 누구나가 할 수만 있다면 모든 인간의 주인이 되고 싶어 하지만 최고의 소원은 신이 되는 것이다." 신이 되는 것이 최고의 소원이다! "어떻게 하여 인간은 영원해지는가…"(574쪽) 그것이 문제인 것이다.

"나는 아직 현존하고 있지 않은 종류의 인간을 위하여 쓴다. 즉 '대지의 주인들'을 위하여." 니체의 철학은 미래의 철학이다. 그의 철학은 《선악의 저편》의 부제목처럼 '미래철학의 서곡'에 해당한다. "앞으로 도래할 시대를 위해"(반시대Ⅱ, 289쪽) 고민을 한다는 것이다. 아직 스스로 신이 된 자는 존재하지 않는다. 모두가 하늘을 바라보며 신의 형상을 생각할 뿐이다. 이 대지에서는 찾으려는 생각조차 하지 못하고 있다.

인간의 지평선. - 철학자란, 어디까지 인간은 향상할 수 있는가를 음미하는 일에 극도의 노력을 기울이는 자를 가리킨다고 풀이할 수가 있다. - 특히 플라톤이 그러하지만 그는 그 힘이 미치는 한 이 점을 음미하였다. 그러나 그들은 이 점을 개인으로서 행한다. 아마도 인간을 몰아붙여 어디까지 발달하게 할 수가 있는가, 또한 '은총받은 상황' 아래서는 어떠한가 라는 점에 골몰하는 황제나 건국자 등의 본능 쪽이, 더 한층 위대했을지도 모른다. 그런데 그들 역시도 무엇이 은총받은 상황인가를 충분히 분별하고 있지는 않았다. 어디에서 지금까지 '인간'이라는 식물은 가장 아름답게 무성했는가라는 커다란 의문, 그것을 위해서는 역사의 비교 연구가 필요하다. (566쪽)

철학자는 끝까지 가기를 원하는 자이다. 한계에 도달해보려는 의지로 삶을 대한다. 끝까지 가본 자만이 한계를 넘어서는 위대한 한 발자국을 더 내디딜 수 있게 된다. 니체에게 있어서 철학자는 오로지 '극도의 노력을 기울이는 자'에 해당한다. 자기 생각의 한계를 생각해보고 그것을 넘어서려는 의지로 삶에 임한다. 하지만 이런 철학자 또한 아직 출현하지 못한 상태다. "왜 철학자의 출현은 드물까 하는 문제"(567쪽)는 현대인이 풀어야 할 대표적인 과제에 해당한다. 끝, 한계, 그곳에서 '철저한 몰락'(같은 곳)을 감행하려는 자가 없기 때문이 아닐까. 극복을 위한 몰락을 감당할 힘이 없어서 그런 게 아닐까. 누군가가 답변해주기를 바라지 말자. 스스로 답을 찾아내려 해보자. 각자 몇 개의 질문을 품고 오랫동안 견뎌보자.

08
—

디오니소스의 즐거움

이 세계는 권력에의 의지이다 —
그리고 그것 이외의 아무것도 아니다!
게다가 또한 여러분 자신이 이 권력에의 의지이며 —
그리고 그것 이외의 아무것도 아닌 것이다!

-

허무주의는
살아 있음의 증언 외에
아무것도 아니다.

즐거운 철학자
디오니소스

니체가 디오니소스의 존재에 대해서 철학적으로 고민을 했던 것은 처녀작부터다. 고대를 연구하며 발굴의 정신으로 철학의 길을 걸었다. 그 발굴의 대상은 디오니소스였다. 처음부터 그는 디오니소스만을 주시했던 것이다. 《비극의 탄생》은 디오니소스의 탄생을 묻는 책이기도 했다. 고대 그리스의 극장은 비극이 공연되었던 역사적 현장이다. 비극은 사실의 문제다. 비극은 디오니소스 축제에 의해서 생겨났으므로 디오니소스는 비극의 원인이 된다. 물론 디오니소스적인 것의 반대 원리로서 아폴론적인 것도 동시에 있어줘야만 예술이 탄생할 수 있다는 주장이었지만 니체는 디오니소스에게 더 호기심이 갔다.

생각이 아무리 먼 곳으로 뻗쳐 나갔어도 결국에는 디오니소스였다. "혹은 차라투스트라라고 불리는 저 디오니소스적 괴물의 언어"(비극, 22쪽)가 문제였다. 괴물의 언어, 그것이 바로 초인의 언어였던 것이다. 초인의 언어, 그것이 바로 삶의 언어였던 것이다. 허무주의는 살아 있음의 증언 외에 아무것도 아니다. 허무주의는 죽음 이후의 모든 이야기들에 대해 저항한다. 오로지 이 대지의 뜻에 귀를 기울이고자 했다. 디오니소스는 삶의 다양한 현상 뒤에서 버팀목이 되어준다. 이것을 인식한 니체는 "나는 철학자 디오니소스의 제자이다. 나는 성인이 되느니 차라리 사티로스이고 싶다"(이 사람, 324쪽)라는 고백도 하게 된다. 인생 막바지에서, 자서전을 쓰는 그 순간에, 생철학자 니체는 '이튀팔로스Ithyphallos'1를 자랑하는, 발기된 성기로 춤을 추는 망아의 현상 앞에 생각의 모든 문을 열어놓으려 했던 것이다.

디오니소스에게서 배운 내용이 허무주의 철학으로 구축된다. 이 철학을 통해 니체는 사티로스로 거듭나고 싶어 했다. "축제가 열리는 거의 모든 곳에서 이 축제의 핵심은 과도한 성적 방종에 있었다."(비극, 37쪽) 그런 축제에 동참하고 싶었다. 생명력이 충만한 곳에서 삶을 만끽하고 싶었던 것이다. 또 자서전으로 집필된《이 사람을 보라》의 마지막 문장도 의미심장하다. "나를 이해했는가? - 디오니소스 대 십자가에 못 박힌 자…"(이 사람, 468쪽) 니체는 평생을 바쳐 연구한 자기 자신의 철학서의 마지막 문장으로 디오니소스 대 예수라는 대립 구도를 제시한다. 대지의 뜻과 하늘의 뜻이라는 대립과도 같다. 이번에는 '디오니소스'라는 제목으로 시작하는 장의 첫 번째 잠언을 읽어보자.

단단하고 나긋나긋하고, 향기롭다. - 코로도 그 향기로움을 좋아할 만한 목재로 새겨져 있어서 나의 마음을 즐거움으로 삼는 혈통 좋은 자에게야말로, - 이 책은 헌정되어 있다. / 이 자는 자신에게 유익이 되는 것을 맛본다. /

이 자는 무엇이든, 그 유익의 한도를 넘을 때에는 그것을 좋아하는 일을 멈춘다. / 이 자는 국부적인 손상에 잘 듣는 약이 무엇인가를 간과하고 있으며, 그는 질병을 자신의 삶의 커다란 자극제로 갖는다. / 이 자는 몸에 닥치는 심술궂은 우연도 모조리 이용하는 법을 터득하고 있다. / 이 자는 스스로를 파멸시킬 성싶은 불운에 의하여 한층 더 강해진다. / 이 자는 그가 보고 듣고 체험하는 모든 것으로부터 스스로의 주요 문제에 유리한 것을 본능적으로 모은다. - 그는 하나의 선택원리에 따른다. - 그는 많은 것이 흔들려 떨어지도록 맡겨 둔다. / 이 자는 반응하는 데 느리며 이 완만함은 오랜 동안의 신중함과 기대하는 데가 있는 긍지가 육성한 것이다. - 그는 자극을 그것이 어디에서 와서 어디로 가려 하고 있는가 음미하며 굴종하는 일이 없다. / 이 자는 가령 그 사귐이 책과이든 인간과이든 풍경과이든, 언제나 스스로의 동료 가운데 있다. 이 자는 선택하는 일에 의해, 허용하는 일에 의해, 신뢰하는 일에 의해 외경한다. (575쪽)

니체는 "나의 마음을 즐거움으로 삼는 혈통 좋은 자"를 다양한 문장으로 부연설명하고 있다. 그리고 그는 바로 이런 자에게 이 《권력에의 의지》라는 책을 헌정하고 있다고 밝힌다. 이 책은 그의 것이라는 얘기다. 《즐거운 학문》에서 니체는 시의 형식으로 자신의 독자는 어떤 존재여야 하는지도 설명한 바 있다. "튼튼한 이와 튼튼한 위장 - / 이것을 그대에게 바라노라! / 내 책을 견뎌낸다면 / 나와도 친해질 수 있을 것이다."(즐거운, 56쪽 이후) 쉽게 씹히지 않는 음식과 같은 책이 니체의 책이다. 그런 책을 읽어내려면 튼튼한 이빨과 튼튼한 위장을 갖고 있어야 한다는 것이다. 허무주의 철학은 노력 없이 친해질 수 없는 사상이다. "사실 우리를 이해하기 위해서는 많은 노력이 필요하다."(같은 책, 326쪽) 그런데 니체와 친해질 수만 있다면 현대 이후는 분명해질 것이다. 그것은 무엇으로 불려야 할지 감이 잡힐 것이다. "나의 날은 내일 이후이다."(안티, 213쪽) 내일 이후! 그것은 분명 현대 이후를 말한다. 현대를 극복할 수 있어야 마침내 이해가 되는 그런 철학이라는 얘기다.

너무 멀리 갔다. 니체가 헌정했다는 '혈통 좋은 자'의 속성을 위의 인용문을 통해 하나씩 분석해보자. 모두 여덟 개의 문단으로 이루어져 있다. 첫째, "이 자는 자신에게 유익이 되는 것을 맛본다." 취향이 분명하다는 것이다. 자신에게 좋은 것을 그 어떤 양심의 가책도 없이 선택할 수 있는 자다. 남의 눈치를 보며 머뭇거리지 않는다는 얘기다. 타인의 취향에 맞추어 산다는 것은 그의 것이 아니다.

둘째, "이 자는 무엇이든, 그 유익의 한도를 넘을 때에는 그것을 좋아하는 일을 멈춘다." 한계에 도달하면 이쪽에 머무르기를 그만두고 저쪽으로 넘어간다는 얘기다. 떠날 때가 되면 과감하게 떠난다는 것이다. "먼저 너 자신의 오두막에 불을 질러라!"(인간적II, 415쪽) 돌아갈 곳을 두고 안심하기보다 차라리 배수진을 치고 싸우라는 것이다. 돌아갈 다리를 끊고 떠나라는 것이다. "무한한 수평선. - 우리는 육지를 떠나 출항했다! 우리는 다리를 건너왔을 뿐만 아니라, 우리 뒤의 육지와의 관계를 단절했다! 그러니 우리의 배여, 앞을 바라보라! 네 곁에는 대양이 있다."(즐거운, 199쪽) 밤을 인식하며 미네르바의 올빼미가 비상을 시작한다면, 대양을 인식하며 초인은 모험 여행을 시작한다. "그러고는 문을 등 뒤로 힘껏 닫아버렸던 것이다."(차라, 211쪽) 미련 없이 떠나기 위해.

셋째, "이 자는 국부적인 손상에 잘 듣는 약이 무엇인가를 간과하고 있으며, 그는 질병을 자신의 삶의 커다란 자극제로서 갖는다." 건강은 질병을 전제한다. "질병은 인식의 수단이며 인식을 낚는 낚싯바늘로서 반드시 필요하다."(인간적I, 14쪽) 강함은 약함을 조건으로 한다. 극복하고자 하는 자는 그 한계부터 알아야 한다. 창조를 하고자 하는 자는 파괴의 영역을 인식해내야 한다. "질병 자체는 삶의 자극제가 될 수 있습니다: 단, 사람들이 이 자극제를 이겨낼 정도로 충분히 건강해야만 합니다!"(바그너, 30쪽) 병은 나아야 좋은 것이다. 질병이 좋을 수 있는 이유는 아프다는 인식을 가져다주기 때문이며, 그 아픔이 삶을 인식하게 해주기 때문이다. 약자에게 질병은 치명적일 수 있으나, 강자에게 그것은 그저 '삶의 커다란 자극제' 정도에 불과할 뿐이다.

넷째, "이 자는 몸에 닥치는 심술궂은 우연도 모조리 이용하는 법을 터득하고 있다." 강한 자는 우연 속에서 방황하는 일이 없다. 그에게 세상살이는 그저 재미난 놀이터의 놀이쯤으로 여겨질 뿐이다. "우연과의 투쟁"(530쪽)이야말로 그의 삶의 본질이다. 우연을 필연으로 만드는 것도 능력이다. 대중에겐 대충 사는 것처럼 보이지만 나름 치열하게 살아가고 있는 것이다. 인생에서는 뭣 하나 쉽게 얻는 게 없기 때문이다. 대가는 자신의 일을 한순간에 뚝딱 손쉽게 해내지만 범인凡人이 그것을 따라하려 하면 오랜 세월의 훈련이 요구된다.

다섯째, "이 자는 스스로를 파멸시킬 성싶은 불운에 의하여 한층 더 강해진다." 이와 비슷한 명언은 참 많다. 자주 인용되었던 문장이지만 또다시 읽어보자. 훈련의 최고의 방법은 반복이니까. "삶의 사관학교로부터 – 나를 죽이지 않는 것은 나를 더욱 강하게 만든다."(우상, 77쪽) 거의 같은 문장이다. "그를 죽이지 못하는 것은 그를 더욱 강하게 만든다."(이 사람, 335

쪽) 그 외 또 있다. "나의 제자들의 전형. - 나와 무언가 관계를 갖는 인간들에 대해서는 나는 그들이 고뇌를 겪고 버림받고 병들고 학대받고 모욕당하는 것을 희망한다."(535쪽) "위대한 교육자였더라면 그러한 '축복이 되는 인간'의 종족을 가차 없이 채찍질하여 불행 속으로 빠뜨려 넣지 않을 수 없었을 것이다."(536쪽) "우리를 파괴하는 일이 없는 것은, 우리를 더욱 강하게 만들어준다…"(547쪽) 다 같은 소리다. 아파야 성장한다는 말이다. '비 온 뒤에 땅이 굳는다'는 말과 같다. 다 생철학적 메시지를 담고 있는 좋은 말이다. 고통만이 성장과 더욱 강해짐을 약속한다고.

여섯째, "이 자는 그가 보고 듣고 체험하는 모든 것으로부터 스스로의 주요 문제에 유리한 것을 본능적으로 모은다. - 그는 하나의 선택원리에 따른다. - 그는 많은 것이 흔들려 떨어지도록 맡겨둔다." '혈통 좋은 자'는 본능적으로 자기 자신에게 유리한 것을 모은다. 무엇이 좋고 나쁜지를 본능적으로 안다. 자신의 취향에 맞게, 오로지 그것만이 '선택의 원리'가 되어 사물을 취한다는 것이다. 달면 삼키고 쓰면 뱉는다. 취향에 양심의 가책이라는 칼날을 휘두를 필요는 없다. 취향에 이래야 한다 저래야 한다는 말로 참견하는 것만큼 어리석은 것이 또 없다. 자신이 무엇을 원하는지 분명하게 아는 자는 니체와 친해질 수 있다. 그는 그의 책을 속속들이 읽어낼 수 있다. 그가 숨겨놓은 보물들을 어떤 상황 속에서도 찾아낼 수 있다. 본능이 그렇게 해줄 것이다.

일곱째, "이 자는 반응하는 데 느리며 이 완만함은 오랜 동안의 신중함과 기대하는 데가 있는 긍지가 육성한 것이다. - 그는 자극을 그것이 어디에서 와서 어디로 가려 하고 있는가 음미하며 굴종하는 일이 없다." 굴종하는 일은 혈통 좋은 자의 것이 아니다. 그의 정신의 변화에서 기본이 되는 불굴의 정신과 맞닿아 있다. "공경하고 두려워하는 마음을 지닌 억센 정신, 짐깨나 지는 정신에게는 무거운 짐이 허다하다. 정신의 강인함, 그것은 무거운 짐을, 그것도 더없이 무거운 짐을 지고자 한다."(차라, 38쪽) 그가 지지 못할 짐은 없다. 오히려 짐이 무거울수록 힘의 쾌감을 즐기며 멋진 춤을 춰댄다.

여덟째, "이 자는 가령 그 사귐이 책과이든 인간과이든 풍경과이든, 언제나 스스로의 동료 가운데 있다. 이 자는 선택하는 일에 의해 허용하는 일에 의해, 신뢰하는 일에 의해 외경한다." 이 세상의 그 어떤 사물도 혈통 좋은 자의 즐거움을 방해하지 못한다. 책도 인간도 풍경도 모두가 그의 행복한 감정의 원인이 될 뿐이다. 감당하지 못할 것은 하나도 없다. 감당할 수 있어서 행복하고 즐거운 것이다. 그는 모든 것을 신뢰하고 허용한다. 그의 선택의 손길을 주저하게 만드는 것은 하나도 없다.

이 여덟 가지의 속성을 모두 갖추고 있는 자가 '혈통 좋은 자'이다. 그에게 니체는 자신의 책을 헌정한다. 그의 이름은 어떻게 불려도 상관없다. 디오니소스도 좋고, 차라투스트라도 좋고, 초인도 좋다. '신의 죽음' 까지 감당할 수만 있다면 회복되지 못할 질병은 없다. 모든 '불운'조차 더욱 강해지게 하는 '삶의 커다란 자극제'가 되어줄 뿐이다. 도덕과의 전쟁에 임하는 전사는 오로지 승리만을 원한다. "인간은 선과 악에 대해 더 강해져서 전쟁에서 나온다."(인간적I, 356쪽) 초인이 탄생은 그때 실현되는 것이다.

높은 곳에서 바라보는
독수리의 시각

허무주의는 세상을 주시한다. 삶의 현장이 인식의 대상이다. 삶을 미궁으로 대해도 상관없다. 그 안에 괴물이 살고 있다고 해도 겁먹을 일은 없다. 싸우면 되는 것이고 이기면 그만인 것이다. 상대가 위험할수록 승리의 쾌감은 커질 것이다. 살고 싶다는 말이 생각을 이끌 때 어둠은 걷히고 세상은 밝아질 것이다. 죽고 싶다는 말을 경계하면 없던 길도 보인다. 삶은 살면서 의미를 얻는다. 사람은 삶을 통해 가치를 찾는다. 사는 것이 좋은 일이다. 삶 속에 양심이 있는 것이다. 좋은 마음은 삶을 통해서만 피어나는 꽃과 같다.

모든 것을 발아래 두면 걸을 수 있다. 춤도 출 수 있다. 춤의 비결이다. 모든 것을 발아래 두라! 이것이 지상명령이다. 도덕조차 발아래 둘 때 정신은 자유의 참맛을 보게 된다. 진리조차 발아래 두면 고대의 신들이 어서 오라 손짓하는 모습까지 볼 수 있으리라. 산 정상에 올라보면 안다. 세상을 내려다본다는 것이 얼마나 큰 위안을 주는지를. 높은 곳에 오르면 상쾌하다. 신선한 바람은 저절로 두 팔을 벌리게 할 정도다. 정신에게도 등산과 같은 일이 있다. 생각하는 일에도 넘어서야 할 고비가 있다는 얘기다.

> 높은 곳으로부터 조감적鳥瞰的 고찰을 자기 좋은 대로 할 수 있는 것은 모든 것이 그 진척되어가는 바에 따라 현실의 추세도 된다는 것을, 즉 모든 종류의 '불완전성'과 그것으로 받는 고뇌 또한 더할 나위 없이 바람직한 것 가운데 계수되어도 좋은 것이라는 점을 식별할 때이다. (576쪽)[2]

인생은 모두 불완전하다. 인간 자체가 불완전하기 때문이다. 누군 이게 모자라고 누군 저게 모자란다. 그 모자란 것을 한계로 알고 살아야 한다. 하지만 그 불완전성 때문에 울어야 할까? 이것이 문제다. 고통과 고뇌는 피할 수 없다. 생각하는 존재에게 그것은 필연적이다. 그것은 인간이기에 짊어지고 살아야 할 운명과도 같은 것이다. 삶이 불완전하다고 주저앉아야 할까? 이 질문으로 한참을 머물러 서 있어야 한다. 함부로 나아가려 해서도 안 된다. 보리수나무 아래라도 앉아 생각 좀 해보자. 그 질문이 싹을 틔워 어떤 종류의 나무가 성장하는지 관찰 좀 해보자. 스스로 답이 보일 때까지 견뎌보자! 죽는 게 문제가 아니라 사는 게 문제다! 이런 대답이 형성될 때까지.

불완전성은 삶의 조건 중의 하나다. 하지만 그것은 삶을 부정적으로 결론지어야 할 전제조건이 아니다. 오히려 그것을 이용해 삶을 긍정적으로 바라볼 수 있게 해야 한다. 아니 삶 자체가 긍정적이라는 수준까지 치고 올라가줘야 한다. 그것이 생각하는 존재가 터득해야 할 삶의 지혜인 것이다. "높은 곳으로부터의 조감적 고찰을 자기 좋을 대로 할 수 있는 것"은 좋은 것이다. 바람직한 것이다. 그 경지에 이르러서야 비로소 "모든 것이 그 진척되어가는 바에 따라 현실의 추세도 된다"는 것을 알게 되고, 또 그때가 되어서야 "모든 종류의 '불완전성'과 그것으로 받는 고뇌 또한 더할 나위 없이 바람직한 것 가운데 계수되어도 좋은 것이라는 점"을 알게 되기 때문이다.

삶의 현장을 무대처럼 내려다볼 수만 있다면 산다는 것은 그렇게 문제될 일도 없다. 길이 안 보이고 앞이 캄캄한 느낌은 언제나 '높은 곳으로부터의 조감적 고찰'을 해내지 못하기 때문이다. 《차라투스트라는 이렇게 말했다》를 여는 웅장한 서막이 생각난다. 서른 살에 고향을 떠나 오른 산, 그곳에서 차라투스트라는 십 년을 보냈다. 그의 동굴을 하루도 빠짐없이 찾아와 지치지 않도록 도와주었던 것은 '독수리와 뱀'이었다. 이들 둘의 시야는 극과 극이다. 하나는 높은 곳에서 바라보는 세상이고 또 하나는 가장 낮은 곳에서 바라보는 세상이다. 두 개의 세상을 번갈아가며 경험함으로써 '마침내 마음의 변화'(차라, 12쪽)가 왔던 것이다. 마음의 변화는 두 가지가 동시에 작동해줘야 가능하다는 얘기도 된다.

늘 행복할 수도 없다. 오히려 불행이 적극적이다. 니체가 2주 동안 쉬지 않고 읽었다는 《의지와 표상으로서의 세계》에도 이런 내용으로 가득하다. "모든 충족, 또는 흔히 행복이라 부르는 것은 원래 또 본질적으로 언제나 소극적인 것에 불과하며, 결코 적극적인 것이라고는 할 수 없다."³ 염세주의적 시각이다. 불행은 적극적이다. 행복은 소극적이다. 이 말을 이해하고 싶으면 산에 오를 때를 생각해보면 된다. 산 정상에서 신선한 바람을 즐길 수 있는 시간은 오를 때 보낸 시간과 비교해보면 순간에 불과할 뿐이다. 하지만 그 쾌감을 느껴보고자 그 힘든 산행을 선택한다. 삶도 마찬가지다. 인생에 정말 '아~ 좋다~' 하는 말을 쏟아냈던 적이 몇 번이나 있었던가. 첫사랑의 그 느낌처럼 짜릿했던 적은? 그 설렘의 쾌감을 알고 있는 자는 그 소중한 기억으로 사막 같은 현실을 견뎌낼 뿐이다. 그것을 잊지 못해 늘 동경하는 마음으로 살아야 하는 게 인생이다.

그러나 이런 분위기에 휩싸여 있는 사람들에게 어떤 아테네 노인이 아이스킬로스 같은 고상한 눈으로 그를 쳐다보면서 이렇게 응답할 수 있을 것이다. "자네 이상한 외국 청년, 이렇게도 말해보게. 이 민족은 그렇게 아름답게 될 수 있기 위해 얼마나 많은 고통을 당해야 했겠는가! 그러나 지금 나를 따라와 비극을 보세. 그리고 나와 함께 두 신의 신전에 제물을 바치세!"(비극, 179쪽)

《비극의 탄생》을 마감했던 글이다. 제사지내자는 말로 끝맺음을 했던 것이다. 제전! 그것은 디오니소스 축제를 의미한다. 제사의 현장이 성적 방종으로 충만한 축제로 이어지는 이 논리 앞에 우리 현대인은 모두 당혹해한다. 니체를 따라가다가 갑자기 발걸음을 멈칫하는 순간이다. 아직 마음의 준비가 덜 된 탓이다. 하지만 그의 철학에 귀를 기울인 자라면 그가 말하는 '고상한 눈'을 예감할 수 있으리라. 그 눈은 우리가 보는 세상과 전혀 다른 세상을 보는 눈이다. 우리가 알지 못하는 세상을.

니체는 새로운 세상을 보여주고자 한다. 아무도 모르는 그 세상을. 말 그대로 신천지다. 초인도 아직 태어나지 않은 존재라 했다. 차라투스트라를 만나려면 그를 매몰차게 등지고 돌아서야 하는 슬픈 이별을 맛보아야 한다. 자기 자신이 있다는 그 미궁 속으로 발길을 돌려야 한다. 그리고 그 안에 있을 법한 괴물을 싸워 이겨야 한다. 이 모든 것을 감행한 자만이 초인의 언어를 듣게 될 것이다. 그 자만이 허무주의의 이념을 접하게 될 것이다. 그 자만이 차라투스트라를 다시 만나는 거자필반去者必返의 진리를 깨닫게 될 것이다.

"연극에서처럼 세상을 내려다보는 눈을 열어라. 다른 두 개의 눈을 통해 세계를 들여다보는 커다란 제3의 눈을 열어라!"(아침, 380쪽) 지금 가지고 있는 두 개의 눈으로는 볼 수 없는 세상이 있다는 것이다. 또 다른 감각의 눈이 필요하다는 얘기다. 니체가 인도한 세상은 그런 눈으로만 보인

〈타이타닉〉(1997)의 한 장면.

다. 그 눈은 허무주의라는 삶을 위한 훈련소에서 죽음을 맛보게 하는 온갖 훈련을 견뎌낸 자만이 가질 수 있는 그런 눈이다. 견뎌낸 자! 훈련을 마다하지 않고 따른 자만이 누릴 수 있는 세상이다. 〈타이타닉〉이란 영화의 한 장면도 이런 메시지를 전한다.[4] 잭이 로즈에게 말한다. 겁먹지 말라고. 두려워하지 말라고. 믿고 따랐더니 전혀 다른 세상이 눈앞에 펼쳐졌다. 그때 온몸을 휘감고 도는 그 느낌은 '아~ 좋다~'는 말로만 형용할 수 있다. 이성의 언어로는 설명할 수가 없는 상황이다.

"하지만 가치와 무가치에 대해 말참견할 수 있으려면, 오백 가지 확신들을 자신의 발 아래로 굽어보아야만 한다 - 자신의 뒤에 있는 것으로 보아야만 한다…"(안티, 297쪽) 그럴 수 있는가? 그동안 확신했던 사실들을 발 아래에 두고 굽어볼 수 있는가? 사랑했던 것들을 뒤에 있는 것으로 볼 수 있는가? 정답, 진리, 신까지도? 미련 없이 떠날 수 있는가? 떠남을 온전히 해낼 수 있는 자만이 만남이라는 기적을 맞이하게 될 것이다. 망아를 온전히 실천해낼 수 있는 자만이 황홀이라는 경지를 경험하게 될 것이다. 그리스어의 '엑스타지스*ékstasis*'[5]는 자기 밖으로 나가는 것을 의미한다. 자기 자신이 그토록 좋았던 사람에게는 힘든 발걸음일 수 있다. 하지만 그것을 해내는 자는 허무주의가 보여주는 세상을 보게 될 것이다.

바그너와 쇼펜하우어를 지나
자신의 길로 접어든 허무주의

니체에게 쇼펜하우어는 이성이 가장 활발했던 시기에 만난 정신적 스승이었다. 쓰러질 것만 같은 고서점에서 《의지와 표상으로서의 세계》를 집어 들었을 때 청년은 어느 정령의 소리를 듣게 된다. "이 책을 집으로 가져가라."[6] 그는 그 책의 내용을 자기 자신에게 남겨놓은 유언처럼 읽어냈다. 모든 문구들을 자신의 정신으로 만들어냈다. 좋았다. 하지만 그 좋은 말들에서 새로운 말들을 만들어내기 시작했다. 염세주의에서 허무주의로 발돋움을 했던 것이다.

바그너와의 관계는 사뭇 다르다. 바그너는 일찍 작고한 아버지와 동갑내기였다. 그래서 니체는 그를 아버지처럼 따랐다. 물론 나이가 이런 관계의 원인이 된 것은 아니었다. 이들은 모두 쇼펜하우어를 '천재'[7]라 인정했다. 쇼펜하우어의 염세주의 사상에서 이들은 하나가 될 수 있었다. 하지만 바그너가 그 사상에서 해결책을 찾은 반면, 니체는 거기서 벗어나려 했다는 것이 내적으로 갈등을 빚게 했다. 만남은 달콤하지만 이별은 쓰다. 하지만 그 이별 때문에 삶이 망가져서는 안 된다. 니체는 삶을 위기로 몰고 가는 이 이별에 대해 어떻게 대처했을까?

1876년 무렵, 이제 바그너가 어디에 다다르려 하고 있는지를 알았을 때 나의 지금까지의 모든 의욕이 위험에 노출돼 있는 것을 보고 나는 수꿀했다. 하지만 나는 깊이 일치된 욕구에 온갖 유대에 의하여, 감사에 의하여 둘도 없는 귀중한 것을 상실하고 절대적인 궁핍밖에 남지 않는다는 나의 통찰에 의하여 그와 극히 굳게 맺어져 있었다. / 바로 그 무렵 나에게는 내가 문헌학과 교직에 꼼짝없이 얽매어 있다는 생각이 들었다. - 나의 생애의 한 가지 우연이나 응급책에 - 나는 더 이상 어떻게 도망쳐 나오면 좋을지 모른 채 기진하여, 지칠 대로 지쳐 있었다. / 바로 그 무렵 나에게는 나의 본능은 쇼펜하우어의 그것과는 반대되는 것을 겨냥하고 있다는 것을 알았다. 즉 삶이 가장 두려워하는, 가장 애매한, 가장 기만적인 것일 때조차도 그 삶을 시인하는 것을 겨냥하고 있다는 것이, - 그것을 위하여 나는 '디오니소스적'이라는 정식定式을 손에 잡은 것이다. / '사물 자체'는 필연적으로 선량, 축복, 진실, 하나eins이지 않으면 안 된다는 것, 이 점을 향하여 '자체'를 의지로 여기는 쇼펜하우어의 해석은 본질적인 한 걸음을 내디뎠다. 단지 그는 이 의지를 신격화하는 것을 이해하지 못하고 있었을 뿐이다. 그는 끝까지 도덕적, 그리스도적 이상에 붙잡혀 있었던 것이다. 쇼펜하우어는 아직 그리스도적 가치의 지배에 깊숙이 굴복해 있으므로, 그에게는 물 자체는 더 이상 '신'이 아니었던 이상, 그는 그것을 졸렬하고 우매하고 절대로 비난받아야 할 것으로 간주하지 않을 수 없었다. 그는, 그것 이외의 존재양식의 가능성이 무한히 신으로서의 존재양식의 가능성조차 있을 수 있다는 것을 파악하지 못했다. (576쪽)

니체의 목소리는 한결같다. '스스로 신이 되라'는 것이다. 어느 시인의 말처럼 스스로 "희망을 만드는 사람이 되라"[8]는 것이다. 자기 자신 이외의 그 어떤 것에서도 희망을 찾지 말라는 것이다. 스스로 희망을 만드는 예술가가 되라는 것이다. 별을 바라보며 눈물 흘릴 시간에 스스로 '별이 되라'[9]는 것이다. 자기 자신이 걸어가야 할 길을 스스로 찾으라는 얘기다. 길이 없으면 만들어서 나아가면 된다. 당황할 필요는 없다. 허무주의는 사막 같은 현실 속에서도 살아남는 방법을 가르쳐주고자 할 뿐이다.

얽매임은 부정적이다. 신념이 사람을 죽일 수도 있다. 확신이 사람을 잔인하게 만든다. 마음을 틀 속에 가둘 때 행동은 폭력적이 되고 만다. '넌 왜 그러니?' 하고 상대를 이해할 수 없게 될 때 그를 향해 상처를 주는 삿대질을 하게 된다. 하지만 제대로 된 인식은 방향이 다르다. '1876년 무렵', 그때는 바그너가 바이로이트에 있는 자신의 축제극장을 지어놓고 처음으로 공연을 하던 때다. 그 개관공연에는 황제 빌헬름 1세도 참가했었다. 국가적인 행사처럼 진행되고 있었다. 모두가 박수를 치며 환호를 외쳐대고 있었다. 그런데 니체는 한쪽 구석에서 전혀 다른 시각으로 그 현장을 바라보고 있었다. 그에게는 또 다른 '통찰'이 왔기 때문이다. "바로 그 무렵 나에게는 내가 문헌학과 교직에 꼼짝없이 얽매어 있다는 생각이 들었다"는 통찰. 뭔가 얽매인 상태에서는 사물이 객관적으로 보이지 않는다. 그것이 문제임을 인식한 것이다.

"파리는 창문에 갇히면 죽는다."[10] 한계를 인식하지 못하면 죽음을 면치 못하듯이, 생각이 하나에 얽매이면 위기를 초래할 수 있다. 그 하나가 전부라고 생각하면 삶은 덫에 걸린 양 휘청거릴 수밖에 없다. "나는 더 이상 어떻게 도망쳐 나오면 좋을지 모른 채 기진하여, 지칠 대로 지쳐 있었다." 위기였다는 얘기다. 바그너와 쇼펜하우어는 동시에 그의 정신을 위기로 몰고 가는 원인이었다. 사랑했지만 돌아서야 할 때가 왔다. 애착이 갔지만 버려야 할 때가 온 것이다. 그리고 그는 그 방법을 찾았다. "나의 본능은 쇼펜하우어의 그것과는 반대되는 것을 겨냥하고 있다는 것을 알았다." 다르다는 것을 인식하는 것이 관건이었다. 그것을 알지 못하는 상황에서는 왜 자신이 아픈지도 모르고 방황할 수 있다. 하지만 니체는 깨달았다. 그들과 자신은 전혀 다른 길을 걷고 있는 존재라는 사실을.

바그녀의 기독교적 구원론도, 또 쇼펜하우어의 낭만주의적인 구원론도 모두 니체의 마음을 흡족하게 해주지 못했다. 오히려 이런 구원론에 역겨움을 금치 못했다. 그는 빠져나오고 싶었다. 그것도 본능적으로. 그의 본능은 정반대의 길을 보여주었다. 그동안 따라 들어갔던 길이 너무도 깊어 등골이 오싹했다. 하마터면 그 길로 죽을 수도 있었기 때문이다. "지금까지의 모든 의욕이 위험에 노출돼 있는 것을 보고 나는 수꿀했다." 무서워서 몸이 오싹했다는 것이다. 깨닫고 나면 모든 것은 전혀 다른 느낌으로 다가온다. 정이 떨어지고 나면 그동안 그토록 아웅다웅했던 관계도 순식간에 정리되고 마는 것과 같다.

니체의 통찰은 삶에 대한 전혀 다른 인식이었다. 지금까지는 이 세상을 버리고 저 세상으로 가야 한다는 게 구원이었다면 이제는 전혀 다른 방식의 구원이론으로 이에 맞선다. "즉 삶이 가장 두려워하는, 가장 애매한, 가장 기만적인 것일 때조차도 그 삶을 시인하는 것을 겨냥하고 있다는 것이, ─ 그것을 위하여 나는 '디오니소스적'이라는 정식을 손에 잡은 것이다." 디오니소스적인 것이 무엇이냐고 말의 꼬리를 물으며 묻지 말자. 니체가 이미 말해주었다. 그것은 바로 '삶을 시인하는 것'이라고. 삶을 긍정하는 것이라고. "무엇보다 나는 언젠가 긍정하는 자가 될 것이다!"(즐거운, 255쪽) 이것이 니체의 의지라고.

디오니소스적이라는 삶의 정식은 어떠한 경우에도 삶을 긍정하는 것이다. 삶을 극단적으로 긍정하는 자가 니체가 말하는 신이다. 그는 대지 위에서도 춤을 추는 존재다. 살아 있어서 기쁘고 살아 있어서 즐거운 그런 존재다. 삶의 현장 속에서 행복만을 느끼는 그런 존재다. 아픈 상처조차 긍정하며 감싸 안을 수 있는 그런 존재다. 니체는 '의지의 신격화'를 외쳐댄다. 그는 기독교적 '신'의 형상에서 벗어나 "그것 이외의 존재양식의 가능성이 무한히 신으로서의 존재양식의 가능성조차 있을 수 있다는 것을 파악"한 것이다. 아무리 다양하고 서로 다른 존재라 하더라도 그 자체로 이미 신의 존재양식을 내포하고 있다는 사실을 깨달은 것이다.

대지의 주인이 되게 하는
모든 가치의 전환

하늘을 버릴 때는 가슴이 아팠다. 하지만 대지를 차지할 때는 설렘으로 가득하다. 가졌던 모든 것을 버릴 때는 눈물이 난다. 하지만 빈손으로 세상에 나아가는 여유로움은 지극히 행복한 상태를 인식하게 해준다. 헤어짐은 절망이라는 절벽 앞에 서게 한다. 하지만 그 순간을 넘어서야 새로운 만남을 허락할 수 있다. 생각하는 존재에겐 결국 가치가 문제다. 무엇에 가치를 둘 것인가? 그것이 삶의 모습을 결정한다는 것이다. 지금까지 좋다고 믿었던 신앙 체계를 무너뜨릴 수 있느냐가 관건이라는 얘기다.

지금까지는 도덕적 가치가 지고의 가치였다. 누가 이 점을 의심해보고자 할 것인가? … 우리가 이 가치를 지고의 것으로 여기는 일을 배척하면, 우리는 모든 가치를 일변시킨다. 이 일로 지금까지의 가치의 위계의 원리는 전복되고 마는 것이다. (577쪽)

짧지만 힘이 넘치는 잠언이다. 니체의 허무주의적 이념이 고스란히 담겨 있다고나 할까. 지고의 가치를 배척하기! 그것을 해낼 수 있도록 훈련하는 곳이 허무주의 철학이다. "지금까지는 도덕적 가치가 지고의 가치였다." 이제는 그것이 지고의 가치가 아니라는 인식을 허락할 수 있어야 한다. 도덕이 최고가 아니라면 무엇이 최고일까? 새로운 시각으로 세상을 바라볼 수 있어야 한다. 도덕이 있던 자리에 무엇을 대체해야 가장 허무주의적인 발상에 걸맞은 것이 될까? 인간적인 너무나 인간적인 것만이 그 자리를 대체할 수 있다. 오로지 사람이 아름답다는 말만이 최고의 가치가 되어야 한다. 모든 가치의 전도! 그것만이 허무주의의 이념일 뿐이다. 이어지는 잠언도 읽어보자.

> 가치의 가치 전환 – 도대체 이것은 어떤 것인가? 자발적 운동이, 모든 새로운 미래의 보다 강력한 운동이, 현존하고 있음에 틀림없다. 단지 이 운동은 지금도 여전히 잘못된 명칭으로 불리고 그릇된 평가를 받으며 자기 스스로를 아직도 자각하는 데 이르지 못한 것에 지나지 않는다. / 달성되어 있는 것을 대담하게 의식하여 그것에 대해 그렇다고 단언하는 일, – 우리가 달성한 최선의 그리고 최강의 것에 관하여 우리의 품위를 낮추는 낡은 가치 평가의 관행에서 도망하는 일. (577쪽)

'가치의 가치 전환', 그것만이 최선이다. 끊임없이 가치는 다가올 것이다. 그 가치로 삶을 살아야 한다. 하지만 언젠가는 그 가치를 버릴 줄도 알아야 한다. 영원한 파도의 움직임처럼 가치를 대할 줄 알아야 한다. "짧은 비극은 결국 언제나 영원한 현존재의 희극에게 자리를 물려주거나 뒤로 물러난다. 아이스킬로스의 표현을 빌리면 '한없는 웃음의 파도'가 이 비극들의 가장 위대한 주인공들조차 압도해버린다."(즐거운, 68쪽) 인생이 비극이라고? 그래서 슬프다고? 한편으로는 맞는 말이다. 다른 한편으로는 한계를 인식하지 못한 주장이다. 온 것은 간다는 것을 인정하지 못한 발언이기 때문이다. 아파서 행복하다는 말을 떠올리지 못한 상태에서는 늘 '하늘이 캄캄하다'는 인식으로 살아갈 수밖에 없다.

가치의 전환은 '자발적 운동'으로만 가능하다. 그 운동만이 "모든 새로운 미래의 보다 강력한 운동"이다. 단지 이 운동이 지금까지 오해되고 있을 뿐이다. 예를 들어 허무주의란 말을 들으면 거부감을 느끼는 것과 같다. 왜 바꿔야 하는가? 영원한 것이 좋지 않은가? 이런 식으로 대드는 것이다. 변화를 받아들일 준비를 하라. 세월은 흘러갈 것이다. 누구나 늙어갈 것이다. '생로병사'의 진리를 깨달아야 한다. 그 깨달음이 '고상한 눈'(비극, 179쪽)을 갖게 해줄 것이다. 현기증 나는 현상 속에서도 편안함을 느끼게 해줄 것이다. 폭포처럼 몰락하는 순간에서도 무지개를 만드는 물방울이 되게 해줄 것이다. 그 순간은 결코 허무한 시간이 아니다. 한순간이 허락한 행복한 감정으로 평생을 살아갈 수도 있다는 것을 깨달으면 모든 삶의 현장이 행복의 원인으로 보일 수도 있을 것이다.

가치의 가치 전환이라는 이 자발적 운동은 "지금도 여전히 잘못된 명칭으로 불리고 그릇된 평가를 받으며 자기 스스로를 아직도 자각"하지 못하고 있는 상태다. 이제 제대로 된 이름을 불러줄 때가 되었다. 허무주의라고 말하며 행복감을 느낄 수 있을 때가 된 것이다. 변화라는 말을 하면서 너그럽게 세상을 바라볼 수 있을 때가 된 것이다. 오히려 '진리'에 반감을 가지고, '영원'에 역겨움을 느낄 수 있는 그런 상태가 긍정적이라는 얘기다. 파괴의 필요성을 느끼면 창조는 이제 눈앞에 다가와 있을 것이다.

과거의 가치로부터는 그저 '도망하는 일'이 최선이다. 어른들과 싸울 이유가 없어서다. 그들이 있었기에 우리도 있는 것이다. 인정할 것은 인정하자. 다만 세월이 흐를수록 이성은 고집을 피우기만 한다는 게 문제다. 나이가 든 이들은 생각을 쉽게 바꾸지 못한다. 그들을 만나면 그들의 행복을 허락하면 그만이다. 사랑하는 마음으로 그들 곁을 떠나면 되는 것이다. 그러면 사람을 사랑하는 차라투스트라가 신을 사랑하고 찬양하는 성자와 이별하듯이, "마치 웃고 있는 두 사내아이들처럼 그렇게 웃으면서 헤어"(차라, 15쪽)질 수 있게 되는 것이다. 서로가 웃을 수 있다면 서로가 서로에게 해코지를 한 게 아니라서 좋다.

> 모든 것이 그 때문에 이미 준비를 갖추어, 축적된 힘의 곁에, 폭발물의 곁에 놓여 있지 않은 모든 가르침은 쓸모가 없다. 가치의 가치 전환이 달성되는 것은 그것을 의식하지 못하고 낡은 가치로 괴로움을 당하고 있는 바의, 새로운 욕구의, 새로운 욕구를 갖는 자의 긴장이 현존하고 있을 때에만이다.
> (577쪽)

새로운 것을 원할 때에만 가치의 가치 전환은 이루어진다. 기존의 가치에서 만족을 느끼지 못할 때에만 새로운 것을 염원하게 될 것이기 때문이다. 힘이 축적되면 폭발되기만을 기다릴 뿐이다. 힘은 써야 한다. 힘을 쓰지 않은 힘은 포기라 불린다. 포기는 늘 후회라는 감정을 이끌고 다닌다. 모든 후회는 삶의 동력을 앗아가는 하수구와 같다. 썩은 냄새가 진동하는 곳이다. 후회의 감정이 커질수록 죽고 싶다는 말이 힘을 얻게 된다. 이것이야말로 염세주의적 의지다. 살고 싶은데 살 수가 없어서 죽음을 선택하는 것과 같은 논리다. 삶이 감당 안 되어 삶을 등지고 삶에의 의지를 거부하는 그런 상황인 것이다. 그것을 염세주의는 해탈이니 구원이니 하는 말로 예쁘게 포장을 해놓았을 뿐이다.

삶이 감당 안 된다면 자기 책임이다. 세상이 살 만한 곳으로 여겨지지 않는다면 훈련이 부족한 탓이다. '삶의 사관학교'는 제대로 졸업해야 한다. 그 학교를 나설 때는 강한 존재로 거듭나 있어야 마땅하다. 무거울 게 없는 어깨와 발걸음에는 모든 게 춤을 추게 해준다. 산에서 신을 찬양하며 산다는 그 노인도 인정했다. 차라투스트라는 "춤추는 자처럼 경쾌하게 걷고"(차라, 14쪽) 있다고. 그의 발걸음을 가볍게 해주는 것은 그의 인간애 때문이다. "나 사람들을 사랑하노라."(같은 곳) 이 말이 진실이 될 때 세상은 놀이터가 된다. 여기에는 '모든 남자는 늑대다' 혹은 '모든 여자는 꽃뱀이다'라는 식의 편견이 들어설 틈이 없다. 모두가 사랑스럽다. 모두가 설렘의 원인이 된다. 이때는 "그 사귐이 책과이든 인간과이든 풍경과이든, 언제나 스스로의 동료 가운데 있다"(575쪽)는 것이 실현된다. 무엇을 대해도 친구가 된다. 허무주의적 '인식의 갑옷'(비극, 121쪽)으로 무장한 자에게는 마음에 안 드는 책이 없고, 사랑하지 못할 인간이 없고, 감탄하지 못할 풍경이 없다.

준비된 자에게 기회가 온다. 준비를 마친 자에게는 당황스러워 해야 할 일이 없다. 이러면 이런 대로 좋고 저러면 저런 대로 좋다. 불평불만은 그의 것이 아니다. 시지프스처럼 돌 굴리는 게 형벌이라고 해도 '돌 굴리는 재미'[11]로 살면 그만인 것이다. 그런 정신만 있으면 지옥에 가서도 놀 수 있으리라. 힘이 있는 자에게 기회가 온다. 폭발력이 있는 자에게 모든 가르침은 쓸모가 있게 된다. 모든 '가치의 가치 전환이 달성되는 것'은 오로지 '긴장이 현존하고 있을 때에만' 가능하다.

세월이 흘렀다. 시대가 바뀌었다. 이제는 새롭게 생각하고 행동해야 한다. 이런 인식을 가진 자가 세상을 바꾼다. 허무주의 철학은 언제나 끝맺음과 새로운 시작에의 의지를 종용한다. 그래서 때로는 무척이나 귀찮은 철학이기도 하다. 잠시도 편히 쉬지 못하게 하기 때문이다. 습관의 집에 머무는 꼴을 보지 못하기 때문이다. "먼저 너 자신의 오두막에 불을 질러라!"(인간적II, 415쪽) 편히 쉴 공간을 없애라는 얘기다. 습관의 힘이 결국에는 권태라는 무시무시한 괴물을 키울 것이기 때문이다.

이 모든 것을 견뎌낸 자는 이제 허무주의의 언어에 낯선 감정은 갖지 않을 것이다. 말 그대로 "이제 인간은 신을 믿는 것을 부끄러워하더라도 지장이 없을 정도로 강하다"(583쪽)는 것을 알게 되었을 것이다. 신의 죽음 소식 앞에서도 당황할 일도 없을 것이다. 오히려 초인의 언어를 복음 삼아 새로운 미래의 주인공이 되려는 의지로 앞을 내다볼 것이다. 수평선 너머에 있다는 지옥도 그저 여행지의 하나쯤으로 여기며 항해를 준비할 것이다. "나 이제 내 아이들의 나라, 아직 발견되지 않은, 저 멀고 먼 바다 한가운데 있는 그 나라만을 사랑하리라. 나 나의 돛에게 명하여 그 나라를 끝까지 찾아내도록 한다."(차라, 204쪽) "우리, 정신의 비행사들!"(아침, 422쪽)에게 한계는 도전의 대상이 될 뿐이다.

여기서 혼동되어서 안 되는 것은, 그렇다고 단언하는 일의 거대한 힘과 긴장에서 비롯되는 바의, 아니다라고 단언하고 아니다를 실행하는 일에서 느끼는 쾌감이며 – 이것이 모든 풍부하고 강력한 인간과 시대에 고유한 것이라는 점이다. 말하자면 하나의 사치이며, 마찬가지로, 무시무시한 것에 대항하는 용감함의 한 가지 형식이며, 전율스럽고 의심스러운 것에 대한 하나의 공감이다. 왜냐하면 특히 우리들 자신이 전율스럽고 의심스러운 존재이기 때문이다. 즉 의지, 정신, 취미 속에 디오니소스적인 것을 숨겨놓고 있기 때문이다. (584쪽)

'그렇다'고 말하게 하는, 즉 긍정하고 시인하는 '거대한 힘과 긴장'에서도 결국에는 '아니다'라는 말을 하게 되는 쾌감이 생겨날 수 있다. 이때 등장하는 거부의 손짓은 창조의 의미라서 결코 부정적인 의미로만 해석되는 '아니다'가 아니다. 쾌감으로 충만한 '아니다'를 이해할 줄 알아야 한다. "이것이 모든 풍부하고 강력한 인간과 시대에 고유한 것"이다. 부정을 할 수 있는 자가 선을 긋는다. 그가 새로운 역사를 써나간다. 그가 역사의 주인공으로 등장한다.

허무주의자는 '전율스럽고 의심스러운 존재'다. 늘 익숙함을 거부하고 편안함을 지양한다. "우리는 그대들이 오늘날 가장 편안해하지 않는 곳, 그곳으로 가야만 한다"(선악, 190쪽)고 그는 말한다. 허무주의자는 허무함을 즐길 줄 아는 자다. 거기서 쾌감을 느낄 줄 아는 자다. 파괴하면서도 웃을 수 있는 자다. 삶의 짐을 거부하지 않고 모두 지면서도 "도약과 탈선을 좋아하는 자"(비극, 23쪽)이다. 하지 말라는 것을 하면서 해야 하는 일로 전환을 일궈낼 줄 아는 자다. 누구에겐 힘들어하는 발걸음도 그에게는 춤을 추게 하는 발걸음으로 바뀐다. 이 모든 것이 가치의 전환이 이루어져서 가능한 것이다.

"디오니소스는 심판자이다!"(권력, 597쪽) 그는 법 위에 존재한다. 그가 옳고 그름을 판단한다. 디오니소스에게는 삶의 현장이 축제의 터전이다.

그에게는 고통조차 행복의 조건으로 전환을 일궈낸다. 현상이 다양한 만큼 디오니소스도 다양한 모습으로 나타난다. 그가 누구냐고 묻기 전에 스스로 그를 인식할 준비가 되었는지 반성해야 할 일이다. 준비되지 않은 자에게 들려주는 모든 설명은 헛것이기 때문이다. "토막토막 잘린 디오니소스는 삶의 약속이다. 그것은 영원히 재생하고 파괴로부터 되돌아올 것이다."(권력, 599쪽) 떠날 때는 눈물을 흘리게 했어도 돌아올 때는 웃는 얼굴로 다가올 것이다. 세상살이에 겁먹을 일은 하나도 없다. 시인 릴케의 말처럼 그것이 '슬픔으로 가득 찬 감옥'이라 해도 "나 아무것도 / 잃은 것이 없다."[12] 울어서 될 일이 있다면 누구나 울며 세상을 바꿀 수 있겠지만, 세상은 그런 곳이 결코 아니다. 어느 것 하나 쉽게 주어지는 곳이 아니다. 무엇을 얻든지 얻고 싶으면 최선을 다해야 하는 곳이 이 세상이다.

고대라는 신들의 세상

니체는 고대를 동경했다. 이를 두고 과거지향주의라고 말할 수도 있겠지만 내용을 알고 보면 그렇게 간단한 일도 아니다. 허무주의는 미래를 지향하고 있기 때문이다. 이것을 모순으로 읽기 시작하면 실타래는 풀리기는커녕 복잡하게 얽히기만 할 것이다. 앞으로 한 발자국 내딛기 위해 지금까지 걸어온 길을 한번 살펴본다고나 할까. 계단을 한 칸 더 오르기 위해 지금의 순간을 하나의 계단으로 간주한다고나 할까. 아니면 뒤를 돌아보며 앞으로 나아갈 방향을 다시 한번 검증한다고나 할까. 즉 과거를 되짚어보는 것은 그것 자체로 목적이 되는 것이 아니라는 것이다.

그렇다면 현대인이 극복해야 할 문제는 무엇일까? 무엇을 뛰어 넘어서야 할까? 현대를 바라보는 허무주의적 문제의식은 어떤 것일까? 이런 시각으로 니체의 책을 들여다보면 도덕이라는 현상이 눈에 들어오기 시작한다. 분명 니체는 자신을 비도덕주의자 혹은 무도덕주의자로 간주하는 것도 사실이다. 도덕이 싫어 도덕 자체를 부정하는 것이다. 하지만 도덕의 파괴가 허무주의 철학의 목적은 아니다. 니체의 진정한 의도는 새로운 도덕의 출현을 기대하고 있을 뿐이다. "비도덕주의자들 – 도덕주의자들은 오늘날 비도덕주의자로 비난받는 것을 감수하지 않으면 안 된다."(인간적II, 237쪽) 겉보기엔 비도덕주의자처럼 보이지만 실상은 니체야말로 진정한 도덕주의자라는 반어법이 이 글의 의미다. 이런 입장을 다음의 잠언을 읽으며 좀 더 심화시켜보자.

> 도덕 없는 세계 속에서 다시 살고자 하는 우리들 소수자 혹은 다수자, 신앙으로 말하면 우리들 이교도. 아마도 우리야말로 이교적 신앙이란 무엇인가를 파악하는 최초의 자들이기도 하리라. – 즉 우리는 인간보다도 더 한층 고급한 존재자를 상정想定하지 않을 수 없으며 게다가 이 존재자를 선악의 피안에 있어서 상정하지 않을 수 없다. 모든 고급한 것을 비도덕적인 것으로도 평가하지 않을 수 없는 것이다. 우리가 믿는 것은 올림푸스이지 – '십자가에 달린 자'는 아니다. (589쪽)

니체는 자신의 책을 읽고 있는 독자의 입장에서 '우리'라는 개념을 사용한다. 허무주의를 배워가는 사람들이라는 뜻으로 읽어주면 된다. 그런데 그 우리들이 '소수자 혹은 다수자'라고 애매한 정의를 내린다. 왜 그랬을까? 소수면 소수고 다수면 다수지, 그 사이에 간극은 너무도 크게 다가와서 이해가 잘 안 된다. 하지만 니체의 속내가 전혀 읽히지 않는 것도 아니다. 소수자라고 말할 때는 아직 허무주의 철학을 이해하는 자가 적다는 아쉬운 마음에서 한 말인 것으로, 또 다수자라고 말할 때는 지금처럼 니체가 현대 철학자로서 대세가 되어버린 상황을 비춰보면 쉽게 납득이 갈 수 있지 않을까.

사실 첫 번째 문장에서 소수니 다수니 하는 것보다 더 큰 문제로 다가오는 게 따로 있다. 그것은 바로 '도덕 없는 세계 속에서 굳이 다시 살고자 하는 우리들'이라는 표현이다. '도덕 없는 세계'라는 말 앞에서 우리는 사실 당황하지 않을 수 없기 때문이다. 도덕이 없어도 되나? 이런 걱정이 앞서는 것은 어쩔 수 없다. 현대인이라면 그럴 수밖에 없다. 수천 년을 도덕 속에서 살아왔다. 그것을 공기쯤으로 여기고 살아왔기 때문이다. 그래서 그것을 객관적으로 바라본 적이 거의 없다. 물고기가 바다에 대해서 단 한 번도 생각 안 해본 것처럼, 우리는 우리의 세계에 대해서 또 우리의 삶에 대해서 단 한 번도 제대로 솔직하게 생각해본 적이 없었던 것이다.

니체가 이 세계가 싫다고 말할 때 그 세계는 도덕적인 세계다. 뭔가 명령어가 있는 세계다. 마치 신의 계명처럼 '~ 해야 한다'는 말을 양심의 가책 없이 내뱉는 그런 세계다. 그것이 신앙 수준으로까지 높여진 세계다. 이런 세계라면 니체는 기꺼이 망치를 들고 깨부수려는 의지로 저항한다. '나는 원한다'는 말로 맞짱을 뜨고 싶은 것이다. 누가 이길까? 도덕과 싸워 이길 수나 있을까? 누구 편을 들어야 할까? 독자는 이것부터 걱정이다. '~해야 한다'는 용은 만만치가 않아서다. 죽지 않을 용 같다. 무서워서라도 그쪽에 서는 게 편할 것 같다. 그게 안전한 은신처 같기도 하다. "세상 사람들은 모두 풍속과 의견 뒤에 숨는다."(반시대III, 391쪽) 숨는 게 제일 안전하다고 판단하면서. 그러나 니체는 이런 사람들이야말로 게으른 사람들이라고 핀잔을 준다. 허무주의 철학은 게으름을 가장 혐오스러운 악덕으로 간주할 뿐이다. 그저 최선의 노력으로 삶에 임해주기를 바랄 뿐이다.

'신앙으로 말하면' 우리는 또 '이교도'라 불리며 비난받는 것을 감수해야 한다. 허무주의 철학은 오해받는 것을 운명처럼 여기고 있는 것이다. 늘 이래야 한다 저래야 한다는 기존의 틀과 싸우기 때문이다. 모든 판단은 시간이 흐르면 선입견 혹은 편견이 될 수밖에 없다. "절대적 진리가 없는 것과 마찬가지로 영원한 사실도 없다."(인간적I, 25쪽) 역사적 사실조차 세월이 흐르면 새롭게 해석을 해내야 하는 숙제로 거듭난다. 해석의 자유가 없는 사회는 닫힌 사회일 뿐이다. 독재가 만연한 그런 사회라는 얘기다. 해석이 풍요로운 사회일수록 그 사회는 건강한 사회다. 다양한 해석 때문에 혼란스러울 수는 있겠지만 그것 또한 변화를 위한 고통쯤으로 간주하면 견딜 만할 것이다.

"아마도 우리야말로 이교적 신앙이란 무엇인가를 파악하는 최초의 자들이기도 하리라." 이 말을 두고 허무주의적 긍지라 말해도 된다. 야만적이니 이교적이니 하는 말은 어떤 것이 정상적이라는 판단 속에서 나온 말일 뿐이다. 로마인들은 자신의 문화와 상관없는 것들을 향해 야만적이라고 손가락질 했다. 결국 중세의 주역이 되어버린 로마인들은 자신의 신앙관과 상관없는 생각들을 향해 이교적이라고 지적질을 해댔던 것이다. 하지만 로마인들이 아닌 자들은 억울하다는 생각을 어찌 못할까. 이것이 안타깝다. 한계 밖에 있는 자들을 어떻게 이해할 것인가? 이것이 문제다. 자신의 생각에도 한계가 있다는 사실을 어떻게 이해시킬 것인가? 허무주의는 여기에 도전장을 내민다.

인간? 도대체 누가 인간이란 말인가? 지금까지 우리는 인간 자체를 너무 긍정적으로 생각하며 살아왔는지도 모른다. "즉 우리는 인간보다도 더 한층 고급한 존재자를 상정하지 않을 수 없으며 게다가 이 존재자를 선악의 피안에 있어서 상정하지 않을 수 없다." 선악의 피안은 도덕의 피안이다. 선악이 있는 곳에서 바라보면 선악이 극복된 세상이고, 도덕이 있는 곳에서 바라보면 도덕이 극복된 세상이다. 극복이라 말하니 좋게 들리는가? 그러면 니체의 언어로 바꿔보자. 선악이 없는 세상, 도덕이 없는 세상이라고. 그러면 또다시 당황스럽지 않을 수 없다. 언어에는 감정이 있다. 어감 때문에 이런 현상이 벌어지고 있는 것이다. 같은 의미로 한 말인데 어떤 것은 괜찮고 어떤 것은 거북하다. 어떻게 해야 좋은 감정을 가질 수 있을까? 어떻게 하면 좋은 마음, 즉 양심을 형성해낼 수 있을까? 이것이 또한 허무주의 철학이 풀어보고자 하는 문제들이다.

분명 더 나은 인간이 있다. 분명 한계를 뛰어넘은 존재자들이 있다. 그들이야말로 수평선 너머로 모험 여행을 떠나는 선구자인 것이다. 보이지 않는 곳에 대한 허황된 망상 따위는 그들의 것이 아니다. 오히려 그런 것들은 도전하여 극복해내야 할 대상이 될 뿐이다. 진정으로 용기 있는 자는 바로 이런 것을 싸워 이겨야만 하는 용龍으로 간주한다. 영웅은 언제나 전사의 이미지다. 그는 아무도 섣불리 나서지 못하는 상대를 향해 용기를 내는 존재자다. 그는 두려움을 느끼기보다 승리감을 맛보려는 의지로 세상을 바라본다.

허무주의 철학은 도덕의 틀 안에서 만족하는 것을 거부한다. 틀은 깨져야 한다. 믿었던 것은 실망으로 다가올 수 있게 해야 한다. 정들었던 것에 대해서는 정 떼기라는 가슴 아픈 상황을 맞닥뜨릴 수 있게 해야 한다. 신은 죽었다? 허무주의 철학으로 인식의 갑옷을 입은 자라면 이제 이런 말에 거북한 감정을 느끼지 않을 수 있으리라. 신은 죽었든 살아 있든 사실 상관없다. 신은 인간이기에 필요한 존재일 뿐이다. 인간이라서 신의 존재가 문제될 뿐이다. 다만 하나의 현상에 얽매이지 말라는 이념만 받아들일 수 있다면 짊어질 수 없는 짐은 없는 것이다. "모든 고급한 것을 비도덕적인 것으로서도 평가하지 않을 수 없는 것이다." 아무리 고급한 것이어도 세월이 지나면 낡은 것이 될 뿐이다. 그것을 감당할 수 있으면 새로운 것으로 향하는 시각을 갖는 것은 문제도 되지 않는다.

"우리가 믿는 것은 올림푸스이지 - '십자가에 달린 자'는 아니다." 이것이 니체의 신앙이다. 그가 믿는 세상이다. 기독교적인 세상이 아니다. 유일신이 지배하는 그런 세상이 아니다. 오히려 그런 세상을 비좁은 것으로 여기고 불편해한다. 허무주의 철학은 자유정신과 함께 커갔다. '인간적인 너무나 인간적인' 철학은 '자유정신'에게 헌정했다. 그의 책은 "통상적인 가치 평가들과 존중되는 관습들을 전복하기 위한 지속적이고 눈에 띄지 않는 요청을 포함하고 있다"(인간적I, 9쪽)는 것을 고백했다. 그래서 니체는 끊임없이 되묻고 싶기도 한 것이다. "- 나를 이해했는가? - 디오니소스 대 십자가에 못 박힌 자…"(이 사람, 468쪽)라고. "우리는 알고 있다. 우리는 인식되기 어렵다는 것을, 또한 우리는 스스로의 전경밖에 나타내지 못하는 온갖 이유를 가지고 있다는 것을."(552쪽) 니체는 이렇게밖에 말할 수 없다. 그리고 니체는 세상을 떠나갔다. 이제 그의 책들에 대한 이해는 우리의 몫이 되어버렸다.

우리 모두가 올림푸스의 신들처럼 살 수 있을까? 각자의 영역에서 최고의 경지에 도달한 그런 존재로 살아갈 수 있을까? 고대의 신들은 인격적인 존재다. 각 개인마다 운명을 타고 난 존재라는 얘기다. 그 운명 속에서도 즐겁고 행복하게 살 수 있다. 고대의 신들처럼. 삶의 현장에서도 축제를 벌일 수 있다. 고대의 신들처럼. 비극의 노래는 생의 예찬으로 나아갈 수 있다. 고대의 신들처럼.

> 우리는 신의 개념으로부터 최고의 선의를 제거하자. - 그것은 신의 품위에 합당하지 않은 것이기 때문이다. 마찬가지로 우리는 최고의 지혜도 제거하자. - 신을 지혜의 괴물로 여기는 이 정신박약을 범한 것은 철학자들의 허영심이기 때문이다. 신은 가능한 한 그들과 평등시되어야 했던 것이다. 아니다! 신이란 최고의 권력 - 이것으로 충분! 모든 것이 그것에 잇달아 발생한다, 그것에 잇달아 발생한다 - '세계 그 자체'가! (590쪽)

신은 옳은 것이다? 신은 지혜롭다? 이런 판단은 제거의 대상이다. 이 세상에 누가 과연 옳을까? 누가 과연 지혜로울까? 영원한 옳음은 없다. 영원한 지혜도 없다. 옳음과 지혜는 지속적으로 변화 속에 있을 뿐이다. 챔피언은 하나지만 그 자리와 그 명성을 꿰차는 인물은 수도 없이 바뀌는 것처럼. 지금은 이것이 옳고 지혜롭다고 생각되어도 그다음에는 다른 생각이 권력을 꿰차고 등장한다. 세상은 늘 이런 변화 속에서 진행되고 있을 뿐이다.

생각하는 존재에게 생각이 틀에 박히면 존재 자체가 위기에 봉착한다는 사실을 깨달아야 한다. 그것이 늙은 정신으로 불린다는 사실도 깨달아야 한다. 하지만 틀을 깨면 힘들다. 알에서 나온 햇병아리처럼 날개도 날기에 적합하지 않다. 뼈와 근육은 모두 서 있는 것조차 힘들다는 인식을 가져다 줄 것이다. 모든 것이 불편할 따름이다. 그것이 젊음의 운명이다. "젊음은 불쾌한 것이다. 왜냐하면 젊을 때에는 어떤 의미에서든 생산적

일 수 없거나 이성적이지도 못하기 때문이다."(인간적I, 405쪽) 그래도 변화는 비이성에서 출발하여 이성으로 인정받으며 실현된다는 사실만 인정할 수 있다면 젊음이 가져다주는 고통쯤은 견딜 만할 것이다. '이 또한 지나가리라!'는 마음으로 버틸 수 있기 때문이다.

물론 니체도 '신'이란 개념을 통해 인정하는 것이 있다. "신이란 최고의 권력 – 이것으로 충분!" 신은 최고의 권력을 상징한다. 이것까지 거부하는 것은 아니다. 챔피언은 분명 존재한다. 하지만 그 내용이 달라지고 있을 뿐이다. 어떤 때는 이런 기술을 잘 쓰는 자가 챔피언이고 또 어떤 때는 저런 기술을 잘 쓰는 자가 챔피언이 될 뿐이다. 최고의 권력, 최고의 그 자리는 늘 있다. 그 자리에 앉을 자격이 있는 자는 시대가 정해줄 뿐이다. 아니 새로운 시대를 창출하는 자의 몫이라고 말하는 게 더 나을 것 같다.

생철학적 최고의 권력자는 누가 될까? 니체가 인정하는 챔피언은 누구일까? 그가 고백한 신앙 속에는 그가 동경하는 신이 존재한다. "나는 춤을 출 줄 아는 신만을 믿으리라."(차라, 65쪽) 똑같은 문구가 《권력에의 의지》에도 있다. "나는 춤추는 것을 이해하는 신만을 믿겠다."(590쪽) 그저 다르게 번역이 되어 있을 뿐이다. 독어 원문은 같다.[13] 무엇을 할 줄 아는 자는 그것을 이해한 자다. 이해한 자는 그것을 해낼 수도 있다. 이것만 허용할 수 있다면 두 번역은 모두 인정할 수 있을 것이다. 제발 번역에 발목 잡히는 일이 없도록 하자. 그것을 고전의 한계로 인정하면 그만이다. "고전적인 책 – 모든 고전적인 책이 지닌 최대의 약점은, 그것이 너무 극단적으로 저자의 모국어로 씌어졌다는 점이다."(인간적II, 309쪽) 문제는 이런 현상이 아니다. 문제는 신이 누구여야 하는가 하는 것이다. 춤을 출 수 있는가? 이것이 관건이다. 물론 춤은 상징적 개념일 뿐이다.

상징은 상징일 때에만 의미를 갖는다. 예를 들어 십자가의 의미에 너무 연연하지 말아야 한다. 그것에 대해 분명한 답을 요구하지 말라는 것이기도 하다. 십자가는 상징일 뿐이다. 기독교의 교리를 상징하는 사물일 뿐이다. 그것을 알고 싶으면 기독교의 서적을 들춰보면 될 일이다. 현상 속에서 사물은 다양하다. 돌도 신이 될 수 있고 나무도 그 자리를 대신할 수 있다. 누구는 석상 앞에서 절을 하고 누구는 석탑 앞에서 그런 행동을 취할 수도 있다. 또 누구는 상상도 안 되는 사물 앞에서 성스러운 감정을 가질 수도 있다. 그것 자체를 두고 이렇다 저렇다 말을 하는 것은 개인의 취향을 인정하지 않는 편견일 수 있다. 문제는 스스로가 바다와 같은 존재가 될 수 있느냐는 것이다. 온갖 것을 받아들이고도 스스로는 변하지 않는 그런 존재, 온갖 것을 대하고서도 스스로는 흔들리지 않는 그런 존재 말이다.

영원회귀라 불리는
최고의 깨달음의 경지

철학자는 나름대로 지혜를 사랑한다. 그것이 필로조피의 내용이다. 철학의 내용이라는 얘기다. 그렇다면 니체가 사랑했던 지혜는 무엇일까? 그가 얻고자 했던 지혜는 '영원회귀'라는 개념으로 불리고 있다. 영원히 되돌아옴, 그것이 허무주의의 궁극적인 이념이라는 것이다. 절대적인 허무함은 없다. 허무는 끊임없이 되풀이해서 오고 간다. 파도처럼. 하지만 고해라 불리는 눈물의 바다가 보여주는 현상이 아니다. "짧은 비극은 결국 언제나 영원한 현존재의 희극에게 자리를 물려주거나 뒤로 물러난다. 아이스킬로스의 표현을 빌리면 '한없는 웃음의 파도'가 이 비극들의 가장 위대한 주인공들조차 압도해버린다."(즐거운, 68쪽) 벌써 몇 번이나 인용했는지 모르겠다. 학문은 즐거운 것이다. 공부가 제일 재밌다. 삶을 배우는 공부라면 그 누가 뭐래도 '한없는 웃음'으로 대할 수 있다. 이런 학문의 이념이 '영원회귀'라는 것이다. 니체는《이 사람을 보라》에서 알프스의 고도에서 무無를 기다리다가 영원회귀의 이념을 깨달았다고 고백했다.

> 이제 나는 차라투스트라의 내력을 이야기하겠다. 이 책의 근본 사상인 영원회귀 사유라는 그 도달될 수 있는 최고의 긍정의 형식은 - 1881년 8월의 것이다: 그것은 '인간과 시간의 6천 피트 저편'이라고 서명된 채 종이 한 장에 휘갈겨졌다. 그날 나는 실바프라나 호수의 숲을 걷고 있었다: 수르레이에서 멀지 않은 곳에 피라미드 모습으로 우뚝 솟아오른 거대한 바위 옆에 나는 멈추어 섰다. 그때 이 생각이 떠올랐다. - 이날부터 몇 달 전을 회고해보면, 나는 내 취향, 특히 내 음악적 취향이 급작스럽고도 심층적이며 결정적인 변화를 그 전조로 발견하게 된다.《차라투스트라는 이렇게 말했다》전체는 음악으로 생각되어도 될 것이다; - 확실히 예술 안에서의 부활을 들을 수 있었고, 그 부활에 대한 전제 조건이었다. (이 사람, 419쪽)

1881년 8월. 역사적인 날이다. 이름을 찾고 있던 자에게 이름이 떠올랐던 순간이다. 마치 원고를 다 써놓고서 이 원고의 제목을 무엇으로 정할까를 고민해본 사람이라면 충분히 이해할 수 있을 것이다. 그의 생각은 처녀작부터 끊임없이 반복되어 설명되어 왔다. 신은 싫고 인간이 좋다고. 아니 신을 인정한다면 오히려 인간이 신이 되어야 한다고. 이런 생각이 왜 그토록 비난을 받아야 했을까? 니체의 발언이 그토록 신성모독처럼 들려야 했던 이유는 무엇일까? 우리 모두가 그의 음성을 들으려 하지 않아서 그랬던 것은 아닐까. 가만히 반성을 좀 해보자.

니체는 차라투스트라다. '하나가 둘'(즐거운, 415쪽)이 되었기 때문이다. 차라투스트라는 초인을 가르친 선생인 동시에 스스로도 초인의 반열에 오른 존재다. 그리고 초인은 디오니소스라는 이념으로 충만하다. 삶을 긍정하는 의지로 가득 차 있다. 니체, 차라투스트라, 초인, 디오니소스, 이 이름들은 모두가 하나의 이념으로 합일을 이룬다. 그것이 바로 '권력에의 의지'다. 삶의 현장에서 주인노릇을 제대로 하는 그런 존재를 희망한다. 도덕 위에서도 춤을 출 수 있는 그런 삶의 대가를 기대하는 것이다.

> 나의 철학은 모든 다른 사고법이 최후에는 그것으로 철저하게 몰락하는, 그런 승리감으로 충만한 사상을 가져온다. 그것은 육성하는 위대한 사상이다. 즉 이 사상을 배겨내지 못하는 종족은 단죄되고 있으며 이 사상을 최대의 은혜로 받아들이는 종족은 지배자가 되도록 선출되어 있다. (600쪽)[14]

니체 철학은 허무주의 철학이다. 허무함을 이기고자 허무함을 받아들이는 사상이다. 건강을 위해 예방주사를 맞는 것처럼, 빛을 즐기기 위해 어둠을 견디는 것처럼. 니체가 철학을 하는 방식은 부정에서 시작하지만 긍정에서 끝맺는 것이다. 긍정을 위한 부정이라는 얘기다. 허무함을 받아들이지만 그것 때문에 삶 자체가 허무해지는 것을 원하지는 않는다. 허무함을 감당할 수 있는 상태라면 그 허무한 상황에서 새로운 길을 모색해낼 수 있을 것이다. 그런 식으로 니체의 철학은 삶의 무거운 짐을 감당하게 한다. 그것을 견뎌내면 삶의 주인이 될 수 있지만, '배겨내지 못하면 단죄'되고 만다. 견디지 못하는 자가 죄인이다. 힘이 없는 자가 죄인이다. 준비되어 있지 못한 자가 죄인이다. 그런 자는 살 자격이 없다는 것이다.

허무한 감정을 감당할 수 있으면 그다음이 보인다. 사랑에 빠졌던 정신이 '내 안에 너 없다'는 말을 할 수 있으면 또 다른 사랑을 찾아 떠날 수 있다. 자기 안에 다른 사랑을 채워 넣을 수 있다는 얘기다. 사랑할 때는 자기 안에 사랑하는 그 대상으로만 가득 차 있다. 오로지 그것만이 진리로 여겨졌다. 그것만이 무지개처럼 오색영롱했다. '내 안에 너 있다!'는 말이 감동을 줬다. 하지만 자기 안에서 그 사랑의 대상을 지우거나 제거해냈을 때, 혹은 극단적인 표현으로 마침내 그것을 죽여버렸을 때 그 사랑에의 감정은 극복이라는 새로운 상황을 직면하게 된다. 그때 상황은 모두 반전을 꾀하게 된다. 이를 두고 '모든 가치의 전도'라고 해도 된다. 이제는 '너 없이도 살 수 있다'는 것이 양심으로 형성되고 있기 때문이다.

허무주의 철학은 영원회귀의 이념으로 대변된다. 모든 것은 오고 가는 원리로 이루어진다. 무겁기도 하고 가볍기도 하다. 때로는 짐을 저야 하고 또 때로는 그 짐을 벗어던져야 한다. 때로는 원리에 입각하여 틀에 박힌 듯이 원칙대로 살아야 하지만 또 때로는 모든 원리를 버리고 떠나는 일탈을 즐길 줄도 알아야 한다. 때로는 한 자리를 고수하며 노동으로 시간을 보내야 할 때도 있지만 또 때로는 '즐거운 안일'이라는 그 '기이한 즐거움'(아침, 263쪽)에 자기 자신을 맡길 수도 있어야 한다. 만날 때도 있지만 헤어질 때도 있다. 올 때도 있지만 갈 때도 있다. 어느 하나의 현상에 옳음이라는 이름을 붙이는 것은 바보나 하는 순진한 짓이다. 그런 단순한 바보가 자기 자신뿐만 아니라 주변 사람까지 위험에 빠뜨린다. 옳음이 정해지는 그 순간, 다른 모든 현상은 죄 없이 단죄를 당하고 있기 때문이다.

인생에서 최대의 적은 적당히 사는 것이다. 그저 되는 대로 살아가는 것이다. 남들이 하는 대로 아무런 생각 없이 사는 것이다. 살 때는 몰라도 죽어야 할 시점이 다가오면 그런 삶을 살아온 사람은 어떤 생각을 하게 될까? 누구나 죽어야 할 것이기에 묻는 것이다. 언젠가 죽어야 할 운명이 사람이 사는 일이기에 묻는 것이다. 죽어야 할 운명? 그렇다. 모두가 죽어야 할 운명에 처해 있다. 그것이 깨달음의 경지다. 누구는 생로병사라 했고 누구는 하나님 곁이라 했다. 그것이 어떤 이름으로 불리는지는 상관없다. 그 경지까지 정진精進할 수 있느냐가 문제다. 불교에서는 이 세계를 사바세계라 했다. 참고 견디는 세계란 뜻이다. 기독교에서는 "끝까지 견디는 자는 구원을 얻으리라"(마태복음 24:13) 했다. 이 세상에서 해야 할 일이 있다면 '끝까지 견디는 일'밖에 없다는 것이다.

니체는 늘 한계에 도전해주기를 바란다. 그것이 진정으로 사는 모습이라고 가르친다. 한계! 그곳은 끝이다. 끝까지 가보라는 것이다. 끝까지 가야 그다음을 위한 위대한 한 걸음이 내디뎌지는 것이다. 그 순간을 맞이하기 위해 지금까지의 모든 것을 짊어지고 가야 하는 고행이 관건이다. 원하는 곳으로 가고 싶으면 짊어져야 할 짐이다. 다른 길이 있는 것도 아니다. 삶의 보람이라는 감격과 느낌은 오로지 정해진 틀 안에서만 주어지는 법이다. 원하는 곳, 그 안에서 승부를 걸어야 한다. 그 안에서 싸워야 한다. 그곳은 사각의 링도 될 수 있고, 축구장도 또 야구장도 될 수 있다. 자기 자신이 원하는 싸움이 그 장소를 결정해줄 뿐이다. 그리고 최선을 다해 싸우는 일만이 남아 있을 뿐이다.

최대의 투쟁, 그것을 위해서는 새로운 무기를 필요로 한다. / 철퇴, 즉 하나의 무시무시한 결단이 불러내어지고 과연 몰락의 스스로의 의지를 '의욕하는가'라는 최후적 귀결 앞에 유럽을 세운다. / 평범화를 경계해야 한다. 오히려 몰락! (600쪽)

니체는 국가 이데올로기를 지양하고자 했다. 유럽화를 지향하고자 했다. 하지만 그 유럽조차 있는 그대로 받아들이려 하지 않았다. 변화를 요구했다. 그는 유럽을 몰락시키고자 했다. 새로운 면모로 거듭나게 하기 위해 어쩔 수 없는 일이라 여겼다. "허물을 벗을 수 없는 뱀은 파멸한다." (아침. 422쪽) 극복하지 못하는 존재는 파멸이라는 쓴맛을 봐야 한다. 그에게 주어지는 것은 승리감이 아니라 패배감이다. 죽음을 목전에 두고 다가오는 패배감은 상상을 초월하는 허무감을 안겨줄 것이다. 니체는 그런 안타까운 상황이 벌어지지 않도록 훈련을 시키고자 할 뿐이고.

늘 하나를 극복하고자 할 때 요구되는 것은 '최대의 투쟁'이라는 말이다. 습관 하나 버리기 위해서는 전부를 걸어야 한다. 때로는 목숨을 걸어야 할 정도로 절박할 때도 있다. 모든 극복의 순간은 '최대의 투쟁'만이 유용하게 작동해준다. 니체는 그것을 성공적으로 해낼 수 있기 위해 무기를 주고자 한다. 영웅 지크프리트가 용과 맞서기 위해 '노퉁Notung'[15]이라는 명검을 필요로 했던 것처럼. "철퇴, 즉 하나의 무시무시한 결단이 불러내어지고 과연 몰락에의 스스로의 의지를 '의욕하는가'라는 최후적 귀결"이 니체가 우리의 손에 들려주고자 하는 그 무기의 이름이다.

망치를 들고 철학하라! 이 망치를 들고 '최대의 투쟁'을 치러야 할 대상은 우상이다. 우상의 황혼을 실현시킬 '새로운 무기'가 바로 망치다. 가장 큰 투쟁, 그것은 "몰락에의 스스로의 의지를 '의욕하는가'라는 최후적 귀결"을 인정하고 받아들이는 것이다. 몰락할 자신이 있는가? 그럴 용기가 있는가? 그런 전사라면 망치는 의미가 있는 것이다. 그런 전사에게는 정말 유용한 무기인 것이다. 이 무기가 필요한 이유는 평범하게 사는 것을 원하지 않기 때문이다. 평범해지기보다는 차라리 몰락하라는 것이다. 우상과 몰락을 반복하는 가운데 영원회귀는 삶의 의미로 구축된다.

> 내가 가르치고자 의욕하는 것은 다수자에게 자기 몸을 말살할 권리를 부여하는 사상, – 육성하는 위대한 사상이다. (600쪽)

파괴해야 창조할 수 있다. 창조적인 삶을 산다는 것은 치열한 파괴의 행위를 전제한다는 것이다. 스스로 자기 삶을 창조적으로 산다는 것은 파괴에 대해서 그 어떤 양심의 가책도 받지 않을 그런 철학을 요구한다. 허무주의는 자기 자신에 대한 가장 잔인한 철학에 해당한다. '자기 몸을 말살'하는 것을 권리로 제시하기 때문이다. 그 말살을 통해 '육성하는 위대한 사상'이 바로 허무주의 철학이다. 바로 이런 이념 때문에 니체는 자기 몸을 깨무는 뱀 오우로보로스Ouroboros를 영원회귀의 형상으로 선택한다. 그는 이 뱀의 모습을 보면서 "모든 과거는 미래의 꼬리를 문다"[16]는 말을 했다. 마치 음과 양이 서로를 추구하며 돌고 도는 동양 사상의 태극 문양처럼 오우로보로스는 머리가 꼬리를 물면서 영원히 돌고 돈다. "모든 것은 생성하고 영원히 회귀한다. – 이것

영원회귀 사상을 상징하는 오우로보로스.

으로부터 헤어나는 것은 불가능하다!"(601쪽) 삶은 오로지 이 순환 속에서 진행되기 때문이다.

디오니소스적 세계를 위한
초인의 창조를 위하여

고통은 아프지만 고마운 것이다. 슬픔은 힘들지만 기쁨의 원인이 된다. 어둠은 무섭지만 밝음의 쾌감을 느끼게 해준다. 이 세상의 어느 것 하나도 버릴 것은 없다. 제대로 사용할 수 있는 힘과 지혜만 있다면 모든 것은 유용하다. '더러운 물'(인간적II, 59쪽)로도 씻을 줄만 안다면 깨끗하게 살 수 있다. 더러운 먼지 구덩이 속이라도 뿌리를 내릴 줄만 안다면 마침내 수면에 도달하여 꽃으로 피어나는 연꽃처럼 그렇게 멋진 삶을 살 수 있다.

이제 마지막 잠언을 읽을 차례다. 그것은 독자를 향한 호칭을 사용하며 시작한다. '여러분'이라는 단어가 전하는 어감은 친근하기만 하다. 아직도 허무주의가 무엇인지 감이 안 잡힐까봐 노심초사하는 심정이 엿보이기도 한다. 마치 총 정리하는 글 같다. 수많은 말들을 한꺼번에 쏟아내는 기분도 든다. 그래서 만연체가 중간 중간에 끼어 있기도 하다. 문장이 복잡한 만큼 니체의 심경 또한 복잡하게 전해진다. 그 복잡함을 이해하려는 마음으로 읽어보자.

그리고 여러분들도 나에 대해 '세계 그 자체'란 무엇인가를 알고 있는가? 나는 여러분에게 이 세계를 나의 거울에 비추어 보여주어야 할까? 이 세계란

즉 시작도 없고 끝도 없는 거대한 힘, 증대하는 일도 없으며 감소하는 일도 없고 소모하는 것이 아니라 변전하기만 하는, 전체로서는 그 크기는 바꾸는 일이 없는 청동과 같은 확고한 힘의 양, 지출도 없고 손실도 없으며 게다가 또한 증가도 없고 수입도 없으며 자기 스스로의 한계를 갖는 이외에 그것을 에워싸는 것은 '무無'인 가계家計, 전혀 엷어지지 않고 소비되지 않는 것, 결코 무한한 확장을 갖는 것이 아니라 일정한 힘으로서 일정한 공간 속에 가두어지고 있으나 어딘가 '공허'할지도 모르는 공간 속에가 아니라 오히려 힘으로서 편재하고, 여러 힘과 힘의 파랑波浪의 유희로서 하나인 동시에 허다하고, 여기에 집적하는가 싶으면 저기서는 감소하는 것, 자기 스스로의 속으로 광포하게 밀려들고 넘쳐드는 여러 힘의 대양, 영원히 방황하면서 영원히 달음질쳐 돌아오는 회귀의 터무니없는 연월年月을 거듭하여 스스로의 형성 활동을 때로는 소홀히 하고 때로는 애쓰며 가장 단순한 것에서 가장 복잡한 것 속으로 전진하면서 가장 조용한 것, 가장 단단한 것, 가장 냉랭한 것에서 탈피하여 가장 작렬하는 것, 가장 조야한 것, 가장 자기모순된 것 속으로 들어가서 다음에는 다시금 충실로부터 단순한 것에로 돌아오면서 모순의 유희에서 조화Einklang의 쾌감에까지 되돌아서서, 이러한 전적으로 동등한 스스로의 궤도와 연월을 더듬어 나아가면서도 자기 자신을 긍정하고 있는 영원히 회귀하지 않을 수 없는 것으로서 어떠한 배부름, 어떠한 권태, 어떠한 피로도 모르는 생성으로서 자기 자신을 축복하고 있는 것 - 영원한 자기 창조의 영원한 자기 파괴의 이러한 나의 디오니소스적 세계, 이중二重의 정욕의 이 비밀의 세계, 순환의 행복 속에는 목표가 없다고 하면 목표가 없고, 자기 스스로에게로 돌아오는 순환Ring이 선한 의지를 갖지 않는다고 하면 의지가 없는 이 나의 '선악의 피안', - 여러분은 이 세계에 대한 하나의 이름을 의욕하는가? 그 모든 수수께끼에 대한 한 가지 해결을? 여러분 가장 은밀하고 가장 강하고 가장 경악하는 일이 없는 가장 한밤중인 자들이여, 여러분에 대해서도 한 가지 빛을? - 이 세계는 권력에의 의지이다. - 그리고 그것 이외의 아무것도 아니다! 게다가 또한 여러분 자신이 이 권력에의 의지이며 - 그리고 그것 이외의 아무것도 아닌 것이다! (606쪽 이후)

《권력에의 의지》를 마감하는 글이라 전체를 고스란히 인용해보았다. 차근히 읽어보자는 의미로. 니체 전집 읽기라는 긴 호흡에 하나의 방점을 찍기 위해. 그의 사상을 마감하는 글로 읽어보자는 의도에서. 여기서 반복되는 개념은 '세계'다. 니체는 이 마지막 글에서 자신이 철학을 통해 도달하고자 했던 '세계'가 무엇인지 설명하고자 한다. 마치 플라톤이 이데아를 설명하고자 했던 것처럼. 물론 이념으로서만 다가설 수 있는 이데아는 니체가 지금 설명하고 있는 '세계'와 정반대의 원리라는 것쯤은 이제 분명하게 인식하고 있을 것이다. 그는 초인을 '대지의 뜻'이라고 말했다. 이 땅의 뜻이 아닌 것은 망치로 때려 부수고자 애를 썼다.

천국이 있으면 얼마나 좋을까? 니체는 그런 유혹에 넘어가지 않는다. "그러나 우리에게는 하늘나라에 들어갈 생각이 전혀 없다. 우리 성숙한 어른이 되었으니. 우리는 이제 지상의 나라를 원한다."(차라, 519쪽) 이 대지에 두 발을 딛고 일어서고 걷고 달리고 때로는 춤도 출 수 있는 자가 초인이다. 그에게 세상은 이제 눈물의 바다가 아니다. 그에게 세상살이는 고해가 아니다. 그에게는 이곳이 그저 '여러 힘의 대양'에 지나지 않는다. 힘으로 충만한 바다일 뿐이다. 힘의 바다! 그곳이 우리가 사는 세상의 다른 이름이다.

이 세상에서는 "모순의 유희에서 조화의 쾌감에까지" 모든 것이 즐겁기만 하다. "삶은 나를 실망시키지 않았다."(즐거운, 293쪽) 삶은 실망시키는 원동력이 아니다. 삶은 고통이 아니다. 삶은 눈물로 이어지는 것이 아니다. 오히려 그 반대의 현상이 삶의 모습이다. "자기 자신을 긍정하고 있는 영원히 회귀하지 않을 수 없는 것으로서 어떠한 배부름, 어떠한 권태, 어떠한 피로도 모르는 생성으로서 자기 자신을 축복하고 있는 것"이 니체의 철학이다. 그가 말하는 '즐거운 학문'이다. '인간적인 너무나 인간적인' 행복이다.

"영원한 자기 창조의 영원한 자기 파괴의 이러한 나의 디오니소스적 세계, 이중의 정욕의 이 비밀의 세계", 이 세계의 다른 이름은 '선악의 피안'이었다. 이제 니체는 이 세계에 대한 또 다른 이름으로 '권력에의 의지'를 알려준다. 이 세계에 대한 '하나의 이름'으로, '한 가지 해결'로, '한 가지 빛'으로 제시해주고 있는 것이다. 결국 모든 개념은 엮이고 엮여 하나로 다시 합일을 이루는 그런 느낌이다. 니체는 차라투스트라이고, 차라투스트라는 초인이며, 초인은 대지의 뜻이고, 대지는 힘으로 충만한 곳이며, 그곳은 디오니소스적 세계이고, 그 세계가 선악의 피안이며, 이 세계가 권력에의 의지고, 그것이 결국 허무주의이다.

허무주의는 마치 백지 같다. 거기에 무엇을 쓰느냐에 따라 내용은 달라진다. 누구는 백지 앞에서 당황스러울 수 있다. 답을 알려주면 좋을 것만 같은 그런 느낌으로 서 있을 수도 있다. 하지만 무엇을 어떻게 쓰라고 아무도 가르쳐주지 않는다. 백지는 온갖 소리로 가득하다. 그 소리를 어떤 하나의 활자로 적어내기 시작하면 운명의 장난이 시작되고 만다. 그 의미는 때로는 경쾌하게 때로는 눈물 나는 고통으로 읽혀진다. 그러다가 백지가 가득 채워지면 또 다른 백지에 대한 그리움은 끝을 모르고 커져만 간다. 새로운 이야기를 필요로 하기 때문이다. 생각하는 존재는 끊임없이 다시 생각을 시작해야 한다.

삶을 초인의 언어로 채워보자. 지금까지 아무도 입에 담아보지 못한 언어로 채워보자. 그 외의 어떤 언어도 범접하지 못하게 단단히 '황금의 격자 울타리'(선악, 51쪽)를 둘러놓자. 그리고 거기서 스스로에게 '잘 사는 권리'(같은 곳)를 부여해보자. 자기 자신의 인생 이야기는 스스로 써 내려가기로 하자. 그 누구에게도 묻지 말고 당당하게 써보자. 니체의 사상에도 등을 돌리고 오로지 자기 자신을 향해보자. 그게 니체가 가르쳐준 삶의 길이다.

이제는 다시 시작해야 할 때

삶이란 무엇인가? 이 질문에 대답하고 싶으면 살아봐야 한다. 하지만 어떤 삶도 만만치 않다. 모두가 삶은 힘들다고 아우성이다. 그런데도 분명한 것은 웃는 자가 있다는 사실이다. 늘 재밌게 사는 자가 있다는 것이다. 이런 인식이 '어떻게 살아야 하는가?' 하는 질문을 품게 한다. 잘 살고 싶은 욕망 때문이다. 잘 사는 사람은 어떤 사람일까? 잘 산다는 것은 비교의 대상을 전제하는 말이다. 그런데 그 대상에 대한 의문이 '나는 누구인가?'라는 질문을 낳게 한다. 지극히 철학적인 질문이다.

니체는 철학의 권리를 주장했다. 한동안 대한민국에는 돈이면 다 된다는 의식이 지배했다. 희망사항이 부자였다. 그러면서 인문학은 구조조정의 대상이 되는 어처구니없는 일들이 발생했다. 문학과 철학은 돈벌이가 안 된다는 이유로 홀대를 받아야 했다. 사회는 발전했는데, 여기저기서 선진국 대열에 들어섰다고 긍지에 찬 말들을 하는데, 그 내면을 들여다보면 아직 풀어야 할 숙제가 한둘이 아니다. 이제는 내면을 챙겨야 할 때가 됐다. 잃어버린 긍지를 다시 찾아야 할 때가 된 것이다.

인간적인 너무나 인간적인 철학이 허무주의 철학이다. 인간적인 것이 아닌 것에 대해서는 단호하게 허무한 감정을 받아들일 줄 알아야 한다는 것이 이 철학의 이념이다. 돈? 그것은 있기도 하고 없기도 한다. 신? 있으면 다행이고 없어도 상관없다. 그런데 건강! 그것은 없어서는 안 되는 것이다. 육체적 건강과 정신적 건강은 둘이면서 하나다. 둘을 분리해서 생각하는 오류는 없어야 한다. 둘 다 중요하다. 둘 사이에서 균형을 잡고 잘 살아야 한다. 그런 삶만이 의미를 인식하게 해줄 것이다.

끝까지 살아남은 독서의 전사들에게 감사한다. 니체 전집 강독에서 처음부터 끝까지 자리를 지켜주신 이진 선생님께 감사한다. 때로는 누님처럼 때로는 어머님처럼 항상 긍정적인 말로 응원해주신 황경원 작가님께 감사한다. 불교와 기독교를 넘나들며 토론에 불을 붙여주신 이원희 선생님께 감사한다. 후반부에 가세했지만 이야기의 힘을 깨닫게 해주신 이용숙 선생님께 감사한다. 수업이 끝날 때마다 철학적 향연의 장을 마련해주신 장세백 선생님께 감사한다. 그 외 수업에는 참가했지만 이름을 언급하지 못하는 모든 회원분들에게 감사한다. 이들이 있었기에 이 힘든 전집 강의를 완주할 수 있었다.

세월이 흘렀다. 세월은 변하는 것이다. 변하지 않는 것은 세월 자체다. 겁먹지 말라. 니체는 괴물이 아니다. 그림자만 볼 때 쓸데없는 생각이 생겨나는 법이다. 실물을 보면 사랑할 수 있다. 니체에 대한 해석서들에 너무 귀를 기울이지 말자. 쓸데없는 망상이 이해를 방해할 수도 있다. 있는 그대로 보고 나면 다가서기가 힘들지 않다. 니체는 인류 역사상 가장 위대한 사상가 중의 한 사람일 뿐이다. 초인, 힘에의 의지, 영원회귀, 신은 죽었다 등의 개념어들에 너무 신경 쓰지 말자. 그것은 봉우리들의 이름들일 뿐이다. 그곳으로 가는 여정을 즐기면 그만이다.

병病을 사랑하는 마음으로 다가서면 다가설 수 없는 것이 없다. 인생은 아름답다. 누가 뭐래도 삶 자체는 최고의 가치를 점유해야 마땅하다. 삶을 찬양함은 어려운 일이다. 세상에서 제일 힘든 일이다. 누구에게나 삶은 호락호락하지 않기 때문이다. 철학은 지혜에 대한 사랑을 실천하는 학문이다. 사랑이 제일 힘들다. 그래서 철학이 힘들다는 말은 당연하다. 하지만 힘들어서 더욱 매력적이다. 삶은 산이 있어 오른다는 마음으로 다가서면 된다.

◆ 주

01 | 허무주의가 문 앞에 서 있다

1   쇼펜하우어, 《의지와 표상으로서의 세계》, 을유문화사 개정증보판/2015, 416쪽.

2   Goethe, 《Faust》, Erster und zweiter Teil, München 13/1992, 16쪽; "Es irrt der Mensch, solang er strebt."

3   Heidegger, 《Über den Humanismus》, Frankfurt am Main 1975, 5쪽; "Die Sprache ist das Haus des Seins."

4   이 인용문에는 오해의 소지를 남기는 의역이 발견되어 약간 손을 좀 댔음을 밝혀둔다.

5   원문은 다음과 같다. "Große Dinge verlangen, dass man von ihnen schweigt oder groβ redet: groβ, das heißt mit Unschuld, – zynisch." (Nietzsche: Der Wille zur Macht, Stuttgart, 13/1996, 3쪽) 물론 위의 번역도 만족스럽지 못하다. 왜냐하면 '그로쓰 레덴groβ reden'이라는 표현이 지닌 어감이 독특하기 때문이다. 일반적으로 '라우트 레덴laut reden'이라고 해야 사실 '크게 말하다'로 번역이 깔끔하게 된다. 그런데 그로쓰, 즉 크게라는 뜻 외에 위대하게라는 뜻도 가진 이 부사를 말하다라는 동사와 조합을 시켜놓다니. 어쩌면 여기에 니체의 깊은 뜻이 있었던 것은 아닐까. '위대한 것에 대해서는 위대하게 말하라'는 그런 뜻이. 사실 이게 더 직역에 가깝다. 번역의 문제는 이쯤에서 그만두자. 무엇이 문제인지 감을 잡았다면 그것으로 족하다.

6   https://de.wikiquote.org/wiki/Diogenes_von_Sinope; "Geh mir ein wenig aus der Sonne!"

7   https://de.wikiquote.org/wiki/Karl_Marx; "Ein Gespenst geht um in Europa, das Gespenst des Kommunismus."

8   괴테, 《파우스트/젊은 베르테르의 슬픔》, 동서문화사 2/2009, 377쪽.

9   참고, 이동용, 《쇼펜하우어, 돌이 별이 되는 철학》, 동녘 2/2015, 158쪽.

10 참고, 같은 책, 188쪽; "잎새에 이는 바람에도 / 나는 괴로워했다."(윤동주: 〈서시〉의 한 구절).

11 https://de.wikipedia.org/wiki/Absurdes_Theater; "Konsequenter und radikaler in der Verwerfung der klassischen Theaterstrukturen sind Autoren wie Eugène Ionesco und Samuel Beckett, deren Werke man typischerweise mit dem 'Theater des Absurden' oder sogar mit dem Begriff 'Antitheater' assoziiert."

12 재인용, 이동용, 《쇼펜하우어, 돌이 별이 되는 철학》, 위의 책, 25쪽 이후.
13 이동용, 《내 안에 코끼리》, 이파르 2016, 82쪽.
14 공자, 《공자의 논어》, 스마트북 재판/2013, 53쪽.

02 | 종교적 발상과 몰아의 위험

1 이동용, 〈성냥개비 쌓기〉, in: 《내 안에 코끼리》, 앞의 책, 58쪽.
2 몰리에르, 〈상상병 환자〉, in: 《몰리에르 희곡선》, 범우 2/2013, 307쪽.
3 같은 책, 306쪽.
4 Karl Simrock, 《Die deutschen Sprichwörter》, Stuttgart 2000, 271쪽.
5 https://de.wikipedia.org/wiki/Religion
6 같은 곳.
7 재인용, 이동용, 《쇼펜하우어, 돌이 별이 되는 철학》, 동녘 2/2015, 27쪽.
8 쇼펜하우어, 《의지와 표상으로서의 세계》, 위의 책, 254쪽.
9 재인용, 류시화 엮음, 《사랑하라 한 번도 상처받지 않은 것처럼》, 오래된미래 305/2016, 52쪽.
10 https://de.wikiquote.org/wiki/Blaise_Pascal; "Alles Unheil kommt von einer einzigen Ursache, dass die Menschen nicht in Ruhe in ihrer Kammer sitzen können."
11 Bruno Bettelheim, Kinder brauchen Märchen, München 1999; 그의 책 《The Uses of Enchantment》(1976) 의 독어판 제목으로 선택된 말임.
12 https://de.wikipedia.org/wiki/Klerus
13 https://de.wikipedia.org/wiki/Adel
14 https://de.wikipedia.org/wiki/Dritter_Stand
15 https://de.wikipedia.org/wiki/Chandala
16 헤세, 《데미안》, 민음사 1997, 9쪽.
17 바울이 집필한 것으로 알려져 있는 책은 〈로마서〉, 〈고린도전서〉, 〈고린도후서〉, 〈갈라디아서〉, 〈에베소서〉, 〈빌립보서〉, 〈골로새서〉, 〈데살로니가전서〉, 〈데살로니가후서〉, 〈디모데전서〉, 〈디모데후서〉, 〈디도서〉, 〈빌레몬서〉이고, 집필자가 불분명하지만 그가 쓴 것으로 추정되는 것이 〈히브리서〉다. 즉 13권 내지 14권을 바울 혼자서 집필한 셈이 되는 것이다.
18 청하출판사 번역에 오타가 발생한 듯하다. '고래'로 번역된 원어는 'Goethe'다. 아마 타이핑하는 과정에서 실수가 벌어진 것 같다. 또 '~하지 않으면 안 된다'라고 부정이 담긴 긍정의 강조구문으로 번역했는데 이 또한 원문 그대로 직역했음을 밝혀둔다.
19 https://de.wikipedia.org/wiki/Heliaia
20 베이컨, 《학문의 진보》, 아카넷 4/2013, 23쪽.

03 | 이상에의 충동과 비판

1   셰익스피어, 《셰익스피어 4대 비극》, 꿈과희망 4/2008, 546쪽.
2   https://de.wikipedia.org/wiki/Anno_Domini
3   번역에 오류가 있어서 약간 수정했음을 밝혀둠.
4   윤동주, 하늘과 바람과 별과 시, 문학사상사 1995, 37쪽.
5   이동용, 〈자전거 버리던 날〉, in: 《한국산문》, 2017년 2월, 통권 130호, 20쪽.

04 | 미신과 도그마에 등 돌리기

1   이동용, 《내 안에 코끼리》, 이파르 2016, 17쪽.
2   쇼펜하우어, 《의지와 표상으로서의 세계》, 위의 책, 87쪽.
3   참고, 이동용, 〈샘물의 여행〉, in: 《쓸모없어도 괜찮아. 한 뼘 다르게 생각해 보는 청소년 철학 동화》, 동녘 2015, 97쪽.
4   릴케, 〈말테의 수기〉, 《릴케전집 제12권》, 책세상 4쇄/2012, 11쪽.
5   이동용, 《내 안에 코끼리》, 위의 책, 122쪽.
6   호메로스, 《일리아스/오디세이아》, 동서문화사 2판8쇄/2013, 626쪽.
7   번역이 매끄럽지 못하여 약간 수정하였음을 밝혀둠.
8   Karl Simrock (gesammelt), 《Die deutschen Sprichwörter》, Stuttgart 2000, 271쪽; "Irren ist menschlich."
9   이동용, 〈나의 축제〉, in: 《내 안에 코끼리》, 이파르 2016, 203쪽.
10 https://de.wikipedia.org/wiki/Ewige_Wiederkunft; "Allem Zukünftigen beißt das Vergangene in den Schwanz."
11 이동용, 《춤추는 도덕》, 이담북스 2017, 48쪽.
12 이동용, 〈성냥개비 쌓기〉, in: 《내 안에 코끼리》, 위의 책, 58쪽.
13 Willy Grabert u.a., 《Geschichte der deutschen Literatur》, München 21/1984, 111쪽; 'edle Einfalt und stille Größe.'
14 하이데거, 《숲길》, 나남 2/2010, 13쪽.
15 이동용, 〈창문에 갇힌 파리〉, in: 《문학사계》, 2016년 가을호, 통권 제59호, 198쪽.
16 참고, 재인용, 이동용, 《나르시스, 그리고 나르시시즘》, 책읽는사람들 2001, 397쪽.
17 재인용, 같은 책, 393쪽.

05 | 가상에 대한 형이상학적 욕구

1   재인용, 이동용, 《쇼펜하우어, 돌이 별이 되는 철학》, 동녘 2/2015, 199쪽.
2   이동용, 〈그네〉, in: 《내 안에 코끼리》, 위의 책, 161쪽.
3   재인용, 이동용, 《쇼펜하우어, 돌이 별이 되는 철학》, 위의 책, 403쪽.

4 참고, Hans Joachim Störig, 《Kleine Weltgeschichte der Philosophie》, Frankfurt am Main 1996, 387쪽.

5 Schopenhauer, 《Die Welt als Wille und Vorstellung》, Band 1, Stuttgart 1990, 439쪽; "alles Leben Leiden ist."

6 Goethe, 《Gedichte》, Sämtliche Gedichte in zeitlicher Folge, hg. v. Heinz Nicolai, Frankfurt am Main 1992, 163쪽.

7 이동용, 〈사랑한다! 괜찮아!〉, in: 《내 안에 코끼리》, 위의 책, 199쪽.

8 이동용, 《망각교실》, 이파르 2016, 4쪽.

9 이동용, 〈나의 축제〉, in: 《내 안에 코끼리》, 위의 책, 207쪽.

10 Goethe, 《Faust》, Erster und zweiter Teil, München 13/1992, 40쪽.

11 같은 책, 296쪽.

12 재인용, 이동용, 〈괴테의 '파우스트'에 나타난 속담적 표현과 독일정신〉, in: 《독일어문학》, 제21집, 11권 2호 2003, 135쪽.

13 참고, 이동용, 《망각교실》, 위의 책, 121쪽 이후.

14 https://de.wikipedia.org/wiki/Walhall

15 https://de.wikipedia.org/wiki/Credo_ut_intelligam

16 https://de.wikipedia.org/wiki/Philosophia_ancilla_theologiae

17 참고, 이동용, 〈새끼 물고기〉, in: 《쓸모없어도 괜찮아. 한 뼘 다르게 생각해 보는 청소년 철학 동화》, 동녘 2015, 80쪽 이후.

18 파스칼, 《팡세》, 동서문화사 2016, 85쪽.

06 | 힘과 권력이라는 생명의 증거

1 남재희, 〈경쾌하게 읽는 20대의 우울함과 희망〉, in: 우석훈, 박권일: 《88만원세대, 절망의 시대에 쓰는 희망의 경제학》, 레디앙 미디어 2007, 10쪽.

2 E. H. 카, 《역사란 무엇인가》, 까치글방 개역판 11쇄/2017, 111쪽.

3 이동용, 〈아이쉴로스의 '포박당한 프로메테우스'에 나타난 정의와 불의〉, in: 《브레히트와 현대연극》, 제16집/2006, 244쪽.

4 참고, 이동용, 《바그너의 혁명과 사랑》, 이파르 개정증보판/2012, 108쪽.

5 루터, 《그리스도인의 자유/루터 생명의 말》, 동서문화사 2010, 19쪽.

6 같은 책, 14쪽.

7 https://de.wikipedia.org/wiki/Kunst; "Kunst kommt von Können."

8 https://de.wikipedia.org/wiki/Dionysos; 참고, 이동용, 《니체와 함께 춤을》, 이파르 2015, 265쪽.

9 노발리스, 《푸른 꽃》, 민음사 29쇄/2014, 7쪽.

10 황경원, 〈매치포인트〉, in: 《한국산문》, 2016년 7월호, 통권 제123권, 120쪽.

11 이동용, 《쇼펜하우어, 돌이 별이 되는 철학》, 위의 책, 266쪽 이후.

12 이동용, 〈학문의 자율성〉, in: 《교육독립선언》, 현암사 2017, 87쪽.

13 이 인용문의 첫 번째 문장은 조금 수정했음을 밝혀둠.

14 윤동주, 《하늘과 바람과 별과 시》, 문학사상사 7쇄/1997, 126쪽.

15 윤동주, 《하늘과 바람과 별과 시》, 위의 책, 37쪽.

07 ┃ 상승하는 삶의 유형

1 윤동주, 《하늘과 바람과 별과 시》, 위의 책, 37쪽.

2 Hegel, 《Grundlinien der Philosophie des Rechts》, Frankfurt am Main 5/1996, 24쪽.

3 이육사, 《내 여기 가난한 노래의 씨를 뿌려라》, 시인생각 2013, 13쪽.

4 Karl Simrock (ges.), 《Die deutschen Sprichwörter》, Stuttgart 2000, 538쪽.

5 재인용, 이동용, 《지극히 인간적인 삶에 대하여》, 동녘 2/2016, 114쪽.

6 후기 작품에 해당하는 《우상의 황혼》 부제목으로 니체는 〈어떻게 망치를 들고 철학하는지〉라고 붙여놓기도
    했다.

7 https://de.wikipedia.org/wiki/Stoa; "universelles Prinzip."

8 https://de.wikipedia.org/wiki/Kategorischer_Imperativ; "allgemeines Gesetz."

9 https://de.wikipedia.org/wiki/Kategorischer_Imperativ; "Handle nur nach derjenigen Maxime, durch die
    du zugleich wollen kannst, dass sie ein allgemeines Gesetz werde."

10 https://de.wikipedia.org/wiki/Cogito_ergo_sum

11 이동용, 〈이리 오너라!〉, in: 《내 안에 코끼리》, 위의 책, 37쪽.

12 https://de.wikipedia.org/wiki/Theages; "es fehle dem Dialog an philosophischer Tiefe."

13 같은 곳, "Das offene, drastische Selbstlob des Sokrates."

08 ┃ 디오니소스의 즐거움

1 https://de.wikipedia.org/wiki/Ithyphallos

2 번역을 조금 수정했음을 밝혀둠.

3 쇼펜하우어, 《의지와 표상으로서의 세계》, 위의 책, 512쪽.

4 참고, 이동용, 《쇼펜하우어, 돌이 별이 되는 철학》, 위의 책, 431쪽.

5 https://de.wikipedia.org/wiki/Ekstase

6 재인용, 이동용, 《니체와 함께 춤을》, 위의 책, 40쪽.

7 재인용, 이동용, 《망각 교실》, 이파르 2016, 446쪽.

8 정호승, 《흔들리지 않는 갈대》, 시인생각 2013, 52쪽.

9 이동용, 〈별이 되라〉, in: 《한국산문》, 2016년 7월, 통권 123권, 121쪽.

10 이동용, 〈창문에 갇힌 파리〉, in: 《문학사계》, 2016년 가을호, 통권 59호, 198쪽.

11 이동용, 〈돌 굴리는 재미〉, in: 《에세이 문학》, 2017년 여름, 통권 138호, 35쪽.

12 릴케, 〈그럼에도 불구하고〉, in: 《릴케 전집 제1권》, 책세상 2/2002, 45쪽.

13 "ich würde nur an einen Gott glauben, der zu tanzen verstünde…."

14 첫 번째 문장의 번역을 조금 바꿨음을 밝혀둔다.

15 https://de.wikipedia.org/wiki/Gram_(Schwert)

16 재인용, 이동용,《춤추는 도덕》, 위의 책, 48쪽.

◆ 색인